高 校 新 闻 传 播 学 案 例 教 程 丛 书

广告案例教程

贺雪飞　主编

上海交通大学出版社
SHANGHAI JIAO TONG UNIVERSITY PRESS

内容提要

本教材的总体框架结构遵循国内外广告作品年鉴和国际各大广告奖项获奖作品的编排体例,以商品(服务)类别为序,依次排列章节,广告类别为全书框架结构的中心线索。第一章先简要回顾广告理论,对后面的案例分析起到统领的作用,同时使学生对学过的理论有个预热。然后对饮料食品广告、酒类广告、家用电器广告、服饰广告、化妆品广告、药品保健品广告、房地产广告、汽车及关联品类广告、企业形象广告、公益广告等各种类别的广告进行全方位的分析总结和研究,从而找到该类广告在广告运作、诉求内容与表现、创意与传播上独具个性的特色,同时兼顾行业的发展对广告创意带来的影响,并分别通过对典型的广告案例的剖析加以佐证。

本教材的主要读者对象是广告学专业、市场营销专业的学生,同时也为广告公司的从业人员提供案例参考样本。

图书在版编目(CIP)数据

广告案例教程 / 贺雪飞主编. 一上海:上海交通
大学出版社,2014(2023重印)
ISBN 978 - 7 - 313 - 11309 - 2

Ⅰ. ①广… Ⅱ. ①贺… Ⅲ. ①广告—案例—教材
Ⅳ. ①F713.8

中国版本图书馆 CIP 数据核字(2014)第 093087 号

广告案例教程

主　　编:贺雪飞
出版发行:上海交通大学出版社　　　　　　地　　址:上海市番禺路 951 号
邮政编码:200030　　　　　　　　　　　　电　　话:021 - 64071208
印　　制:上海万卷印刷股份有限公司　　　经　　销:全国新华书店
开　　本:787 mm×960 mm　1/16　　　　印　　张:27.75
字　　数:491 千字
版　　次:2014 年 8 月第 1 版　　　　　　　印　　次:2023 年 3 月第 4 次印刷
书　　号:ISBN 978 - 7 - 313 - 11309 - 2
定　　价:69.00 元

高校新闻传播学案例教程丛书编委会

总　序

改革开放走过了 30 多年,当然我国的新闻传播学教育也发生了巨大变化。

首先是专业教学点数量得到了扩张,30 年前,全国开展新闻教育的高校只有 3 家,现在已发展到近 900 家,且每年都有新增专业点,人才培养处于供大于求的状况;此外,全国新闻院系毕业生进入媒体工作的比例也在逐年下降。

因此,新闻传播学教育的发展必须做出必要的调整。相比于其他人文社会科学专业,新闻传播学必须培养学生两大能力:第一是表达能力;第二是沟通能力。新闻传播学专业毕业的学生,与其他人文社会学科专业的毕业生比拼的就是这两方面能力,"在人们客观印象中,新闻学的学生必须会写,但如今的现状是,学生们的写作能力正在弱化。"为了更好地适应传媒业的发展,新闻传播学的学生必须具备上手快、能写、能编、能跑的特点。

另外一个值得关注的问题是,互联网时代大家都在抢着做媒介融合,到底是为社会培养全能型的记者,还是培养具有专业背景、能够做深度报道的专家型记者? 这是国内新闻传播院系面临的抉择。如何结合自身实际凸显教育和课程的特色? 课程设置特点何在? 必须凸显特色,没有特色就没有生存力。这些都是各院系需要认真思考和研究的问题。这其中教材的建设是重中之重。我们需要加强提高学生实际操作能力的教师队伍和教材的建设。这是十分紧迫的任务。

新闻传播学是一门实践性很强的学科,这已无需赘言。值得欣喜的是案例教学正在作为一种重要的教学形式被推广运用,而有一套好的教材是当务之急。

案例教学这种方法,是对传统的新闻教学领域教学方法的有效补充。好新闻要有好判断,好判断的形成除了具备专业知识外,经验的积累也是必不可少的。案例教学正是为了更加有效地在学习中锻炼学生深入新闻现场的能力。新闻案例总是永远在变化着的,以案例为依托,才能使学生对我国政治、社会环境下的新闻实践有更深的理解、更准确的把握,对学生更有启发性与实用性。这样的教学才会有强大的生命力。

案例教学法在北美地区的管理学教育中被广泛使用，但是在新闻学教育中还不多见。已知的也仅是美国的哥伦比亚新闻学院在 2007 年推出了"奈特案例教学项目"，并被称为"一种新的教学工具"。所以，这套由浙江省新闻传播学专业教学指导委员会策划并组织编撰的《高校新闻传播学案例教程丛书》，有前瞻眼光，也非常及时。

新闻传播学目前的教材建设情况是同质化程度高，缺乏高质量有实践指导性的教材。这套系列教材涵盖新闻采编、广告策划、危机公关等实务领域，作者汇集了浙江省内高校具有新闻传播学相关领域丰硕研究成果和丰富操作经验、教学经验的教师，显示了浙江高校同仁们对于当前中国新闻传播学专业教育的发展，认识清晰，对于新闻传播学专业教学、学生的整体水平有较深的了解。从整体上看，这套教材的编写深入浅出、针对性强，也覆盖了新闻传播学的各个学科。这是一件可喜可贺之事。

李良荣

教育部新闻学学科教学指导委员会主任，复旦大学教授

目　　录

第一章　广告理论回眸

——广告案例评析学理之源

　　广告和广告活动有自己的运作程序、内容和形态,包括广告调查、广告策划、广告创意、广告信息、广告表现、广告发布、广告效果、广告管理等,同时它总是处于一定的外部环境中,其发生、存在、发展以及呈现形态会受到外部政治、经济、文化与社会发展等环境因素的影响,并反过来作用于外部环境。广告学以广告活动作为自己的研究对象,以揭示广告活动的规律和手段,研究如何实现最佳广告效果为核心目标。在百余年的探索与研究中,中外广告学完成了学科自身的理论建构与积淀,这是本案例教程的学理基础。广告学理论是一个体系,包含诸多概念和学说,本章只是择要对广告学理论作一些回顾与诠释,以使本书对案例的分析、研究与评价置于科学的框架中,并引领我们更好更准确地去理解案例。与此同时,广告活动又是一个具有多学科属性的领域,涉及传播、经济、文化、艺术等学科的知识与理论,这些相关学科的理论不仅为本书的案例研究提供了多元的视角,而且都已成为我们研究的理论基础。

第一节　广　告　策　划

——谋事在人,成事亦在人

　　广告创造过很多销售佳绩,甚至创造过助企业或品牌"起死回生"的神话,但是另一方面,"我知道我的广告费有一半是白白扔掉的,但我不知道哪一半",来自美国广告主的这句口头禅,又道出了广告主无奈的叹息。广告大师奥格威在《奥格威论广告》一书中甚至说"蹩脚的广告会'减少'销售"。一次广告活动如同一场战斗,胜负成败在于对各种因素的准确把握与科学合理的决策。广告活动涉及许多环节和因素,只要一个环节或因素出现了问题,广告效果就会受到影响,因此广告活动只有依靠精心策划,借助知识和智慧,调动和协调各种有关因素,才能实现预期的广告目标。

一、广告需要精心策划

广告策划是现代广告运作的重要特征,它的出现符合广告活动的综合化、科学化和规范化趋向,这是社会经济和广告实践自身发展的必然结果。

广告策划是根据营销策略和营销计划,在深入研究产品、市场和消费者的基础上对广告活动的策略和整体计划进行决策与谋划,从而实现广告效果的最大化。从这个定义可以看出,广告策划具有以下特征:

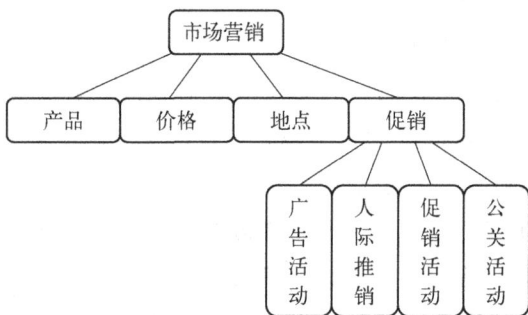

（1）广告是营销的手段,目的是把商品或服务推销给消费者,广告活动必须服从营销计划。广告与营销的关系如图1-1所示。

企业主对生产什么样的产品、如何进行产品包装、在什么区域内推销、如何建立销售网络、制订什么样的价格、如何开展促销活动等有一个整体的营销计划,广告活动作为营销计划的一个组成部分,要符合营销计划的目标和要求。

图 1-1

传统营销理论的显著特点是以产品为核心制定相应的产品策略、价格策略、渠道策略和促销策略。在传统营销理论下的广告活动是围绕产品进行的,忽视了消费者在市场中的主导地位,早期的 USP 就是以产品导向的广告主张。今天,市场状态已从以产品为导向的卖方市场转向以消费者需求为导向的买方市场,为适应新的市场状态,传统的 4P 营销理论也发展为以消费者为核心的 4C 营销理论,消费者已成为营销中考虑的一个重要问题,也成为广告传播的主要考量。

（2）广告策划必须以科学的调查为基础。广告策划有三个基点:产品、市场和消费者,它们既是广告策划的立足点,也是广告策划的依据,广告策划人必须首先充分了解广告的产品、消费者和市场竞争状况,才能对广告策略和广告活动作出科学的决策和合理的安排,保证广告活动的有效性。

（3）广告策划必须使广告效果最大化,使广告费投入不仅有效,而且经济。广告策划既然是一种决策,是广告公司提供的一种服务,那么决策是否正确,服务是否优质，就要看能否用最少的广告投入获得最大的经济回报，否则企业主就没有必要花钱请广告公司策划了。

二、广告策划的内容和程序

广告策划是以科学的分析、判断为基础的创造性工作，有一定的程序。

1. 成立策划工作小组

广告策划和实施涉及很多知识领域，是一种集体性活动，不是一两个人能胜任和完成的，因此需要成立策划小组。策划小组通常包括几方面主要人员：策划负责人、客户主管、市场调研主管、创意主管或总监、媒体主管。

广告策划是一个集体性项目，策划小组共同为一个广告活动服务，为了保证策划工作能高质量地按时完成，保证策划小组成为一个统一的、互相配合的整体，就需要根据企业的要求和策划运作的程序制订一个工作计划。

2. 广告调研

广告策划是科学决策，需要有科学的依据。广告调研是广告策划最基础性的工作，主要收集企业、产品、市场、消费者、竞争产品的广告策略等方面的信息，为广告策略的决策提供充分的科学的依据。

广告调研的充分性和准确性关系到广告决策的正确性，而且调研需要花费大量的人力和财力，因此需要充分的思考和周密的计划。如果广告决策时发现缺少哪方面信息，或觉得调查获得的一些数据不可信，就会给策划工作带来困难，如果再组织人员调查或核实某方面信息、数据，不仅浪费了人力财力，还会影响整个策划工作的进度。因此负责调研的人员要根据产品的类型、性质、功能、用途和自己的初步判断，制定周全的调研计划，明确调查的方向、内容、方法和执行方案。广告调研如同医生在诊断时通过询问、化验、仪器设备了解病人的情况。

广告调研通常有观察、访问、座谈、问卷、实验、查阅文献等方法，可根据具体情况选择其中的几种方法。

3. 广告决策

广告决策是广告策划的核心部分，它是在广告调研基础上，通过分析研究企业、产品、市场、消费者、竞争产品的广告策略等信息，决定广告活动的规模、目标和运作方式。广告决策通常是在策划小组集体讨论中进行的。

（1）广告目标的决策。广告目标是指广告活动或广告活动的某个阶段要实现的效果。在进行广告操作之前先要确定明晰的目标,广告目标对广告活动计划和执行具有导向性,是广告投入的主要依据,也是评估广告活动成功与否的标准。

(2) 广告活动的战略决策。这是决策广告活动的整体战略,例如,是抢滩某一市场或扩大市场份额的扩张型战略,还是应对和抗拒其他产品的市场扩张的防御型战略? 是短期的快速见效战略,还是长期的逐步渗透战略?

(3) 广告策略的决策。广告活动必须明确对谁广告、什么时间广告、在什么媒体广告、广告什么内容、用什么方式广告等问题,在广告策划中就要决策广告的"四大策略":定位策略、诉求策略、表现策略和媒体策略。

(4) 广告投入的决策。策划者应根据广告目标和广告活动的进展决策广告投入的总量和不同阶段的广告投入量,使得广告费的投入和分配产生最大的效益。

4. 广告制作和发布前的测试

广告的"四大策略"确定了对谁广告、广告什么、用什么方式广告等,这还只是广告的基本概念,接下来的工作是将这些概念转化为实实在在的可感知的广告作品与广告活动。

为了保证广告投入的有效性,广告创意制作完成后要进行预期效果测试。通常是找一些属于广告对象的人来感知广告,用问卷或座谈的方式测试他们对广告的反应,如注意、记忆和喜欢程度等,测试他们对广告的接受程度,如对产品的印象、好感、购买倾向等。然后根据测试的结果对广告表现或创意进行修改。

5. 广告预算

广告预算是对广告活动总费用的估算,列出可能的费用清单。广告预算有狭义和广义两种,狭义的广告预算只限于广告活动的费用,包括:广告策划、广告设计和广告制作的费用以及印刷、摄影、拍摄、模特、道具和后期制作费用;广告媒体的费用;广告执行和管理的费用等。

广义的广告费用还包括为推销产品而进行的促销活动费用和公关活动费用。

6. 广告策划书编写

为了有效地推销产品,不论是短期的还是较长时期的广告活动,都要有一个广告策划书,一般有以下几方面内容:

(1) 概述。简要说明营销计划、广告目标、广告策略和广告预算。

(2) 广告环境分析,包括企业现状和产品的营销环境、目标市场描述、营销目标、广告将在营销中承担的角色等。

(3) 广告目标。包括某一时期的广告目标、某一阶段广告的目标和某一广告活动的目标。

（4）广告策略。广告的"四大策略"。

（5）广告执行计划。执行计划是在确定广告活动内容的基础上对广告活动的各环节、步骤和过程做出明确的编排。

（6）广告预算。分别对某一时期、某一阶段和某一具体的广告活动的费用进行预算。

（7）广告测试。包括发布前的广告测试和发布后的广告效果评估，提出测试的方案和测试费用。

广告策划书是提交给广告主的文本，也是广告策划的结果形式。在广告策划人与广告主达成一致后，它就成为广告活动操作的规范，要严格按计划执行，除非双方共同认为有必要做一些调整，一般是不能改变的。

三、广告策划的科学性与创造性

广告主花钱请广告人做广告策划，他的动机就是要利用广告人的专业知识和经验，使他的广告投入发挥最大的效用，否则广告策划就失去了意义和价值。

奥格威说，一个成功的广告必须既"做法正确"又"表现杰出"，所谓"做法正确"，就是要有科学的依据，而"表现杰出"就是要有创造性，这样才能切中消费者的需求和心理，有效地将产品推销出去。

1. 广告策划的科学性

广告策划的科学性是广告成功的前提，广告策划的科学性是以占有大量的信息为基础的，各种广告策略的决策必须以客观事实为依据的，凭策划者的主观臆测和兴趣进行广告决策就容易失误，会导致无效的或低效的广告投入。因此，广告策划者要做细致的广告调研，认真研究获得的信息。

广告策划者首先要研究产品，奥格威称之为做"homework（作业）"。广告的产品对策划人来说往往是生疏的，尤其是一些科技含量高、专业性很强的产品，广告人要了解产品的各种属性，产品的种类、性能、质量、价格、工艺、结构、包装、产品特点以及与同类产品的差异性，产品所处的生命周期，该产品以往的广告、广告策略和广告投入情况，等等。产品属性和特点是确定广告定位策略、诉求策略和表现策略的重要依据，广告的卖点、诉求重点都是关于产品利益的。奥格威告诫说："别指望玩玩小聪明就能做出成功的广告，你只有从做'作业'开始，尽管我经常觉得这是乏味的，但别无选择。"①

广告策划还要研究消费者,尤其是广告的对象。不同群体之间存在性别、收入、年龄、教育、文化和地理等差异,使得他们的需求、生活方式、消费观念和消费行为有所不同,这就要研究他们的消费心理。广告的定位策略要确定广告的对象,要从茫茫人海中找出最有可能购买这商品的群体,即使广告的对象确定下来了,还要研究什么样的广告形式最能吸引他们,不同类型的消费者不仅消费观念不同,而且广告说服的方式也不一样。什么样的卖点最能感动他们,什么样的话最能说服他们,从而确定针对性的诉求策略和表现策略,这些都需要研究分析消费者的特性。

策划者还要研究市场,不仅要对国际、国家或地区的经济状态和走向、人们生活水平和消费能力发展趋向、广告发布区域内的政治、法律和社会文化等宏观市场因素有充分的了解,更要详细了解该类商品的市场构成、市场规模、市场格局、各种品牌的市场竞争和分割状况、销售网络和分布,以及本产业的发展前景等方面的情况,这些是决策广告的整体战略和制定广告策略的重要依据。

2. 广告策划的创造性

成功的广告活动不仅要有科学性,同时还必须具有创造性,切忌模仿和人云亦云。我们经常说广告要有视觉冲击力,要能吸引受众的注意力,使他们对产品感兴趣,这就要有新意。广告的新意不只体现在广告作品创意上,也体现在广告策略上。如在朵而胶囊广告出现以前,女性保健品的诉求重点是"保健康、葆青春",而朵而广告的诉求重点则是"养颜"——以内养外,它冲破了保健产品的诉求藩篱,将保健品与美容功能联系在一起,很有创造性。这一新颖的诉求吸引了许多青年女性,广告获得了巨大成功。

在广告充塞媒体、抢夺人们的注意力和兴趣的今天,广告更需要创造性,广告人要具备强烈的创新意识和创新欲望。还是奥格威的话:"若是你的广告的基础不是上乘的创意,它必遭失败。"他还说,广告需要有大点子(big idea),没有创意的广告,犹如海上夜行的航船,无声无息地为夜幕所吞噬,无法保证广告投入的经济效益。

第二节 广告传播的策略

有效的广告活动必须以市场、产品和消费者为出发点,从研究市场、研究产品、研

---

① 大卫·奥格威.一个广告人的自白[M].林桦,译.北京:中国友谊出版公司,1991.

究消费者入手,进行广告调研,收集有关信息,全面地了解广告活动所面临的市场、产品和消费者的情况,通过分析作出正确的判断,进而确定广告的定位策略、诉求策略、表现策略和媒体策略。这是广告运作完整的链条,无论哪个环节出问题都很难保证广告活动的有效性。值得关注的是,在整合营销传播理论的影响下,广告传播的策略正在进一步拓展。

一、广告定位策略

定位(positioning)是广告学的一个重要理论,由艾·里斯和杰克·特劳特于 19 世纪 70 年代初提出并确立。所谓定位就是"对未来的潜在顾客的心智所下的功夫,也就是把产品定位在你未来顾客的心中。"①根据定位理论,广告的目标就是要创造出同类产品、品牌所没有的独特优势、独有的位置,从而使某一产品、品牌或公司在消费者心目中获得一个认定的区域位置,一旦定位成功建立,当消费者面临某一特定问题需要解决时,就会首先、自动想到这个产品或品牌。

目前人们对"定位"概念有不同的解释,根据我们的理解,定位至少包括以下三方面的含义:

(1) 产品的市场定位,确定产品的市场竞争中的地位,确立该产品在同类产品中的位置。如威廉·伯恩巴克为美国艾菲斯汽车租赁公司创作的广告,将市场地位定于"Avis is only No. 2(我们仅仅是第二)",广告刊出后,"老二"不仅成为热门话题,而且激励了全美 1 500 个营业所员工的士气。以老二的定位,以退为进,使艾菲斯有效地抗衡了处于第一的赫兹公司,并取得了自己独特的地位。

(2) 产品概念(product concept)定位,确定该产品与同类产品的个性差异和该产品独特价值。如在可口可乐和百事可乐统治美国饮料市场情况下,七喜(7up)公司利用当时一些专家对可乐类饮料的否定态度,针对性地打出"非可乐"广告;而德国大众的金龟车广告针对经济萧条时期的美国人心理,将产品特性定位于小"Think Small (从小处着想)",广告列举了车身小的种种优越性,如省油、省车库、不必为停车担忧,等等,起到了很好的广告效果。

(3) 目标受众的定位,即明确"对谁广告"。当今时代,"为人人而广告"已成为历史,确定明晰的目标受众成为广告传播活动的重要内容。广告的目标受众不同于市

---

① 艾·里斯. 品牌攻心战略——品牌定位[M]. 刘毅志,译. 北京:中国友谊出版公司,1991:2.

场营销中的目标市场,尽管有时两者会重合,但某个产品或某项服务的广告活动有特定的对象,目标受众不一定就是目标市场。如清水联合银行广告,标题是"我把珠宝安全地藏在我前妻的画像后,而把钱放在清水银行里",该广告将目标受众明确地定在富人群体。

二、广告诉求策略

所谓诉求就是针对消费者需求诉说产品或服务的利益点(benefit),即人们通常说的"卖点"。奥格威说,广告人"最重要的工作是决定你怎样来说明产品,你承诺些什么好处",因为"真正决定消费者购买或不购买的是你的内容"。① 一个成功广告的关键在于它有明确、清晰而有效的诉求内容,其信息不仅引起了消费者的注意和兴趣,而且满足了他们的某种需求和欲望,给他们留下了深刻的印象。

1. 诉求的内涵

诉求,从一般意义上说就是"说什么"(内容),它指的是经创作者精心选择、加工、提炼后,凝结在广告中的信息。诉求包括两个方面,一是关于产品或服务的信息(包括附加值),即诉求的内容,二是产品或服务信息的传达方式,即诉求的形式。

诉求的内容传达了产品能够给消费者带来什么样的利益,它告诉消费者如果你使用该商品或享受该服务,就能得到什么好处——或解决什么问题,或得到什么精神享受。诉求内容往往体现为一种商业承诺。广告在说服过程中,只有给出明确的利益承诺,才能最终打动消费者,并促成其购买行为。

值得注意的是,对于一种商品或服务来说,它本身具有很多方面的特性,能满足消费者多方面的利益需求,包括物质的和精神的需求,因此,广告信息诉求点也可以有多种选择。比如,商品的性能、质量、外形、价格、服务,服务的特点、类型、作用、方式、水平,商品或服务给消费者带来的价值和情感的满足,等等,这一切都可以成为广告的诉求点。但是,对于一则具体的广告作品而言,其承载信息的时间和空间是极为有限的,因此,一个广告必须从很多理由中找到一个单纯而独特的核心利益点作为诉求重点。这里,我们有必要介绍一下 R. 雷斯的 USP(Unique Selling Proposition)——"独特的销售主张"理论,②它有助于我们深入理解广告诉求的含义。

---

① 大卫·奥格威. 一个广告人的自白[M]. 林桦,译. 北京:中国友谊出版公司,1991:82.
② 罗瑟·瑞夫斯. 实效的广告[M]. 张冰梅,译. 呼和浩特:内蒙古人民出版社,1999:80 - 115.

R. 雷斯所强调的广告"独特的销售主张"有三个主要的方面：

（1）每一个广告都必须对消费者说一个销售主张，必须让受众明白："买这样的商品，你得到的特殊的利益。"

（2）所强调的主张必须是竞争对手做不到的或无法提供的，它必须是具有独特性的，是一个品牌或诉求的独一无二的个性。

（3）这一主张必须是强有力的，必须聚焦于一点上，足以集中打动和吸引消费者来购买你的商品。

USP 理论解决了广告诉求的最基本问题，它明白地告诉我们，广告诉求绝不是什么都说，而是要说最能切中消费者需要的、最具个性的利益点。这是无数成功广告的秘诀，只要稍加留意，我们就能发现每一则成功的广告都有自己独特的诉求重点。

2. 诉求的类型

广告诉求策略的另一方面是诉求的方式。广告信息总要通过一定的方式表达的，当确立了诉求重点之后，我们就得考虑用什么样的方式传达广告的诉求内容。这是诉求策略的决策，是广告诉求形态的抉择。有的广告以理性信息来说服消费者，有的广告则以感性信息来打动消费者，这就构成了广告诉求两种最基本的形态——理性诉求和情感诉求。

（1）理性诉求是诉诸消费者的理性和认知，旨在从理性上说服消费者。广告传达的主要是产品所包含的功能性利益，广告摆事实、讲道理，提出确凿的证据和事实，以理服人，让消费者用理智去思考、去判断，最后决定是否购买。例如宝洁公司的帮宝适纸尿裤广告采用的是理性诉求，广告告诉人们该产品吸水性如何如何好，能保持宝宝屁股干爽，整夜睡得很香。

（2）情感诉求是诉诸消费者的情感，以情动人，旨在唤起或激发消费者对该产品的积极感情。"感人心者，莫先乎情"，广告利用情感手段和情感因素，如赞许、同情、热爱、愉快、自豪、浪漫、内疚、羞愧、恐惧、担忧等，将这些情感与产品联系起来，使消费者产生情感体验，影响他们对产品的态度和情感倾向。

情感诉求的本质是"移情"，将人们对广告、广告人物或广告故事的情感"移"至产品，影响消费者的情感，影响他们的消费行为。现实生活中有许多喜怒哀乐，有许多深挚隽永的亲情、爱情和友情，有许多动人的故事、感人的细节，一些成功的以情感诉求为主的广告，总是选取现实生活中人们最常见、最熟悉的人、事或物，使它们与产品（品牌）建立情感上的紧密联系，并以此作为情感抒发的对象，从而赋予产品特殊的情感意义和价值。

理性诉求和情感诉求作为广告诉求的两种基本形态,并无优劣、好坏之分,因为它们并非相互对立的两极,而是互不相同的两种形态,只要运用得当都能产生良好的说服效果。就目前广告创作的现状与发展趋势看,广告诉求在动之以情的时候并不排斥理性因素,在晓之以理的时候也或多或少的带有感情色彩,许多广告都表现出把两者加以综合运用,使两者水乳交融、相得益彰,从而达到最佳说服效果的趋势。

三、广告表现策略

广告的定位策略和诉求策略制定后,我们明确了广告活动的受众对象、产品的卖点和广告的信息重点、广告信息的诉求方式等,现在的任务是在此基础上确定广告的表现策略,并根据广告表现策略通过的一定的视觉或听觉手段创意为广告作品。

（一）广告表现策略的确立

广告表现策略的目的是寻求广告信息的最佳表达形式,创作出具有视/听觉冲击力和劝说力的广告作品,包括广告文案撰写和视觉设计等。

1. 广告主题的确定

广告主题是广告信息所要传达的核心思想,它决定了广告元素或符号的选择和组合,而且统摄这些广告元素或符号,使之成为一个有机的整体。广告中有文字、图像、情景、事件、音乐、音响等元素,它们都传达一定的信息,但它们在广告中不是散乱无序的,而是共同体现着一个广告主题。

广告主题不同于广告信息的诉求重点。广告诉求策略确定了广告的信息重点和广告信息的诉求方式,但广告信息的诉求重点常常是通过一定的主题表现,而同一诉求信息可以用不同的主题表现。例如,某一品牌汽车的信息诉求重点是马力大、速度快,它可以用不同的主题,例如:

主题1:速度提高工作效率

主题2:速度保障事业成功

主题3:让你体验速度的刺激

表现策略就是要在种种可能的主题中,确定最能切中受众心理的、广告效果会最好的一个主题。广告的主题不同,广告的信息和面貌也会不同。

2. 广告创意决策

广告创意是表现广告主题的新颖构思,主要通过构思,创造出新的意念,具体包括文案撰写和广告视觉设计等。广告文案撰写和广告视觉设计都以业已确定的广告主题为基础,前者用文字手段传达广告信息,后者用视觉元素传达广告信息。这就是说,广告信息需要进一步"包装",广告不仅要准确、清晰地传达信息,而且要对受众的视/听觉、心理产生强烈的冲击,使它产生良好的传达效果。

广告文案撰写要考虑用什么样的语言和文体风格,是用文艺性语言,用公务性语言,还是用科技性语言?要什么样的情境或故事,甚至考虑用什么标题;广告设计则要考虑用什么视觉元素,包括用什么图像,字体如何编排,用什么形式整合广告的视觉元素;在听觉广告中还要考虑用什么声音,配怎样的音乐,如何组合音响。

(二)广告创意与广告表现

广告创意作为广告表现的重要部分,它处在广告主题的选择、确定与广告制作之间。有了很好的广告主题,但没有表现主题的好创意,广告就不可能引人入胜;有很好的创意,但广告的材质和规格跟不上,创意也不能充分体现,广告效果也会受到削弱。

"创意"在英语中为 creation 或 creativity,是指具有创新的意识和思想的创造性的思维活动。是一种思维惯性、思维定式的突破,是一种奇思异想、奇思妙想而不是胡思乱想。许多人把创意在广告活动的地位看得很重,如说"创意是广告活动的核心"、"创意是广告的灵魂"、"创意是广告成功的关键"等。然而"创意"一词是广告学中最难以定义的一个术语,人们对它有不同的定义阐释,有人说是想主意、出点子;有人说"创意是脚走出来的";有人说"创意的核心就是广告艺术(表现)的创作",有人说"创意=创异+创益",众说纷纭。

1. "创意"作为一种创造性的广告活动,有广义和狭义的区别

从广义上讲,在广告活动的各个环节都存在"创意",例如在市场调查中采用新的方法和手段,或创造性地将几种方法和手段组合起来使用,这是创意;在媒体使用上也可以有创意,如有人通过光束将广告投射到低垂的乌云上,有人以人体为广告媒体,将几个人的头发剃光,各人头上写一个字母,合起来是某一品牌名称。从狭义上讲,广告创意就是通过一定的艺术构思,把广告主题准确、充分、集中地表现出来的创造性思维活动,它是广告信息的艺术化加工,以塑造广告的艺术形象为主要特征。我们这里所谈的广告创意是狭义的概念,即后者。

2. 广告创意既是一个思维过程,也包含了思维的结果——广告的艺术形象

大卫·奥格威说:"要吸引消费者的注意力,同时让他们来买你的产品,非要有好的点子不可。除非你的广告有很好的点子(big idea),不然它就像被黑夜吞噬的船只。""好的点子"的产生过程就是创意。詹姆士·韦伯·扬的广告名著《A Technique for Producing Ideas》被译作《产生创意的方法》,而其原意就是"产生点子(ideas)的方法"。他认为"创意是把原来的许多旧要素作新的组合。进行新的组合的能力,实际上大部分是在于了解、把握旧要素相互关系的本领。"同时,他指出创意孕于心而成于胸,是一个艰难的思维过程,这一过程是由"收集信息"、"反复咀嚼"、"内心孵化"、"产生点子"、"具体完善"五个不同的心理阶段组成。无论哪个广告创意人,也无论他的创意具有怎样的独特性,要进行一个完整的创意都必须经历这样五个阶段。

3. 广告创意作为广告表现的一个环节,它不同于一般的文学或艺术创作

广告创意需要想象力和创造性,但绝对不是创意人员的自由创造和主观发挥,这是由广告的性质和目的所定。广告创意是一种"遵命的"、"功利的"创造活动,它受到各种因素的制约。

第一,广告创意必须以科学的决策为依据。广告要想有效地传达广告信息、发挥广告的劝服性作用,需要借助艺术手段,但广告首先是讲求传播效果的科学,广告创意虽然具有文学或艺术的特征,但必须以科学判断和决策为基础。

奥格威说,一则上乘的广告必须既"做法正确",又"表现杰出"。"做法正确"就是要有科学的决策,包括表现策略的正确,"表现杰出"就是要有好的点子或创意。现代广告最显著的特征之一,就是从经验决策转向科学决策,科学决策是广告投入有效性的保证。

第二,广告创意的另一个重要制约因素是广告的目的。广告的本质功能和目的是"推销",它传递商品信息,劝说消费者购买该商品。广告创意作为广告信息的具体表现,是寻求一种更有效地推销商品或服务的广告形态,因此广告创意人员不能忘记自己的"推销"使命。记住奥格威的话:"我认为广告不是娱乐或艺术形式,而是信息载体","如果广告不能将产品推销出去,就没有创意"。要使广告能有效地推销产品,创意人员就要"忘我",不能想着如何通过广告展现自己的创作才华,而应该把消费者放在心上,"让产品成为广告的主角"。①

第三,广告创意还要受到媒体因素的制约。不同媒体有不同的信息形态,现在越来越多的广告公司意识到广告创意人员需要了解不同媒体和不同信息形态的传播特点,许多广告公司通过媒体人员与创意人员配合来弥补创意人员不熟悉媒体的缺陷,以保证广告创意适合特定的媒体。

广告创意的直接依据是表现策略,同时也要考虑定位策略和诉求策略。广告策

---

① 大卫·奥格威.一个广告人的自白[M].林桦,译.北京:中国友谊出版公司,1991:82.

略的一般决策过程是：定位策略→诉求策略→表现策略，这三个策略之间存在递进关系，定位策略是最基本、最核心的；诉求策略的决策是在定位策略的基础上并根据定位策略作出的；而表现策略的决策是在定位策略和诉求策略的基础上作出的。在进行广告创意前必须明确广告的策略，尤其是广告的表现策略，而创意人员要自觉接受这些策略的指导，以避免广告创意的"无关"和"无效"。

四、广告媒体策略

确定了广告的定位策略、诉求策略和表现策略之后，我们的任务是要确定广告的媒体策略，决定在哪些媒体上发布广告，在什么时间发布，发布的频率和次数如何，这些不同的媒体如何配合起来发布广告。这些问题不仅关系到广告费的投入量、投入效果，还关系广告的创意和制作。广告主的广告投入绝大部分是用于购买媒体的时间和空间，虽然请人策划、创意、设计和制作广告需要费用，但这些费用与购买媒体的费用相比，只是极小的部分。创意制作一则 15 秒的电视广告只是花费了十几或几十万元，而一年的播放费可能是几百万甚至几千万元。如果真的出现"一半广告费是浪费"的情况，那么，这肯定是因为制定了不合理的媒体策略。因此通过什么媒体发布广告需要慎而又慎，思而又思，要将钱花得合理，让每一分广告费都发出声响，使广告投入产生最大的经济回报。

（一）媒体策略的内容

在当今的信息时代，可以传递商品或服务信息的媒体很多，而同一种媒体又有不同的选择，媒体选定以后，还得考虑在什么时间、什么空间发布，要安排广告刊播的频率和次数。广告运作实践中，由于单一媒体发布往往很难达到预期的广告效果，因此会选择多种媒体整合传播，同时发布广告。

概括起来，媒体策略主要涉及四个方面的问题：广告媒体的选择、广告媒体的组合、广告频次的安排和广告发布时机的选择。这些看似简单的问题，在决策时却有着深奥的学问。这就是为什么一家有规模的广告公司要招募专门的媒体人员。

（二）如何选择广告媒体

广告媒体选择并不能随意，因为它关系到广告主 80％ 的广告投入是否能有经济回报。正规的广告公司都有专门的媒体人员，为广告主选择媒体和制订媒体计划。

1. 媒体的选择首先要认识到不同类型的媒体有不同的特点

我们可以把各种媒体分为视觉的、听觉的、视听综合的三类，它们有各自的特点。如果对不同的媒体加以具体分析，那么它们的优势和劣势可以归纳为表1-1。

表1-1　各种媒体分类

特点 媒体	时效快	易保存	易传递	易接受	信息足	覆盖广	费用低
报纸	＋＋	＋	＋	＋	＋＋	＋	－
杂志	－－	＋＋	＋＋	＋	＋＋	＋	－
广播	＋	－－	－－	＋＋	＋	＋	＋
电视	－	－	＋	＋＋	＋＋	＋＋	－－
网络	＋＋	＋	＋	＋＋	＋＋	＋	－
路牌	＋	＋＋					
公交	＋	＋＋	－－				
直邮	＋＋	－	＋		＋		

表中的"＋"表示"肯定"，"－"表示否定，"＋"越多表示肯定程度越高，"－"越多表示否定程度越高.

如果一种产品，如手机、电脑等，想在广告中展示产品的外观形象，那只能选择报纸、杂志、直邮等印刷媒体和电视、网络等电子媒体，而广播无法展示产品形象。如果一种手机想展示它的彩壳、彩屏，或展示它传递彩色照片的功能，那选择电视、杂志、网络等媒体比较好，电视、网络图像清晰，杂志印刷质量好，能显示逼真的色彩，而报纸虽然也可以套色，但印刷工艺和纸张质量都比较差，不能如实逼真地展示产品的色泽。如果一种手机想在广告中让人感受它悦耳的铃声，或一种音响设备想让人体验其音色和音质，那就得选择电视和广播媒体，印刷媒体、户外媒体则无能为力。

2. 广告媒体选择的另一个重要依据是广告的对象群体

不同的产品都有自己的目标消费者群体定位，广告的目的是要劝说这些目标消费者购买其产品，选择媒体时就必须考虑该媒体能否有效地把广告信息呈现在这些目标消费者眼前，或灌入他们的耳中，这就要选择他们经常接触的媒体。如果你产品的消费者主要是老年人，那可以选择电视、广播媒体，如果是都市的老年人，那么除了电视、广播外，还可以选择一些他们接触的报纸、杂志。如果产品的消费者主要是都市的青年女性,那你可以选择电视媒体,或时尚休闲类杂志,或选择网络。

媒体的选择还会涉及时段和位置的选择。今天,一种媒体网罗所有受众的时代已一去不复返。芸芸受众因性别、年龄、职业、受教育程度、收入等的差异,他们对各种媒体和栏目内容显示出不同的兴趣和爱好倾向。一个媒体不仅在受众和主题内容上有整体性定位,而且还通过不同栏目和内容的细分,吸引特定的受众群体。

3. 媒体选择的第三个依据是"千人成本"

选择价廉物美的媒体是媒体策略的一部分,也是媒体选择的重要原则。所选的媒体是否价廉物美,通常是用"千人成本"来衡量。千人成本是指某一媒体发布广告送达 1 000 人所需的成本费用,可以用千人成本评估媒体的广告发布效益,其计算公式为:

$$\frac{媒体费用}{广告受众总量} \times 1\,000$$

一般地讲,媒体送达广告的人数越多越好,但由于媒体时段或空间的价格也是按它的受众的人数确定的,受众多的价格也高,千人成本也越高。在实际操作中,媒体选择在考虑千人成本的同时,还要考虑下面两个因素:

(1) 该产品的潜在消费者在广告送达的受众中占多少的比例?

(2) 该产品营销范围内的受众在广告送达的受众中占多少的比例?

(三)媒体组合与广告频次

为了提高广告传播效果,一个广告活动往往会选择几种媒体。这就需要将这几种媒体科学地组合起来,使媒体达到最佳的广告信息传送效果。在实际操作中,许多广告活动由于随意地组合媒体,以致广告的投入大量浪费。

1. 媒体的组合策略

这是一种有机的广告传播配合策略,合理的媒体组合,其广告效果体现在以下几个方面:

(1) 有利于多方位、多层次地展示产品信息。不同类型的媒体各有优势特征,彼此之间有一定的互补性,媒体组合要充分利用媒体的优势,形成广告信息传播上互补性配合。

(2) 要有助于扩大受众的数量。一个产品的潜在消费者群体虽然在某些方面会有着共同的特征,但是他们接触的媒体并非完全一样。可以通过不同的媒体组合发布广告,使广告在时间与空间上形成互补,让它的各种潜在消费者都能接触到广告信息,从而扩大受众的数量。

(3) 要有助于广告的适当重复。重复刺激受众的感觉是加深广告影响和记忆的重要手段,广告的重复刺激可以通过一个媒体上的连续刊播,也可以通过不同媒体上的交叉刊播。

2. 广告频次

广告媒体策略的另一内容是广告刺激出现的频率和次数。人们从开始接触某一产品的广告到掏钱购买这一产品,要经历一个复杂的过程,这个过程很像我们从开始接触一个人到最后成为朋友的过程。这个过程可以简单地概括如图 1-2 所示。

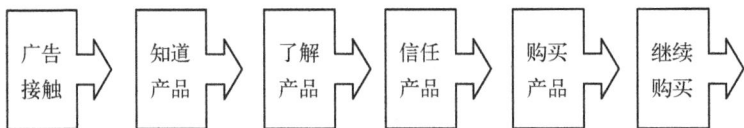

广告接触 ⇨ 知道产品 ⇨ 了解产品 ⇨ 信任产品 ⇨ 购买产品 ⇨ 继续购买

图 1-2

广告的目的不仅要快速地使产品和消费者成为"朋友",而且还要维持业已建立起来的"朋友"关系,因此在决策广告发布频次时要考虑以下因素:

(1) 受众的信息接受心理。受众从接触广告信息到购买产品的过程也是一个心理发展的过程。在广告发布的开始阶段,他们要在众多的广告中注意一个陌生的产品,除了广告创意要有新异感,还要有较高的出现频次,同时注意科学合理的节奏。

(2) 产品的生命周期。每个产品一般都会经历如图 1-3 这样的生命周期:

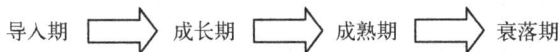

导入期 ⇨ 成长期 ⇨ 成熟期 ⇨ 衰落期

图 1-3

因此企业主总是不断地改进产品,通过产品的更新换代以保持产品进入新的生命周期。一般而言,导入期产品所面临的问题是如何迅速提高产品和品牌的知名度,迅速地扩大广告接触的受众数量,这就需要比较高的广告频次;成长期的产品有一定的知名度和购买者,但它马上就会感到同类产品的竞争压力,需要进一步扩大市场和销量,仍需要大量广告费用的支持,保持较高的广告频次,否则就会很快失去那部分很不稳定的市场;到了成熟期,产品的市场比较稳固,也具备了较强的竞争实力,广告的主要任务是提高消费者的"品牌忠诚度",广告不能少,但可以减少投入和频次。

（3）产品的市场战略。市场如战场，有时采取市场扩张型战略，有时采取市场防御型战略，有时采取退让型策略。同类产品之间不停地为扩大自己的市场占有率和区域范围竞争着，广告作为市场竞争的重要武器，它的投入量和发布频次与市场战略有密切关系。如果一个产品要扩大市场，提高市场占有率，那就得加大投入，广告的频次和密度也要增加；如果只想保持现有市场份额，不让别的产品侵占自己已有的市场，那就需维持现有的广告频次；如果是想放弃一部分已有的市场，那么广告的频次可以降低一些。当然，在决策广告频次时还要考虑竞争产品的广告频次，根据市场竞争的态势做出自身的调整。

五、双赢或多赢：整合视角下的广告传播策略

如上所述，一个广告活动的成功关键在于策划，而策划广告活动有效的方法是在动态中整合所有的策略，包括公共关系、促销、直销等，这正是整合营销传播最重要的思想：各种形式的传播手段和策略都可以运用。公共关系、促销、直销的一些功能优势可以弥补广告活动的一些局限性，这些策略通过互助共生的联动，能够共同完成广告策划所设定的传播目标，并最终产生 $1+1>2$ 的效应。事实上，在市场营销战中，很多企业早已尝试着把各种营销传播手段协调运用以便创造更好的传播效果，其中尤以与公关（PR）的互动最为瞩目。

适应着企业对营销传播中整合多种策略的需求，很多广告公司或营销传播机构也开始打破传统的广告模式，使公关策略与广告的各种策略等一起构成了广告策划的核心内容。一份为客户提供的典型的广告策划书中包含着许多公关策略，同样，一份公关计划书也包含了广告传播的内容，有效的广告策划协同卓越的公共关系成为助推企业在竞争中制胜的关键。

限于篇幅，此处重点阐述整合视角下的广告与公关的关系，在以后每一章的具体案例中则会涉及更多整合营销传播视阈下的其他策略。

（一）唐·E.舒尔茨《整合行销传播》

在营销传播的各种方式里，广告一直以来是一个最强势的角色，很多人甚至把广告与营销看成同义词，以广告为导向的营销几乎一直走到了 20 世纪 80 年代。在这样的时代，公共关系以及其他营销要素很难有与广告对等的话语权，其角色无可争议地都是配角。

　　进入 90 年代,随着市场竞争的日趋严峻,信息传播技术的迅猛发展以及消费者消费观念的日益成熟,广告的强势地位受到极大的挑战。首先从理论上撼动广告导向的是唐·E. 舒尔茨等人所著的《整合行销传播》①一书。在此我们不再赘述舒尔茨的理论,只解读舒尔茨的理论对我们认识广告传播策略与公关传播策略两者关系所具有的意义。

　　(1) 整合行销传播理论使营销传播的诸因素在"整合"的麾下取得了对等的地位。事实上,每一种营销传播方式都有着自己特殊的能力、作用和地位,在传播→影响→购买的过程中,公共关系与广告承担的职责虽然不同,但具有的价值是一样的。与此同时,在舒尔茨看来,以概念为核心的整合营销传播,其麾下不同的行销沟通方式必须互相声援、彼此支持,形成合力,这就使广告与公共关系以及其他的营销策略形成了对等而非对立的关系,它为两者的双赢奠定了理论基础。

　　(2)"整合"不仅为营销传播诸要素架构了一个互相依托、和谐共生的系统,而且还衍生出一种开放的视野和兼容并蓄的观念意识,它为系统内的每一种营销传播方式提供了一个超越自我的平台。这就使公共关系等策略进入广告的视域,广告策划中强化公共关系的方式和概念成为一种必然的结果。

　　(3) 舒尔茨认为:21 世纪的营销传播是双向沟通式的关系行销(relationship marketing),"这意味着买方与卖方存在着一种源于交换资讯与分享共同价值的关系。"由此,营销目标的实现很大程度上基于与消费者的良好关系,而协调维护各种关系(包括危机关系)正是公共关系最重要的职能和最突出的优势。广告的单向传播所造成的沟通难题,公共关系完全有能力解决。

　　(4) 与关系行销直接相关的是"接触",良好关系的建立需要沟通,沟通本质上就是企业及品牌与消费者的"接触"。"凡是能够将品牌、产品类别和任何与市场有关的讯息等资讯,传输给消费者或潜在消费者的'过程与经验'",都可称之为接触。根据这个定义,我们发现与消费者接触的方式可谓成千上万。很明显广告传播给予消费者的接触主要是媒介信息,而公共关系所提供的"接触"途径却超越了单一的媒介。它可以借助新闻发布会、记者招待会、专题报道、访谈等新闻传播的手段,借助各种社会性、公益性、赞助性、庆典性等大型活动的途径,借助展览会、演讲会、座谈会、论坛、宴会、舞会、酒会、茶话会、拜访、通信等人际与群体传播的方式,等等,它以其众多的接触点和很高的灵活性,能够帮助企业填补广告所遗漏的"接触"缺口。

----

　　① 唐·舒尔茨. 整合行销传播[M]. 北京:中国物价出版社,2002.

整合营销传播理论使我们以一种全新的视角和观念去思考广告,思考广告与公关等多种传播形态之间的互动关系,其直接带来的现实是广告开始改变自己,拓展自己,广告策划、广告执行方式随即发生重大的变革。在广告业中,广告策划的任务通常是与公共关系相联系的,广告与公关的双赢已成为一种自觉的专门化的追求。

(二)阿尔·里斯与劳拉·里斯《公关第一,广告第二》

使传统的广告思维模式再次受到撼动、同时又链接着广告与公共关系的理论就是阿尔·里斯和他的女儿劳拉·里斯合著的《公关第一,广告第二》。[①] 这部被誉为"为公共关系(Public Relation)时代的到来揭幕"的论著,以全新的视角对广告与公关的关系作了前所未有的颠覆性思考,并以决绝的态度断言"广告消亡、公关永生"!公关与广告第一次被置于孰优孰劣、孰生孰死的判断,广告在营销传播中一直以来的强势地位受到了公关的致命挑战,可谓振聋发聩!

阿尔·里斯对传统营销界"唯广告模式"所提出的质疑是值得肯定的,但是在理论与实践两个层面,我们更多认同的是在整合营销传播的麾下,公关、广告、促销活动、直效行销的相互辅佐,而不是你死我活。尽管在美国的市场条件与技术背景下公关主导营销已成为不可阻挡的趋势,但是断言广告"灭亡"却为时过早。广告的强势地位是由它所创造的价值决定的,以中国为例,高达几千亿营业额的广告业与几百亿营业额的公关业自然是不能同日而语的。从纵向看,公关的确在崛起,但广告也没有衰落。显然,公关与广告都有着对方所不能替代的优势,也有着各自的局限,两者不能偏废。其实,即使阿尔·里斯本人也认为"每一个品牌迟早都会遇到一堵公共关系的墙。到那时,无论你做什么,你都不能让媒体对你这个品牌进行反复的报道。这时就应该把品牌战略由公共关系转向广告了"。因此,我们或许可以把阿尔·里斯的断言看成是他对广告传播浪费和无效的一种逆反。

阿尔·里斯颠覆性的论述对中国广告业和公关业的特殊意义在于,其言论所具有的警醒作用。毋庸置疑,在仍然以广告为主导的国内市场上,绝大多数企业急功近利,即使明知砸下的钱会打水漂,也宁愿拿钱投广告。所谓的公关意识,只是在城门失火之后,才想到用公关去"灭火"。这导致了公关缺位的现实,制约了行业的繁荣与成熟。因此,阿尔·里斯显得矫枉过正的理论能极大地凸显公关越来越重要的作用和越来越关键的角色,从而引起业界对公关的关注和重视。

---

① 阿·里斯.劳拉·里斯. 公关第一,广告第二[M]. 北京:中国物价出版社,2002.

（三）David Meerman Scott《新规则：用社会化媒体做营销和公关》

为广告与公关的整合敞开一扇巨大的机会之门的是互联网的高速发展，David Meerman Scott 的《新规则：用社会化媒体做营销和公关》①在整合营销的视域下，提出了"将在线营销和在线公关的相关内容全部整合到网站中"的全新理念。本质上，这是对唐·E.舒尔茨和阿尔·里斯的理论基于网络新媒体传播环境下的整合应用，我们可以将其视为线上整合营销传播策略，这是将传统整合营销的思想，根据互联网优势和受众特征的双重属性，进行的系列性营销策略创新，它包括网络广告、网络公关、网络事件和网络技术应用四个主要组成部分。这是一种更为广义的整合营销传播策略，不仅整合了营销传播的诸要素，使广告、公关与其他传播策略融合互鉴，还整合了各种传播工具和技术手段（比如电子杂志传播、表情传播、minisite[迷你网站]建设、搜索优化、视频音频等）；同时，在交互基础上达到线上与线下的互动，且一改传统媒体一点对多点的传播路径，而变为一对多、多对多、多对一的复合传播路径。事实证明，很多网络媒体都是一个综合性的集传播、营销、互动等特点在内的一个立体平台，网站上采取"一网打尽"的整合战略，综合运用视频、平面广告、拉幕广告、有奖竞猜、论坛管理、博客传播、新闻报道、广告软文、E-mail 群发等手段进行着营销传播活动。

总之，在激烈的市场竞争与传媒多元化、资讯严重超载的今天，广告只有与公关等其他营销传播策略整合起来协同作战，才能有双赢或多赢的结局。而对于一个企业而言，其营销传播竞争优势的确立同样来源于各因素的效率和它们之间的协同效率。同时，作为营销传播的载体，新媒体广告、公关和传统媒体的广告、公关就传播的整体进程来说，也是可以而且应该形成合力的。

第三节　广告评价与广告效果

广告学理论是一个体系，包含了许多概念和学说，本章只是列举了其中的一部分，主要涉及"对谁广告"、"广告什么"、"如何广告"、"广告效果如何"等一系列理论问

---

①　戴维·米尔曼·斯科特(David Meerman Scott).新规则：用社会化媒体做营销和公关[M].赵莉，等译.北京：机械工业出版社，2011.

题。广告活动的基本运作程序是从市场调研、产品分析、消费者研究入手,确定广告定位、广告诉求、广告表现和媒体选组等策略,在此基础上进行广告执行实施,发布广告信息,最后测定和评价广告效果,为新一轮的广告活动积累经验。毋庸置疑,广告活动与广告作品只有在实施后才会产生它的促销效果和社会效果,那么,如何评价广告是否成功? 什么样的广告是好的广告? 这就涉及广告的评价标准和广告效果的测定问题。

一、什么是好广告

如前文所述,广告是一种投资行为,投入的广告费用是要有经济产出的;广告是一种促销行为,其根本目的是销售商品;广告是一种大众传播活动,不仅推销商品,同时也倡导健康的人文精神和消费文化。我们认为,优秀的广告既能用新颖独特的创意取得市场促销效果,又能以正确的人文精神引领消费文化,关注社会整体利益,或者说真(真实的商业信息)、善(独特的诉求创意)、美(时代的文化美感)的广告是好的广告。

1. 优秀广告应该是市场促销效果和艺术表现魅力相统一的广告

市场效果是第一位的,艺术表现是为促销目的服务的策略和手段,这是广告的本质属性所决定的。随着全球整合营销观念的出现,广告的经济本质属性已为越来越多的人所认同,几年前《中国广告》杂志社曾特约几十位华文广告的风云人物谈"好广告的标准",回答虽各有侧重,总体上是强调销售与创意的统一性,强调广告对人类社会的积极影响,很少有人单纯强调广告的创意表现。许多成功或失败的广告案例证明了这个标准的正确。

2. 优秀广告在成功促销的同时,应该非常注重社会影响

优秀的广告传播的应该是先进文化和思想内涵,对倡导社会精神文明和社会美德有积极的作用。我们且不说优秀的公益广告的倡导作用,如"中华好风尚"等公益广告在环保、禁烟、节水、献血等公益事业上的文明倡导作用是不可估量的,就是优秀的商业广告,也同样发挥着积极的社会影响。"海尔"电器的"真诚到永远",小天鹅电器的"全心全意,小天鹅电器",菲利浦电器的"让我们做得更好",都向人们传达了一种诚信服务的精神。

3. 好广告不一定获奖,获奖的一定是好广告

与广告评价有关的另一个问题是广告评奖,对广告来是说,是得奖重要还是促销重要,只要把握广告的本质与目的,答案是明确的。第47届戛纳广告节评委会主席马尔塞罗·塞尔帕也曾明确告诫大家:"广告的第一要义就是向消费者卖商品,而不是向戛纳的评委推销。"所以我们不能以是否得奖来衡量广告的好坏,好广告应该是既有市场效果又受社会欢迎的广告。

二、广告批评的标准

广告批评是很重要的问题,但目前业内并未形成完善的批评环境与机制。深入开展广告批评,对科学管理广告市场,推进广告理论的发展,提高广告运作服务水平,提高广告本体的质量,都有十分重要的意义。"批评",并不单是贬斥的意思,它包含褒、贬两方面的评价,它也不光局限在广告作品(本体)的评判,广告理论、管理经营、主体客体状况、运作策略等都是批评的内容。可以说,与广告有关的现象都属于批评的范围。

广告批评除了要有正确的观念外,批评队伍、批评标准、批评阵地是构成广告批评环境必不可少的要素,而其中的核心是广告批评的标准。

1. 广告批评的概念

广告批评有感性批评与理性批评之分,感性批评指停留在广告运作具体实践和经营经验层次的批评,理性批评指基于广告及相关的科学理论和方法所进行的批评。这两种批评都需要,成功案例的经验,常常是新的广告理论的先导,但如果停留在感性阶段,"就案论案",不作理性的提升,就无法总结出规律性的东西,指导普遍的广告实践。这两种批评都需要一种衡量的尺度,即大家统一认可的广告批评标准。可以说,科学正确的批评标准是建立完善的批评机制的关键。

2. 广告批评的标准

广告批评的标准是有层次的,从合法→成功→优秀,构成了广告批评系统的三个层次。

(1)合法的标准。合法是最起码的批评标准,这是广告对不对的问题。违法、虚假、失实的广告是首先要否定的广告,这些广告不仅违背市场交易的公平原则,扰乱竞争秩序,更重要的是使消费者在商品选择上出现失误,造成财产、身体和精神的损失。对社会产生副作用的广告将失去自身信用,乃至破坏所有的广告效果。合法标准的依据是广告法规,我国现有的广告法比较粗疏,比较笼统,用语也欠严密,仅以打击虚假广告为重点,但这些法规在广告市场的规范管理方面已发挥了重要的作用。

各国的广告法都不相同,总趋势是由具体而全面,由粗疏向细致,日趋完善、严格。在世界许多国家都可看到"广告净化运动",其目的就在排斥虚假、失实广告,解除公众对广告的不信任感。

(2)成功的标准。广告除了要求"做对",还要求"做好"。广告法规主要是管"对"而不管"好"的。成功的广告就是创意表现和市场促销效果相统一的广告。

成功广告的首要标准是促销。广告大师奥格威的座右铭说得好:"我们的目的是销售,否则便不是做广告。""广告是推销技术,不是抚慰,不是纯粹美术,不是文学,不要自我陶醉,不要热衷于欣赏,推销是真枪实弹的工作。"①他在著名的广告经典《"杜佛盛宴"报告》中叙述了"奥美"的广告精英们对广告的一致看法:"广告的目的是销售广告主的产品或服务。"确实,就商业广告而言,投入产出是它的根本属性,它沟通产销,加速流通,可以创造市场,创造消费价值和生产价值,有形价值和无形价值,不管广告一时的表现形式如何,其终极目的都是在或近或远的将来引起销售。它是一种以牟利("产出")为依归的商业行为。因此,创意平平的告知性广告虽无大的震撼力和诱惑力,但如果它真实、客观、清晰地告知了商业信息,促成了销售,我们还是应予接受,而创意表现虽好但不能促销、没有市场效果的广告很难被认定是成功的。

确实,广告"姓商不姓艺",广告与艺术在目标对象、表达内容、创作过程、接受方式等方面都是不一样的。广告归根结底是商业家族的成员,商业价值是广告的根本,一味追求唯美表现和艺术价值的广告是不足取的。

当然,提倡艺术表现和市场效果有机统一,以市场效果为主的衡量标准,绝不是否定艺术表现的重要性。广告的策划、运作过程是科学实证和艺术表现融合的过程,科学实证决定了广告的目标和定位,而艺术表现增强了广告的吸引力和说服力,两者有机融合,才是杰出的成功广告。

(3)优秀的标准。"成功"与"优秀"并不在一个层次上。21世纪,市场经济、消费者需求和广告观念发生了很大的变化,广告运作重心将从广告本身转移到社会及消费者身上,商品的形象塑造、消费者的接受研究、消费文化的倡导、广告对精神生活的影响,将成为广告运动的中心。如前文所述,如今人们不仅关心广告的经济作用,还关心广告的社会作用,人们希望广告在倡导社会的精神文明中发挥更积极的作用。

今天,仅仅以上乘创意促销的成功广告还不能算是优秀的广告。优秀的广告应该更注重商品文化、消费文化、社会及人的研究,更注重广告的社会影响,融入社会,

---

① 大卫·奥格威.一个广告人的自白[M].林桦,译.北京:中国友谊出版公司,1991:69.

取信民众,从而实践它的商业行为,完成它的经济使命。中国银行 20 世纪 90 年代末进行 CI 策划后,推出以高山、竹林、麦田、江河为创意形象的企业形象系列广告。广告播出后,据盖络普咨询公司的调查,中国银行是全国最知名的国内品牌,认知率达 85％,成为唯一排在可口可乐前面的国内品牌,该广告在亚洲广告大赛上也获得四项大奖。

综上所述,评价一个广告的好坏,有不同层次的标准。在合法的基础上,我们要看广告创意与促销结合的程度;在成功促销的基础上,我们还要看广告在文化倡导、精神引领上对社会产生积极影响的程度。只有全面地把握了这个标准系统,才能正确地开展广告批评。

三、广告效果的测定

在广告活动的实际运作中,除了依据广告批评的标准,对广告进行分析、评价外,还要通过广告效果测定对广告应作出的评价。

所谓广告效果,是指广告信息发布对接收者所产生的各种影响。广告效果测定,就是指用科学的方法和技术对广告效果进行评估。

广告效果的内涵有广义和狭义之分,狭义的是指广告的经济效果,广义的是指经济效果(销售效果)、心理效果(沟通效果)和社会效果。广告效果测定也包括事前测定、事中测定和事后测定。这里,我们主要谈谈广告效果事后测定的内容和方法。广告效果测定是一项非常专业、非常复杂的科学技术,在此只能作概括的介绍。

广告效果,既存在于广告实施过程中,更显现在广告活动告一段落之后。广告活动实施的各个环节、市场环境和社会环境都会影响到广告效果,因此广告效果的形成是十分复杂的。我们在测定广告效果之前,应该弄清楚广告效果的主要特征:

1. 广告效果的延迟性

消费者从接触广告信息→产生需求欲望→实施购买行为,这是一个心理发展的过程。有时完成这个心理过程的时间比较短,有时则比较长,测定广告效果就要考虑这种延迟性,不能简单从短期销售效果去判断。

2. 广告效果的累积性

广告是多种媒体组合,反复发布的,效果就有个复合、累积的过程。特别是广告对企业形象的塑造,不是一蹴而就的事,品牌的无形资产的形成,更是长期积累的结果。广告效果测定,必须考虑累积的因素。

3. 广告效果的间接性

有的广告效果并不是广告的功劳,而是其他环境因素或人际"二次广告"的结果,对间接效果,是否予以计算,要以效果测定的目的而定。

广告效果的形成是很复杂的传播过程,这些效果的特性都是应该注意的。这也是广告效果测定总要在广告活动结束后,过一段时间再进行的原因。

现在多数人认为广告效果测定应包括经济效果(销售效果)、社会效果和心理效果(沟通效果)三个方面的内容。每个方面都有自己具体的指标体系。

第一,经济效果:是指广告促进销售增长的程度。广告的本质属性决定了它是广告的核心效果。也是广告主最关心的效果。它主要通过分析广告活动前后商品的市场占有率、销售额的变化和广告费用投入情况,来把握广告的总体效果。它的主要指标有:

(1)广告效果比率,即销售额增加率与广告费增加率之比,其计算公式为:

$$广告效果比率 = \frac{销售额增长率}{广告费增加率} \times 100\%$$

(2)每元广告效益率,即每一元广告费带来的销售效益,其计算公式为:

$$每元效益率 = \frac{(广告后销量 - 广告前销量) \times 单价}{广告费}$$

(3)广告费比率,即广告费与销售量之比,其计算公式为:

$$广告费比率 = \frac{广告费}{销售量}$$

第二,社会效果:是指广告活动对社会的经济、政法、科技、文化、教育、宗教等环境的影响程度。广告的社会效果常容易被人们所忽视,但有时社会效果却会直接影响到广告活动的经济效果和认知效果。日本索尼音响在泰国曾做过一个释迦牟尼凡心萌动的广告。释迦牟尼先是闭目坐禅,后在音乐声中睁开双眼,并随着音乐节拍左右摇摆,陶醉在音乐中。这个广告在佛教之国泰国播出时,遭到民众的强烈反对,认为是对佛祖的极大侮辱,后泰国政府也从外交途径正式提出抗议。索尼公司马上公开道歉并停播广告,才平息了风波。若对广告这样的社会效果无动于衷,一意孤行,后果是不堪设想的。

第三,心理效果:是指广告活动对消费者心理活动,即对消费者的认知、情感和意志等的影响程度。具体包括消费者对商品信息的注意、兴趣、情绪、记忆、理解、动机、行动等心理活动的反应。它的主要测定指标有:

（1）注意度——是否接触到广告，广告吸引力如何。

（2）知名度——有多少人知道该商品和品牌。

（3）认知度——有多少人了解该商品的一些属性和特点。

（4）好感度——消费者对该商品或品牌的喜好程度。

（5）记忆度——消费者对广告的印象深刻程度，能否追忆广告内容。

（6）购买动机——消费者是否对该商品有购买意向，目的是什么。

（7）触及率——广告可能接触影响和实际产生接触影响的消费者。

广告的经济效果和社会效果都是通过消费者的心理效果来实现的，所以它是广告效果的基础。广告效果是广告全过程的综合成果，经济效果、社会效果和心理效果也是密不可分，紧密联系的，要追求良好的广告效果，就必须处理好三者的关系。

广告效果的测定不是一次性而是多次性的，是连续性和阶段性的统一。要把广告策划中确定的广告目标分解为一个广告目标系统，然后对每项广告目标逐一进行评估，在广告活动结束后，再与整体活动联系起来，做系统化的分析测定。这是实效性强而又切实可行的方法。

第四节　广告传播与广告文化

如上文所述，一个成功的广告打动我们的肯定不仅仅是那些属于产品本身的实实在在的信息，还有许多产品之外的，附加在产品之上的，能给人的心理与精神带来某种满足的、能对人的行为方式、生活方式乃至价值观念产生影响的文化附加值。其实，现代广告作为一种文化传播的形式其使命本来就不只是推销商品，它还要推销观念，我们不妨把它看成广告的文化属性与文化策略。

一、广告推销产品也推销观念

无论是广告史上的经典之作，还是我们今天时刻在接触的广告，都会在推销产品、品牌的同时，把许多观念性的诉求隐寓其中，而且通过各种表现手段把它强化为：这才是你唯一的购买理由。

这里是万宝路的世界（Come to where the flavor is）。

想做就做（Just do it）。

这是世界广告史上最经典的广告，就是这两句看似与香烟和鞋子并无直接关联的广告口号，横扫全球市场几十年，依然经久不衰。人们对万宝路的认同，对耐克的喜爱，主要不是其作为香烟和鞋子的物质特点，而是广告中所传递出来的那种跃马纵横、驰骋世界的英雄主义精神以及反叛、独立、自由、进取的个性主义意识。与一般仅限于告知产品特点的广告相比，其强烈的劝诱效果是显而易见的。

这种与其说是在推销产品，不如说是在推销观念的广告，给消费者带来的不仅仅是商品所体现的物质方面的利益，更带来了这种商品所代表的精神方面的价值，人们购买它是想以此来烘托自己的形象。这种附加在商品实体及其价值之外或之上的非功能性价值就是文化附加值，詹姆斯·韦伯·杨把它简明扼要地描述为"通过广告在产品的有形价值上附加的无形价值。无形价值与有形价值是同时存在的"。人们其实是在以巨额金钱为商品所含的额外的文化价值付费，这是市场经济以及消费需求发展到一定阶段后必然要出现的现象。就今天的广告传播看，这种高文化附加值、低产品特性的广告正在成为广告诉求的一个不可忽视的潮流，其兴起的主要原因在于：

1. 产品的同质化

随着科学技术的不断发展，商品生产已进入一个高度同质化时期。产品的功能、效用由于具有可替代性，很容易因为科技的发达而被人模仿、抄袭或者超越。同样一件西服，其生产工艺、面料、色彩、款式等可能是很多生产厂家都能提供的。产品不断失去个性特色已是事实，有的甚至几乎找不到任何可辨别的物理差异。这一来在广告中你能说的，我也能说，广告对产品特点、属性的宣传因很容易雷同而难以对消费者产生强大的影响力。

与此同时，产品的同质化又使消费大众对一件商品的关注点产生了极大的改变，他们的目光从有形商品转向了非商品物质属性的无形物（诸如价值观念、人类情感、生活方式、形象、气质、品位等），从对产品的消费转化为对产品所蕴含的文化附加价值的消费。与商品的同质化相反，人们发现文化附加值是有差异的，它具有不可替代性，因为它不是技术、机器复制的产物，而是人脑、思维创造的产物，是难以模仿的。同时如果说商品固有的实际价值是有限的话，那么附加在商品上的文化附加值却是无限的。比如"飞翔的梦想、自由的梦想、纵情的梦想、驰骋的梦想，这都是人类移动的梦想。雅阁，把这种梦想变为现实。把握梦想，广州本田"这样的广告大大超出了产品的具体属性，事业、生命、人生、梦想、奋斗、进取等，其蕴涵的意义富有张力，轻而易举地把消费者带入了想象和联想的无限空间。

由此可见,广告对文化附加值的宣传完全有可能超越产品的物理特征和属性,于是,广告中有关商品的"物的价值"的表述逐渐退隐,而"观念价值"则倍受瞩目。商品的"有用性"价值被视为理所当然,而商品的"观念性"则被视作难得的收获,意外的惊喜。雪碧从"晶晶亮,透心凉"已变为"我就是我,雪碧",由简单的品质诉求向精神个性诉求发展。而"佳得乐"由"解口渴更解体渴"的强身健体的功能性诉求转向"我有,我可以",开始向延伸的精神价值提升。

2. 品牌消费时代的必然要求

在经历了若干年商品消费的初级阶段后,当今世界包括中国已经由产品时代进入品牌时代。品牌已成为市场的主角,品牌消费已成为消费主潮。可口可乐副总裁曾说过:可口可乐之所以能百年不衰,其成功的秘诀就是塑造了可乐文化。利用人们对文化上的追求,来构建品牌价值的确是可口可乐最大的成功。

品牌理论由大卫·奥格威在20世纪60年代率先提出。品牌理论告诉我们,品牌是一个综合、复杂的概念,它与产品之间有一个重要的区别。产品是带有功能性目的的物品,而品牌除此之外,还能提供别的东西。它既具有产品的价值、特点、形象等物质性的利益,同时又体现着消费者的要求、利益、感情、个性、价值观等观念性的利益。所有的品牌皆是产品(包括服务的品牌),因为它们都服务于一个功能性目的,但是,并非所有产品都是品牌,我们应将"品牌"定义为"能为顾客提供其认为值得购买的功能利益及附加价值的产品"。① 附加价值是品牌定义中最重要的部分,是品牌的核心本体和核心价值,也是品牌与产品最根本的区别点。

因此,在这样一个品牌消费与竞争的时代,企业市场营销的核心任务就是品牌塑造与传播,而作为品牌塑造与传播的最重要的手段——广告,其诉求内容若仅仅展示产品、提供产品信息不仅不够,而且这样的广告已落后于品牌时代的要求。广告需要的是在商品与观念之间架起桥梁,通过符号表现给某个产品赋予特殊的价值和意义,使一种商品成为一个品牌,并传递给消费者一个品牌的主张和心理上的利益,从而在产品(品牌)与消费者之间建立一种强大的亲和力。

一个广告"如果同人们的关系很紧密,触及人们根本信念,就会产生惊人的效果"。② 许多广告从卖产品走向"卖概念"、"观念",不断地创造出某种品牌概念来吸引消费者。中国的消费者被认为是世界上最具上升性和变化性的一群,他们越来越"品牌

---

① 约翰·菲利普·琼斯. 广告与品牌策划[M]. 孙连勇,等译. 北京:机械工业出版社,1999:36.
② 艾米尔·加格落语,引自劳伦斯·明斯基、埃米莉·桑顿·卡沃. 如何做创意[M]. 北京:企业管理出版社,2000:48.

化",20多年来,通过广告他们与时俱进地接受了越来越多的新的附加在品牌之上的思想和意识。

二、广告塑造了人的生活方式

广告不仅改变了我们的消费观念,更重要的是通过改变消费观念而改变并塑造了我们的生活方式。广告与其说是在叫卖商品,不如说是在叫卖一种很现代、很健康的生活方式更合适。当今中国人生活方式已经从传统社会生活方式向现代社会生活方式转型,这很大程度上应归功于广告的"制造",从某种意义上甚至可以说是广告让我们知道了该如何生活。美国的广告人也曾不厌其烦地对人们说,如果没有广告,美国人就不可能像今天这样生活。

广告以最快捷的方式发布着最新的生活资讯,从个人用品到家居用品,从食品饮料到服装饰品,从化妆品到保健品,从娱乐到旅游等,衣食住行面面俱到地照应着我们的生活,而且欧风美雨、本土时尚都让我们在第一时间知晓。广告还"一个都不能少"地呵护着咱老百姓,"男人应该享受"、"女人挺好"、老人要"花钱买健康"、孩子要"天天补钙",男女老少得这么生活才是。广告甚至还不遗余力地关照着我们生活中最为细小的方面,刷牙得用含氟牙膏,搽脸得早午晚霜,还天天问我们"今天你洗头了吗?"试想我们每天良好的生活习惯,哪一点与广告无关? 土耳其航空公司的广告:"您能想象,飞往欧洲有多方便?"很简单,打个"飞的"吧! 广告的确在成功地推动消费的同时,与时俱进地推进了人们生活方式的现代化。事实证明,广告上附着在各种产品之上的生活方式一般在一段时间后就能成为人们普遍追求的生活方式。

三、广告影响着我们的文化传统

广告所包容的文化及其价值观念已深刻地影响了我们的文化传统,甚至摇撼、解构着传统文化赖以维系的根基。广告属于消费文化,同时又是消费文化的忠实载体,它不遗余力地对消费文化进行着不断的重复的诉求,从而使其大面积铺排开来,形成一股势不可挡的消费大潮。

一方面,广告全方位地打开了中国人观察世界、体验生活的视窗,使正行进在现代化之路上的普通中国人,真实可感地感知到了与传统的生存方式截然不同的现代生存景观。它促使中国人从封闭走向开放,从保守走向进取。如今中国的消费者被跨国公司认为是世界上最具上升性和变化性的群体,他们看待世界更具有国际化视野。我们应该感谢广告,是它改变了我们旧有的生活,颠覆了我们老的习俗、范式、惯例,又给我们带来了一种全新的时尚生活,并教会人们适应新的生活,从而使我们的一切得以重塑。

另一方面,广告对我们文化传统的影响更深地表现在对我们文化价值观念的改变乃至解构上。广告中的生活场景豪华奢侈,充满异域情调,有着强烈的虚幻色彩,跨国公司不失时机地通过广告销售其文化,从麦当劳到肯德基,从白兰地到轩尼诗XO,从可口可乐到雀巢咖啡,"人头马一开,好运自然来",西方的消费观念和文化观念大举渗透,这一切使中国的文化传统不断地被打破或替代。在中国这样一个历来奉行节俭克己的国度,出现了前所未有的高消费狂潮。广告助长了消费之上的意识、奢侈享乐的意识,挑起了无止境的欲望。人们追逐新潮,疯狂购物,把挣来的钱都用在了奢侈消费上。"购物赛特最好"、"吃西餐,我只去美尼姆斯"。广告所倡导的盲目的高消费,严重地背离了我们的文化传统和社会实际。

广告理论是在与广告实践的互动中构建起来,并不断丰富与发展的。百余年的广告实践活动证明,每一个广告的成功都不只依赖"术",其背后都有着深厚、多元的理论基础即"学"的支撑、指导和引领。本章限于篇幅,无法一一梳理并诠释所有的广告理论,只能择其要者而述之,甚而只能点到为止,但是本书其后的每一章,都会在广告案例的评析中涉及更多更具体的理论,因而稍能弥补第一章的不足。本书各章对案例的剖析将整合诸多广告理论的精髓,力求在理论与角度上做到多元化、多视角、多层面,从而不仅使本教材有"理"有"据",有"术"有"学",而且能全面地展现各类广告及其背后的理论是多么丰富多彩。

思考题

1. 如何正确理解广告策划的科学性与创造性?

2. 为什么说广告调研是广告策划的基础? 举一成功案例加以说明。

3. "广告定位并没有改变产品的本身,它只是在对本产品和竞争市场进行调研、对消费者的需求进行准确判断的基础上,确定产品与众不同的优势及把这种优势确立在目标消费者心目中的过程。"你是如何理解这段话的含义的?

4. 詹姆斯·韦伯·扬认为"创意是把原来的许多旧要素作新的组合。进行新的组合的能力,实际上大部分是在于了解、把握旧要素相互关系的本领"。试以5个以上具体案例加以说明。

　　5. 什么是品牌？品牌与产品的区别是什么？试以具体案例加以说明。

　　6. 试以具体案例分析说明"媒体组合策略"的重要意义。

　　7. 广告与文化之间的互动关系主要表现在哪些方面？分别列举具体案例加以说明。

　　8. 灵活运用所学过的广告理论，论述优秀广告的标准包含哪些内容。

研讨训练

　　大卫·奥格威曾批评过一些广告主，他说："他们希望他们的品牌对人人都适用，他们希望他们的品牌既适合男性也适合女性，既能适合上流社会也适合广大群众，结果他们的产品就什么个性都没有了，成了一种不伦不类不男不女的东西。阉鸡绝不能称雄于鸡的王国。"

　　围绕这一材料确定一个主题，以小组为单位组织研讨或辩论活动。

参考文献

［1］陈月明. 广告与广告创意［M］. 杭州：浙江教育出版社，2003.

［2］陈月明. 文化广告学［M］. 北京：国际文化出版公司，2002.

［3］大卫·奥格威. 一个广告人的自白［M］. 林桦，译. 北京：中国友谊出版公司，1991.

［4］艾·里斯. 品牌攻心战略——品牌定位［M］. 刘毅志，译. 北京：中国友谊出版公司，1991.

［5］汤·狄龙. 怎样创作广告［M］. 刘毅志，译. 北京：中国友谊出版公司，1991.

［6］丹·海金司. 广告写作艺术［M］. 刘毅志，译. 北京：中国友谊出版公司，1991.

［7］吉·苏尔马尼克. 广告媒体研究［M］. 刘毅志，译. 北京：中国友谊出版公司，1991.

［8］仁科贞文. 广告心理［M］. 李兆田，任艺，译. 北京：中国友谊出版公司，1991.

［9］丹·E. 舒尔茨. 广告运动策略新论［M］. 刘毅志，译. 北京：中国友谊出版公司，1991.

［10］罗瑟·瑞夫斯. 实效的广告［M］. 张冰梅，译. 呼和浩特：内蒙古人民出版社，1999.

［11］威廉·阿伦斯. 当代广告学［M］. 丁俊杰，译. 北京：华夏出版社，1999.

［12］所罗门·杜卡. 广告目标与效果测定［M］. 郭贞，译. 呼和浩特：内蒙古人民出版社，2003.

［13］唐纳德·帕伦特. 广告战略——营销传播策划指南［M］. 王俭，译. 北京：中信出版社，2004.

［14］舒德森. 广告艰难的说服——广告对美国社会影响的不确定性［M］. 陈安全，译. 北京：华夏出版社，2003.

［15］丁俊杰. 现代广告通论［M］. 北京：中国物价出版社，1997.

［16］张金海. 20 世纪广告传播理论研究［M］. 武汉：武汉大学出版社，1997.

第二章　民以食为天

——食品广告

　　俗话说"民以食为天"，食品是人类生存的必需。食品广告由于其所宣传的产品的自身特性，故而在广告策划和创意时，所需考虑的广告定位、诉求内容与视觉设计等方面的要求也就不同。食品是诉之于口的，但同时又与人的生命安全息息相关，因此，食品广告在正面宣传色香味等物质特点、让人产生垂涎欲滴感觉的同时，也强化着强身健体、营养滋补的功效诉求，而贯穿其中的饮食文化元素，则使广告中的食品不仅给予消费者视觉、味觉的享受，更有精神文化层面的营养。

第一节　饮食文化与食品广告

　　"吃"事关人类的生存和发展，中国历来对一个"吃"字极为看重和讲究。在我国几千年饮食文化的宏大叙事中，"民以食为天"，"饮食男女，人之大欲"此系古训；"食不厌精，脍不厌细"，彼乃圣言；"吃饭了吗?"市井之徒见面必问，哪怕深夜，民俗也。"药补不如食补"的观念深入人心。过去，中国的饮食就以色、香、味、形而闻名遐迩，发展到了今天，更是又加进了器、境、情的额外追求。据统计，过去中国人一生用在对付吃的时间，大约就要花上12年，是西方人的两倍，中国的"吃"可见一斑了。2012年5月，一部以美食为主题的纪录片《舌尖上的中国》风靡全国并高居话题榜，该纪录片主要内容为中国各地美食生态。通过中华美食的多个侧面，来展现食物给中国人生活带来的仪式、伦理等方面的文化，见识中国特色食材以及与食物相关、构成中国美食特有气质的一系列元素，了解中华饮食文化的精致和源远流长。

一、中西方饮食文化之差异

1. 在饮食观念上

中国人注重菜肴的味道与形式,推崇"民以食为天,食以味为先",讲究色、香、味、型,习惯把好的菜肴称为美味佳肴。在中国的烹调术中,对美味的追求几乎达到极致,首先要好吃,其次才是营养,为了好吃不惜破坏营养成分。而西方是一种科学、理性的饮食观念,西方人在摄取食物的时候,基本上是从营养的角度理解食物的,首先讲究的是营养搭配,其次才是味道。

2. 在制作方法上

中餐烹饪的方式多种多样,有炒、炸、炖、焖、煎、烩、煮、蒸、烤、腌等,由于调味料和制作方式的不同,同一个东西完全是不同的味道;制作的整个过程离不开人,较少交给机器制作,因此,中餐不适合工业化生产,诸如像麦当劳这样统一质量标准,统一营养素配方的制作。西餐菜肴烹饪的方法主要是烧、煎、烤、炸、焖,各种原料很少集合烹调,正菜中鱼就是鱼,鸡就是鸡。制作过程除了人工,很大一部分工作可以交给烤箱、微波炉之类机器完成。

3. 在就餐环境的选择和餐饮方式上

国人更注意宴饮气氛的追求,除喜欢热闹外,尤其喜欢把宴席设在风景秀丽的景区,或者花前月下,名楼雅阁,一边赏景,一边进食。任何一个宴席,不管是什么目的,都只会有一种形式,就是大家团团围坐,共享一席,便于集体的情感交流。筵席要用圆桌,这就从形式上造成了一种团结共享的气氛。西餐是分餐制,尊重个人选择,各取所需。西餐以个体交流为主,但缺少了欢乐共享的气氛。

4. 中国比西方有更多与吃密切相关的节日和节庆

在中国的北方,过年人们要吃饺子来庆贺新年,中国的南方,也有历史悠久的年糕,新年吃了年糕,年年高升。不仅过年,一些特殊的时间,中国人也要吃,诸如正月十五元宵节,吃元宵;正月二十五日,叫"龙凤日",要吃龙凤面;到了清明,有的地方要吃煮鸡蛋、吃青团;农历五月初五,过端午,吃粽子;八月十五中秋节,吃月饼;腊月初八要吃腊八粥,等等。经常是节日未到,食品广告先行。

上述差异在食品广告中有非常明显的表现。

二、食品消费与食品广告

（一）食品的消费特点

1. 低参与度消费

消费者往往表现为习惯性购买。与家电、汽车等耐用消费品相比，食品因其价格较低、购买风险较小，因此消费者在选购时不可能对产品特性一一进行细致而深入的考察，首先进入其意识的品牌或方便购买的品牌往往成为其首选品牌，其购买决策特征是：简单、快速、冲动、惯性。

以薯片的购买过程为例，近年来，休闲食品逐渐成为许多人的消费新宠，其中薯片以其香脆美味的特性占据着休闲食品的第一把交椅。通过分析目前薯片市场的强势品牌，我们可以看出，上好佳、可比克、品客及乐事薯片都拥有超过70%的知晓度，这很大程度上来自它们强大的媒体广告"曝光率"和薯片产品本身低参与度消费的紧密关系。

2. 很多食品真正的差异性存在于消费者的情感认知中

品牌属性包括基本的功能利益属性和附加利益属性，食品在功能利益属性方面差别很小，而且非常容易被别人模仿，因此真正的差异性存在于消费者的情感认知当中，即形成一种"知觉差异"，知觉差异无疑会影响消费者的购买选择。

正因为在功能属性上难以形成差异，谁先抓住了消费者的情感需求，形成了更强的品牌亲和力，谁就能首先进入消费者的购买选择。很多食品品牌在品牌塑造的过程中也很好地用到了情感诉求这一推广利器。例如"母亲"牛肉棒的产品命名可见一斑，"母亲"在所有称谓中是最特别的，最富有情感也最让人尊敬，中国甚至把祖国比作"母亲"；"老干妈"成为豆豉辣椒系列产品的代名词，代表着良好的品质和精湛的制作手艺；"旺旺"雪饼等系列产品给消费者心理带来了旺旺的好运。

3. 食品的品牌忠诚度比较低

食品是市场上竞争比较激烈的产品，因为其技术含量较低，入行门槛也相对较低，行业内往往有众多的竞争者。因为选择对象多，更换产品的障碍少，消费者很容易在购买过程中更换品牌。

以方便面为例，中国方便面市场目前竞争异常激烈，康师傅、华龙、白象、统一四大品牌已基本上形成了四分天下的寡头垄断局面。目前,方便面市场的成长空间已经比较有限。同时,方便面的技术含量较低,进入门槛不高,所以进入市场的品牌非常多,即使在同一品牌下还有不同的品种,另外作为快速消费品的方便面很难培养出很高的品牌忠诚度,加上差异化程度不高,要想在某方面脱颖而出实属不易。基于以上因素,即使像康师傅这种有着绝对市场优势的品牌也打出了"加量不加价"的旗号。

4. 食品品类的日益丰富

食品的消费需求日益多元化,行业细分层出不穷,品类细分不断,休闲食品、功能食品、谷物食品不断涌现;跨品类细分不断出现,如"果乳饮料"、"果醋饮料"等,其满足了人们营养、保健美容的细分需求。消费者食品需求逐渐升级,休闲、精神享受方面的需求越来越受关注;同时食品消费需求越来越多元化、个性化,对食品消费关注精神享受者有之,关注生理满足者有之,个性化凸显,如快活林"摇摇变"饮料就满足了消费者"玩趣"的需求。

（二）饮食行业与食品广告

随着人们生活质量与消费水平的提高,在吃喝方面,由过去的粗茶淡饭,向多品种、高质量、讲营养的方向发展;很多人希望能吃好,更希望吃能使自己心情好,感觉好。在这样的消费要求下,吃的重点从传统食品发展到了多元化,休闲食品、健康食品、时尚食品等,吃是一种享受、一种文化,食品的文化附加值越来越受重视。于是老百姓的"吃"成了最具魅力的产业,改革开放30年中国人均餐饮消费增长166倍,从我国食品工业有关部门获悉,食品工业将在较长一段时间内保持快速发展的势头,成为国民经济发展的一大增长点。

饮食业巨大的消费市场与其巨额的广告投入有着直接的关系,近几年食品广告一直保持广告投入的前五名。Beauty smile,Baby cry 不停挤进我们的心扉,flash、fresh 永远让我们应接不暇,食品广告如此无孔不入的"骚扰",无非是为了巧传真实,最终目的无非是为了抢占我们心中的"情有独钟"。毋庸置疑,从古至今大多数消费者是凭着对广告的记忆,在广告的引导下才知道当下流行吃什么,并产生购买需求的。

当然,吃几乎是全世界不同国家、民族,无论贫富贵贱都十分关心的问题,这一点可以说是食品企业和食品广告创意者的一个外部机会,不用担心人们对这样一类商品的关心与关注的程度,关键是广告人面对这样一个超国界、普世性的广告对象,如何准确理解商品特性及其文化内涵、追踪消费趋势和需求,创作出独具创意的广告了。

第二节 食品广告的诉求重点
——What(说什么)

著名的广告大师伯恩巴克有句话直中要害:"我有个最厉害的花招,让我们实话实说吧。"当一个产品卖点够特别,这个时候,只要清晰地传达卖点,就会比拐弯抹角的创意要来得有效。任何与商品或者消费者无关的噱头,都注定要失败。"三清三洗,三腌三榨"的乌江榨菜的广告诉求正是来源于产品本身,所带出的利益就是"美味更干净",广告语本身是产品的生产工艺,也是产品优异质量的依据和保证。

广告诉求最终要将产品利益点转化为消费者语言。产品的特点,跟消费者的真正理解和需求之间存在着相当大的差异。广告诉求就是将产品特性变成看得见、摸得着的好处,让消费者接收到这些信息。比如,产品能解决您的问题、满足您的需要与欲望,或者产品独具特色,跟别人相比优势明显等,见表 2-1。

表 2-1 糖果类的功能属性和利益好处

功　能　属　性	好　　处
大白兔:美味蹦出来	健康、朝气、活力
金丝猴:三颗奶糖的营养就相当于一杯牛奶	健康、快速补充营养、美味
喔喔:原来奶糖也这么好吃	满足您的嘴巴和内心需求,酷炫
DIDADI:一秒就能吃到奶香的奶糖	口感快,奶香浓
旺仔 QQ 糖:你 Q,我 Q,大家 Q	快乐,独特的感受
雅客 V9:九种维生素	创新、运动、健康、补充维生素
清嘴:想知道清嘴的味道么	满足好奇心,清新自然

在 2003 年因为"雅客"(见图 2-1)的崛起而得到了改变,糖果行业的品牌竞争已经开始。从国内糖果行业的发展历程来看,糖果的利益点经历了质量、口味,到现在

营养与健康的变化过程。糖类休闲食品的市场细分化进程已经初显成效,每个类别在成熟成长为独立的品类,并共同引领糖类休闲食品消费时尚。

食品行业涵盖面广,各类产品的市场状况有所差别,但从广告创意上讲,仍然有许多相通之处。食品广告除了考虑人们"吃"的需求,可以作为创意出发点的还有很多:

图 2-1

一、物质特点诉求——强调好吃(味道)、充饥、价格等

1. 强调好吃(味道)

食品广告的一个最重要的诉求点是强调食品的好吃。那么如何让人相信好吃? 如何让人产生垂涎欲滴的感觉? 在我们所见到的许多食品广告中经常出现广告中人物大嚼特嚼该食品的镜头,这几乎成了一种思维定势,其创意的雷同与苍白已经影响广告效果。其实通过人的形体语言——神态表情来表现好吃,表现食品给人带来的感官上的享受是一条很好的途径,但形体语言不能太过分,太单一。

图 2-2 中,通过孩子惬意、美滋滋的、又被辣得要用手去挠头的形体语言,表现了该通心粉在放了调味料之后是何等的美味。图 2-3 中,则表现好吃到吃完了还在吸吮,恨不得把冰棍的棒都吃下去。好吃的食品无论是对人还是对动物都会产生诱惑,

图 2-2

图 2-3

食品广告在这方面的创意能产生意想不到的效果。第45届夏纳影视铜狮奖作品Mad巧克力广告"卫兵"篇(见图2-4)和"天喔煮瓜子"的"办公室禁止吃瓜子"篇,2个广告所诉求的都是食品太好吃了,在本不应该受其诱惑的场合下——士兵站岗的时候、上班族上班的时候,都抵御不住食品的引诱,忍不住去抢着吃或偷偷地跑到办公楼的茶水间里去吃。图2-5、图2-6则反映了食品对动物的引诱,我们看到好吃的食品可以作为捕鼠器的诱饵,使老鼠自投罗网;而一群蜜蜂在闻到瓶中饼干与油条的香味后,蜂拥着往瓶里飞。

图2-4　　　　　　　　　图2-5　　　　　　　　　图2-6

对于食品广告而言,味觉的冲击力对消费者的内心来说无疑是最强的,强调美味、刺激食欲是一个食品广告应该完成的任务。基伯恩牌果味冰淇淋的平面广告在色彩和创意上均向受众传达了这样一个信息,基伯恩牌冰淇淋仿佛直接取自水灵灵的大草莓,新鲜又美味。视觉上的冲击力将转化为味觉的冲动。其广告创作者说:"广告的创意往往并不是藏在你自己的头脑中,它们就浮在表面,你只需睁大眼睛将它们捕捉到就行了。"那么,"浮在表面"的东西是什么呢? 不就是食品本身所能刺激品尝动机的特征吗?

2. 充饥

日本日清食品(杯面)有一则电视广告是1996年夏纳国际广告艺术节获奖优秀作品,曾在日本国内外引起很大反响。广告内容是原始人一家三口(父、母、孩子)由于饥饿到处寻食,来到一棵大苹果树下。孩子先举起大棒敲击了一下树干,少许苹果顿时散落在地,于是大人又敲一下,更多苹果下落使他们高兴极了,再敲击一下之后,突然一只豹子落了下来。三人大惊失色,豹子也饿极了,立即向他们扑来。在豹子的追赶下,三人围着苹果树团团飞转,这时屏幕相继出现字幕"Hungry?"(饿了吗?)日清杯面特写镜头。最后是日清品牌形象。与这则广告相组合的是一组系列广告,有原始人放屁惊醒豹子受到追赶的情节,有原始人在海边悬崖用鱼钩抓鱼的情节等均在"Hungry"字幕后推出日清杯面。日清食品系列广告首先给人的是新奇感,更重要的是,在广告中每次惊险产生,例如被野兽追赶,或者被钓入深海,都与"Hungry"这个人类最初级最需要的动机有关。鲜明的记忆使得你在"Hungry"的时候真的就会想到日清杯面。日清杯面直接强调产品的基本功能——充饥。这种返璞归真的方式在现代社会中反而给人眼前一亮的感觉。

3. 价格优惠

在快餐食品行业中,优惠券已经被证明是一种十分有效的品牌促销方式,已被各大快餐品牌运用。优惠的形式也愈发多样化,学生半价、买一赠一、第二杯半价、闲时优惠、套餐优惠、赠品相送等多种衍生形式。肯德基、麦当劳、必胜客的早餐、午餐、晚餐、套餐的优惠,已经成为常态。

中式快餐品牌也不甘落后,也纷纷拿起价格优惠这把利器奋起反击。永和大王的广告口号"用心 17 年,价格回到 1995 年!"(见图 2-7)便是其中的经典作品。2012年 4 月 11 日,中式快餐永和大王发表 17 周年活动宣言:油条、豆浆等明星产品回归1995 年的价格,同时,永和大王也将很多丰富多彩的正餐打造了"狠划算"套餐品牌。

图 2-7

二、功效作用诉求——质地、营养、风味等

好吃是口味,是食品最外在的物质特点,随着人们生活质量的提高、保健意识的增强,饮食观念有了很大的变革,好吃已经不是最主要的选择,对食品的要求更多地趋向于对新鲜、原汁原味、营养丰富、强身健体等方面的功效与质量的重视,广告的诉求内容也开始强调这些要素。

1. 质量

案例 1　温迪快餐店

标题："牛肉在哪里"

这是食品广告中质量保证诉求的优秀代表。1969 年,从小喜爱吃汉堡的迪布·汤姆斯在美国俄亥俄州成立了一家温迪快餐店。在那时,美国的快餐业竞争日趋激烈,肯德基、麦当劳、汉堡王等大店早已声名在外,为保行业老大地位,麦当劳更是煞费苦心,这让类似于温迪这样的中小型快餐店难寻快速发展之机。为及早赶上麦当劳,温迪采取了缝隙战略,因麦当劳将顾客定位于青少年,温迪将顾客定位在 20 岁以上的青壮年群体,并在汉堡肉馅的重量上做足文章,以此也赢得了不少顾客。

1983 年,美国农业部组织的一项调查让温迪终于等到了与麦当劳抗衡的机会。调查中发现,麦当劳号称有 4 盎司汉堡包的肉馅,重量从没超过 3 盎司。这时,温迪快餐店的年营业收入已超过 19 亿美元,迪布·汤姆斯意识到牛肉事件是一个问鼎快餐业霸主地位的机会,于是加大对麦当劳的打击。于是,他请来了乔斯·德麦尔为自己拍摄了一则问鼎全球的广告。

广告说的是一个认真好斗、喜欢挑剔的老太太,正对着桌面上放着的一个硕大无比的汉堡喜笑颜开。但当她打开汉堡时,却惊奇地发现牛肉只有指甲片那么大。她先是疑惑、惊奇,接着大喊:"牛肉在哪里?"不用说,这则广告是针对麦当劳的,正迎合了此时民众对麦当劳的不满,引起了民众的共鸣。

一时间:"牛肉在哪里?"不胫而走,迅速传遍千家万户。在广告取得巨大成功的时候,迪布·汤姆斯的温迪快餐店的支持率也得到了飙升,营业额一下子上升了18%。1990 年达到了 37 亿美元,发展了 3 200 多家连锁店,在美国的市场份额也上升到了 15%,直逼麦当劳,坐上了美国快餐业的第三把交椅。

案例 2　新西兰奇异果

标题:比营养,去你的蛋!

文案:你可能早就耳闻,奇异果的营养,向来在水果界找不到敌手。放眼食品界,想来和奇异果一较高下,得先称称自己的斤两。佳沛绿新西兰奇异果的维生素 C 是苹果的 17 倍,纤维质是葡萄柚的 2.6 倍,钙质是香蕉的 4 倍,而且低脂、低热量、零胆固醇只负担营养,没营养负担!

水果食品的广告多以宣传其新鲜、营养丰富为诉求。如何在这样同质化的宣传诉求点中跳出来,从而给消费者留下较深的印象则是水果类食品广告的难点所在。此则广告出自智威汤逊,将奇异果的营养价值诉诸理性诉求。在讲究饮食健康的消费者群体里,无论是自诩还是本身就如此,其饮食都愿意和理性消费挂钩,往往不愿意相信夸夸其谈的广告内容。针对此类消费者心理,此则广告的平面内容直接和大多数人心中营养的代名词——鸡蛋相类比,并配上"比营养,去你的蛋!"幽默的广告主旨,使得消费者很容易将奇异果和营养相联系。在这样的视觉基础上,将奇异果本身所具有的营养成分通过理性的数字,和平时大家所熟悉的几种水果相比较,孰重孰轻不言而喻。

2. 新鲜

李奥·贝纳的经典之作:绿巨人豌豆。其广告定位就是"新鲜罐装"。其标题很吸引人:"月光下的收成"。李奥·贝纳所写的广告文案如下:"无论在日间或夜晚,绿巨人豌豆都在转瞬间选妥风味绝佳……产地至装罐不超过 3 小时。"在此李奥·贝纳用了"不超过 3 小时"来突出这一特点,不但避免了生硬的强调而且加深了感性的印象,自然而然地被接受。同时,以"月光下的收成"这句兼具新闻价值和洋溢罗曼蒂克氛围的句子作为标题,如同一片淡淡的月光,让人觉得温馨。

3. 风味

"味千拉面"店创始于 1968 年,发源地是日本九州半岛的熊本,自负拥有九州"白汤之雄"美誉,其独特的白汤采用猪大骨,各类鱼骨经长时间熬炖而成,含有大量的"软骨素",对人体骨骼钙质有着极佳的补充。而它在广告表现中,"味千拉面"的广告语"这一碗 让心里好满"给受众带来了浓浓的情感,从而(见图 2-8)也告知了消费者"味千拉面"拥有一流的日本拉面产品与文化。

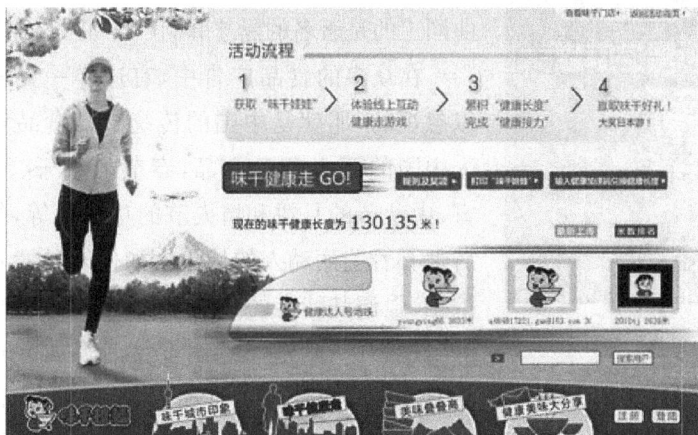

图 2-8

4. 保健

健康是人类永恒的追求,人们的保健意识日胜一日。他们已经不满足于临时救火的医院治疗,他们希望在平时的生活中就可以使身体的各项指标符合标准。如果在普通食品中加入保健因子,既补充体能又可以从一些细微方面维护健康,何乐而不为呢?

市场已经显示,具有保健功能的食品的确容易得到人们的追捧。比如月饼中加入螺旋藻比普通的月饼好卖,加钙的饼干比普通饼干更容易受到欢迎等。鲜得味鱼罐头以"DHA"作为卖点,因为大多数的母亲都认为"DHA"可以使自己的孩子聪明。于是鲜得味鱼罐头在广告中宣称自己的"DHA"含量与新鲜的鱼一样丰富。

三、情感诉求——爱的传递

人的生活离不开食品,在生活中食品经常被作为"以情相牵"的载体,成为亲情、爱情、友情等"人之常情"的情感表达手段,由此很多食品广告都被赋予了情感附加值。而当一个品牌成为这些人类最永恒的情感的象征时,不仅能使其获得深厚的文化底蕴,而且能达到一种"感人心者"的效果,促使广告被欣然接受。

图 2-9

一句"维维豆奶,欢乐开怀"让人们记住了这个品牌,并让维维成为中国销量第一的豆奶产品,唤起消费者暖暖的回忆。维维豆奶是对长辈的关怀,是老婆的慢慢的爱,是玩在一块的记忆,是家的代名词。异曲同工的是著名的黑芝麻糊广告如图 2-9 所示。

在众多的食品广告中,有这样一类食品是不可以忽视的,那就是中国的传统节日食品和从国外传入中国的西方节日食品,春节的饺子、元宵节的元宵、中秋节的月饼和情人节的巧克力等,每种食品背后都有着美丽动人的传说。如何对其背景进行深入挖掘,强调其特有的节日气氛,使得产品超越其自身的属性,升华到情感的高度是广告创意时的一大关键点所在。纵观中国的巧克力市场,德芙、金帝和吉百利占据了半壁江山。在情人节的时候,德芙巧克力的广告语,从"牛奶香浓,丝般感受"升华到了"得到你,是我一生的幸福"这样一句直白而又深情无限的双关广告语,即表明德芙巧克力是消费者心中最好的巧克力,有表示接受这份礼物的人是送出礼物的人心目中幸福的象征,这种"情话式"的广告语正适合情人节这种特定的节日。在情人节这样特定的节日里,针对特定人群的特定需求,将包装完美的巧克力,印上这样情意绵绵的话语,这对于消费者钱包的杀伤指数,当然是可以想见的了。吉百利怡口莲巧克力的在其原有"一杯半"广告语的基础上,又发展了"选择快乐,选择吉百利"的新口号,以此来迎合当下时尚青年的追求,金帝巧克力情人节期间的广告语"只给最爱的人!"

1998 年情人节前夕,喜之郎公司为了争取更具市场潜力的青少年,推出以"水晶之恋"(见图 2 - 10)为名的心形粉红色果冻产品。广告借助了爱情大片《泰坦尼克号》的题材与声势在全国得以推广,迅速在果冻市场上占有了一席之地。"水晶之恋"果冻的成功在于准确抓住了果冻透明晶亮的特点,将它和纯洁的爱情联系起来。年轻的异性朋友之间、少男少女之间都有朦胧的爱情渴望和爱的追求,然而他们的爱情如同他们的心一样纯洁、透明,少有世俗的浑浊。所以"水晶之恋"这一极有概括性的语言定位恰到好处地表达

图 2 - 10

了他们的心境和渴望。这样的诉求就很自然地让他们"爱屋及乌"——喜欢上这一透明晶亮的小食品。

第三节　食品广告的创意表现
——How(怎么说)

广告创意是广告创作的关键。当"说什么"已经确定,"怎么说"就成了成功的另一保证。一是创意形式:用什么样的方式来传达卖点,美国的威尔巴切曾为各种创意的形式做了如下归类,可供参考。示范、隐喻、事业、烘托、渲染、类别、代言人、新闻、夸张、朴实、神秘、形象反射、认知不协调等。食品广告的常用创意手法主要包括幽默、戏剧化和名人代言等,这几种手法都比较适合于消费者卷入程度低、产品同质化高的品类,通过幽默、戏剧化和名人代言,为产品制造差异,为消费营造有利的氛围。

另一则是格调气氛:即通过什么样的形式元素来反映、塑造品牌个性。目标对象

不同,创作方法也不同,每个人脑子里对某个词汇的定义与画面感都不同。给高档保健品和普通休闲食品做的广告,肯定也有不同的方法。

一、名人代言

从传播学的角度来讲,名人是广告信息得以传播的符号。从心理学角度讲,名人使受众产生爱屋及乌的情感迁移效应。最早为食品做广告的名人也许是苏东坡。宋代绍圣年间,海南岛有一位老婆婆,以卖环饼谋生,做的环饼非常爽口。但因为地处偏僻,所以生意十分清淡,老婆婆只能勉强度日。一天,苏东坡来到澹县,听了她的情况后深为同情,当即挥笔写下了一首十分绝妙的广告:"纤手搓来五色匀,碧油煎出嫩黄深。夜来春睡知轻重,压扁佳人缠价金。"这首诗把环饼做工之精细、色鲜、味香、酥脆,以及形似美人的特点,活灵活现地刻画出来,令人食欲大增。老婆婆将此诗精心装裱后,高高挂在店堂之上,从此环饼的生意便明显好了起来。

还有一例就是冠生园。1934年,影星胡蝶被评选为"电影皇后",上海冠生园经理洗冠生立即见缝插针,设宴为胡蝶祝贺,宴毕摄影留念时,抬来一只特大月饼,请胡蝶手扶月饼拍下一张照片。接着,照片变成一张张精印彩色宣传画,遍贴大街小巷,上有两行醒目大字:"唯中国有此明星,唯冠生园有此月饼。"冠生园月饼立即引起了轰动。

到了现在,食品行业的品牌竞争更加激烈,名人代言在帮助品牌突围,树立各自品类中的强势品牌方面的作用更加突出。雅客V9与周迅,盼盼小面包与蒋雯丽(见图2-11),可比克薯片与周杰伦等,这样的例子不胜枚举。

图 2-11

二、幽默

现代人吃的目的,已不是温饱这么简单。吃更是一种生活享受、一种娱乐,这是人类需求发展的客观规律。因此,消费者往往怀着轻松的心理状态去认识食品广告,以愉快的心情来购买食品,这要求我们的广告传达要迎合这些心理行为形态。食品是属于低卷入度的日常用品。所谓低卷入度,就是消费者在购买过程中所投入的时间、精力、金钱等较少,在购买前一般不会刻意地看广告收集资料而做出理性比较分析,决策时间短,冲动型多,他们在选择时往往凭感觉、知觉、印象、情绪等来决定,因此,以幽默去触动消费者紧绷绷的心弦,以产生好感,促进销售。雀巢彩色冰棍广告:一辆轿车停在路口指示灯前。车内一家四口。父亲握着方向盘心不在焉,母亲坐在旁边,无所事事,两个孩子正在后座上唧唧喳喳地吃冰棍。这时小男孩忽然大叫一声"现在是绿了。"漫不经心的父亲开车就走,只听"轰"的一声,轿车撞到了前面的车上:车灯玻璃粉碎,安全气囊也被弹开。这时小男孩又兴奋地叫道:"现在是红色了。"原来,小男孩指的是他手里的彩色冰棍的颜色。该广告是将冰棍可以变色的特性与红绿灯挂上钩,从而产生了戏剧性的幽默,让人百看不厌。

三、夸张

夸张就是将商品的特征功效放大到不符合逻辑的程度,使受众产生强烈的惊奇、怪诞的视觉和刺激,但不会使人产生误解,从而快速、简捷地传达产品的信息。如亨氏番茄酱的平面广告就采取了夸张作为诉求方式,一大盘的番茄酱和盘子边沿少量的食物,是想告诉我们,亨氏番茄酱太美味了以至于一点点食物竟然要配上这么多的分量。

曼妥思口香糖的广告创意一直坚持其夸张搞怪的口味,广告画面中那两个搞笑人物夸张诙谐甚至有些过火的表演,还有曼妥思口香糖在他们嘴里百变的造型无一不吸引着观众的眼球,刺激着大家的视觉神经。在荒诞表演的同时,消费者能够潜移默化地理解其产品的特性和品牌的个性。

四、悬念

2000 年 12 月 20 日到 22 日,《深圳晚报》数十万读者被连续三天刊登的悬念广告吊足了胃口。第一天的广告词很简单,只有一句话:"《深圳晚报》请吃饭?"——引起了广大市民的好奇心;第二天的广告词则只是把问号变成了惊叹号——进一步调动了市民的好奇心;第三天,报纸广告是"《深圳晚报》请您参加世界最大的晚宴,敬请光临罗湖、福田、南山各报摊,像平常一样买份《深圳晚报》即可大饱眼福、口福!"这下大家才明白了,这次所谓的超级"晚宴"的"大主厨"是《深圳商报》、《深圳晚报》广告处和来自贵州的西部新锐企业领先食品股份有限公司两道"主菜",则是"一份报、一份饭"——《深圳晚报》和"伊妹"方便米饭。通过这样的悬念广告,"伊妹"方便米饭迅速地提升了市场知名度,为下一步的市场推广开了一个好头。

五、无聊

有的时候,无聊也会成为食品的卖点。这些广告往往具有一些恶作剧的性质,或者有些嬉皮笑脸,以迎合部分年轻观众的兴趣。

维力食品"什么丸意儿休闲丸子"就是这样一则广告:(广告旁白)

林经理骂员工:重写!

林经理骂员工:上班不要打电话!

员工一诅咒:林经理,去撞墙啦。

(林经理莫名其妙自动撞墙壁)

员工二诅咒:林经理,给我滚。

(经理从楼梯滚下去)

员工三诅咒:林经理,猪头!

(林经理在照镜子,看见自己长出猪鼻子)

林经理:什么玩意儿!

打扫的阿姨:林经理,是看到鬼啦!

林经理惊叫:啊!(林经理看到鬼)

旁白:什么丸意儿休闲丸子

字幕:无深仇大恨请勿服用。

该广告于 2000 年上片后,连续 6 个月在网络上被网友选为"最喜欢的广告"。电视新闻主动专题报道,誉为"新的广告表现潮流",此外,"什么丸意儿"得到当年营销突破创意奖"年度最佳产品命名奖"。

六、故事

麦当劳在不久前联手 TBWA 史无前例地推出了 100 张海报——"纯爷们儿的100 招"! 目标很明确,显然是为了大力推广巨无霸汉堡"100% 纯爷们,100% 纯牛肉"这一概念。巨无霸以及其他一系列的牛肉类汉堡产品一直是麦当劳的核心产品,每一张海报都有一段口气调侃的吐槽文案,从生活的各个角度入手,以幽默的方式就"怎样成为100％的纯爷们"提出各种指导性意见。与之形成对比的是,美术指导呈现出典型的美式插画硬朗、克制和都市化的风格,形成了别致的趣味。

第四节　食品广告的媒介策略
——Where(在哪里说)和 when(什么时候说)

未经有效传播之前,品牌的价值为零。要进行有效的品牌传播,离不开相应的品牌传播工具。品牌营销者只有对各种品牌传播工具的传播特性有着准确的把握和深刻的理解,对其优势和劣势、适用范围和时机、与其他传播工具的组合适用等都能了然于胸,然后才能应用自如,进行有效的品牌传播活动。广告的媒体策略就是找到消费者会在何时何地出现,然后采用相应的媒介渠道与之建立联系。

公开数据显示,目前,我国食品饮料市场的一个普遍问题就是产品的同质化严重。在激烈的市场竞争中,食品饮料行业利润不断下降。虽然我国食品饮料这块市场蛋糕在不断扩大,但由于这个领域进入门槛不高,吸引了更多的企业进入。食品饮料市场竞争异常激烈,在产品越来越同质化的今天,大幅进行广告投入拉动销量是现实,同时也是无奈的选择。如何使得食品广告投入的效果最大化,最终赢得一片市场空间,是品牌主最关心的课题。

一、电视为代表的电波媒体

食品广告效果的渗透过程是广告认知-试购-使用经验-理解-满足-态度-忠实顾客这样的低参与度学习模式。电视所传递的信息内容往往在30秒以内,并且,在当今时代,随着技术的进步,食品品牌之间的明显差异越来越小,而消费者在购买商品时,对广告信息、商品信息的关心程度也开始降低,消费者在采取购买行动时不再根据广告事先决定购买态度,其对品牌的印象和态度往往取决于以往的购买经验。典型的广告创意是使用强调品牌名称的"娱乐型"或"冲击型"等手法。

电视媒体的优势在于视听合一,生动形象,受众范围广。适用于展示、告知,可以在较大范围、较短时间内提升品牌知名度或塑造品牌形象。利用电视这种传播工具的优势,雅客 V9 的品牌定位与品牌调性得到淋漓的体现,也取得了巨大的成功。

　　但是,电视媒体是一把双刃剑,信息保存性差,不适合表现过于复杂的内容,同时干扰信息多,传播成本也相对最高。如果企业未能理智地看待广告营销,过度的广告投放反而导致不少广告无效。一个业内广为熟知的昔日"标王"被巨额广告费拖垮的典型企业,四川智强集团原是一家地方国营食品企业,1998年央视广告招标,集团以6 750万元夺得央视在1999年第一、二、四季度广告黄金段位。加上在其他媒体投放的广告,所耗广告费用高达1亿多元,被称为四川"标王"。然而集团在鼎盛时期的年产值只有1.6亿元,每年广告费就超过1亿元,企业经营被高昂广告费所困。短短几年时间,智强经营状况每况愈下,出现了借钱或贷款打广告的现象,各种债务纠纷接踵而至,最后智强集团向法院提出了破产申请。历数历届央视黄金资源广告标王,多数都与食品饮料有关,如孔府宴酒、秦池等,然而有不少品牌在一夜成名之后,最后屈辱地倒下。

二、杂志为代表的平面媒体

　　王品台塑牛排的食品广告走了一条非主流的创新之路,广告刊登在《第一财经周刊》杂志上。作为食品广告,画面上没有任何相关的产品,而是通过三个人物肖像以及个性的文案向受众传达信息(见图2-12～图2-14)。进而使其在同行业的广告中显得独特起来。广告看似与品牌毫不相干,但透过"只款待心中最重要的人"可以了解到,创意的着力点放在怎样点醒消费者上。用创意代理公司的话来说:"王品的目标客群都有着很高的智商和阅历,要打动这样一群人反而需要用最克制的形式和最质朴的文字。"因此创意代理公司决定选用具有典型意义的正面人物肖像作为画面主体,让人物上方的文案成为沟通的主体,在文案里制造错觉和反差,简短冷静但又值得回味。

图2-12 　　　　　　　　　　图2-13 　　　　　　　　　　图2-14

王品台塑牛排将杂志在品牌传播方面的长处发展到极致,诉诸于视觉。利用杂志色彩丰富,质地精美的特征,展示了来自台湾的高端牛排的品牌形象。有时候,品牌还可以与杂志内容进行深度融合,进行植入式品牌传播。

三、地铁为代表的户外媒体

麦当劳的做法是:包地铁,在北京、上海、广州、深圳四个城市各推出了"纯爷们地铁专列"(见图2-15),将户外媒体容易形成视觉冲击、信息存在时间长、适用于展示品牌形象等优势发挥到最大,100张海报被高密度地张贴在车门、车窗,甚至拉手环上,霸气十足。再加上有风趣挪揄的文案夹持,成功吸引了不少消费者的眼球。

图 2 - 15

四、手机为代表的网络媒体

随着近几年智能手机的普及,手机媒体具有可移动、互动性强,信息承载方式多样,有利于个性化信息的传播,利用新颖丰富的形式,例如手机互联网、手机视频、手机电视、彩信等制作高质量、大容量的信息内容。麦当劳(见图2-16)联手口碑网在中国展开合作,在国内推出麦当劳手机电子优惠券。利用口碑网和手机口碑网的本

图 2 - 16

地搜索平台,推广"绿色、环保"的手机优惠券,这意味着顾客不再需要携带纸质的优惠券,只要用手机口碑网,下载电子优惠券就能以优惠价格进行消费。告别纸质优惠券,全球最大快餐连锁麦当劳联手口碑网共同推出"绿色"、环保、便捷的电子优惠券。据悉,搭载手机口碑网无线平台,全国上亿手机用户都可以通过登录 wap. koubei. com 直接进入麦当劳优惠频道,在麦当劳全国各大门店柜台前出示手机页面,即可即时享用 6 款不同的超值优惠套餐。

乐事薯片与人人网合作的《开心农场》种植类应用程序也是近些年来食品品牌推广的经典案例。人人网(原校内网)作为中国最大的实名制 SNS 社交网站,聚集了乐事众多目标人群,用户活跃度非常高。针对乐事 100％自然、纯粹、健康概念,结合人人网(原校内网)SNS 优势,让乐事品牌和《开心农场》种植类应用程序相结合,让目标人群通过好友之间的互动,体验乐事品牌自然健康概念,并且通过 SNS 的传播优势,扩大乐事 100％概念的覆盖与影响力。从具体数据来看,乐事开心农场植入活动取得了非常好的效果。虽然乐事品牌在薯片消费市场已经足够成熟,但此次推广还是使其在"知晓度"方面有了更好的提升,从活动之前的 90.8％提升到 95.1％。截至活动结束:种植土豆人数:5 300 759,购买工厂人数:3 853 294,生产薯片人数:3 681 176,拥有 TVC 背景人数:3 312 241。

五、微电影等特殊传播形式

随着"微时代"的到来,"微"营销也日渐受到追捧。微博、微电影都成了传播产品品牌形象的新媒介,其中,微电影更是被视为市场营销中提升产品品牌形象的画龙点睛之举。夏天,冰淇淋知名品牌可爱多推出的青春爱情观点系列微电影《这一刻,爱吧!》(见图 2 - 17)为渴望爱情或正在享受爱情的年轻男女提出了新的"爱情象限"理论,在爱情坐标中,以对爱情的态度为横轴,对爱情的行动为纵轴,将爱情划分为四个象限。每一个爱情象限都表达着一种爱情观点,讲述一个爱情故事。连通着千千万万人的爱情信仰和各不相同的感情经历,演绎当下青年男女的爱情观。该系列微电影在优酷的播放数到目前已经高达 2 460 多万次。《这一刻,爱吧!》系列微电影在人人网的可爱多主页上线后,好友人数激增,目前好友已经达到 14.3 万多人。同时围绕该系列微电影推出的"爱情象限"测试更是吸引了众多网友的参与,引发了网友大量关于青春爱情主题的热议和思考。

在冰淇淋领域,投拍微电影的不止和路雪一家,蒙牛的蒂兰圣雪冰淇淋也启动了微电影《爱在四季》,作为新浪投资拍摄的网络剧《杜拉拉升职记》的番外篇,《爱在四季》分为"春"、"夏"、"秋"、"冬"四集推出,用职场丽人杜拉拉的爱情故事充分讲述了蒂兰圣雪"四季有爱"的品牌故事。

图 2 - 17

除了知名的冰淇淋品牌尝试借助微电影营销,在速冻食品领域,也有个别中小型速冻食品企业在琢磨投拍微电影。

与植入式广告类似,微电影也是把产品信息融合在故事情节电影画面里。但与植入式广告不同的是,微电影的成本不仅更低,内容也更饱满,而且传播更有针对性。

六、跨媒体沟通

从 2005 年开始,在沟通和媒体领域频繁出现"跨媒体沟通"这个词。日本电通公司提出的 CROSS SWITCH 理念以及在此理念下的相关品牌传播活动的开展,可以为媒介互动和组合效应的开展提供建议。

具体说来,电通公司的跨媒体沟通是规划沟通导线,有效引导目标人群的行为变化。"跨媒体沟通"和与之非常相似的一个词"媒介组合"之间的区别就在于对消费者心理渗透深度的不同。日清利用复合型的传播工具与消费者的沟通就是一个成功的大胆尝试。

1971 年诞生的日清杯面 CUP NOODLES 畅销全世界,诞生 35 年来,消费人群发生了很大变化,现在日本 10～20 岁的年轻人已不再拥有深刻的印象。日清把沟通导

图 2 - 18

线的创意点设置为正在进行时的连续故事的形式,通过电视广告和 DVD 专辑销售同时开展的形式,营造出期待感。持续时间大约两年,涉及公交、电视、主题传播活动网站、雅虎网页、杂志、店面、手机、产品包装、报纸、DVD 等多种媒介形式。传播活动也取得了巨大的成功,超过了预期目标,如图 2 - 18 所示。

典型案例评析

《我们结婚吧》
—— 伊莎贝尔喜饼广告分析

结婚对于新人而言,是一生中最浪漫幸福的时刻,具巧思设计的求婚方式,常会为情侣带来惊奇、喜悦和感动。1994 年,一句"我们结婚吧!——伊莎贝尔",敲开了台湾所有将要步入结婚殿堂的男女们的心扉。伊莎贝尔(ISABELLE)为自由飞翔女神的名字,代表了新潮流、新时尚的新女性,也代表有梦想、独立自主同时又浪漫纯美向往自由的人。LOGO 中女神手握英文字母"I"向天空自由翱翔,取"I do"之寓意,意味着新人迈向新的人生旅程,迈向另一种美好人生。寓意幸福、自由、美满、丰裕的崭新生活。手捧一份伊莎贝尔喜饼礼盒,似乎就开启了两个人甜美幸福的未来。中国人向来喜欢象征吉祥美好的事物,伊莎贝尔从初始就承载了这一使命。同时,伊莎贝尔凭借美味可口的味道、浪漫精美的包装赢得了无数人的心,而产品所隐含和提倡的富有品质和情趣的生活格调,更被广泛接受和认同。伊莎贝尔以前所未有的速度迅速风靡台湾全岛,短短 10 多年的时间,已经成为家喻户晓的品牌,并稳坐台湾西式礼饼行业的领导地位。

2009 年前后,许多适婚男女越来越晚婚,或者不想结婚,甚至因全球金融风暴的影响,经济不景气的关系,不敢结婚,导致结婚率下降,冲击到了喜饼的销售。因此,台湾达彼思在 2009 年为伊莎贝尔强势推出"我们结婚吧"十二星座系列广告。"实在很棒,让我非常嫉妒,我真的希望这个作品是自己做的!"2009 年龙玺环球华文广告奖的评委主席杨耀淙如此表达了自己对这一系列作品的喜爱之情。

十二只电视片广告文案标题:

Ⅰ. 水瓶座:1/21~2/18:最爱忽远忽近、若即若离的告白;

Ⅱ.双鱼座:2/18~3/20:对死缠烂打的求婚攻势最没抵抗力;

Ⅲ.牡羊座(白羊座):3/21~4/19:看上眼的一定是最有正义感的男生;

Ⅳ.金牛座:4/20~5/20:喜欢选择给她安全感的另一半;

Ⅴ.双子座:5/21~6/21:最重视精神层面的求爱行动;

Ⅵ.巨蟹座:6/22~7/22:对男人无辜祈求的眼神最没辙;

Ⅶ.狮子座:7/23~8/22:爱她,就要让全世界都知道;

Ⅷ.处女座:8/23~9/23:要她说我愿意,得先遵从她的完美主义;

Ⅸ.天秤座:9/24~10/23:对思考周密的告白最无力抗辩;

Ⅹ.天蝎座:10/24~11/22:无法抵抗语文能力极佳的示爱;

Ⅺ.射手座:11/23~12/21:喜欢自由奔放的求爱;

Ⅻ.摩羯座(山羊座):12/22~1/20:平实的话语,比甜言蜜语更有吸引力。

该系列广告以影片的形式,延续伊莎贝尔既有的"我们结婚吧!——伊莎贝尔"浪漫风格,而且与其他竞品用"与适婚男女生活有距离的浪漫异国邂逅主题"有所区隔,用更贴近消费者的真实生活题材,将品牌形象年轻化与生活化,让年轻人对品牌的好感度增加,并且创造出适婚男女会争相讨论的话题,进而能在结婚率极低的现况下,让主要消费群25~35岁适婚男女主动关心结婚议题,触动他们想婚的念头,勇敢大声说出:我们结婚吧!促使结婚率上升,带动喜饼销售的增长。

达彼思选择了利用不同星座的性格来诠释求婚的重要时刻,透过融合现代浪漫与真实生活的电影感手法,让十二只广告都能以真实又浪漫的情怀,获得渴望结婚的适婚男女的喜爱与共鸣,让商业性的话题转变成生活关心的议题,加深消费者对伊莎贝尔品牌的好感度,进而提升销售业绩。

敏锐的洞察力,再加上文案、剪辑、配乐的完美融合,伊莎贝尔十二星座系列广告获得了2010龙玺全场大奖。

思考题

1.分析中西方饮食文化的差异对食品广告创意的影响。

2.从消费者的购买特性与心理分析食品产品的独特性。

3.在新媒体环境下,有哪些创新的媒体形式可供食品品牌来展示?

4.电视、报纸和户外媒体在食品广告传播中各有什么优劣势?

5.收集10则不同的食品广告,阐述其策划的6W内容,即在正确的地方(where),正确的时间(when),跟正确的人(who),用正确的方式(how),说正确的话

（what），达到正确的目的（why）。

研讨训练

"银鹭好粥道"是银鹭集团顺应现代人高品质、高节奏生活要求特意推出的高营养保健速食粥。以"好早餐，好粥道"的理念风靡全国。总共有四个口味——薏仁红豆粥，黑米粥，椰奶燕麦粥，莲子玉米粥。全部采用健康谷物，国际最先进的高温蒸煮工艺精心制作而成。无论是清晨上班途中，还是工作间隙小憩时刻，打开一罐，总能给您多一分关怀，多一分温暖，在这繁忙喧哗的世界里，拥有一份平平淡淡的幸福。

1. 请以小组为单位收集其产品上市以来的广告活动案例，撰写案例评析报告，综合论述其广告传播的特色，并从策划和作品创意的角度分别提出改进建议。

2. 为其创作一则 15 秒钟的电视广告，要求必须包含 5 秒钟的食材展示。

3. 每组推选一位代表，以 PPT 形式在课堂上进行交流。

补充阅读材料

1. 广告门，http：//www.adquan.com/

2. 疯狂广告网，http：//www.mad26.com/

3. 顶尖文案，http：//www.topys.cn/

参考文献

［1］刘立宾.中国广告作品年鉴［G］.北京：中国摄影出版社，2008.

［2］刘立宾.中国广告作品年鉴［G］.北京：中国民族摄影艺术出版社，2011.

［3］张惠辛.中国广告案例年鉴（2003～2004）［G］.北京：中国出版集团东方出版中心，2004.

［4］张惠辛.中国广告案例年鉴（2010～2011）［G］.北京：中国出版集团东方出版中心，2011.

［5］电通跨媒体沟通开发项目组.打破界限：电通式跨媒体沟通策略［M］.北京：中信出版社.2011.

［6］张树庭，吕艳丹.有效的品牌传播［M］.北京：中国传媒大学出版社，2008.

［7］杰克·希瑟斯，罗杰·巴隆.广告媒介策划（第六版）［M］.北京：中国人民大学出版社，2006.

［8］吴祐昕，陆柳兰.食品广告策划［M］.北京：化学工业出版社，2009.

［9］金涛声，徐舟汉.中外广告精品探胜［M］.北京：国际文化出版公司，1995.

［10］陈月明.文化广告学［M］.北京：国际文化出版公司，2003.

［11］刘亚敏.食品广告的奥秘［M］.广州：广东经济出版社，2001.

［12］乐剑锋.广告文案［M］.上海：上海人民美术出版社，2009.

第三章　流淌中的四季与人生

——饮料广告

饮料广告市场之庞大已经有目共睹。无论打开电视、网络，还是翻开报纸、杂志，或行走在大街小巷，矿泉水、纯净水、苏打水、果汁、可乐、茶、咖啡、牛奶、酸奶……，到处可见饮料广告铺天盖地迎面而来。在众多饮料品牌群雄逐鹿的今天，如何才能在市场上占有一席之地并且长期坚守，成为饮料广告肩负的重任。本章即在探讨饮料行业发展历程及现状的基础上，分析饮料广告的创意特色和创意趋势，进而探讨饮料品牌营销的有效策略。

第一节　饮料行业的发展历程及现状

汤姆·斯坦达格(Tom Standage)著的《杯中风云录：六种饮料缔造的历史》[1]一书中，按照饮料的出场顺序划分了历史，从公元前9世纪到公元21世纪，啤酒、葡萄酒、烈酒、咖啡、茶、可口可乐，"这六种饮料，或从容不迫，或云屯席卷，在历史上留下了鲜明的色彩；饮料在人类的某一个历史阶段，既曾充作货币，又是宗教仪式的圣水；是政治权柄的象征，也是良药和毒剂的媒介；哲学和艺术激情和启示赖它作源泉，庆生、悼亡、社交、签约，总少不了它的踪影。"[2]虽然是一种非主流的观点，但也别有洞天，让我们站在一个崭新的角度重新认识饮料的魅力。

一般来说，饮料从总体上可以分为软饮料、酒精饮料、固体饮料三大类。软饮料包括果蔬汁、瓶装水、碳酸饮料、功能饮料、饮茶饮料和饮咖啡饮料六大类；酒精饮料

---

[1]　Tom Standage. A History of World in 6 Glasses. New York：Walker & Company，2008.

[2]　http：//blog. sina. com. cn/s/blog_5cef36b10100b0ai. html，2008. 10. 17.

包括发酵酒(如啤酒、葡萄酒、果酒、黄酒等)、蒸馏酒(如白酒、白兰地、威士忌、伏特加、朗姆酒等)和配制酒三大类;固体饮料包括需要冲饮的粉末状、粒状、块状饮料,如奶粉、速溶咖啡、袋装茶等。[①] 种类之多,味之丰富,令人目不暇接、眼花缭乱。而对于普通消费者来说,提到饮料,通常想到的都是软饮料一类,因此,本章在探讨饮料行业及饮料广告时,主要以软饮料为研究对象,间或涉及固体饮料,酒类则单独辟一章"酒类广告"进行论述。

在改革开放以前,中国人从来没有想到水也是要花钱买来喝的,拧开自己家的水龙头,可以一次喝个够。而花钱买的饮料,也无非就是那"前门的大碗茶",再就是喝完要像啤酒一样退瓶的汽水了。那时的牛奶和酸奶,还是比较奢侈的享受。但短短的三十几年间,饮料就开始占据了自来水在寻常百姓家的位置,夏天有冷饮,冬天有热饮,运动累了有能量饮料,上火了有凉茶……目前,我国已经成为世界上第二大饮料生产国。饮料的大行其道也带动了饮料广告的发展,使其成为广告市场上份额最大的蛋糕之一。

国内饮料行业的发展,可以依据不同类型饮料的风靡划分为五大阶段:① 20 世纪 80 年代至 90 年代中期——碳酸饮料时代;② 20 世纪 90 年代后期至 90 年代末——瓶装水时代;③ 21 世纪初至 2004 年——茶饮料和果汁饮料时代;④ 2005 年至今——功能型饮料时代。但是,每一个新的阶段的开始并不意味着上一阶段的彻底结束,而是与上一阶段的并存,即今天的饮料市场,已经进入碳酸饮料、瓶装水饮料、茶饮料、果汁饮料、功能型饮料各大门类多足鼎力的时代。

一、20 世纪 80 年代～90 年代中期:碳酸饮料入主中国市场

1978 年,可口可乐以免费赠送灌装生产线的形式重返中国市场,开始在全国各地以各种形式建立灌装厂。百事可乐紧随其后,于 1981 年在深圳成立第一家灌装厂。碳酸饮料打开中国人对于饮料的传统认识,这种甜甜的冒着气泡儿的一喝下去浑身一阵战栗的新鲜饮料,带着美国文明的味道迅速征服了大众的味觉。

1982 年,重庆饮料厂研制出中国人自己的可乐——天府可乐,并一度作为人民大会堂的国宴饮料。之后,国内大大小小的饮料厂开始纷纷成立,例如河南的少林可乐,杭州的西湖可乐,山东的崂山可乐,上海的幸福可乐等,试图在碳酸饮料市场分得

---

① "软饮料"、"酒精饮料"、"固体饮料"的释义引自百度百科.

一杯羹。但是,可口可乐和百事可乐上百年的销售经验使之在中国市场势不可挡,至1994年,中国八大饮料厂(重庆的天府可乐、广州的亚洲汽水、北京的北冰洋饮料,山东的崂山可乐、河南的少林可乐、上海的正广和、沈阳的八王寺汽水厂、天津的山海关)中,除上海正广和以合资方式生存下来之外,其余全部成为过眼云烟。当时,媒体用了一个非常耸动的标题,叫做《两乐水淹七军》。

在这一时期,可口可乐和百事可乐可以说全面占领了中国饮料市场,使可乐几乎成为碳酸饮料乃至饮料的代名词。但不可忽视的是,健力宝、娃哈哈、乐百氏、汇源、旭日升、椰树椰汁、太阳神等国产饮料品牌也在同一时期纷纷问世,成为今后数十年间可以与可口可乐和百事可乐在饮料市场争雄的民族品牌。在可口可乐和百事可乐牢牢占据碳酸饮料市场的情况下,这些国产品牌另辟蹊径,在瓶装水、果汁、茶饮料等领域取得了不错的成绩,也带动了中国饮料市场的整体发展。

这一阶段不得不提的品牌是健力宝。其成立于可口可乐中国市场营销战打响的时刻,凭借"让世界尝尝中国的味道"的坚强信念,作为当时唯一可以与可口可乐比肩的国产饮料品牌,将开拓的脚步勇敢地踏上了世界的舞台,"中国魔水"的称号一度响彻美国曼哈顿第五大道。健力宝成功的秘诀即一系列大手笔的公关营销:成立之初即作为洛杉矶奥运会中国代表团的指定饮料登场,继而成为1990年亚运会的最大赞助商。1994年在美国金融中心买下一整幢大楼作为办公场所,并开办李宁国际体操舞蹈学校。克林顿竞选总统之时,又巧妙地令健力宝成为"总统夫人喜欢的饮料",随克林顿竞选成功的新闻一起登上美国各大媒体的头版头条。至1996年亚特兰大奥运会再度成为中国代表团的指定饮料,健力宝已经成长为中国饮料的代表。

二、20世纪90年代中后期至90年代末:瓶装水崭露头角,多元化格局的开端

1996年,娃哈哈瓶装水广告歌"我的眼里只有你"唱红街头巷尾,宣告着瓶装水时代的到来。这一年,娃哈哈针对自来水的二次污染问题,提出了"纯净水"的概念,从健康的角度号召大众不要再拧开自来水龙头喝水,而是要花钱"买"水来喝,而买的不是水,是自己和家人的健康。这可以称得上是中国饮料市场的一次大变革。

马上,瓶装水浪潮汹涌而来。乐百氏的"27层净化",农夫山泉的"有点儿甜",和娃哈哈一起掀起了瓶装水的风暴。一些原来生产其他产品的饮料品牌开始加入瓶装水之战,如燕京、纯中纯、椰树、露露等,也有大量新的瓶装水品牌出现在市场上,如屈

臣氏、益力、润田、凉一族、获特满、俊仕、虎跑、五大连池、全兴、启明星、天慈……截至1999年底,瓶装水超过碳酸饮料成为中国饮料市场的第一大品类。

在这一时期,饮料市场的多元化格局也开始初见端倪。1995年,加多宝公司成立,其生产的红罐王老吉一夜之间红遍大江南北,"怕上火喝王老吉"成为中国消费者的消费共识。同时,娃哈哈和乐百氏积极开拓儿童乳酸菌市场,娃哈哈的"妈妈,我也要喝"成为儿童广告语的经典之作。而"白白嫩嫩,椰树椰汁","冬天也要喝热露露"也成为让人耳熟能详的广告语。

1996年,红牛饮料进入市场,"渴了累了喝红酒"开创了中国市场功能型饮料的先河。旭日升则在同年推出冰茶系列,这在国内饮料市场为首创之举,成为中国第一个碳酸红茶饮料,也是第一个茶饮料。

1998年,娃哈哈推出非常可乐,根据中国人的口味研制的"中国人自己的可乐",打破了可口可乐不可战胜的神话,销售额达到2亿,取代健力宝成为国内第一大饮料企业。也正是在这一年,可口可乐和百事可乐在中国市场的产量首次下滑。

1999年,蒙牛集团成立,从伊利走出的牛根生本着"向伊利学习"的精神,借助比附定位的明智策略,成为中国奶业第二大品牌,为饮料市场的多元化格局的形成再添一臂之力。

中国的饮料行业发展较为缓慢,一直到了20世纪末,在品类、包装、价格、消费群体等方面才逐渐呈现出多元化趋势,而人们对饮料的认识也逐渐从"享受"变成了"寻常之物"。

三、2000~2004年:茶、果汁异军突起,多元化局势明朗

2000年,农夫山泉在中央电视台播出一则比较式电视广告:两株水仙花,一株以纯净水灌溉,另一株则以农夫山泉天然水灌溉,7天后,纯净水中的水仙花根须只长出2cm,天然水中长出4cm;40天后,纯净水中的水仙花根须重量不到5g,天然水中的根须超过12g。据此,农夫山泉宣称"长期饮用纯净水对健康无益",而农夫山泉不再生产纯净水,全部生产天然水。此广告在饮料市场掀起轩然大波,以娃哈哈为代表的69家纯净水企业以"不正当竞争"为由将农夫山泉告上法庭。历经几个月的诉讼,最后在当地政府的调停下不了了之。虽然诉讼停止了,但其给瓶装水饮料市场带来的冲击却迟迟难以消散。

农夫山泉从"纯净水"到"天然水"的重新定位无疑是成功的,其依托的浙江大学

实验结论对普通消费者来说具有权威的说服效果，这使其他纯净水的生产企业不得不考虑自身产品的转型，各种茶饮料、果汁应时而生。其中，统一的鲜橙多、康师傅绿茶、可口可乐的酷儿、健力宝的爆果汽等销量甚佳，并且各自拥有了受消费者认可的差异化定位。

这一时期，各饮料品牌相继扩大生产线，不再生产单一的品类，而是多管齐下。以可口可乐为例，旗下除经典的碳酸饮料外，还生产瓶装水、果汁、茶、功能型饮料等多个子品牌。图3-1至图3-6是从可口可乐网站截取的当前可口可乐的众多子品牌列表。饮料市场的多元化已成定势。

图 3-1

图 3-2

图 3-3

图 3-4

图 3-5

图 3-6

2004 年,一直居于国内饮料市场领导者位置的旭日升和健力宝退出历史舞台。旭日升因债务纠纷拍卖了其"旭日升"商标,而健力宝在张海被逮捕后虽然被北京汇中天恒投资公司收购,但难以再现昔日辉煌。

也是在 2004 年,功能型饮料的热浪席卷而来。乐百氏的"脉动"、娃哈哈的"激活"、养生堂的"尖叫"、雀巢的"舒缓"、统一的"体能"、康师傅的"劲跑"……独具特色的包装,充满活力和激情的产品名称,能够迅速补充能量的诱惑性口号,大大吸引了年轻人的眼球,使饮水成为一种时尚,也使中国饮料市场进入了一个新的时代。

四、2005 年至今:饮料成为一种时尚和流行的标志

2004 年的夏天,超级女声火爆全国,刮起一股强劲无比的选秀风,而伴随超级女声一起成长起来的,还有"酸酸甜甜就是我"的蒙牛酸酸乳,销量从 7 个亿直线上升到 23 个亿,翻了三倍还多。各大企业一下子认识到,大规模的广告轰炸远不如赞助一档收视率高的电视节目更能提升品牌的知名度和美誉度。于是,电视节目赞助成为热门的选择。

至 2006 年,中国成为仅次于美国的世界第二大饮料生产国。国内品牌层出不穷,品类极其丰富,国外品牌如达利、日清、乐天、宝矿力特等也大举进驻中国市场。走进超市,饮料货架前可谓琳琅满目。在麦德龙网上商城"酒水饮料"类目下的品牌列表中,竟达几百个之多,而每个品牌旗下又包含不同的类别选择。

为了在如此众多的选择中牢牢占据消费者的心智空间,各品牌都非常重视广告的力量,不惜投入巨额广告经费,在最好的时段、版面、空间邀请大牌明星代言,饮料市场,竞争正如火如荼。到了这一时期,饮料与饮料的差别已经不是口味、包装或者价格,在这些物理属性方面的同质性已经越来越高,当一个品牌推出一种新的产品后,类似的产品马上会蜂拥而至,使"唯一性"变成不可能。为此,品牌只能借助广告给自己的产品赋予一个全新的概念,如"我是女生我优先"的优先乳,汇源的"他+她",雪碧经典的"晶晶亮,透心凉",鲜橙多"多 C 多漂亮",农夫果园"喝前摇一摇",康师傅"绿色好心情"……

而代言人的选择也成为竞争的重心所在。因为饮料市场的消费者以年轻人为主,名人明星的号召力和感染力非同一般,所以各品牌竞相选择各路明星为自己代言,百事可乐有王菲、郭富城、郑秀文、蔡依林、陈冠希、周杰伦、Rain、黄晓明、韩

庚……，可口可乐就有林心如、张震岳、章子怡、葛优、王力宏、SHE、潘玮柏、余文乐、张韶涵、李宇春以及全体奥运冠军(包括刘翔、姚明、郭晶晶等)……其他国内外品牌也不甘落后，从一夜走红的草根明星，到演艺界的常青树，凭借饮料广告代言几乎可以画出目前演艺界的走红趋势图。

至此，消费者对饮料的消费，已经不再停留在味道、营养、健康的层面，而是演变成了一种流行和时尚。饮料开始和服装、饰品一样，成为一张个人的标签，由此可以判断购买者的性格、喜好，甚至身份、生活方式等。

第二节　饮料广告的创意特色

饮料广告在众多产品、品牌广告中一直处于比较活跃的状态，无论作品的形式、内容、数量、质量都首屈一指。本章在探讨饮料广告创意特色时，主要集中于软饮料的广告创意。

一、味觉诉求

当一种新的产品问世，产品自身的特点就是最好的广告诉求点，包括了产品的大小、形状、颜色等外观属性和使用方法、使用效果等功能属性，以及销售渠道、价格、安全等其他属性。其相对于以往产品的差别属性就是产品提供给消费者的购买理由。对于饮料这种食用产品来说，味觉诉求自然就成为广告的基本诉求之一。

当人们普遍将自来水作为饮用水的时代，怎么才能让消费者心甘情愿地花钱买水喝呢？诱惑之一就是花钱买来的水味道不同于自来水，即钱消费掉的价值所在。可口可乐早期广告语"Delicious and refreshing(美味，清凉)"就是典型的味觉诉求，百事可乐也有"清爽，可口，百事可乐"的广告语。

利用味道来吸引消费者，是一种比较单纯的做法。但是在味道上出奇制胜并不是那么容易，差异化程度随着生产饮料的企业急剧增多而变得越来越小，这就要求企业从研制特别的产品味道开始向通过广告"赋予"自己的产品一种独特的味道转变。在当前广告大规模占据消费者生活的每一个角落的情况下，消费者对产品的判断往往不是通过产品本身，而是借助广告在脑海中留下的印象。当蒙住消费者的双眼让其品尝可口可乐和百事可乐时，能够辨别出两乐的人少之又少，可是实验之前，两乐的支持者都觉得自己喜欢的可乐味道最好。不知不觉中，消费者用来辨别味道的不再是舌尖，而是积累下来的广告痕迹。这就是广告的力量。所以，当1997年农夫山泉宣称"农夫山泉，有点儿甜"时，看似简单的广告语却一下子激发了消费者的味蕾，使农夫山泉在众多的瓶装水中脱颖而出，有了不可撼动的差异化定位。而饮用农夫山泉时是不是真的"有点儿甜"，很少有消费者会去计较。直到现在，在搜索引擎中输入"农夫山泉官网"出来的页面最上端显示依然是"农夫山泉有点甜！"的字样，如图3-7所示。

图 3-7

"味道好极了"的味觉诉求在很多饮料广告中被强调到了极致，并出现了几种明显的表述类型。"太好喝了……以至于忘怀一切"，这是饮料广告强调"好喝"时的第一种叙述类型。图3-8广告中的运动员从起跑开始直到终点，脑海里只有一个渴求——喝哥伦比亚咖啡；而图3-9中那个博物馆负责监管名画的工作人员，因为咖啡加牛奶实在太过味美，结果只顾美美地享受，竟忘记了自己的职责，导致名画被偷，回过神但悔之已晚矣。第二种叙述类型是"太好喝了……以至于无论何时何地都抵挡不了其诱惑"，百事可乐"震惊世界的口味"篇，展现的是在战斗机的实战演练中，由于难以抵挡百事可乐那"震惊世界的口味"，飞行员上演了惊心动魄的翻转飞机倒入百事可乐的绝技，边驾机边猛喝的惊险一幕。第三种叙述类型是"太好喝了……以至于世界上所有的人都爱喝"，可口可乐曾以百万美元打造了声势浩大的广告——世界上不同国家的青年人聚集在一起，共同为可口可乐而歌唱。第四种叙述类型如雀巢咖啡与哥伦比亚咖啡广告所示（见图3-10至图3-13），"太好喝了……以至于连动物都喜欢喝抢着喝"。百事可乐"猩猩篇"电视广告，在丛林中，越野车上一对年轻的恋人与猩猩为争抢一瓶百事可乐斗智斗勇，几个回合最后聪明的猩猩智取，年轻的恋人一脸无奈。在诙谐与幽默中，让消费者对百事可乐的诱人魅力心领神会。

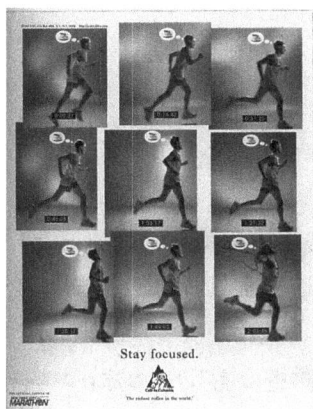

图 3 - 8

图 3 - 9

图 3 - 10

图 3 - 11

图 3 - 12

图 3 - 13

二、功效诉求

目前,市场上最常见的饮料功效包含以下五大类:

1. 解渴、清凉

解渴是所有饮料的基本功能,不仅解渴,而且饮用后会给人一种清凉、舒爽的感觉,则是饮料这种产品最终追求的目标。饮料广告透过各具特色的广告语向消费传达了这一感受,以吸引消费者的购买。

如:雪碧的系列广告语"晶晶亮,透心凉"、"透心凉,透心亮"、"透心凉,心飞扬"(见图3-14),从早期代言人田亮、郭晶晶的名字引出朗朗上口的广告语,进而发展成雪碧的标志性记忆符号。简简单单的六个字,既概括出了雪碧产品的色泽晶莹剔透,又表达了饮用后的清澈感受,而后期的"心飞扬"上升到了自由爽朗的品牌态度。广告从主题色调(绿色)、基本元素(轻快的音乐)到代言人(从跳水运动员开始)的选择无不围绕"解渴、清凉"这一功效诉求进行。目前,雪碧已经成为世界排名第一的柠檬味碳酸饮料,"消费者对雪碧的喜爱,不但由于雪碧清凉透彻的口感和舒爽解渴的功能,更源于其自由率真的品牌态度"。①

图 3-14

---

① 雪碧介绍,雪碧活动官方网站,http://www.sprite.com.cn//about/spr_about.aspx.

2. 健康、营养

瓶装水的上市就是从关注饮用水的健康开始的,强调自来水的二次污染对人体的危害,为消费者的身体健康着想,号召消费者购买瓶装水。所以,很多广告当时都采用了理性诉求的方式,向消费者介绍产品的成分及对人体的作用,让消费者经过理智的思考从而做出购买的决定。

例如曾给人留下极其深刻印象的乐百氏"27 层净化"的电视广告:蓝色的背景下,一滴水从高处落下,经过 27 层过滤,最终成为乐百氏纯净水——"真正纯净,品质保证"(见图 3 - 15)。

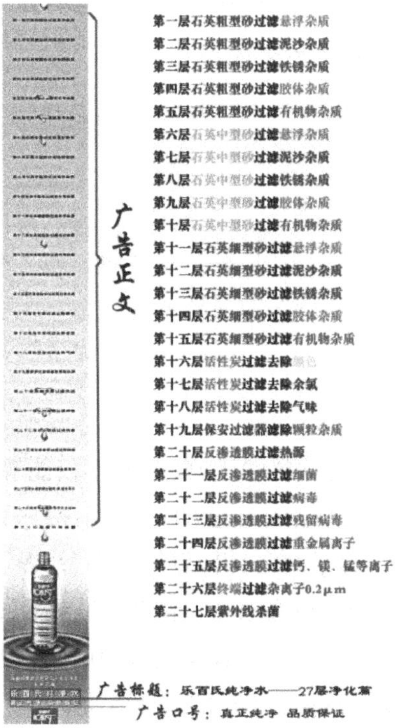

图 3 - 15①

图 3 - 16

这样的广告文案,消费者未必看得懂,27 层净化都是什么,有什么影响,很多消费者都是懵懵懂懂,但所有的消费者在看过广告之后都形成了一种认识:乐百氏纯净水才是最健康的水。这是消费者经由广告形成的自己的判断,一经形成,具有长时间的

---

① 罗诗雅:乐百氏 27 层净化篇,新浪博客,http://blog. sina. com. cn/s/blog_6b6b1d3b0100l786. html,2010. 09. 04.

稳定性,这也正是理性诉求相对于情感诉求的优势所在。因此,当农夫山泉突然提出"长期饮用纯净水有害健康"的观点时,等于是对消费者一贯认知的否定,消费者毋庸置疑地受到了严重的冲击。

农夫山泉完全是以对消费者健康负责的面孔宣布了"不再生产纯净水""我们只做大自然的搬运工"这一决策,接下来通过一系列的实验向消费者直接演示了纯净水之于天然水的不足。消费者还有别的选择吗?

到了21世纪,各种果汁、果蔬汁、乳酸饮料的出现,无一不是打着"健康、营养"的大旗,各种维生素、微量元素通过广告穿透消费者的大脑认知层,掠夺着消费者的心智空间。图3-17是水溶C100的电视广告,其广告语"五个半柠檬C,满足每日所需维生素",非常有代表性地表达了饮料的"健康、营养"的诉求。

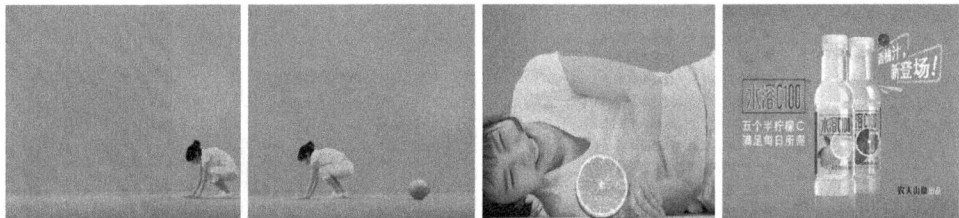

图 3-17

3. 全新功能体验

功能型饮料的粉墨登场使消费者再一次更新了对饮料的认识:饮料不仅能解渴,不仅比自来水健康,而且还具备更加多样化的功能。各种功能的饮料,不怕你买不到,就怕你想不到:"你要身体好,请饮健力宝";佳得乐"解口渴,更解体渴";"渴了喝红牛,累了困了更要喝红牛";运动后要来一瓶"脉动"恢复体力,清除肠道垃圾要喝"味全优酪乳",解酒则有"苹果醋","怕上火喝王老吉"……更有弱碱水的广告告诉消费者,每天喝一瓶就能调节体内酸碱平衡,从而变成不容易生病的碱性体质。

这些功能其实都是建立在前文所述的"健康、营养"基础上的,是概念上的一次全新升级。21世纪的消费者,生活态度和生活方式都有了根本的改变,当最基本的衣食住行的需求得到满足后,消费者开始上升到更高层次的需求:关注健康。于是,保健品市场变得异常火爆,但毕竟长期服用保健品会让人觉得不妥,担心适得其反。而功能型饮料则是保健品的擦边球,具有保健功效,但只是一种饮料而已,适合随时随地饮用,随时随地守护你的健康。

作为功能型饮料的前辈,王老吉红遍大江南北之前已经默默无闻了7年之久。

1997年,广药集团注册了"王老吉"商标,并于年底与香港鸿道集团签订商标许可使用合同,开始生产红色罐装王老吉,但最初只是在两广地区比较有知名度。究其原因,王老吉在广告中并没有明确"预防上火"的定位,而是以较模糊的凉茶饮料概念走亲情路线,试图在情感上打动消费者。但除两广地区的消费者因具备凉茶的饮用传统故而对王老吉表示认可外,其他地区对于"凉茶"并无了解,认为与一般饮料无异,却贵于一般饮料,使销量受到了很大影响。直到2003年春节,"怕上火,喝王老吉"的广告口号响彻大江南北,看着电视里熟悉的日常生活场景(看球赛、菜市场吵架、吃火锅等),消费者一下子记住了,在这些容易上火的时刻,要喝红色王老吉。王老吉是什么?是一种具有独特功效的能够预防上火的饮料。自此,王老吉开始走上大大小小的餐桌,销售量激增,并于2006年被列为国家级非物质文化遗产。2009年,销售额超过160亿,超越可口可乐成为"中国第一饮料品牌"。①

尽管写作本书之时,王老吉的商标之争正如火如荼,但"怕上火,喝王老吉"作为一个经典的USP却会常留消费者心中。

牛奶广告不仅告诉消费者强健的体魄是如何造就的(见图3-18、图3-19),更有名人现身说法牛奶对其成为运动明星的神奇作用。

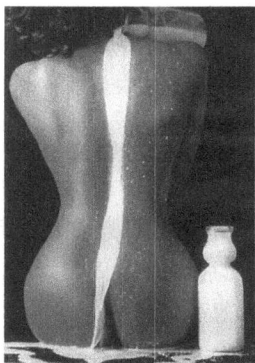

图 3 - 18

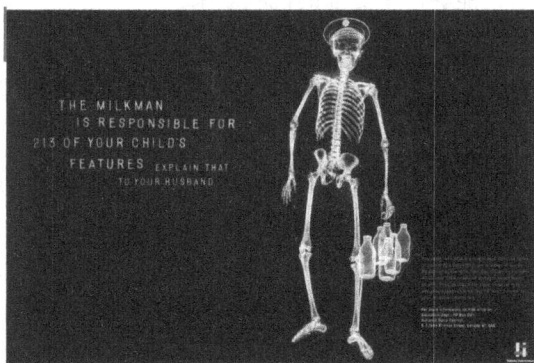

图 3 - 19

"我可不是你家隔壁的那个好孩子,我是NBA里面有史以来最毒的抢篮板球好手。说我的身体?这可是一座神庙。牛奶是神的饮料,每天3杯牛奶能给普通人以足

① 《定位·王老吉的飘红主线》有效营销,http://www.em-cn.com/Article/200702/125336_4.html,2007.02.20.
《王先庆:王老吉百年品牌的打造与突破》,和讯网,http://bschool.hexun.com/2012-07-30/144124255_4.html,2012.07.30.

够的钙质,大概我得喝六杯。"   ——罗德曼,美国 NBA 巨星

"我有多快?六岁时我逮住过一只野兔,1988 年奥运会百米成绩 10 秒 4,当然我有天分,但我刻苦训练,常喝牛奶……"

——乔伊娜,1988 年奥运 100 米、200 米双料冠军

三、通感效应

所谓通感效应,即广告受众将自己对广告中的产品或品牌以外的元素(包括画面、色彩、人物、音乐等)产生的感觉赋予广告中的产品或品牌,例如,当广告采用白色作为主题色时,广告受众对白色产生清新感,随之会认为广告中的产品或品牌具备清新的特性。饮料广告经常用这一方法向受众诠释饮用后的感觉。

在宝矿力特矿泉水的电视广告中,身穿白色长裙的年轻女孩儿、蓝色的爱琴海、海边白色的小屋、清澈如洗的天空、轻快浪漫的音乐,所有的元素汇聚成一个词语:清凉。最终,看完广告的观众自然而然地认为,宝矿力特矿泉水是炎热夏日的清凉饮料,这要比直接诉说"这种水由什么成分构成,能够带给消费者怎样的清凉感受"之类的广告语能够产生更强的说服效果。

同样,通感效应也可以借助一个完整的故事或者情节的片段来形成。例如芬达在日本的一则电视广告中,演绎了形形色色的古怪老师的形象:像李小龙一样舞弄双节棍的老师、把教室当成拍卖场的老师、骑着高头大马的将军老师、在教室上演言情剧的苦情女老师……每一个老师形象后都会出现同样的画面:两个学生手拿新口味的芬达一饮而尽,同时发出无可奈何的抱怨。广告用重复的手法将这些片段衔接在一起,既展示了芬达的丰富口味,又使观众特别是年轻观众形成一种认同感:生活就是这么百变滋味,正如芬达的百变滋味。

受众是无法亲临现场品尝饮料的味道的,而恰恰味道又是该饮料的主要 USP,那么,依靠通感效应进行演示而让受众如同亲自品尝了一样感受到饮料的味道,就不失为一种有效的方式。

四、名人代言

1983 年,百事可乐抛 500 万美元力邀迈克尔杰克逊成为自己的形象代言人。当迈克尔杰克逊在街道上、在待机室、在舞台上手拿一罐百事可乐沉思、作曲、舞蹈时,

美国新一代的年轻人立刻将自己手中的橄榄枝纷纷掷向百事可乐,使百事可乐成为名副其实的"新一代的选择",也是在次年,百事可乐在美国本土的销量第一次超过了可口可乐。

之后,饮料品牌之争除了口味、价格外,又多了代言人之争。

饮料与其他类别产品相较,其消费者主要集中于年轻人群体,特别是碳酸饮料。于是,年轻人所特有的对于明星、名人的崇拜心理、追逐心理、模仿心理,使名人代言在以年轻人为消费主体的饮料广告中可以产生格外强大的说服效果。

纵观当前市场上的饮料品牌,无论是瓶装水、碳酸饮料、果汁、茶、咖啡、乳品,还是各种各样的功能型饮料,几乎无一例外都选择了明星、名人做代言。打开电视,根据各大饮料品牌的代言人完全可以列一张当前比较活跃的艺人(名人)名单了,甚至可以根据饮料品牌知名度的高低判断出艺人(名人)的人气高低。

名人代言为饮料品牌带来了号召力,极大地促进了饮料品牌知名度的提升和销量的上涨,但选择不慎也会为品牌带来莫大的伤害。以可口可乐在中国市场的代言人为例,早期是张柏芝、谢霆锋、张震岳,中期有章子怡、葛优,2004 年以后先后启动了刘翔、潘玮柏、余文乐、SHE、张韶涵、李宇春、C 罗、王力宏、郭晶晶、姚明等奥运冠军……从青年到中年,从偶像到演技派,从选秀歌手到奥运冠军,完全看不出可口可乐选择代言人的标准是什么,也看不出可口可乐想要引发共鸣的消费群体是谁。代言人应该是品牌的传播符号,彰显着品牌的精神和品牌的气质,因此需要具备一定程度上的一贯性和稳定性,才能向消费者传达统一的品牌形象,否则只能混淆消费者的品牌认知。在这一点上,百事可乐无疑是成功的,音乐领袖+体育明星的双重代言,让酷爱音乐和体育的年轻人产生了极大的共鸣,自然会形成品牌好感和品牌依恋,也因此,百事可乐在中国市场俨然成为年轻、活力、热情的象征,成为年轻人不二的选择。

五、音乐的魅力

流行音乐尤其是流行歌曲已经成为饮料广告表现的主要元素之一,两者的"和谐配搭"成了时尚中的时尚。像每一个品牌都邀请名人明星做代言一样,每个饮料品牌也几乎都有一首脍炙人口的广告歌。

这种创意偏好与饮料广告对目标消费群体的选择有关。由于消费主体多为年轻人,而他们对流行歌曲、对歌星有一种情不自禁的亲近感、认同感、崇尚感,因此以此为传播手段很容易占领其心智,促使其产生强烈的购买欲望。一首流行的广告歌,一位富有号召力的歌手,对企业品牌地位的确立和产品市场的发展都有良好的基石作用。而对于歌手来说,接拍知名品牌的广告本身就是市场对自我价值的肯定,而且借助高密度的广告播放,歌手歌曲的知名度都会大大提升。于是本土歌手、港台歌手、国际国内知名品牌纷纷加盟。炙手可热的张惠妹扔掉脸上怪异的面具为可口可乐公司的雪碧高唱"给我给我真的感觉";四大天王之一的郭富城眼里放射出迷人的蓝色闪电,成为百事可乐的"蓝色魅力";COCO李玟为非常柠檬载歌载舞。歌红、人红、广告红、商品红,形成了一般商业气息浓厚的"广告歌"旋风。娃哈哈的广告歌曲从1996年景岗山的"我的眼里只有你",到1998年毛宁的"我的心里只有你",再到1999年王力宏的"爱你等于爱自己",近乎执著地走流行歌曲的路线。每一首都迅速成为当时的流行歌曲,传唱于街头巷尾,一听到这些歌曲就会联想到娃哈哈纯净水,为娃哈哈纯净水的品牌传播立下了汗马功劳。繁华的都市、高楼大厦、名车美女、衣着入时的青年、浪漫温馨的情侣、温柔动人的歌曲,广告片从头到尾都贴上了时尚文化的标签,这些表现元素获得了年轻、时尚消费者的广泛认同。

六、故事化

故事化不是饮料广告的专利,而是顺应现代广告的发展趋势出现的一种新的创意形式,属于情感诉求的升级版。当单纯的产品广告难以说服消费者购买的时候,或者说当同类产品之间的同质性越来越强的时候,企业开始考虑赋予自己的产品或品牌以独特的情感,借以引发消费者的情感认同,使消费者将产品或品牌作为自身的一种识别符号,一种情感、身份的象征,最终形成围绕产品或品牌的忠诚的族群,其"血缘关系"就是产品或品牌所体现出来的情感意义。而故事化的广告可以让情感的表达更加富有生动性、趣味性,跌宕起伏,余韵悠长,所以颇得企业青睐。

而饮料,超市货架上几十种、上百种的选择让消费者头疼不已,各种广告信息也铺天盖地让消费者应接不暇,如何才能在消费者的心智空间中注入鲜明的独一无二的品牌印象?故事化广告具有得天独厚的优势。即使产品属性完全相同,但每个品牌讲述的故事都不一样,消费者可以通过故事去记忆品牌,选择自己偏爱的品牌。即使都是爱情故事,也会因情节、角色而较容易地加以区分。同时,前文已多次强调,饮料的消费群体以年轻人为主,故事化广告较之其他类型广告更能吸引他们的注意力,特别是爱情故事。于是,饮料广告和故事化表现形式一拍即合。

有实力的企业在故事化的基础上更上一层楼,开始拍摄连续剧式广告、系列性广告、微电影广告等,让广告达到电视剧一样的演绎效果。诸如萧亚轩和杜德伟为雪碧拍摄的"透心凉,透心享"讲述了一对恋人相识、相恋、争吵、和好等一连串的小片段;可口可乐通过"魔兽世界"系列广告讲述了SHE被掠走、营救的略带小小惊险的戏剧性故事,通过"相识篇"+"初吻篇"+"电梯篇"+"跨栏篇"组成的5分钟迷你电视剧则讲述了六个年轻人之间诙谐又甜蜜的爱情故事,上演了中国版的"老友记";伊利优酸乳面对蒙牛"酸酸甜甜就是我"的猛烈轰炸推出了"我有我的滋味"爱情短剧,刘亦菲、易建联和TEAW上演了纯净、青春的初恋故事,不仅电视广告受人关注,在网络上也得到了有效的传播……

图3-20是2%矿泉水的广告:韩国炙手可热的一线明星全智贤和赵仁成饰演了一对恋人。男主人公正在待业,迟迟找不到稳定的工作,而女主人公偏偏又美丽干练,身边不乏成功男士的追求。两个人的恋情岌岌可危。当男主人公在街边目睹女朋友和其他男人走在一起时,误会发生了。面对男友的质疑,女主人公积蓄已久的情绪终于爆发,两人在地铁的轰鸣声中大吵,手中的2%矿泉水也在争吵中摔在地上。旁白:爱情总是饥渴的,当缺少了2%时……看惯了广告中甜蜜的爱情故事,这则广告不禁让人觉得耳目一新,而广告中描述的待业、失业等状况又与韩国很多年轻人面临的困境非常吻合,自然很容易产生共鸣。再加上当红明星的精湛演技,让广告看起来不是广告,而是一段迷你小电影,广告硬性推销的痕迹削弱,降低了消费者对广告的抗拒心理,这也是故事化广告的优势。

图3-20

七、娱乐化

娱乐化同样是广告的整体趋势之一,尽最大可能地淡化广告的痕迹,让广告变得好玩,和消费者一起玩,在消费者参与的过程中悄悄地完成广告的宣传、诱导和销售功能。如动感地带利用演唱会的形式进行娱乐传播,一茶一坐推出音乐小说"茶之恋"以塑造自己的品牌形象,同仁堂借助长达 80 集的电视剧《大宅门》宣传品牌历史,宝马拍摄了八部网络电影广告,百度则利用唐伯虎点秋香等传统故事戏剧化地表现产品特点……相对于传统的显性广告来说,效果非同凡响。

饮料广告同样加入了这股娱乐化的潮流,面对娱乐大军的主力——年轻人消费群体,可口可乐与网络游戏魔兽世界合作打造了主题网吧和网络游戏,百事可乐、伊利等则乘着微电影的东风在网络上大放异彩,而街头篮球对抗赛、音乐擂台、路演等互动形式的宣传更是此起彼伏。即使是单纯的广告作品,其创意也融入了娱乐化的趋势之中,夸张、幽默、戏剧化等表现形式运用得越来越多,消费者突然觉得:广告不再总是那么乏味冗长,而是变得越来越好玩了。与之相伴而来的,即消费者不再一味地排斥广告,而是主动关注广告,参与到广告的传播过程中来。

图 3-21 是依云矿泉水在网络上点击超过千万次的一则广告作品:一群穿着尿不湿的宝宝在充满活力、动感的音乐声中表演精彩绝伦的旱冰特技,让观看者大跌眼镜。依云矿泉水,让你充满活力的水。活泼可爱的宝宝们让人喜爱不已,观看者不仅自己观看,还转发到各大网站、论坛,从而实现了网络的病毒传播效应。

2009 年,一则名为《2046 新闻联播》的视频在网上悄然流传,视频以恶搞新闻联播的形式播报了 2046 年水资源匮乏状态下的各种新闻,如:湖南、湖北更名为河南、河北,河北、河南则更名为沟北、沟南,长江、黄河变成两条水沟,世博会上出现了能把石头、草根等一切事物榨成水的高科技发明,还有新型的亮亮牌马桶会提醒你便量不足,请您继续方便以达到最低消费后再冲水……让人大笑的同时又不禁深思,最后在新闻联播结束时屏幕下端出现一行红色的字幕:农夫山泉提醒您,保护水源,人人有责。原来是农夫山泉的公益广告。据称,这则广告本是两年前委托广告公司制作的,但当时觉得与品牌形象不太符合,所以没有大规模推广,没想到却在网上流传开来。网友转发、下载、观看这则视频,绝不是因为它是农夫山泉的广告,而是当作一个搞笑视频,只是看到最后才恍然大悟,惊叹于农夫山泉的巧妙宣传。

现在的时代是一个全民娱乐的时代,广告也必然要搭上这班车才能迎合消费者的需求,饮料广告也不例外。

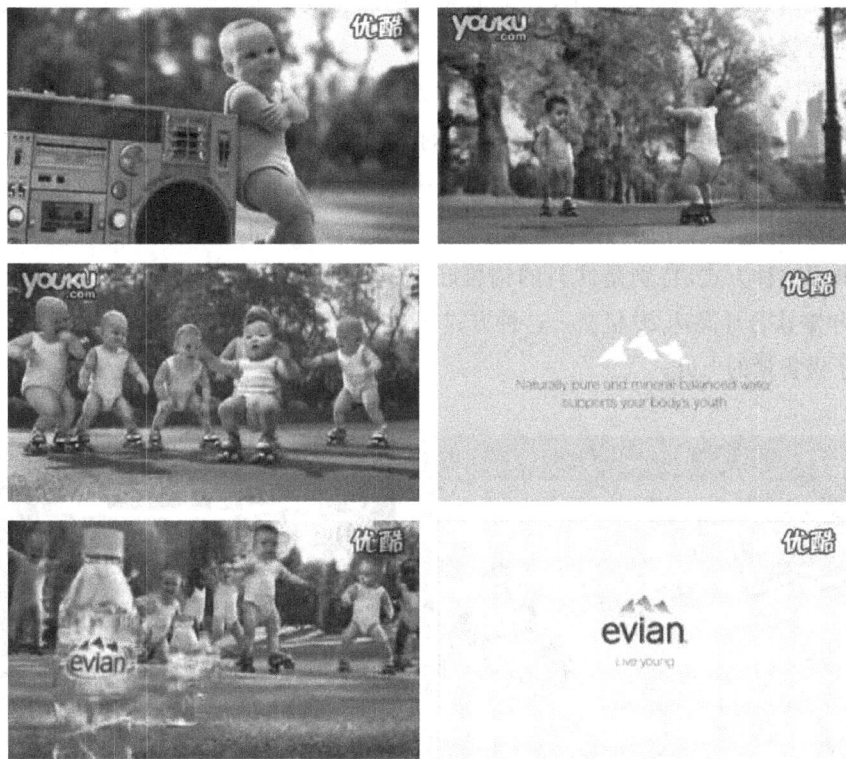

图 3 - 21

第三节　饮料品牌的营销策略

广告是营销的一个非常重要的环节，一则优秀的广告作品可以促进产品的销售，提升产品、品牌的知名度、美誉度、信任度和忠诚度，塑造良好的品牌形象。但单凭广告的力量是远远不够的，还需要配合其他的营销活动，才能实现全方位的市场推广。在第二节中主要介绍了广告作品的创意特色，本节则主要阐述广告之外的其他重要营销方式。

一、有奖销售

饮料品牌之间的价格战一直都硝烟弥漫，当价格低至下限时，各品牌又开始采取其他变相的方式演绎价格之争,其中最火爆的即有奖销售——通过奖励的方式刺激顾客进行尝试性购买或多次购买。

目前饮料品牌的有奖销售主要有两种方式:

再来一瓶。如图3-22、图3-23所示打开饮料的瓶盖,如发现瓶盖内印有"再来一瓶"字样,则可以去经销商处免费领取一瓶同样的饮料,反之则印着"谢谢购买"的字样。目前,康师傅、统一、可口可乐、百事可乐、娃哈哈、汇源、达利园等饮料业巨头都采取了这种方式,特别是饮料的销售旺季夏天到来的时候。据统计,各饮料巨头2010年赠饮合计高达20亿瓶。这种方式非常有效地刺激了消费者的多次购买,直接促进了销售量的上升。

图3-22

图3-23

活动中奖。通过参与饮料品牌线上或线下的活动赢取奖品,小至Q币等虚拟奖品,大至国外游类超级奖品。这种方式可以吸引消费者积极参与品牌举办的活动,在活动的过程中进行更为详细、全面的产品、品牌体验,是将体验营销和奖品销售结合起来的一种营销策略。互联网的普及为这一方式提供了更大的便利,各品牌通过自己的官方网站或主题活动网站分阶段地开展形形色色的有奖活动,网民只要动动鼠标就可以方便地参与,诱惑性极大,如图3-24至图3-26所示。

图3-24

图 3－25

图 3－26

二、公益营销

公益营销被称为"不营销的营销",是一种高境界的营销,以投身公益活动来提升品牌的社会形象。在饮料品牌的激战中,各企业不约而同地将公益营销作为制胜的法宝之一。而当其他品牌都在进行公益营销时,哪个品牌如不做就等于将自身置于舆论的靶心,势必会失去大众的信赖。

案例1:农夫山泉的"一分钱"活动。农夫山泉是较早开展公益营销的饮料品牌,其"一分钱"口号的提出颇受消费者的青睐。构思之巧妙,值得其他品牌借鉴。每购买一瓶农夫山泉,就等于捐赠了一分钱给公益事业,从小处着眼,从细节着手,在不带给消费者任何经济负担的前提下帮助消费者参与到公益事业当中来,使购买农夫山泉不仅仅是一种商业行为,更是一种公益行为。

目前,"一分钱"活动已经进行了四届:

2001年第一届:"一分钱"支持北京申奥。

2001年,农夫山泉公司和北京奥申委联合推出第一个"一分钱"行动:"再小的力量也是一种支持。从现在起,买一瓶农夫山泉,你就为申奥捐出一分钱。"

2002年第二届:"一分钱"阳光工程。

2002年度,农夫山泉公司共向全国24个省、329个市、县的395所学校赠送了价值5 019 028元人民币的体育器材。这个活动被社会各界誉为"体育界的希望工程"。

2004年第三届:"一分钱"支持中国体育事业。

"2008,我要去北京跑",农夫山泉公司特地拍摄了农夫山泉《大脚片》,进一步展开"一分钱"的公益活动,支持中国体育事业。

2006年第四届:"一分钱"饮水思源。

"一瓶水,一分钱,每买一瓶农夫山泉就有一分钱用于帮助水源地的贫困孩子"。农夫山泉将筹集500万元,感恩水源地人民为保护水源作出的巨大贡献。①

农夫山泉公益营销的成功秘诀除构思巧妙外,还赢在持续性、一贯性。从2001年至2008年,连续开展四届,主题都是"一分钱",使消费者心目中的品牌印象日渐清晰,而且完整、统一,以至于在"一分钱"和农夫山泉之间产生了非常直接的品牌联想。每一届的"一分钱"活动都结合当时比较受关注的公益事件,乘新闻的顺风车,让农夫山泉充分活跃在媒体的镜头之内,为品牌带来了足够的媒体曝光率。

2009年,农夫山泉遭遇了"假捐门"。《公益时报》发文质疑农夫山泉"一分钱"活动的实际执行程度。尽管最后事件得以澄清,但也给农夫山泉的品牌声誉带来了一定的消极影响。这也给从事公益营销的企业来了一个提醒:公益营销一定要公开、透明,接受大众的监督。

但毋庸置疑,公益营销为农夫山泉树立了良好的社会形象,也促进了农夫山泉销售量的上涨。既然买什么水都是一样喝,为什么不买既能喝又能做善事的农夫山泉呢?

案例2:王老吉的大手笔捐赠。汶川地震后,网上出现一个极富杀伤力的帖子《让王老吉从中国货架上消失!封杀它!》,看似恶帖,阅读之后才发现帖子的真实意图在于力赞王老吉:"王老吉,你够狠!捐一个亿!为了整治这个嚣张的企业,买光超市的王老吉!上一罐买一罐!"

事情起源于汶川地震后,国内外企业纷纷为灾区捐款,但捐款金额明显低于网民的预期,因此某品牌的200万捐款成为网民的众矢之的。正值此时,王老吉在中央电视台的赈灾晚会现场宣布:捐款一个亿!其数额比很多国际大品牌加起来还要多。这一数字通过央视的直播现场即刻传播至全国的13亿人,使王老吉瞬间成为"民族英

---

① "一分钱到底能做什么"[LO]. 新浪财经,http://finance. sina. com. cn/focus/yfqxd/.

雄",让所有的国际大品牌相形失色。而上文的帖子也开始在网上受到疯狂转载,更有网民改编了广告语"要捐就捐一个亿,要喝就喝王老吉"在网上流传。一夜之间,王老吉在全国掀起了一股巨大的红色旋风。

有人说无论是那张帖子还是帖子的大量转载,都是王老吉的自编自导自演,但即便如此,也不得不承认王老吉公益营销的精准狠,让钱全部花在了刀刃上。

(1)捐赠数额庞大,但收益也同样庞大。王老吉不会是盲目地就提出捐赠1亿元,这1亿元的捐赠一定经过了仔细的权衡。当时,很多企业捐赠数额低于自身的影响力和企业实力,被网民称作"铁公鸡",在这种情况下,王老吉的1亿就显得格外耀眼。作为一个本土品牌,在关键时刻的仗义一剑,势必引发网民的追捧。因此,这1亿能够带来的品牌形象的大幅度提升是完全可以预期的。

(2)在赈灾晚会现场捐赠。如果王老吉选择了在别的场合捐赠,同样的1亿元,可能不会激起这么大的反响。但中央电视台是国家一级媒体,赈灾晚会是举国关注的一场慈善活动,参与企业众多,王老吉的1亿在和其他企业形成鲜明对比的同时,第一时间通过中央电视台传送到千家万户,传播速度、广度都是其他场合无可比拟的。

(3)借助网络的力量。捐赠1亿元的并不止王老吉,日照钢铁等企业也捐赠了1亿,为什么只有王老吉成为"民族英雄"呢?前文的帖子当然起了很大的作用。无论帖子是否王老吉所为,都无疑让王老吉的光环得到了进一步的放大,而互联网的辐射力和影响力的惊人程度早已得到充分的证实,王老吉一夜之间在全国各地刮起红色旋风也就不足为奇了。

三、体验营销

体验营销指的是企业通过采用让目标顾客观摩、聆听、尝试、试用等方式,使其亲身体验企业提供的产品或服务,让顾客实际感知产品或服务的品质或性能,从而促使顾客认知、喜好并购买的一种营销方式。[1]

从这一概念来看,饮料行业似乎和体验营销的关联度不大,饮料除了品尝之外,还能让消费者体验什么呢?有什么值得体验的呢?

答案就是品牌。让消费者体验企业的品牌精神、品牌文化。

---

[1] 张艳芳.体验营销[M].成都:西南财经大学出版社,2007.

案例1：九龙斋体验之旅。九龙斋酸梅汤是京城的传统饮料，北京人已经喝了300多年。2007年起借燕京集团之手焕发了新的活力。为了推广老字号新产品，2011年，九龙斋以大型文艺路演开道开启了九龙斋正宗体验之旅。此次体验营销的目的是宣扬九龙斋酸梅汤的正宗精神，通过在北京、深圳、厦门、台州、长沙等大城市的CBD推出百场热力路演，与消费者进行全方位的互动，并在现场提供试饮、一元抢购尝鲜、互动游戏等环节，让消费者感受九龙斋酸梅汤的正宗口味和悠久的历史文化。现场布置结合了中国古典元素和现代时尚设计，体现九龙斋既悠久又时尚而有活力的新形象。

路演这种形式兼具了现代、时尚、快乐和热情的气息，是企业的一场户外综合秀，往往在城市中心的广场或其他人群聚集地举行，非常容易吸引行人的注意。大多数人对老字号的认识都是传统、守旧，虽然有浓郁的记忆中的味道，但购买的冲动不大，特别是年轻人，对老字号总是敬而远之。九龙斋酸梅汤选择路演作为自己体验之旅的主要形式，就是想突破单纯的试饮的方式，借助路演的热闹、欢乐的氛围重塑有活力的品牌形象。

但九龙斋酸梅汤的魅力又离不开其悠久的品牌历史，它的USP即"正宗"二字，此次体验之旅的目的也在于对"正宗"二字的扩散传播。所以九龙斋酸梅汤在路演的同时，又通过现场的设计、造型等彰显自身的历史底蕴，通过与消费者的互动游戏传达品牌的文化，通过试饮和一元抢购尝鲜等让消费者品尝"正宗"的味道，通过网络体验馆让消费者全面地了解品牌历史。多管齐下，使消费者在同一时间完成全方位的完美体验，对品牌精髓有所感悟。

案例2：芬达玩趣游乐园。芬达的体验营销主要是以官方活动网站的形式通过线上进行的，这也是目前饮料品牌广泛采用的一种体验形式。不同时期会推出不同主题的活动网站，消费者通过鼠标即可参与网站的各项活动，在活动的过程中体验品牌精神和品牌文化。

芬达2012年夏天的活动主题为"玩趣游乐园"，活动口号为"玩转芬达玩趣挑战营，实现你的夏日玩趣愿望"。分为玩趣音乐、玩趣运动、芬达玩伴、玩趣美术、游乐园新鲜事几个部分。通过注册领取一张"游园证"就可以参加各项活动了，每项活动都有机会获得大奖。在"玩趣音乐"中可以用吉他演奏芬达的音乐，"玩趣运动"能够看到芬达的各种水果，"芬达玩伴"可以邀请好友一起游园，而在"游乐园新鲜事"里则可以下载芬达的壁纸、表情、手机铃声。每项活动均与芬达相关，消费者在享受游戏的快乐、体味大奖刺激的同时，可以轻松、愉快地分享芬达的各种信息。

网站的设计(见图3-27至图3-30)采用了芬达的主题色橙色,画面动感、有趣,无一不展示着芬达的活力和酷爽。每个环节都有详细的介绍,便于消费者参与。

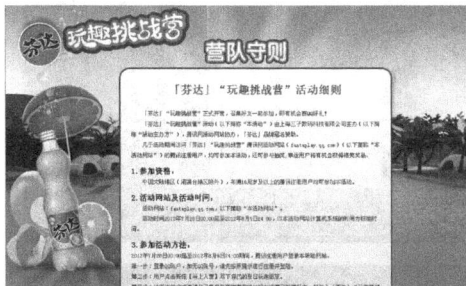

图 3-27

图 3-28

图 3-29

图 3-30

通过不同时期的主题活动,芬达与消费者共享了活动的乐趣,带领消费者一起开心地感受芬达,乐享芬达。

四、娱乐营销

在创意特色一节已经提过,娱乐化是广告的整体趋势之一,而娱乐营销也是这个娱乐时代的必然产物。2012年最受青睐的娱乐营销莫过于微博、微电影的"微系列"营销了。

百事可乐"把乐带回家" 2012年春节,电视、网络、地铁站、公交车……到处都是百事可乐的身影,如图3-31所示一句"把乐带回家"打动了多少离乡游子的心!

百事可乐在节假日营销中一直不敌可口可乐,因为可口可乐的红色对于中国的节日具有得天独厚的优势,红色所代表的喜庆、吉祥、热闹非常符合中国消费者在节日的心理需求。所以,即使百事可乐通过音乐+体育的战略夺取了大量青少年消费

图 3 - 31

者的芳心,但一到节假日,餐桌上还是红色的天下。尽管百事可乐也利用名字上的吉利含义做过很多节日广告,效果都不甚理想。2012 年,这一情况终于得到了改观。

百事可乐首次将旗下三个子品牌——百事可乐、乐事薯片、纯果乐——集合在一起,大打温情牌,通过三个子品牌的代言人——古天乐、罗志祥、周迅、张韶涵,并力邀张国立加盟,演绎了一则感人的春节回家的故事。片中,张国立是一个慈爱的父亲,罗志祥、周迅、张韶涵是事业有成的儿女,每天忙工作,即使春节也无法抽出时间回家看望父亲。而这一年的春节,在古天乐扮演的天使的努力下,三个孩子终于看清亲情才是生活中最重要的,放下手边的工作赶回父亲身边,也把快乐带回了父亲身边。

　　春节回家的故事始终是中国人的一个情结,解也解不开,年复一年地上演。百事可乐用微电影的形式将其搬上广告屏幕,将这股浓浓的情结化为百事可乐的愿望:把乐带回家。"乐",既是旗下三个子品牌的名字,也是家人团聚的快乐,更是生活的快乐。由此,百事可乐成了"回家"的代言人,牵动着众多离乡游子的心。

　　微电影相较于传统的电视广告,片长较长,有充裕的时间讲述一个更为完整的故事,像拍摄电影一样地拍摄广告,制作手段更为精良。而观众观看微电影广告的初衷不在广告,而在电影,在于娱乐的需求,所以不再是被动地观看,而是主动地寻找并加以传播,这正是广告梦寐以求的最佳效果。

典型案例评析

百事可乐广告风格例析

　　百事可乐广告几乎件件皆为精品,其整体上秉承了"音乐＋体育＋明星"的路线,创意则以幽默、诙谐见长,处处透着活泼、轻快的娱乐气息,品牌精神已经渗透进每一分脉络肌理。

　　总的来说,百事可乐的广告主要有几大分支:

　　第一,民族风格。百事可乐全球销售,创意遵循"全球策略,本土执行"。即世界范围内采用统一的主题,但根据销售国、地区的具体情况进行具体的构思。所以,当美国百事可乐推出"新一代的选择"时,其他国家、地区的广告主题也是"新一代的选择",只是在代言人、拍摄场景、故事内容等方面有所不同,但所有同一时期的广告折射出来的都是相同的概念——"新一代的选择"。这种方式有利于全球传播的统一性,保持消费者对品牌的统一认知,但又符合不同国家、地区消费者的不同心理需求,易于被不同国家、地区消费者接受。而具有民族风格特征的广告又可以迅速拉近与当地消费者的距离,具有熟悉感和亲和力。

　　百事可乐结合中国、日本、印度元素的电视广告,采用了三个国家各具特色的民族符号,中国为少林功夫,日本为相扑运动,印度为大象和杂技,充满了亲切感,极易引发不同国家、地区消费者的情感共鸣。

　　第二,比较广告。百事可乐的诞生比可口可乐晚了 12 年,为了将年轻一代的消费

　　者全部争取到自己麾下,百事可乐经常在广告中对可口可乐进行不遗余力的攻击,强调百事可乐是年轻人的选择,而可口可乐是保守、陈旧的象征。由于美国没有对这类直接比较广告发布禁令,而这类广告又往往做得妙趣横生,直截了当地展示自己和竞争对手的差别,所以极受消费者欢迎。一个小女孩喝了可口可乐后,声音突然变得苍老无比,而喝了百事可乐后,迅速变回稚嫩的童声,那么,你的选择会是什么呢?

　　第三,足球精神。足球是举世狂欢的运动,百事可乐是全世界都喜爱的碳酸饮料,二者异曲同工。而足球的无国界、热情、拼搏、充满活力的精神正是百事精神所在。故百事可乐将足球作为广告的主要元素,从来没有放弃。足球明星、足球运动、足球精神在百事的广告中闪烁,特别每逢世界杯期间,百事可乐更是会借机进行大规模宣传,让大家像热爱足球一样热爱百事可乐。图 3-32 是 2010 世界杯期间百事可乐的电视广告,球迷们熟悉的足球明星悉数上阵,和生活在偏僻村庄中的孩子们一决胜负,片中人群用身体组成的球场随着音乐和球员的奔跑一丝不乱地移动,一种热爱

图 3-32①

---

① 视频下载来源:广告专题站.

如果能至于此,还有什么遗憾呢?

第四,音乐＋明星。关于百事可乐的音乐和明星前文已经多次提高,在此不再赘述。自从郭富城笑言自己体内流着百事蓝色的血之后,百事明星与百事之间的关系就已不言而喻。2004年,百事可乐曾经在中央电视台分上下两集播过一则全明星广告,九个代言人齐聚一堂,可谓是百事的一次广告盛典(见图3-33)。

图 3-33

思考题

1. 饮料产品相较于其他产品的特性是什么,请结合消费者心理进行分析。
2. 比较国际和国内的饮料品牌,分析其广告创意方面的差异及原因。
3. 饮料行业的未来发展趋势是什么?
4. 结合实例分析公益营销的利弊。
5. 如何理解"娱乐化是广告发展的必然趋势"?
6. 当前饮料广告面临的最大挑战是什么? 如何解决?
7. 中老年群体和年轻人群体对饮料的消费心理有何异同?

8. 面对碳酸饮料市场的萎缩,如何通过广告加以缓解?

研讨训练

请选择同类饮料的两个不同品牌:

1. 以小组为单位收集两个饮料品牌的广告发展历程,包括不同时期的广告主题、产品定位、广告策略、营销策略等。

2. 比较两个品牌不同时期的异同。

3. 分析两个品牌未来的广告走向。

4. 每组推选一位代表,以 PPT 形式在课堂上进行交流。

补充阅读材料

1. 中国国际广告节获奖作品,http：//www.chinaciaf.org/

2. 饮料行业及产品信息查询,http：//www.bevchina.com/

3.《中国饮料行业的产业变迁》,http://finance.qq.com/a/20090907/002448.htm

参考文献

[1] 刘立宾. 中国广告作品年鉴[G]. 北京：中国摄影出版社,2008.

[2] 刘立宾. 中国广告作品年鉴[G]. 北京：中国民族摄影艺术出版社,2011.

[3] 张惠辛. 中国广告案例年鉴(2010～2011)[G]. 北京：中国出版集团东方出版中心,2011.

[4] 中国国际广告节获奖作品集(第十一届至第十七届)[G]. 北京：中国摄影出版社,2010.

[5] 胡晓云. 世界广告经典案例[G]. 北京：高等教育出版社,2004.

[6] 李元根. 饮品广告的奥秘[M]. 广州：广东经济出版社,2004.

第四章 渗透起居每一处
引领时尚新生活
——家用电器广告

      随着科技水平飞速发展,人们消费观念转变和购买能力的提升,以及近年来政府推出的一系列优惠政策,中国的家电市场正步入前所未有的发展机遇期,家电广告亦呈现出百花齐放的繁荣景象。形形色色的家电广告正在影响人们的思维方式,改变人们的生活形态。如何帮助企业在竞争日趋白热化的家电市场上保持优势,同时引领公众的品质生活,成为广告业肩负的重任和社会关注的话题。本章旨在探讨中国家电行业发展历程及现状的基础上,分析家电广告的创意特色,进而指出时下家电广告创作存在的几个误区。

第一节 中国家电市场的发展历程

      相对于西方发达国家,中国家电生产起步较晚。尽管 20 世纪 30、40 年代就开始有家电产品的输入,但真正的本土生产还是开始于解放后。

      1955 年,天津医疗器械厂试制出第一台使用封闭式压缩机的冰箱。

      1956 年,沈阳、天津、北京、上海等地相继开始生产冰箱,供医院及科研单位使用,并试产了集团用洗衣机。

      1958 年,中国第一台黑白电视机诞生。天津 712 厂生产出新中国第一台自主研发、制造的显像管电视机——北京牌 14 英寸黑白电视机,标志着当时中国电视机研制技术与日本基本处在同一水平。

      1962 年,沈阳日用电器研究所试制出中国第一台洗衣机。

      1965 年,上海空调机厂生产出中国第一台三相窗式空调器。

……

改革开放以来,随着经济迅速发展,科技水平不断提高,国产家电从无到有,从短缺到普及再到个性化、网络化,从无品牌到品牌规模化、国际化,国产家电行业发生着日新月异的变化。在这段历程中,国产家电经历了引进潮、合资潮、并购潮、价格战、渠道战,并由此逐渐成熟,到 21 世纪成为具有国际竞争力的新势力。

一、国产家电的初创期:筚路蓝缕

国产家电初创期是在 20 世纪 50～80 年代。特别是随着改革开放后经济迅速增长和人们消费需求日益提升,国产家电逐渐成熟起来。初创期的家电行业发展具有以下特点:

(一)技术落后

20 世纪 80 年代初,家电产品的国产技术还比较落后,洗衣机、电视机、电冰箱等许多家电的零部件和生产线还依靠从国外引进。东芝、松下、索尼等国外品牌以其先进的技术、过硬的质量、有效的宣传得到国人的青睐。1981 年金星彩电的广告就把"由日本日立公司提供设计"作为宣传重点;1986 年美菱牌冰箱广告中也提到:"我厂从意大利引进先进技术、设备、主要部件和生产流水线";80 年代中后期电视广告中出现的 9 个品牌的阿里斯顿,如长岭阿里斯顿、北冰洋阿里斯顿、美菱阿里斯顿等,就是 9 家国有企业同时从意大利梅洛尼公司引进阿里斯顿冰箱生产线的结果,"引进潮"流行程度可见一斑。

同时,国家也出台政策控制盲目过度的引进,通过评奖等方式鼓励自主研发,实现家电生产本土化。很多家电品牌将其获得的相关殊荣明示于广告中,以获得消费者对其产品质量的认可。因此当时很多广告我们都能看到"国优"、"部优"、"省优"的字样。

(二)市场有限

国产家电通过引进国外先进技术装备获得迅速发展,家电产业迅速升温并初具规模。到 1986 年,全国各家电企业产量较 1978 年实现几十甚至上万倍的增长,并涌现出海尔、万宝、雪花、新飞等一大批国产品牌。但从 80 年代初期的家电广告来看,国产家电的品牌观念并非一蹴而就。由于当时"定点生产、凭票购买",国企成为产品质量的保障,所以很多家电广告除了品牌名称外,还将生产厂家的名字置于显著位置。同时家电产业并未完全市场化,销售渠道也较为单一,未形成专业的家电销售平台,因此百货商场成为主要销售渠道,药店、五金店、陶瓷商店也兼顾了家电产品的销售。

（三）宣传单一

20 世纪 80 年代初,家电广告的概念还比较陌生,广告宣传形式也比较单一,诉求多集中在功能、性能、质量上,通常承诺实行三包。典型例子就是琴岛利勃海尔的电视广告,广告中只有产品图像、厂名等信息,没有广告语。

拉开中国家电广告大幕是燕舞收录机。1988 年元旦晚会开始前的广告中,"燕舞,燕舞,一曲歌来一片情"的霹雳舞曲广告歌让燕舞收录机轰动全国。同一时期,由于港台片在大陆风靡,一系列由香港演艺明星代言的家电产品拉开了销售大战。神州热水器和万家乐热水器就是其中的代表:

- "神州牌热水器,安全又省气"
- "万家乐何止安全省气这么简单"
- "轻工部优,A 级榜首"（神州）
- "质量评比,两个 100 分"（万家乐）
- "万家乐,崛起神州,挑战海外"
- "款款神州,万家追求"
- 汪明荃在电视上说:"万家乐,乐万家。"
- 沈殿霞则在电视上说:"神州热水器一个赛三。"

万家乐以汪明荃温馨美好的形象向观众宣传"万家乐,乐万家"的广告片,神州请来沈殿霞向观众宣传:"人家说我一个赛三,它（神州热水器）才真正一个赛三!",成为当时家电营销宣传的经典案例。

二、国产家电的发展期:突飞猛进

20 世纪 90 年代是国产家电的成长期。城镇居民家庭的彩电、洗衣机、冰箱等大宗家电得到普及,微波炉、吸尘器等小家电不断涌现,现有国产家电市场格局逐步形成,呈现出以下特点:

（一）市场规模化

由于品牌增多,竞争加剧,家电大企业通过并购扩大规模、拓展市场。1991 年底,家电企业结构调整、兼并重组的消息不时见诸报端。素有家电"并购大鳄"绰号的TCL,在广告中提到:"1996年6月,TCL出资1.5亿港元,兼并了港资陆氏实业的彩电项目——佳丽彩,为中国彩电技术、产品的开发,注入了新的活力。"此外,康佳、长虹、格力等公司都在这一时期有不同程度的并购举措,为企业战略发展奠定了坚实的基础。

除了国产家电企业间疯狂的并购重组外,国外家电企业掀起了合资潮,开始通过合资、独资等形式抢占中国市场。20世纪90年代中后期,美国惠而浦收购北京"雪花";德国西门子收购安徽"扬子";韩国三星收购苏州"香雪海"。这些合资企业利用在资金、技术和品牌方面的优势,给中国家电行业带来巨大的冲击。同时,也有部分家电企业抓住发展机遇,重视品牌打造,形成具有国际竞争力的家电企业。如海尔从1985年开始引进德国"利勃海尔"公司技术和设备,将产品商标定名为"琴岛-利勃海尔",并设计了象征中德儿童友谊的"海尔兄弟"标识。我们在其广告中可以看到"海尔·中国造"、"让世界共享"的广告文案,也可知晓1997年"海尔在世界各地拥有6 956名专营经销商,已在128个国家和地区注册商标576本"。践行国际品牌的发展历程,成为民族品牌的骄傲。

(二)产品普及化

经历了20世纪80年代电视、洗衣机等初步普及后,家电产品与人们日常生活变得息息相关,随之迎来发展的爆发期。许多大、小家电企业都在这一时段迅速崛起。城镇居民家庭大宗家电普及率相继超过了90%,到了90年代末,国内家电市场已是琳琅满目,完成了家电产品从普及到技术更新的过程。

这一时期除了大家电蓬勃发展,录像机、VCD、DVD、随身听、微波炉等小家电也不断涌现,满足人们多层次、求方便、求个性的生活需求。从1993年9月留学学者姜万勐、孙燕生生产出世界上第一台VCD,到1997年爱多、新科等品牌开始大规模进入市场,并占据大部分份额,可见小家电市场的活跃。

(三)竞争激烈化

国产家电业的迅速发展及其带来的激烈市场竞争引发了1996年的价格大战。1996年3月26日,长虹宣布从即日起,旗下17英寸到29英寸所有品种彩电在全国61个大中城市150家大型商场降价销售,降价幅度8%~18%不等,平均每台让利100~850元。5天后,TCL推出"拥抱春天"价格让利活动。6月,康佳宣布所有彩电让利8％～20％,单机最大降幅1 200元。短短数月全国十几家彩电企业纷纷跟进,通过降价手段抢占市场,一举将此前中外企业市场份额从2∶8改写为8∶2。

随之国产品牌依靠价格战占据有利位置,国外品牌被迫借助技术升级主攻高端市场。这种国内和国外家电品牌分而治之中低端和中高端市场的竞争局面一直延续至今。同时国内彩电市场重新洗牌,奠定当前六七家大企业瓜分国内彩电市场的品牌格局。

三、国产家电的成熟期:稳步发展

进入21世纪,国产家电从生产到销售再到品牌打造都进入成熟期。不仅技术逐渐与国际品牌接轨,产品品种多样,质量性能稳定,有相对的价格优势和较好的售后服务,而且在产品品质、环保、节能等方面逐渐参与到国际市场标准化竞争中,呈现如下特点:

(一)家电产品品质化

21世纪,家电在生产和销售上都更加注重人们的品质生活需求,特别是对环保、节能、品牌及其内涵、外观和造型的时尚度等深层次因素逐渐成为影响人们家电消费的重要指标。2008年和2009年美的空调广告就不断强调对环保的追求:"环境大于一切,我们致力于以创新科技呵护自然","借助变频力量,缔造绿色能量……致力降低空调能耗……让世界生机盎然"。

海尔"零时代"产品也是当前家电产品品质化的一个代表。"零结霜"的海尔无霜三门冰箱;颠覆传统水平旋涡式洗涤模式、创新上下翻滚均匀动力洗涤、实现"零缠绕"的海尔匀动力洗衣机;避免饮品串味问题的海尔绅度冰吧;具备主动防护功能实现"零隐患"的海尔燃气热水器;开机即洗、追求"零等待"的海尔3D电热水器;将厨房油烟降到最低点的"零油烟"海尔天际系列厨房。"绿色、低碳、环保"正在成为家电品质化的代名词。

(二)技术更新快速化

21世纪家电生产技术的更新加快,变频、滚筒洗衣机,平板、液晶、高清电视机等一系列家电产品不断更新换代,让生活更加精致、快捷。有些家电产品甚至因为更新换代速度太快,以至在"三包"年限中遭遇配件难寻、维修无门的尴尬境遇。

一方面,传统大家电增加了更多方便生活的功能。比如 2007 年海尔推出不用洗衣粉的洗衣机,"突破传统洗涤观念,洁净无残留,杀菌更彻底",被国务院评为国家科技进步二等奖;另一方面,功能更加完善、档次更高的"精品小家电"受到许多追求时尚和生活品质的白领及年轻人的追捧。比如 ACA 电烤箱通过"光波+红外线+热波"三重加热,可以制作牛排、匹萨、摩卡蛋糕、烤肉等食品,而且烤出来的食物既不会造成营养成分的流失,也可以过滤掉多余脂肪和胆固醇,色香味俱全,非常健康。

(三)销售渠道多样化

20 世纪 90 年代之前,家用电器的销售渠道是比较单一、局限的。从 90 年代末开始,渠道逐步拓宽,采用专卖店、销售公司、代理商、直营商、供销商等多渠道销售模式。2000 年前后,家电连锁业开始起步,以国美、苏宁为代表的跨区连锁企业迅速崛起。到 2006 年,家电连锁行业重组让大型连锁企业更具市场议价能力,同时也让以海尔、格力、美的为首的大企业为了降低成本又重新开始了专卖店销售模式,或是又重新进驻百货商店进行销售。

近几年,随着科技的发展和人们生活方式的改变,网购成为家电销售新兴渠道。京东商城、淘宝等让人们深切体会到网购的方便与快捷。2012 年 5 月初,国美网上商城、当当网抛出了 20 亿促销资源打响网上家电价格战,京东随机宣布让利 5 亿元主攻家电销售,紧接着天猫也投入 2 亿元资金大举进攻家电,苏宁易购也随机开展大规模促销。这次"大战"让我们看到网络这一销售模式在当下家电销售中举足轻重的地位。同时,电视购物作为一种新的销售模式,为家电、特别是一些不知名企业生产的小家电的销售开辟了新道。

(四)家电品牌集中化

中国行业企业信息发布中心 2011 年 3 月 20 日调查结果显示,2010 年我国消费品市场延续"品牌为王"趋势。分类别看,家电类消费品的市场集中度依然最高,其后依次为食品、日化、日用品、文化、办公用品、服装。在品牌优势最为明显的家电类,十强品牌的市场占有率平均为 82.26%。[①] 2010 年十大家电品牌排行榜如图 4-1 所示。

---

① 十强家电品牌市场占有率为 82.26%[OL]. http://tech.qq.com/.2011-3-21.

1	海尔 Haier	（中国名牌，中国驰名商标，亚洲品牌 500 强，十大家电品牌，青岛海尔集团）
2	三星 SAMSUNG	（中国驰名商标，世界财富 500 强，于 1938 年韩国，三星（中国）投资有限公司）
3	索尼 SONY 家电	（十大家电品牌，最具影响力品牌企业，于 1946 年日本，索尼（中国）有限公司）
4	飞利浦 PHILIPS	（中国驰名商标，世界品牌，于 1891 年荷兰，飞利浦电子（中国）集团）
5	美的 Midea	（中国名牌，中国驰名商标，最具全球竞争力中国公司 20 强，广东佛山美的集团）
6	LG 家电	（十大家电品牌，1947 年韩国，世界品牌，LG 集团（中国）有限公司）
7	西门子 Siemens	（始于 1847 年德国，全球最大的电气和电子公司，西门子（中国）有限公司）
8	松下 Panasonic	（中国驰名商标，十大电器品牌，于 1918 年日本，松下电器（中国）有限公司）
9	三洋 SANYO	（日本品牌，世界 500 强，大型企业集团，三洋（中国）有限公司）
10	格力 GREE	（中国名牌，中国驰名商标，亚洲企业 50 强，出口免验，珠海格力电器股份有限公司）

图 4-1

以空调为例，在第三方调查机构 ZDC 发布的《2012 年中国空调用户购买行为调查报告》中不难发现，空调品牌的集中化程度正进一步加强。其中格力所占比重最多，达到了 38.2%；美的以 19.8% 的比例位居第二；排在第三位的是海尔，比例超过一成，三者携手吸引了超过七成的消费者使用。其余品牌的使用占比均在 4.0% 以下。①就在 10 年前，中国空调行业曾活跃着 400 多个品牌，短短 10 年时间，市场淘汰了近 95% 的品牌。图 4-2 为家电业的著名品牌。

四、国产家电的发展趋势：一飞冲天

（一）高端家电成为可挖掘的新增长点

近年来，消费者对于高科技、智能化、节能环保产品的需求逐步升温。模糊电子

① ［家电］中国民用空调使用品牌呈集中化趋势［OL］. http：//www.smm.cn/，2012-7-6.

图 4 - 2

技术宣告家电新纪元的到来。模糊洗衣机能自动识别衣物重量、材质、脏污程度、水温水质、洗涤剂种类及溶解程度,用户只要按一下触键,洗衣机就自动计算注水量,选择最佳水流与洗涤动作和洗涤时间,达到衣物洁净最高而磨碎率最小的目的;模糊冰箱利用多个传感器获得冷藏、冷冻室的温度分布情况、温度变化趋势、冷凝器的结霜率、冰箱周围环境的温度及人为开启冰箱的频率和时间,由此控制压缩机的开停、气阀的开闭及何时除霜,达到保鲜、节电、省力的目的。

而伴随着国家 265 亿元"节能产品惠民工程"的启动,在"强调创新、立足能效"的宗旨下,高端家电有了发展的直接动力。

2012 年上半年,美的舍弃了部分低端的洗衣机、空调市场,加大技术投入,深化技术驱动,提升产品力,积极进行产品结构的优化与改善;海尔依靠高端品牌"卡萨帝"保持了较高的市场占有率;格力则通过推广高端节能变频空调,大幅提升了利润率。相信在未来较长一段时期内,高端家电产品仍将保持较快的发展速度。

(二)小家电成为一大亮点

精巧时尚的小家电日渐成为人民提高生活品质的一个象征。随着人们经济水平的提高,对生活质量的要求也随着提高,小家电正快速地进入消费者的家庭。未来的小家电应该充分体现"智能、安全、多功能以及环保"的优势,既能给人们带来充分的享受,又易于人们自由操控、轻松使用。

比如格兰仕针对有孩子的家庭、新婚夫妻、老人等不同使用需求的消费人群,开发设计了数十种不同的微波炉。"一键通"系列产品,具备烧、煮、烤、炒、炸等多种烹饪功能,可以轻松煮出广东、山东、浙江、四川等各地名菜,一键下去搞定所有操作的功能,自动做出 8 大菜系 36 种菜肴。新机型还有大屏幕动态显示、时钟功能、自动菜单、多段烹调、儿童保险等大量贴心的设计,都是专门针对快节奏的现代家庭设计的。

而"净水元年"的到来,应该是小家电发展的一个重头戏。近年来小家电的发展虽然有些阻碍,但净水器行业这几年却保持了每年至少 30％ 以上的高增长率,而且有着超过 50％ 左右的高额利润,这与国家越来越关注水污染的严峻形势、消费者逐渐将饮水安全提到新的高度密切相关。2010 年底,海尔与施特劳斯集团共同出资成立青岛海尔施特劳斯水设备有限公司,并于 2011 年上半年推出"智饮机"(图 4-3),此举标志着海尔正式进入净水产业;美的在 2010 年开始对净水事业部进行战略升级,在短短 2 年内将销售额提升到 6 亿规模;2011 年,格力宣布即将进入净水器行业;九阳收购海狼星之后,2011 年也全面进入净水器行业;华帝燃具虽然没有大肆声张,也在

图4-3

2011年进入净水器行业,在家用厨房净水器行业发力,未来华帝的千店工程将净水器作为重要赢利点。在目前中国净水企业数量高达2 700多家,而净水产品的市场普及率不足3%的市场环境下,净水产业的发展必将成为21世纪家电产业发展的一个新趋势。

(三)农村市场潜力无穷

随着农村经济飞速发展,农民生活水平普遍提高,对家电种类和数量的需求也越来越大。农村家电消费不再局限于普通家电,空调、冰箱和其他电子设备逐渐成为消费热点。据商务部网站消息,2012年1～8月全国(不包括山东、河南、四川、青岛)家电下乡产品销售5 087万台,实现销售额1 363.2亿元,按可比口径计算,同比分别增长11.8%和21.8%。截至2012年8月底,全国累计销售家电下乡产品2.69亿台,实现销售额6 422亿元。①

自2009年以来在"家电下乡"、"以旧换新"等政策的刺激下,家电制造商们的农村拓展计划从"区域试点、局部试水、阶段性促销"转向了"全国化、规模化、中长期发展规划"。"十二五"期间,国家将采取更有力的措施提高农民收入,农民增收步伐加快,购买力也随之增强,对家电市场的繁荣将起到重要作用。同时,随着家电产品在农村的快速普及,农村消费者对高品质家电的需求也将随之增加,产品的消费升级将逐步实现。农村市场的需求普及将是未来国内家电行业增长的重要驱动力,未来10年甚至更长的时间,中国家电市场的竞争将从城市全面转向农村,甚至还会出现"以农村传到城市"的产品研发新趋势。

第二节   家用电器广告的创意特色

20世纪80年代以来,家用电器在中国经历了从无到有,从单一到多元的蜕变,融入人们生活的每个角落,成为现代化与现代生活的最基本元素。与此同时,家电

---

① 商务部前8月家电下乡产品销量突破5 000万台[OL]. http://news.xinhuanet.com,2012-9-12.

市场也迅速进入白热化竞争时代。从 1998 年起,家电广告投入一直处于全国行业排名前 10 位,家电市场竞争集中体现在家电广告的竞争上。一个好的家电产品想脱颖而出,让消费者在第一时间记住并最终选择购买,其广告的创意必然要求有鲜明的特色。

一、质量是家电广告宣传的焦点

质量是产品的灵魂,是企业的生命。家电产品一方面使用涉及安全性,因而质量诉求显得更加强烈和重要;另一方面,家用电器对大多数中国家庭来说依然是大件商品,是耐用品,而且大多价格比较高,更新频率低。根据消费者心理,通常决定是否购买的因素主要有产品质量、款式、价格、服务等,其中质量居首位。在强手如林、竞争激烈的进口和国产家电市场中,很多品牌之所以畅销不衰,长期深受消费者欢迎、青睐和信赖,靠的就是质量。

案例:

● 容声,容声,质量的保证——容声冰箱

● 没有最好,只有更好——澳柯玛冰柜

● 真金不怕火炼——金正 VCD

● 十年之后你会说:到底还是"诺尔吉"——诺尔吉电器

● 你应该买质量而不买数量——密森电器

● 金星,电视机的一颗明星——金星电视 1

金星牌电视机精心设计、精心生产、精心筛选、精心测试。

金星——精心,电视机中的一颗明星。

● 买彩电买金星,买金星就是买放心——金星电视 2

● 格兰仕空调电视广告

电视画面:日复一日,年复一年。春夏秋冬,风雨雪霜。建筑物外墙上,所有原来同样崭新的空调都倒下几乎成了废铜烂铁,但是格兰仕不锈钢空调屹立不倒,运行如常。

广告语:格兰仕不锈钢空调,真正长寿命安全性好的空调。

这些广告都通过宣传高品质来创造品牌形象。以金星与格兰仕为例,"金星"意味着"精心","精心"就是"质量第一",就是"金星"创牌之本。四个"精心"突出了金星彩电整个生产过程的主要环节以及每个环节的立足点。设计精心是"金星"新品选出的保障;生产精心是"金星"性能、工艺无可挑剔的保证;筛选精心,是"金星"出厂合格率百分之百的保证;测试精心,是"金星"运转寿命超群不凡的保证。格兰仕任凭风吹雨打,我自傲然挺立,这才是"真正长寿命安全性好的空调"! 广告对消费者的承诺再没有比产品质量的可靠和过硬更有意义了。金星与格兰仕的质量定位策略强化了品牌与众不同的追求、价值和形象。"买金星就是买放心",这一口号则直接诱导、鼓动、召唤消费者放心大胆的购买和使用。

同时,广告语言及表现手法得当也是广告成功的重要因素。金星广告利用谐音、押韵、比喻等修辞手法,使广告内容既形象生动又易懂易记。特别是第一则广告,连续运用了四个"精心＊＊"的排比句式,节奏感强,悦耳动听,再通过广播、电视媒介滚动播放,其视听效果就更佳。格兰仕的比较手法比较迂回,避开将自身与其他品牌直接进行比较,画面中出现的其他空调并无明确的品牌标志,但是这并不影响比较的效果。

二、创造品牌形象是家电广告宣传的核心

品牌是消费者决定购买的重要依据,品牌形象的知名度和美誉度往往成为品质的象征和标志。与此同时,随着产品同质性增大,消费者选择时会更加挑剔、更加感性。因此塑造品牌形象要比强调产品的具体功能与特征重要得多。好的品牌形象在消费者心目中能产生决定性的作用,往往会促成消费者指名购买,而这正是衡量广告效果的一个重要指标。

那么家电是以怎样的广告策略树立品牌形象的呢?

1. 名人代言——扩大品牌形象认知度

名人广告是以演艺明星、体坛名将、社会名人等作为品牌代言人的一种广告表现形式,是一种利用名人所具有的优势来推介产品,快速提升品牌知名度,促进产品销售,实现营销目的的广告手段。

当下电器广告代言以演艺界名人居多,运动员、科学家、教育家、主持人,及其他社会领域的名人亦有介入,例如"中国航天第一人"杨利伟(代言了奥克斯空调)等。

● 美的——巩俐(图 4 - 4)

● 海信——宁静(图 4 - 5)

● 爱多——成龙(图 4 - 6)

图 4-4

图 4-5

图 4-6

- 步步高、奥克斯——李连杰(图 4-7)
- 奇声——陈佩斯(图 4-8)

图 4-7

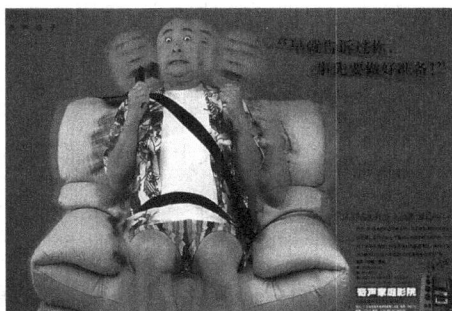
图 4-8

- TCL——刘晓庆
- 格力——成龙
- 长虹——徐静蕾
- 夏普——刘若英、甄子丹
- 三洋——姚星彤

- 创维——周杰伦（图4-9）
- 惠人——李英爱（图4-10）
- 夏普——刘若英

图4-9

图4-10

2010年,创维集团签约"亚洲娱乐天王"周杰伦为代言人,全面发起酷开LED转型战略行动和品牌提升计划。创维酷开LED是创维液晶电视旗下最畅销的明星产品,明星产品与明星天王的完美结合,在于双方具备的"娱乐"领袖特质。正如创维中国区域营销总经理刘棠枝所言,启用周杰伦代言形象意味着为消费者呈现一个更高层次的创维形象。

2012年,韩国影视明星李英爱(图4-10)再次成为榨汁机品牌惠人(Hurom)广告代言人。消费者和业界人士都表示,作为主妇和母亲,关爱家人的李英爱形象与惠人品牌相吻合,所以企业继2011年后再次邀请她拍摄广告,期待广告能够提高惠人的品牌形象和信赖度。

2. 品牌名称——强化品牌形象记忆度

在广告初期,首先是让消费者记住品牌的名称,进而让其占据独特的优先位置,甚至是记忆中的第一名称。那如何提高回忆率呢? 重复品牌名称是一种有效的方法。日本东芝和松下在进入中国市场之初,广告内容只有一句以歌词形式唱出的品牌名称,其意图是在实际市场尚未成熟的时候,率先占领心理市场。一旦消费者具备了购买力,指名购买就水到渠成。

- 东芝——东芝,东芝,新时代的东芝
- 长虹——天上彩虹,人间长虹
- 飞利浦——飞利浦DVD,让人疯狂忘我的家庭剧院;飞利浦DVD,凡事做到

更好

● 新飞——新飞广告做得好,不如新飞冰箱好;买新飞就是买质量,买新飞就是买放心,买新飞就是买实惠,买新飞就是买满意

● 万家乐——万家乐,乐万家

● 小天鹅——全心全意小天鹅

在朗朗上口的广告语中不断重复品牌名称,让消费者耳濡目染,相信是一种切实可行的宣传方法。很多经典已经不仅是一句简单的广告口号,更是一种企业理念。小天鹅将"全心全意"演绎为时刻的切实行动:不但以创新领先科技,打造高质产品,而且以微笑之心,提供贴心服务,为每位顾客的美好生活不懈努力。据不完全统计,小天鹅洗衣机的用户数量已经达到 4 200 万,遍布全球各个角落,成为家喻户晓的家电品牌。

3. 品牌形象＋企业形象＝企业综合实力

企业形象(详见第十四章)是指人们通过企业的各种标志(如产品、人才、资金、技术、管理、服务、行销策略、人员风格等)而建立起来的对企业的总体印象,是企业文化建设的核心,侧重宏观诉求。品牌形象是企业整体形象的一部分。家电广告通过品牌形象宣传与企业形象宣传的有机结合,展现企业的综合实力,这样既能避免单一诉求和广告浪费,又能强化品牌传播势能,增强消费者信心,尤其对于品牌名称与企业名称不统一的个案,把品牌广告与企业形象广告双重组合,会更加奏效。

案例:世界的海尔　我们的海尔

文案:这一时刻——

　　　世界上有 160 个不同的国家的人们在同时使用海尔,

　　　在这一刻——

　　　海尔以科技领先的脚步给世界提供更多的选择。

　　　海尔时刻——

　　　一个精心打造的国际品牌与世界相和谐的时刻,

　　　海尔时刻——

　　　融入您的生活,与您高品位需求完美结合的时刻。

　　　海尔——遍布全球的设计、生产、营销、服务网络

　　　　　　深入到每一个有家的温暖空间。

　　　　　　世界的海尔,我们的共同选择。

画面(人物):阿根廷,布宜诺斯艾利斯——消费者在使用海尔空调

　　　　　　美国,旧金山——消费者在使用海尔冰箱

　　伊朗,德黑兰——消费者在使用海尔洗衣机

　　中国,北京——消费者在使用海尔微波炉

　　法国,巴黎——消费者在使用海尔彩电

　　从"海尔,中国造"到"世界的海尔、我们的海尔",这是一个质的飞跃。广告以恢宏视野、豪迈气势、高度自信,全方位展示海尔作为跨国品牌与全球化公司无与伦比和无可辩驳的强大实力。早在 2004 年,海尔就成为中国唯一入选世界最具影响力100 品牌,排名 95 位。目前,海尔在中国、亚洲、欧洲、美洲、澳洲成立了五大研发中心,建立了 30 多个制造基地,20 多个海外贸易公司,全球员工超过 5 万。海尔的"中国创造",已经发展成为"由中国企业主导、整合全球资源"的创造。海尔通过自主创牌赢得全球消费者的信赖,品牌影响力快速提升。据欧睿国际调查数据显示,海尔白色家电已连续三年蝉联全球销量第一。"第 18 届(2012 年)中国品牌价值"研究结果在英国伦敦揭晓,海尔以 962.8 亿(人民币)的品牌价值位居榜首,连续 11 年蝉联中国最有价值品牌排行榜冠军。[①]

　　伴随家电工业走向成熟,更多的企业及品牌把自己与"中国"和"世界"连在一起。如"长虹以产业报国为己任"、"世界看中国,中国有先科——先科电器"、"中国人的生活,中国人的美菱"等。这些企业与品牌所折射的中华民族自强自立的精神,以及爱国爱乡的情愫,多少也还是具有震撼力的。

三、卓越而独特的性能与功效是家电广告诉求的重点

　　商品功能的独特性是促销力与竞争力根源所在。大多数广告往往流于一般诉求,"质量可靠,服务周到,价格优惠"之类,千篇一律,千人一面,找不出产品存在的独特理由,消费者在这样的广告迷阵中失去品牌选择的依据而不知所措。性能与功效是消费者最关注的价值所在,因此,家电广告对产品卓越而独特的性能、功效的宣传就尤显重要。

　　在家电广告中,要让消费者对产品的独特功能真正动心,应该做到以下两点:

1. 全方位详细介绍各种优异性能

　　以大容量的信息,最大限度地满足消费者的心理需求——越缺乏专业知识,越需要具体信息;产品越高档越想求其"全能"。

---

　　① 本报讯.海尔品牌价值 962.8 亿[N].青岛日报,2012-9-17.

案例：中意冰箱广告

位在高档

中意冰箱集冷冻冷藏功能于一身,双门双温四星级,欧洲风韵,典雅端庄,位在高档。

机轻梦静

中意冰箱在降噪方面追求完美的静音,万籁俱寂的夜晚,压缩机温柔宁静地运转,细无声息,可让全家高枕无忧地安眠。

节能环保

新一代节电型中意冰箱,使为耗电而苦恼的人们看到希望,是同等星级冰箱中每百升耗电最省的。

薄壁设计

中意冰箱采用了大冷冻室和箱壳的薄壁设计,增多了冷冻与冷藏的不同使用面积,使各款美食得以储藏。

点时成冰

超卓速冻能力,让食物在 30 分钟内冻达－5℃,营养成分不遭破坏,解冻后食用仍不失美味。

与通用电器广告"在所有的性能上再加一个'＋'"的简洁凝练相比,中意冰箱这则广告则是介绍详尽,令人放心。标题"万千宠爱缘何在? 中意冰箱人人中意",有问有答,如众多广告一样,到此为止也未尝不可。然而广告大师大卫·奥格威说得好,消费者不是低能儿,……若是你以为一句简单的口号和几个枯燥的形容词就能够诱使他们买你的东西,那你就太低估他们的智商了,他们需要你给他们提供全部信息。中意电器深谙此理,他们在广告词中详尽介绍中意冰箱的各种优异性能:极高一档、追求静音、耗电最省、储藏最大、迅速冷冻,等等。在与同类产品的比较中彰显自己的长处。

2. 针对消费者购买动机和心理强化产品与众不同的特殊功能(USP)

USP 为消费者提供这样一个信息:"买这种产品,你就可以得到某个利益或好处",而这是竞争对手没有或未能提供的。

● 格力空调——"采用进口名牌压缩机,并对室外机系统作了根本性的减振处理,运行更宁静"。

● 松下空调——今年的松下空调为您着想,绝对省电,每月都省 17％,这您没想到吧。

● 美大集成环保灶——美大首创,下排油烟系统,360度净吸油烟。

● 科龙空调——独一无二,滴水不漏。空调器要排水谁都知道,一滴一滴地流下来,唉,这样排水真麻烦。现在这个麻烦终于解决了。中国第一台无须排水的空调器已诞生!这就是科龙KC－25空调机。

● 日本松下录像机——Not all video recorders are created equal(不同的录像机就是不一样)。

● 容声冰箱——为什么西瓜可以吃上10天,新鲜新概念,养鲜是关键。

● 寒诺尔冰箱——它永远保持沉默。

● 创维彩电——不闪的才是健康的。

● 西门子冰箱——0℃不结冰,长久保持第一天的新鲜。

● 三洋空调——家有三洋,冬暖夏凉。

● EPI音响——你将和乐队融为一体。

● 胡佛牌吸尘器——区别就在于部分干净和彻底干净。

在商品日益丰富,相互差异日渐式微的情况下,广告只有指出产品对消费者独有的好处,并提供充分的证据,消费者才能有意识地购买广告的产品。

案例1: SONY电视(图4－11)

以"警察抓小偷"生动诙谐的场景,描述了小偷以劫持电视机画面中的女星为要挟,警察同样以假乱真作惊呼状"不要乱来",由此突出电视机的高清晰画质,让人在会心一笑中产生共鸣。

图4－11

图4－12

案例2: 日本先锋音响形象(图4－12)

这则经典广告,不是以对自然的简单摄取与对事物的现成描述来塑造广告形象、表达广告主题,而是以丰富的想象、奇特的构思来创造一个前所未有的形象,并解释其内在的本质特征。尼加拉大瀑布与美国纽约摩天大楼本是风马牛不相及的两种景观,但设计者借助想象的翅膀,环观宇宙,超越局限,把完全处于不同空间的事物出人意料地组合在一起,构制出匪夷所思的超现实画面,极大丰富了广告的内容,加强了刺激的深度和广度。瀑布排山倒海般的从摩天大楼上奔涌直下,其雄伟的气势、飞动的力量,不仅能给人强烈的视觉刺激,人们也仿佛从无声画面中感受到强劲的听觉冲击。此时无声胜有声,先锋音响所具有的高昂激越、雄壮有力的声响效果,立马得到生动的体现。一个新颖独特的音响形象由此产生。

四、优良服务的宣传与落实

服务的目的是创造全面的顾客满意。现代营销认为,成功服务来自售前、售中、售后三方面的综合。良好的服务在增加商品附加值的同时提高了品牌的信誉度。尤其是当产品同质化程度高,商家在质量技术上没有明显优势的时候,服务就成为吸引消费者的重要因素。服务的关键是向消费者传达两个信息:一是服务的必然性。"顾客优先"、"顾客总是对的",甚至"顾客就是上帝"这样的理念集中传达着对消费者的尊敬和重视,这一观念在家电行业同样适用;二是服务的优质性。当所有行业都重视服务的时候,质量的比拼就成为重点。因此,电器商家不仅要提供服务,更要使服务全面、优质、专业。

中国家电广告以往多以"实行三包"作服务承诺,内容空泛、随意、模糊,甚至有吹嘘之嫌。现实中却是"一经售出、概不负责",导致消费者对广告的逆反心理。20世纪90年代中期以后,不仅广告诉求重心从"推销"向"服务"转变,更在行为上把广告承诺变成现实行动,使广告真正有了"实效性"。

- 一切为用户着想,一切为用户负责——海信电视
- 没有最好,只有更好——澳柯玛电器
- 我们一直在努力——飞利浦电器
- 一切为用户着想——飞跃电视
- 精心创造,精心服务——金星电视

上海凯歌电器曾以"售后服务"为题作了几次大型广告,告知消费者1 400个全国联合保修单位的情况,强调"凯歌注重服务","凯歌电视机保险,多为群众利益着想,解除用户后顾之忧"。

杭州电视机厂"西湖"彩电注重将广告宣传事项付诸实施。了解到由于农民担忧售后维修而影响电视机在农村的销售,先后免费培训1 000多名维护人员,在全国各地建立特约修理部、个体修理店,从而使西湖彩电在全国打开销路。

老板电器对小家电产品的售后服务要求是,在产品售出后工作人员会有三次主动上门服务。让消费者深切感受到,买到一款产品,就好像同时拥有了一位专业服务人员,让小家电产品由工业商品变为服务商品。

惠州彩虹电子有限公司TCL王牌大屏幕彩电,广告承诺凡有质量问题,只要一个电话,维修人员立即登门解决。而事实上,许多问题是消费者调试不当造成,维修人员除电话解释外,也一概登门调试。

案例:海尔整版报纸广告——"您只需一个电话,剩下的事由海尔来做!"

海尔星级服务中心是为消费者提供海尔冰箱、空调、洗衣机、彩电、热水器等电器销售和售后服务的机构。海尔服务理念是:第一,客户永远是对的;第二,即使客户错了也参照原则一执行。

由中国标准化研究院发起的"中国顾客满意度调查"自2005年开始连续6届,在对服务质量一项的评比中,海尔几乎都得到全5星测评,成为消费者最满意的家电服务企业。6年时间近全5星级的最高评价,不仅检验了海尔出色的售后服务质量,更用事实证明了立足用户需求、追求最高满意度的服务理念的正确性。

第三节　家电广告创作的几大误区

纵观近年国内外家电广告,在佳作层出不穷、不断创新的同时,也不乏一些创意平庸、缺乏市场意识和竞争力度的孤芳自赏。这些广告有的甚至出自大腕或名牌公司,它与时下家电市场中博弈"惨烈"之现状相距甚远。由于家电市场竞争不断加剧,广告成为企业家们在宣传造势上寄予厚望的筹码。家电广告往往左右广告行业创作的主旋律,成为广告人创作设计的标杆。因而在对优秀作品进行品鉴的同时,有必要对家电广告创作误区进行简要剖析,从而提高普通公众及广告从业人员的市场意识。

一、画龙无睛

所谓画龙无睛,就是指广告极富创意且设计极具艺术感,给人良好的感官刺激,但没有核心内涵,即缺乏对广告诉求对象和目标的准确表达。功利性作为广告的本质属性,应该被放在首要的位置上。正如前文所述,消费者对于家电产品最关注的是功能和品质,所以无论广告创意如何天马行空,都必须体现产品的核心使用价值。如果仅仅是为了追求广告的艺术性,凸显"纯艺术"和"个人风格",没能将功利性和艺术性很好地结合,那么创造出来的广告只会流于形式,很快被消费者遗忘。

案例 1：惠普广告"做令人惊奇的事"(Let's Do Amazing)(图 4-13)

2010 年,惠普推出一则以"做令人惊奇的事"为标题的电视广告。在一分多钟的广告中,著名喜剧演员瑞斯·达比(Rhys Darby)谈论了一些仰慕惠普的专业人士。与微软一样,惠普主要面向普通消费者,但广告中这些被采访者似乎与此没有直接关

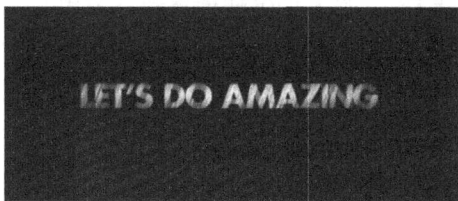

图 4-13

系。同时主要用户最关注的是产品本身的实际功效,但广告却忽视了这一需求,刻意强调"理念"宣扬,弱化了最重要的部分——产品和公司。微软和苹果公司虽然也做过专家访谈型的广告,但都是以产品功能为中心的。惠普过去只制造廉价电脑和打印机,但现在生产的是高质量平板电脑和触摸屏设备,其 AMD 处理器的中档超便携产品很受欢迎,但广告中没有体现出这些内容。广告抓住了注意力,却未能传达合适的信息。其诉求主题"做令人惊奇的事"由于不能引起受众的共鸣,很快被大家所遗忘,这就是"画龙无睛"的典型代表。

案例 2：伊莱克斯和 LG 吸尘器广告的比较

● 伊莱克斯吸尘器广告

网上有则被戏称为"史上最夸张吸尘器广告"的伊莱克斯广告。一年轻人站在民房楼顶要跳楼,现场一片混乱,警察和家属在楼顶劝着,医生护士在楼下整装待命,很多人抬头围观……说时迟那时快,年轻人跳了下来! 一只拖鞋掉在楼底的安全气囊上,但是不见人的踪影。这时镜头上拉,发现他在一户人家的窗前,被一位大妈的吸尘器隔窗吸住了,大妈还开心得拿着吸尘器上下移动,轻生者也随之上下移动着……整个广告没有任何多余的话语,却让人印象深刻,甚至鬼使神差地产生"买一台来试试"的念头。

● LG 吸尘器广告

LG 吸尘器的一则广告,让人有点摸不着头脑。广告主角是人物形象的玩具,它们本来是坐在房间里的沙发上或是被摆放在茶几上的,后来不知为何,地毯翘了起

来,玩具纷纷掉了下去……整个广告没有任何画外音以及相关的广告语,要不是广告最后出现了一台吸尘器,观众也许根本就不会知道这是什么广告。原来这则 LG 的吸尘器广告,是借《玩具总动员 3》的余热,讲述一个关于吸尘的惊险故事。

对比两则广告,我们发现广告主要想体现的,就是吸尘器的强大吸力。两则广告都噱头十足,前期进行铺垫,最后出现产品,揭开广告谜底。但是效果却截然不同,伊莱克斯的广告会让人会心一笑,产生"买一台来试试"的想法,而 LG 的广告,也许大家就无法了解它的绝佳创意和良苦用心。即使广告的画面图像再完整优美,创意再惊天动地,如果广告的主题或者目标不明确,对受众没有导向意义,那么一切都是空谈。

二、华而不实

所谓华而不实,主要是指广告虚有其表,浮躁华丽、太过艺术化、缺乏实在性和真实感,忽视实际效果的广告表现形式。广告是一种物质功利和审美价值二者兼有的实用艺术,而且以功利目标为根本,广告的直接目的是劝说消费者采取购买行为甚至进行充分购买。当家电广告在产品核心功能诉求层面黔驴技穷的时候,往往挖空心思,借助大牌明星、电脑特技以及一些牵强附会的故事情节来造成一时间的视听冲击。这些广告形式过于花哨,实质内容缺乏,利益承诺不明确,往往给人以牵强生硬、华而不实的感觉。既浪费了广告主和媒介的公共资源,同时难以形成较好的说服效果。

(一)广告宣传与实际不符

案例:联想智能电视广告

2012 年 5 月,联想推出了 K 系列四款智能电视,成为国内 IT 厂商中推出智能电视的代表企业。在长达 2 分 4 秒的联想智能广告给我们传达了高端且丰富的信息:

◆ 双核 1.5 智能处理器;便捷的三明治界面;Android4.0 智能操作系统;为电视定制的海量应用;热播正版 1080P 新高清影视剧;支持断点续播、剧集续播(视频瞬间缓冲、清晰度自适应流畅播放);视频微博互动(语言输入、语言控制);智能手机、平板电脑、多屏互动;1080P 全高清不闪式 3DLED;靓芯图像引擎技术;环绕音效;丰富的连接端口(无缝对接影音设备);内置 WFI 无线连接;热播正版高清(瞬间流畅播放);内核 1.5G 安卓 4.0(大屏应用全家共享);便捷用户界面(易用智能遥控);IPS 高端面板(丰富端口配置)

在一起,更精彩,全家新聚点——联想智能电视

广告虽然非常出彩,专业术语的运用让受众一度觉得非常高端,但在实际使用中,消费者和中间商却很快发现一系列的问题:操作复杂、功能堆砌、应用少、"智商"不高、体验差……消费者普遍反映,产品使用起来并不像宣传得那样得心应手。所以联想智能电视广告诉求的再好,对普通用户而言,只能是个童话。各项数据表明,联想智能电视与其他传统智能电视相比销售惨淡。

(二)家电功能混搭

现在,家电概念越来越模糊,这让很多消费者着实无法轻松应付,对于一些华而不实的家电广告,更是让消费者叫苦不迭。

冰箱具有语音、温控、除臭等功能;豆浆机不仅可以磨豆浆,还可以打果蔬、绞肉、和面;电视能上网、下载电影;洗衣机具有"智能记忆";加湿器会唱歌、杀菌。这些混搭功能的家电,价格一般比同类简单功能家电高 30% 以上,例如一款普通的洗衣机价格 1 300 元,搭载了"空气洗"、"不用洗衣粉"、"除异味"等功能后,产品价格可能在 3 000 元以上。

一位消费者购买了一款"全能锅",实现煎、炒、炸、蒸、煮等几乎所有功能,还带遥控板、数码显示、温度计等功能,价格 2 600 元左右,结果使用 3 个月后发现,这么多功能仅使用了煮粥和蒸米饭的功能,其他功能大多闲置着,还不如购买一个 200 元左右的电饭煲。

广告创新,是我们所追求的,但如果只是片面地追求创新所带来的眼球效应,而脱离了人们对家电的最基本要求,结果只能是让简单变得烦琐而脱离了本质的意义。

三、泛化平庸

(一)泛化

泛化就是易于发生歧义、广告对象的功能诉求与消费者的需求相脱节,主要表现在重点不突出或者似是而非。重点不突出就是广告对各构成要素均匀用墨,力求多而全,结果没了重点;似是而非指的是看上去是在做一种产品的广告,但实际上是在做另一种产品的广告,容易让人产生误会。

1. 智能家电广告

智能家电是微处理器和计算机技术引入家电设备后形成的家电产品,具有自动

监测自身故障、自动测量、自动控制、自动调节与远方控制中心通信功能的家电设备。随着消费者对高科技产品的需求不断升级,各类家电广告纷纷打出"智能"招牌,以显示产品的高端。

● 卡萨帝智能家电,品质与优雅的碰撞,格调生活的体现,满足高端人士的需要!

● 佳家乐智能家电,创新科技,滚动拖地,速度快,除尘效果好,省心省力!

当"智能"大旗遍布,消费者却有点不知所措。虽然 2011 年 12 月,国家质检总局和国家标准化管理委员会发布了《智能家用电器的智能化技术通则》(2012 年 9 月 1 日起正式实施),宣告智能家电无国标现状的结束。但对于消费者而言,这也仅仅是个参考而已。消费者更应该根据自己的需要,理性消费。

2. 摄像机广告

日本 JVC 公司设计过一张性感诉求的广告。广告画面分成左右两半,左边是蓝色基调渲染一对情人性感热吻的画面,右边是一大片的空白,上部有一张很小的 JVC 摄像机图像。文案:"一个男人,一个女人,他们找到了激情和性,他们不要孩子。"

如果不告诉你这是摄像机的广告,你会知道吗?这种容易让人产生歧义和误会的广告,应该慎用为好。

(二)平庸

平庸就是指广告缺乏创意,流于一般形式或者缺乏原创性和感染力。马斯洛的需要层次理论中将人的需求分为五个层次,从低到高依次是:生理上的需求,安全上的需求,情感和归属的需求,尊重的需求,自我实现的需求。现阶段,我国消费者的需求已经由原来的对物质的追求上升到了精神层面,因此,以强"推"为主的广告已不能满足消费者的心理需要。

案例 1:美的空调广告

美的空调"龙虾篇"和"鱼篇"可谓极富创意。"龙虾篇"中一只浑身冒火的龙虾放在美的空调前,在空调冷气吹拂下,龙虾身上的火熄灭了,竟然活过来打了个喷嚏。在"制冷强劲,这个夏天,不再火"的画外音中,水到渠成地带出"强力制冷"的广告主题。"鱼篇"的创意方法与"龙虾篇"相同,只是传递的是"制热强劲"的主题。广告中一条冻结在大冰块中的鱼在美的空调热风的吹拂下,冰块融解了,鱼又变得活蹦乱跳。

案例 2:格力空调广告

在格力空调的广告中,伴随"古人走向世界,不靠花拳绣腿,只有掌握核心"的旁白,成龙手握巨型毛笔在纸上挥毫,写出"核心科技"四个大字。强调"格力　掌握核心科技　成为世界名牌"、"好空调　格力造"、"格力水准　行业标准"的格力空调,把自己宣传成为行业标杆,让消费者认为,自己就是"高品质"、"高科技"的代名词,是空调业的领跑者。

　　这两则广告都是可圈可点。姑且不论产品性能和售后服务等因素,单从广告创意来看,美的则更胜一等。虽然格力在广告中有明星参与,资金投入更多,但是美的用生动形象的对比,绝佳的广告创意凸显了产品的特点,更让人印象深刻。广告到底是以情节创意取胜,还是以明星效应取胜,一直是业界争论的焦点。从短期轰动效应来讲,明星光环往往比较显著。但从长期延续效应而言,情节更能深入人心。家电广告只有围绕产品核心价值,充分结合明星和情节要素,才能产生事半功倍的传播效果。

案例 3: 夏普液晶电视广告

　　2007 年夏普邀请艺人刘若英担任旗下液晶电视品牌 AQUOS 的形象代言人,并拍摄了"青鸟篇"、"凤凰篇"、"贵丽珑篇"、"黑衣落日篇"等系列广告,不仅理性、直观地把信息传递给消费者,引导消费者购买,也摆脱单调乏味,给受众一种美的享受。

案例 4: 创维 LED 液晶电视广告

　　2010 年创维为配合 LED 转型战略,请来周杰伦作为形象代言人。广告中,周杰伦与一位女生在电视机前玩跳舞毯,广告口号:要健康,一起来! 并突出显示:"健康科技,与众不同和创维,健康美妙生活"的理念。诉求简洁明了,通过巨星无与伦比的影响力迅速推广自己的产品。

　　同是请明星代言,虽然都取得了不错的销售业绩,但相形之下,周杰伦广告视觉要素过于绚烂,容易给消费者(特别是老年客户)带来眼花撩乱的感觉。而夏普的广告以简单的创意,简洁的画面,给人以更深刻的印象。美女、帅哥往往是广告的主要素材,但关键要适合产品需要,恰如其分地表达商品特征。除了代言人与产品的契合度,以系列广告的形式呈现产品特性更具创意意味。

四、营销乏力

　　家电营销是一个系统工程,不但要广告的宣传沟通,还要公关、金融、物流、维护等相关部门的鼎力配合。一直以来,国内厂商都是依靠广告费用的绝对投入相互竞争,这样不仅会造成企业过度依赖广告数量,更容易让消费者对品牌产生名大于实的感觉。在未来的营销中真正能胜出的,应该是围绕"以人为本"而进行的创新布局、科技投入、创新公关、创新服务等立体营销方式,而非单一、孤立的广告营销。

案例:海口国美的"一元家电"

2009 年元旦前,海口国美电器连锁店打出诱人广告:名牌 DVD、电话机、台灯、电吹风、剃须刀、灶具等标价 1 元;名牌手机、名牌饮水机只需 8 元就能搬回家。1 月 1号上午很多人手拿广告宣传单排起长龙。8 点 30 分一开门,等候多时的消费者就冲进店内,相关商品眨眼就没有了。消费者怨声四起,纷纷"抗议"国美"耍人"。据知情人透露,"1 元家电"只是商家的促销策略。因为监督缺位,商家往往把"1 元家电"出售给内部人。少数顾客"抢"到的"1 元家电"其实也并不是自己真正需要的东西。有些还是厂家为促销而生产的简装品,一旦有质量问题,售后根本没有保障。

"1 元家电"其实只是个商业噱头。其低于进价销售有违反《价格法》的嫌疑,顾客也不一定拿到真正需要的商品。商家的这种做法,属于典型的不正当竞争,或者说是为了促销而玩的一个小花样。商家如果只顾一时轰动效应,最终只会失去更多顾客,到头来损失的还是自己。

典型案例评析

索尼电器广告创意

这是一则在国际广告大赛中夺魁的索尼广告:

画面:长沙发上一男青年在看电视。电视在画外,人物为正常表情,下同。

男青年旁多了一个女青年。

中间又出现一个活泼可爱的男孩。

这对男女垂垂老矣。沙发上又多了他们的儿媳和两个孙子。

广告词:这是索尼。

在广告宣传中做出某种许诺或保证是广告主经常使用的,但运用是否有效,这取决于广告的创意。当人们对诸如质量可靠、机件优良、性能稳定、使用悠久等,这种空泛而一般化的承诺语言感到厌烦的时候,索尼电视却以其新颖的立意、巧妙的构思、富有创造性和独特性的承诺而令人耳目一新。

这则广告旨在对产品的优势做出明确的保证。其广告体现出一种全新的思路和构想,充分利用电视动态变化的画面,把承诺演绎成一个生动形象、亲切感人、含义深远、又饶有风趣的故事——三代人同一台电视机,变化之中的不变者。没有过多的描述,也没有空洞抽象的高论,只有对产品感性认识的最佳知觉线索,以及能充分发挥想象的空间。消费者从中所感受到的信息是具体的、形象的、明确的,又是回味无穷的。简洁的画面有着如此丰富的内涵与表现力,这完全依赖于广告创意的敏捷机智与新颖独特。想人之所未想,发人之所未发,使这则广告给人留下了非常深刻而清新的印象。

思考题

1. 相比其他产品,家电产品的广告有哪些独特性?

2. 请说出你印象最深的几句家电广告语,并分析留下深刻印象的原因。

3. 当前家电的软广告形式都有哪些?请举例说明。

4. 试分析网店与实体店家电销售广告各自的特点。

5. 有人说"家电下乡政策干扰了市场竞争正常秩序的同时刺激了广告业的非理性发展",对此你如何看待?

6. 试讨论高端与低端家电广告诉求的分界线在哪里。

研讨训练

以下是新飞电器曾经引起过较大争议的四个广告,以小组为单位分析讨论这四个广告在创意方面的得失,并进而以同样的主题为新飞电器创作3个广告,形式不限。每组推选一位代表,以PPT形式在课堂上进行交流。

1. 春季给您带来沉醉,夏季给您带来新味,秋季给您带来甜美,冬季给您带来回味。新飞,新飞,与您四季相随。

2. 谁能惩治腐败?新飞冰箱。

3. 广告做得好,没有新飞冰箱好。

4. 新飞广告做得好,没有新飞冰箱好。

参考文献

[1] 刘立宾. 中国广告作品年鉴[G]. 北京:中国摄影出版社,2008.

[2] 刘立宾. 中国广告作品年鉴[G]. 北京:中国民族摄影艺术出版社,2011.

[3] 张惠辛. 中国广告案例年鉴(2003～2004)[G]. 北京:中国出版集团东方出版中心,2004.

[4] 金涛声,徐舟汉. 中外广告精品探胜[M]. 北京:国际文化出版公司,1995.

[5] 陈月明. 文化广告学[M]. 北京:国际文化出版公司,2003.

［6］何佳讯.广告案例教程［M］.上海：复旦大学出版社,2002.

［7］谢荣华.知名广告解读丛书［M］.广州：广东经济出版社,2002.

［8］吉姆艾·奇逊.亚太地区最成功的广告策划［M］.北京：机械工业出版社,2005.

［9］斯科特.创意的竞赛［M］.北京：中国财政经济出版社,2004.

第五章　秀霓裳采衣　展锦绣华服

——服饰广告

众所周知,中国是世界上最大的"服装制造大国",已经形成了从设计、制作、生产、销售与传播的产业链与产业集群,中国服装业在快速发展中逐步呈现从中国制造到中国创造,从产品到品牌的升级转型,打造国际品牌将是未来服装业发展的重要战略。同时,13亿人口的中国又是全世界最大的服装消费国,其高成长性的市场潜力深受国际市场的关注和重视。跨国公司的国际化服饰品牌,正以空前的规模和速度推进其在中国市场的传播与营销。无论是作为服饰产业链的一个重要环节,还是服饰品牌成长成熟过程的重要途径,广告传播都是服饰品牌占领市场、制胜市场的利器;无论是现代服饰消费观念的建立与渗透、服饰品牌文化的个性化积淀,还是高知名度、美誉度服饰品牌的全球化接受,服饰时尚与流行风潮的生成与渲染,等等,都离不开各种媒体上服饰广告的信息传播与效果累积,服饰广告传播曾缔造过无数成功的品牌乃至品牌神话。本章就以上内容,基于理论与案例的深入探究,揭示服饰品牌成功的巨大动因之一就是服饰广告。

第一节　服　饰　文　化

——构建广告诉求核心利益点

中国是世界上最大的"服装制造大国",具有年产500亿件服装的生产能力,全世界每三件服装,其中一件来自中国生产。2012年在全球经济形势不佳,外部环境较差的情况下,中国纺织工业的总体生产产值也将近6万亿元。① 近年来,中国服装业在

---

① 2012年中国纺织工业总产值接近6万亿元[OL].网上轻纺城,2013-3-4.

快速发展中逐步呈现从中国制造到中国创造,从产品到品牌的升级转型。同时,13亿人口的中国又是全世界最大的服装消费国,在经济全球化的进程中,跨国公司的国际化服饰品牌,正以空前的规模和速度横扫国际市场,同样成为在中国认知度最高的词汇。毋庸置疑,品牌竞争已经成为服饰市场竞争的重要法则,而在款式、品质乃至市场定位等都出现严重同质化的战局之下,品牌文化成为竞争制胜的关键也已经是不争的事实。

一、服饰与服装产业

(一) 服饰的概念

服饰从总体而言包含三大部分,一是服装;二是服装之外的各种人体妆饰;三是与服饰穿着、佩戴相关的观念心理。"服装"是衣服、鞋、袜、帽的总称,衣服又细分为女装、男装、童装,或内衣、休闲、运动、皮草等从不同角度划分的类别。现代服装又有时装和成衣之分,时装又有高级时装与街头时装的区分。"人体妆饰"指美化人体与人的形象的各种佩饰诸如项链、手链、戒指、耳环等,也泛指丝巾、领带、手袋、箱包、手表、眼镜等各种配套妆饰品。而着装的观念与心理则是与作为物质产品的"服饰"如影相随的观念意识,因此服饰是物质与精神合二为一的物品。

鉴于服饰的范畴较广,本章论述的重点主要是服装广告,兼及部分饰品广告。

(二) 服装市场概况

在衣食住行中,最具有全球化特色的就是服装,它与汽车、通讯、航空、家具、保险、玩具、广告等九大行业一起被称为"全球化"行业。从产品研发设计、生产、运输、销售到品牌传播以及组织结构等各个环节,服装业的产业链已在全球延伸。加快产品、服务及生产要素的跨国流动和国际分工,在世界市场范围内,提高资源配置的效率以及国与国之间相互依赖的程度,来实现跨越国界的经营活动,是跨国服饰品牌的现实景观,也是全球服装行业的发展趋势。

1. 经济全球化与跨国公司的全球化战略的实施,造就了真正意义上的国际化服饰品牌

20世纪90年代是跨国服饰品牌以空前的规模和速度推进全球市场营销的第一个十年,与其抢占世界市场桥头堡齐头并进的是,许多世界级的服饰品牌势如破竹般地横扫全球,并使自己成了世界上认知度最高的词汇。① 在"全球最有价值 100 品牌"
的榜单中,有 H&M、耐克(NIKE)、古驰(GUCCI)、路易威登(LOUIS VUITTON)、
ZARA、阿迪达斯(ADIDAS)、爱马仕(HERMES)、卡地亚(CARTIER)、盖普(GAP)、
阿玛尼(ARMANI)、巴宝莉(BURBERY)、蒂芙尼(TIFFANY&CO)、劳力士
(ROLEX)、普拉达(PRADA)、利维斯(LEVI'S)等,几乎全部被美国、西欧国家所垄
断。而目前世界前"十大品牌服饰商"有 7 家在美国,作为世界服装潮流的风向标,未
来一段时间内美国仍将是世界最大的服装消费国和进口国。近年来,欧洲和日本市
场同样发展迅速,服装消费逐年增长。其典型代表为西班牙的 ZARA(世界第 2 大)
和日本的 UNIQLO"优衣库"(世界第 9 大)。②

　　这些大牌除了稳居服饰类品牌的领导地位,还在奢侈品与高端产品之外,利用其
品牌的号召力与影响力,进一步实施多品牌战略,通过开发不同档次的品牌来满足不
同层次消费者的需求,通过打通男装与女装以及多品类服装,占领更为广阔的市场。
以阿迪达斯 ADIDAS 为例,其旗下既拥有高端定制品牌"y-3",同时拥有大众运动品
牌"三间条",休闲服饰品牌"三叶草",其大众化产品到高端产品的价格从数百元到数
千元不等,差异化策略把消费者一网打尽。而在管理、技术、营销上进行的大胆改革
和突破,以及资金、实力上的优势,又使这些大品牌商通过不断的广告宣传和渠道拓
展,使其竞争优势在未来仍将得到保持。

　　与此同时,世界也进入了一个品牌消费的时代。那些有着几十年乃至上百年
历史的国际服饰品牌已为全世界所认可,民族的、区域的政治与文化环境的因素
对品牌的推广和认知已不构成障碍。③ 在中国,服饰类高端市场跨国大牌纵横驰
骋,致使中国超过美国成为世界第二大奢侈品消费国;在快时尚类服饰市场,跨
国服饰品牌同样所向披靡、无处不在,而且都收获了高市场份额与高公众信
任度。

2. 中国服装业加快自主品牌建设,从"服装制造大国"向"服装品牌大国"转型

　　如前所述,中国是服装生产大国,服装行业是国民经济的传统产业和支柱产业,
由于行业自身特点,国内从事服装生产的企业较多,引人注目的是民营企业已在我国
服装行业中占据主导地位,成为中国服装业的主力军。改革开放尤其是 20 世纪 90 年
代中期以来,随着中国外向型经济的发展,尤其是中国的入世以及经济全球化不断地

① 贺雪飞. 全球化语境中的跨文化广告传播研究[M].北京:中国社会科学出版社,2007:4.
② 全球服装行业发展趋势[OL].网易财经,2011-4-21.
③ 贺雪飞. 全球化语境中的跨文化广告传播研究[M].北京:中国社会科学出版社,2007:5.

向纵深推进,实施跨国经营、参与国际市场竞争成了中国服装企业的首要选择。由于中国企业的跨国经营起步较晚,实施品牌战略更晚,因此在较长一个时期内,服装企业是典型的"加工型企业",后又逐渐由生产加工型为主向品牌加工和贸易型转变,出口方式主要以贴牌为主,许多世界顶级品牌在中国均有加工生产。至2012年,中国具有年产500亿件服装的生产能力,全行业生产的服装60%以上实行对外出口,而该部分出口量基本通过OEM、ODM方式进行生产,所面向的客户为海外品牌商。自主品牌只占10%,出口商品以中低档产品为主。

自"十一五"以来,从设计、制作、生产到物流、销售、传播日益完善的产业链,从强大的生产能力到巨大的市场容量和市场潜力,从对产品力的感觉到品牌力的体悟,这一切使中国服装企业日益认识到在加快跨国经营的同时,必须藉此打造自主品牌和国际化品牌。于是,从"服装制造大国"向"服装品牌大国"转型,成了服装行业自"十一五"以来实施的重大战略课题,其发展的势头令人瞩目。总体而言,服装行业效益好的企业集中在浙江、江苏、广东、山东、上海地区,销售收入占全行业的76%,实现利润占全国的90%。广东、江苏、浙江、山东、福建、上海等东南沿海省份所生产的产品占据了全国80%以上的市场份额。

就品牌与品类而言,中国服装行业最为成熟和稍具国际竞争力的当属男装品牌,尤其是西服和休闲装,其品牌实力较强,规模和竞争力都处于服装行业前列,且形成了若干个具有国际影响力的自主知名品牌。而时尚女装市场,品牌众多,竞争激烈。虽然品牌集中度低,但是市场中涌现出一批具有相当实力的女装品牌,诞生了具有明显区域色彩的产业集群,深圳成为国内女装品牌之都,涌现出像"天意"、"影儿"、"淑女屋"这样国内耳熟能详的深圳自创的服装品牌。广州女装品牌设计师品牌渐成气候,造就了知名度比较高的"例外"、"芳芳"、"古色"等一批设计师品牌。杭州女装拥有自主品牌多达800余个,如"OTT"、"江南布衣"等,杭州女装品牌也已经成为城市的一张"金名片"。运动休闲服装是服装类商品中销售增长最快的产品,体育与时尚的融合更使运动休闲装成为中国流行装,于是成就了许多时尚运动休闲装品牌。童装、睡衣等市场则相对发展还不成熟,强势领导品牌还很缺乏。

二、服饰的功能与广告诉求

服饰对人类有着极为重要的意义和作用,所谓"衣、食、住、行",它是人类与维持生存密切相关的基本需要。作为一种物质产品与生活资料,它一方面反映着一定时期人类社会科学技术发展与经济发展的水平；另一方面，又记录着人类精神文明的进程，包含着宏阔的文化内容。服饰的功能与作用，反映的是人的需要以及需要的变迁，而了解受众并理解他们的需要及其变化，是构建服饰广告诉求内容与创意表现的基础。

（一）服饰的功能

1. 御寒保暖，护体遮羞

御寒保暖，护体遮羞，这是人类服饰最初始最基本的功能，也是人类物质文明的起点。服饰的产生可以追溯到远古时代，面对着严酷的自然界，无论是我们的祖先山顶洞人抑或是西方的亚当夏娃，为了维持生存，抵御风沙严寒，日晒雨淋，使身体免受伤害，同时为了遮蔽形体羞处，穿戴上了最早的服饰——兽皮与树叶。这虽只是自然、本能的需要，但表明人类已意识到了服饰的实用功能，创造了最早的物质文明，并以此使自身与动物区分开来。而利用缝纫加工工具把兽骨制成项链等配饰用来妆饰自己，则满足了人类对美的原初的需要，它标志着人类从野蛮、蒙昧迈进了文明与文雅的时代。服饰所具有的这种实用功能，在当代服饰广告中已经演化为基于产品本身物质特点的诉求内容，而广泛存在。

2. 妆饰自身，美化形象

一方面，所谓"仓廪实而知礼节，衣食足而知荣辱"，"衣必常暖，而后求丽"，这是人类在满足生存之需后，对服饰所体现的更高级层次的美的追求；另一方面，"衣以饰体"，"人靠衣装，佛靠金装"，"三分长相，七分打扮"，说明的都是人对服饰妆饰自身，美化形象之功效的认识，由此服饰也被称为"美的符号"。五彩缤纷、造型各异、风格自成的服饰，能完美地展现出人的形态之美、身材之美、容貌之美、气质之美，它能极大地满足人对自身美的欣赏欲望，提高人的自信，还能给人以审美的乐趣与享受。服饰广告非常注重对服饰美化妆饰功能的表现，竭力塑造乃至重塑人们的审美观念、审美情趣与审美理想，并激发消费者追求美的欲望。

3. 身份标志，社会风尚

历代服饰不仅反映着各个时期社会的生产力水平、科技与工艺水平，同时还反映着社会风尚与时代特征，具有伦理色彩和场合效应，还有鲜明的民族特色等；无论哪个时代，每个社会成员都在有意无意地通过自己的服饰传播着个人的身份、地位、职业等信息。诸如此类的社会功能是服饰最重要的功能，所以服饰又被视作"社会的符号"。无论中外，在等级森严的阶级社会，服饰的品质、造型、色彩、款式、图案、花纹都会成为区别身份贵贱、等级的标志；不同时期的政治制度、思想意识、社会风尚、文化心理等都影响着服饰的变化，而服饰的演变史又是一部社会发展史；世界上每一个民族都有自己独具特色的民族服饰，我们很容易从其服饰中得到辨识。

（二）服饰文化功能与广告诉求

服饰是上述功能的体现物，了解服饰的这些主要功能尤其是服饰的文化功能对服饰广告创意有着极为重要的意义。因为每一种功能都反映了人的需求，以及需求的变化。同时，人对服饰的需要又与观念意识直接相关，人对服饰的认识经历了由实际物质功能到"美的符号"与"社会符号"等文化功能的认识，是一个逐渐拓展与上升的过程。正是这一切，决定着人们的服饰消费。广告传播必须在综合把握服饰功能与消费心理、消费需求的基础上，再聚焦于一点，才能使广告收效。

为了论述上的对应，我们先就三大功能列举案例分析，然后在（三）中，专门分析服饰广告诉求与服饰品牌文化附加值构建的问题。但是必须说明的是，大多数服饰广告的创意并不是那么机械、呆板的，有形的功能价值与无形的文化附加值时常是交融在一起的，以下案例只是就某一广告的侧重点而言。

1. 有形诉求——有型有款，天生我"材"必有用

案例

● *最贴身的牛仔裤——Lee*（图 5 - 1、图 5 - 2）

图 5 - 1　　　　　　　　　　　　　　　　　**图 5 - 2**

● 天生抗打磨——Levi's501（图 5 - 3～图 5 - 8)

图 5 - 3

图 5 - 4

图 5 - 5

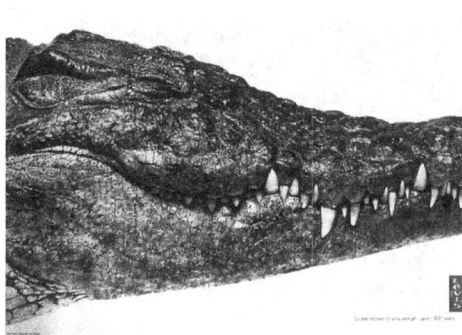

图 5 - 6

图 5 - 7

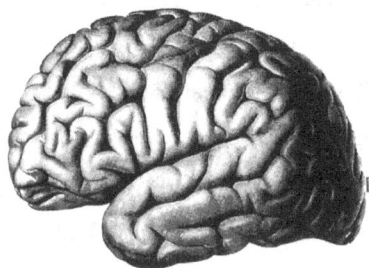

图 5 - 8

● 100％有机棉生态牛仔裤——Levi's(图 5-9、图 5-10)

图 5-9

图 5-10

● 舒展之间,发挥无限,唯有莱卡——黛安芬(图 5-11、图 5-12)

图 5-11

图 5-12

● 长裤使审判中断——哈格长裤

● 每个趾头都在微笑——阿迪达斯运动鞋

● 像母亲的手一样柔软舒适的儿童鞋——凯兹童鞋

● 超轻五代·翔羽:轻松上阵,谁说不能——李宁牌超轻透气系列跑鞋

● 轻柔盈逸,尽展真我霓裳。新的纤维,新的舒逸,东丽特丝——东丽

● 舒适舒逸,动感活力,无限弹力。弹力、活力、我的美魅力。猫人内衣,活力派。——猫人内衣·活力派篇(舒淇)

● 第一次穿上塑秀儿,我看见另一个我。丰胸、提臀、收腹。这种由内焕发的改变,每一天都给我新的感觉,每一刻我都在改变。塑秀儿让我真正改变。——塑秀

儿美体内衣·真的改变篇(陈德容)

- 美体修型,一穿就变——婷美塑身内衣

- 给你舒适——爱慕

- 美特牌丝袜将使任何形状的腿变得美丽异常——美特牌丝袜

- 三九严寒无法阻挡,身着金照,寒冷全消——金照牌冬装

- 您若拥有双羽,将不再有冬天!——双羽牌羽绒服

以上广告充分运用了 USP 理论,侧重从服饰有形的功能属性角度,诸如服装的款式、造型、材质、面料、制作、价格、质量,是否精工细作、是否舒适合身等因素进行创意,把一个利益点说得独特而集中。"最贴身的牛仔裤"与"天生抗打磨"是 Lee 牌和 Levi's 两大牛仔裤品牌最经典,也是一直沿用至今的广告语。致力于为女性打造"最贴身的牛仔裤"的 Lee 牌,把产品的优势与特质聚焦于一个"贴"字。他们深谙女性对牛仔裤的期望是,既能够完全包体,以最简练的线条充分显露人体美,特别是丰满的臀部和修长的腿部轮廓,但同时又追求"穿了跟没穿一样"的舒适感与活动自如感。这两幅平面(图 5-1、图 5-2)广告中 Lee 紧身牛仔裤裹紧腿部,完美勾勒出女性身体的曲线和纤细的双腿,又丝毫不影响那么多高难度肢体动作的展开,正是牛仔裤的协调舒适才能带来身体的舒展与平衡。与之异曲同工的是"舒展之间,发挥无限,唯有莱卡"的黛安芬,它把利益点集中在服饰的面料材质上,正是这种新型的面料使得女性既能展示完美的身体线条,又毫不妨碍运动。图 5-11 和图 5-12 以一种夸张而幽默的手法,在黑白与彩色的鲜明对比和反差中,在超常态、颠覆性的性别对比和反差中,通过奇迹般"一马当先"、"头球破门"的精彩瞬间,把"舒展之间,发挥无限,唯有莱卡"利益点表达得淋漓尽致。猫人内衣·活力派篇(舒淇)与塑秀儿美体内衣·真的改变篇(陈德容),同样表现的也是服装对塑造、美化与解放女性人体所具有的功能,其承诺能有效地激发女性消费者的购买欲望。舒适合身是选择服饰的重要因素,这也是消费者为什么在看中一件衣服一双鞋后,都会不厌其烦地试穿一下的原因。凯兹牌童鞋广告"像母亲的手一样柔软舒适的儿童鞋",通过生动的比喻,把鞋的物质特性与母亲的挚爱深情有机地融合在了一起。阿迪达斯运动鞋广告"每个趾头都微笑",以拟人化的手法表现了脚趾头舒适的感觉,十个都是笑脸的脚趾头,是那么的可爱诙谐,让人看了露出舒心的微笑。

图 5-3 至图 5-8 的平面广告演绎的是 Levi's"天生抗打磨"的经典诉求。Levi's 创造的神话由 19 世纪 50 年代至今已超越 160 年,其源起就与"天生抗打磨"的质地有关,因为它最初是为从事强体力劳动的男士设计的抗磨损工作服,这一诉求直接成就

了 Levi's 的奇迹。图 5-3~图 5-5 中,Levi's 成了伐木、炼钢、建筑等强体力劳动行业工人不可或缺的工作装备和人生伙伴,它以坚固耐磨、经久耐用、粗犷朴实而又舒适价廉的特质,与主人同甘共苦,融为一体,这一诉求极具说服力和感召力。在牛仔裤风靡美国和全世界,成为深受上至总统,下至学者、影星和普通工人,社会各阶层的人都欢迎的服装之后,Levi's 广告"天生抗打磨"的诉求依然完美地延续着。图 5-6 至图 5-8 的平面广告,分别以一个练习拳击用的硕大沙袋、坚韧牢固的鳄鱼(皮)、越用越灵活的大脑作类比,直观形象地说明李维斯牛仔裤的品质就像拳击沙袋一般,任凭你折磨、捶打,坚固耐磨,品质如初;就像鳄鱼皮一样能抗击任何摩擦、撞击、侵蚀而牢不可破;就像人的大脑一样虽经艰难时世无数万次的"思考打磨",反而更加灵活自如、越使越好使。众所周知,Levi's 品牌商标的图案就是两匹马各拉着牛仔裤的一条裤管往两个相反的方向使劲拽,其寓意象征牛仔裤的坚固,而这一广告语更强化了Levi's 产品的性能、品质的传播。图 5-9 至图 5-10 的平面广告,展现了 Levi's 百分之百有机棉新品的问世,其诉求顺应了现代服装发展的大势。现代都市生活的紧张,使人们渴望回到大自然,反映在服饰上,各种柔和、宽松、自然的休闲装、旅游装等日益受到人们的喜爱,而流行色也开始以接近大自然为时髦,材质面料上那些以天然原料、环保材料制作的服装越来越受欢迎。广告把产品融入了大自然中,成了大自然的一部分,如此郁郁葱葱,古老的牛仔裤与现代意识和谐共生,人与自然融为一体,如同把大自然穿在身上,其材质面料的创新、变革不言而喻。

2. 美的符号——美到极致,几近酿成致命诱惑

服装行业是一个制造美丽梦想乃至美丽神话的行业,在所有的商品中,服饰无疑是最具有艺术性和审美价值的一种商品,"服饰是人类对于自身外在美的一种设计,是人们审美理想的物化"。[①] 服饰之美,需要通过服饰广告去演绎去传播。而由于服饰先天就具有的美的特征,加之人们对美化自我的高值期待,因此相对于其他广告而言,服饰广告就必须更加富有审美价值。在中外广告史上,广告曾经为很多世界著名服饰品牌缔造过一个又一个美丽的传奇,给一代又一代的消费者留下了无数难以磨灭的品牌印象。

Wallis(见图 5-13 至图 5-16)和 Matras(见图 5-17 至图 5-19)这两个服装品牌不约而同地推出了"致命魅力"、"致命诱惑"主题的系列广告,服装之美,美到"害人害己",广告运用幽默手法,极尽渲染之能事,有"异曲同工"之妙。Wallis 女装选取了

---

① 金涛. 中国传统文化新编[M]. 杭州:浙江人民出版社,2004:68.

四个画面：因扭头注视并过度迷恋于穿该品牌时装的女性，地铁列车员的头就要被涵洞的墙壁撞碎，轿车驾驶员将轿车一头撞断了海边的栏杆，理发师锋利的剃刀正歪向理发者的脖子，开着除草机的司机正驶向躺在草坪上看书的男人，一件魅力绝伦的衣

图 5 - 13

图 5 - 14

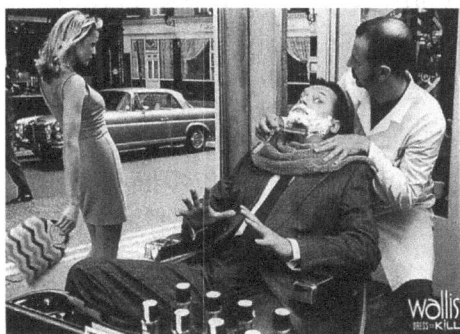

图 5 - 15

图 5 - 16

图 5 - 17

图 5 - 18

图 5 - 19

服,致使不同场景中的人生命悬于一线。我们虽会为广告中即将被 Wallis 女装"迷死"的男士稍稍地紧张一下,但很快就会因为广告的幽默而释然一笑,事实上也根本不存在这样的逻辑。如此幽默的创意,把穿 Wallis 服装的女性魅力推向极致。爱美是每个女性的天性,也是她们对服装的最终追求,广告效果可想而知。

　　如果说穿上 Wallis 女装导致"害人",那么穿上 Matras 女装则要"害己"了。为了渲染其无与伦比的美,广告一方面自信满满地大声宣称"没有其他人可以创造这种吸引力",另一方面,又出乎人意料地让穿上 Matras 女装的女性,瞬间将因这种吸引力而成为凶猛动物的"猎物"。广告制造的紧张感和富有喜剧氛围的情节,使得观众忍俊不禁,从而对品牌留下深刻的印象。

　　由于服饰过于美而导致的不只是此类"危险"事件,也有非常美好的邂逅和浪漫的艳遇。Levi's 的电视广告"汽车抛锚出轨篇",以生动、幽默、夸张的手法,叙述了一段缘于 Levi's 的美国式的奇遇和浪漫爱情。在前不着村后不着店的郊外公路上,一对情侣的汽车抛锚,穿着正规西装、拘谨笨拙的男主公束手无措,另一辆车如期而至,下来一个年轻俊朗、机智灵活的年轻男子,关键是他穿着一条富有魅力的 Levi's。他灵感迸发,机智地脱下自己的 Levi's 绑在美女车的保险杠上。英雄救美,在两个男人之间两相比较,美女毫不犹豫抛下中年情人,选择了 Levi's 年轻男人,结局出人意料又在情理之中。Levi's 牛仔裤所产生的魅力,已经不只是布料的坚韧,其形象已经与年轻男子粗犷、机智、性感充满活力的性格相融合,对于广告中的女子来说,这同样是个致命的诱惑。在 Levi's 的广告传播史上,有很多充满奇思妙想、幽默乃至童心的广告,因此当 Levi's 以一朵玫瑰的形象出现在广告中时(见图 5-20),我们肯定会报以会心一笑。美好的服饰广告总能为人们演绎出美丽的幻想、浪漫的遐想,为服饰增添一份审美的意味,从而满足人们追求服饰艺

图 5-20

术美感的心理,使广告中的商品更容易引发共鸣,并为人们所接受。

　　作为人体妆饰的服饰,其美与美感产生离不开作为载体的人体。服饰广告非常注重用人体的美来展现服饰的美,人体美与美化人体始终相辅相成,正是这一原因使服饰广告始终绕不过性感美这一话题。广告所制造的服饰美的致命诱惑,很多时候来自"性"的魅力与想象。实际上,"美"和"性感"对服饰来说几乎是与生俱来的特质。好的、健康的性感广告,就是一种艺术,它对身处于广告信息海洋中,逐渐产生审美疲劳的消费者能产生不可抗拒的视觉吸引力和审美冲击力。

　　这些广告都是国际服饰大牌曾经产生过巨大影响，并给受众留下深刻印象的广告，大量性感元素的运用，把服饰的性感美表现得淋漓尽致，而独特的创意又使广告不失审美品位。从这些广告中，我们可以充分感受到性和性感何以成为广告大师们最热爱的法宝，更可以体悟到如何使"性"成为一种"艺术"，而不是一种"恶俗"。

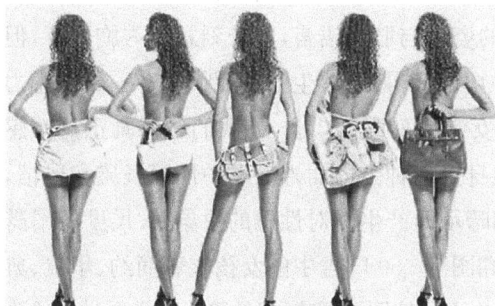

图 5 - 21

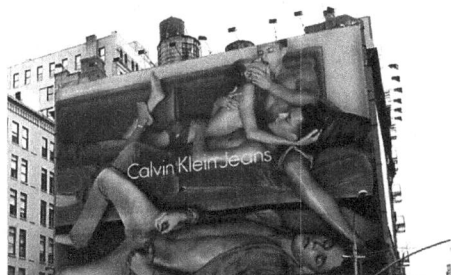

图 5 - 22

　　只要搜索一下 CK 牛仔裤(见图 5 - 22)和内衣广告，以及 American Apparel(见图5 - 23 和图 5 - 24)服饰广告，就会发现它们的广告诉求几乎没离开过"性感"，其表现大胆、直白、坦荡、单纯，几乎不用暗示、想象的手法，直奔主题而去，可又不是为性感而性感，视觉焦点始终没有离开过商品本身。图 5 - 23 和图 5 - 24，这一"踢"一"倒"的动作突出了商品，也"倒"出了效果，"倒"出了广告的个性和创意。虽然这两个品牌的广告都因过于性感、关注度过高而引发过争议，但是在追求性感的道路上并未就此止步，依然我行我素，给人印象非常深刻。

图 5 - 23

图 5 - 24

图 5 - 25

　　图5-21是英国最流行的手袋品牌Eye Love的广告,该品牌的形象代言人路易斯·维东裸露胴体、背部示人,向人们展示了炎热的夏季最为时尚的几款手袋。广告在裸露中又有所保留,画面简单,但是所有的元素——火热的夏日、灿烂的手袋与健美的身材和金灿灿的卷发,把性感传达得十分自然而妥帖。图5-27和图5-28,卡地亚和夏奈尔广告对女性人体的利用同样都十分到位,主要着力于通过服饰来展现人体美,又通过容貌之美、身材之美、肌肤之美、体态之美衬托服饰的诱人。迪奥广告(见图5-25和图5-26)的性感来自女性形象富有性感魅力的姿色与肢体语言,虽未刻意去秀胸秀背,但奔放、魅惑甚至略带狂野的姿态和表情令一切都变得性感、生动、活跃起来,手袋诱惑力和性感美的诱惑同质同构,互为映衬。LV女装系列服饰广告,让我们领略真正的性感美并不在于"裸露"的程度,更主要的是人物身上一种由内而外散发的性感气质和风情,以及身体之外,由画面、场景、语言的烘托和暗示而产生的对性感的想象,大尺度的暴露不仅缺乏美感还可能沦为恶俗。图5-29和图5-30广告中的女孩衣着简约、华贵、典雅、大气,并没有过多暴露出身体,姿势、眼神也不是特别的暧昧,但是整个广告通过其优雅而略带冷艳的神情,娇柔妩媚、半躺半卧的姿态,恰到好处的些许裸露,透露出浓浓的青春气质和青春意味;同时或明或暗的情景,也能产生诸多青春暗示。所以,它比那些又脱又裸的所谓性感,更能达到广告对性感诉求所要求的效果。图5-31和图5-32的Levi's广告把贴身、合体的诉求与青春美如此自然而大胆地合二为一,简约中留下了无限的想象空间。

　　美轮美奂的服饰广告大片,为我们展现的服饰之美和广告之美,服饰之艺术性和广告之艺术性远不止上述这些,服饰的色彩之美、造型之美、设计之美、概念之美都通过广告的形式传达给了每一个爱美的人,并使每一个人找到了成为有魅力的男人和女人的一份自信和成功的路径。

图5-26　　　　　　　　图5-27　　　　　　　　图5-28

图 5 - 29

图 5 - 30

图 5 - 31

图 5 - 32

3. 社会符号——"我买了,因而我就是"

在服饰作为身份标志、社会风尚、民族特色等诸多"社会符号"中,最为人们重视的莫过于服饰作为身份标志等自我价值实现的象征意义。我们知道在人的众多需求中,实现自我价值的需求属于高层次的精神需求。每一个意识到自己存在和价值的人都不会满足低层次的自我生存需求,而是有自己更高的价值目标,都梦想通过自己的努力,全面实现自我价值。

成功、荣誉、名望、地位、身份、富裕、尊严、权力等,已成为社会所认同的自我价值实现的表征,而社会同时又为这些表征创造了象征物,这就是名牌商品、高档商品乃至奢侈品等。人的身份、地位、名望、荣誉等,与是否有能力拥有及拥有多少名牌乃至奢侈品直接有关,而且这种现象已成为跨越国界的"趋同性"时尚。由于人对实现自我价值都有着强烈的需求,因此人们通过追求这种象征物而求得社会认同的需求自然也就格外强烈。在国内外众多的高档商品与奢侈品品牌中,服饰占着相当大的比重,由此我们不难理解以下服饰类广告不约而同的诉求。

- 法国绅浪　赢家风采——绅浪
- 金盾　成功的标志——金盾服饰
- 非凡魅力　源自卡尔丹顿——卡尔丹顿
- 富贵鸟　富贵标志——富贵鸟
- 高贵　自信——健妮健瘦鞋
- 能达利西服　伴您成名得利——能达利
- 为了成功的生活准则——迪塞尔服装
- 要登大雅之堂,就买劳力士表——劳力士
- 你可以轻易的拥有时间,但无法轻易的拥有江诗丹顿——江诗丹顿
- 欧米茄是世界有名望的人士的选择——欧米茄
- 欧米茄——高贵的象征
- 欧米茄——终身最自豪的拥有
- 出席重要场合我就穿它——戴伯服装
- 皇太子恤衫并非皇家所独有——东方太子恤
- 拥有飞蝠,飞来洪福——飞蝠牌夹克
- 摩登精品,全新感受,身份象征——意大利摩登服装
- 登雅西装有风度,助您登上成功路——登雅牌西装
- 哈特·夏纳意味着事业与成功——哈特·夏纳西服
- 展现你高贵典雅的风情——夏奈尔套装

当人们的消费模式从单纯地为满足生理的需求或纯物质性的保障的消费模式,转向主要购买商品的品位价值和象征意义以后,消费实际上已变成人的自我生活品位、自我身份地位以及富贵与成就等自我价值的一种表现和展示。服饰广告对身份地位、功成名就、荣华富贵的渲染,极易获得消费者文化心理上的认同。与此同时,服饰的其他社会功能比如民族文化的象征等,同样能受到人们的青睐和共鸣,从中可以看到文化附加值所产生的文化诱惑力是任何价格、性能的力量都无法比拟的。近年来,服饰的高级定制开始在中国兴起,并出现了以服装设计师命名的高级定制时装品牌。与国际高级定制服装一样,其创意、设计与制作,都融入了中国的文化元素与当今社会的时尚元素,而明星在重大时尚场合的"秀",成了此类服饰最有影响力的广告模式。众所周知,范冰冰在连续三届戛纳电影节红毯上的"战袍",使得中国元素与中国风情震撼了时尚圈,赢得了国际服装界对中国时装的注目与尊重。无论是"折扇"、"丹凤朝阳",还是"龙袍"、"鹤袍"、"中国瓷",展现的都是浓郁纯正的中国传统风格,其

广告效果值得肯定。

（三）服饰文化与品牌核心价值的构建及诉求

如前所述，在当今服装的款式、造型、面料、质量、工艺、技术乃至市场定位高度同质化的市场战局下，在服装消费早已超越物质消费的层面而以品牌消费、个性消费、文化消费为主导的时代，服饰之间的差异只在于品牌，消费者的选择只缘于文化。唯有建立自己的品牌，构建独特的品牌核心价值即品牌的文化附加值，才能在激烈的竞争中立于不败之地。这一点，在第一章第三节"广告与广告文化"中已经有清晰的理论阐述。作为以塑造和传播品牌形象为己任的服饰广告，它对服饰品牌核心价值的构建、对服饰品牌文化内涵的积淀、对服饰品牌形象无形资产的形成乃至不断增值，等等，都立下了汗马功劳。

综观世界上经久不衰、历久弥新的经典服饰品牌，莫不是有底蕴深厚的文化根基，正是文化内涵对其品牌的价值构成了强有力的支撑，并成为品牌的核心价值。认知度、美誉度和忠诚度最高的品牌，也是文化附加值最高、文化个性最显著的品牌。服饰品牌的文化附加值包含了价值理念、情感表达、生活态度、生活方式、理想愿景、性格写照等诸多内容，一个成熟的品牌总会在某一方面拥有自己显著的个性，并以此与其他品牌形成明显的区隔。

案例1：创始于20世纪60年代的意大利服装品牌贝纳通（Benetton），迅速成为独树一帜的全球性著名品牌，完全得力于其品牌在多元文化共存的视角下所提出的核心价值主张——提倡种族和谐、人道关怀、尊重生命，关注社会重大议题、关注人类现实困境。几乎每一张贝纳通的平面广告都不是一张单纯的服装品牌产品宣传大片，而是兼具思想与视觉冲击力的揪人深思的公益宣传大片，内容涉及战争、种族、艾滋病、宗教、环境污染、难民、童工、街头暴力等重大社会问题，其展开的一系列以"贝纳通的色彩联合国"、"摒除仇恨"、"废止死刑"等为主题的广告活动同样有强烈的社会、政治倾向。贝纳通的品牌价值观，离经叛道，曾招来不满，甚至禁止，但是赢得了不可忽视的新闻价值和广泛的社会关注，给受众带来很多震撼、畅想与思考，尤其是获得了具有同样价值观的年轻一代的追捧。长期以来，贝纳通的广告从未背离过其品牌的核心价值主张，而是不断地表达和张扬着这种文化，不断地累积着消费者的注意力和记忆度，最终成功塑造了一个有文化的服饰品牌，让受众牢牢记住了"UNITED COLORSOF BENETTON"（见图5-33至图5-36）。

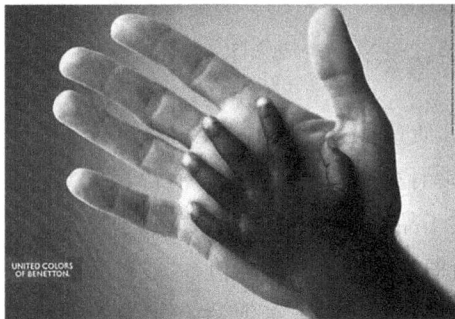

图 5 - 33

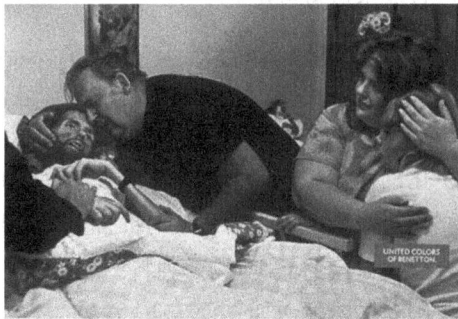

图 5 - 34

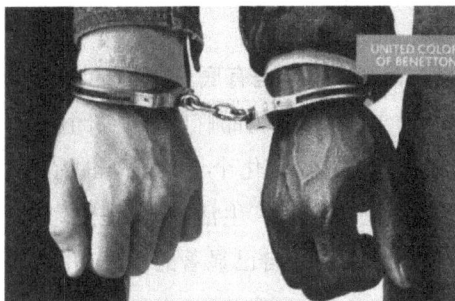

图 5 - 35

图 5 - 36

　　案例 2：倘若我们把 LV 的广告大片做成一本编年史，就能理解为什么它在经过150 多年的长途"旅行"之后，历尽沧桑却依然能超越时空，成为一个最完美、最经典、最传奇的存在，其秘密当然不在产品本身，而在于其演绎出来的文化。"编年史"的任务限于篇幅，就交给各位读者去完成，在此仅惊鸿一瞥，以 LV 几幅精妙绝伦的广告管窥一下其"旅行"故事的点滴细节。

　　作为全球最奢华、高贵、时尚的奢侈品牌，LV 是许多人人生旅途中奢华的梦想，它的美和它的符号价值引发的追逐是 LV 广告大片的重要主题。它以无与伦比的魅力制造着"七宗罪"，如图 5 - 37 和图 5 - 38 所示的"贪婪"出现在广告中，加上美艳灼人的摩登女郎，给人以强烈的诱惑和感官冲击，但是很难有心灵上的共鸣和情感上的感动。而图 5 - 39 和图 5 - 40 LV 真正回到了它一直在讲述的"旅行"故事中，它依然在演绎着传奇和精彩，但是有了一份难得的亲和力和温馨感，那场景和氛围是能落地、可感知的，是梦想又是现实。因为离开家是旅行，途中的牵挂是旅行，回家同样是旅行，那才是心灵与感情的旅行。这样的演绎，能唤起更多人的遐想和渴望，人们可能买不起 LV，但是并不影响去分享、共鸣这样的场景、品味和美好。所以我们认为 LV 从神坛走向了人间，文化内涵显得更加的厚重、开阔和大气。高贵典雅而不古板，端庄精致而又时尚，这才是一种本质的奢华，一种真正的大家风范。LV 的生命线，由此定能延展至无限广阔、无限遥远的市场空间。

图 5 - 37

图 5 - 38

LOUIS VUITTON

图 5 - 39

LOUIS VUITTON

图 5 - 40

　　案例 3：正因为服饰品牌的价值和魅力主要来自其文化附加值，因此注重对品牌核心价值的构建、挖掘和渲染，强调以文化附加值去取悦、打动消费者，从而使自己在品牌林立的竞争中杀出重围，也成了中国服饰品牌当下自觉的追求。虽然，总体上中国服饰品牌集中度比较低，相比较国外品牌而言整体的发展时间也比较短，因此从品牌自身的文化、故事等方面还无法与国外品牌一较高低，但是这并不妨碍服饰类广告在文化诉求上所作出的努力。

- 金利来，男人的世界——金利来

- 煮酒论英雄，才子赢天下——才子男装

- 奋斗无止境——七匹狼男装

- 男人不止一面——七匹狼男装
- 让女人心动的男人——柒牌男装
- 男人就应该对自己狠一点——柒牌男装
- 成熟不是世故,而是懂得品味从容。品位造就男人——步森服饰
- 与狼共舞,尽显英雄本色——与狼共舞
- 自信,自然出色——太子龙男装
- 不要太潇洒——杉杉西服
- 男人应该享受——雅戈尔
- 从男孩到男人步入成功——老人头西服
- 不求天子地位,但求天子风度——天子牌服装
- 什么叫成功? 成功对我来说是另一个起点。成功? 我才刚上路啊——斯得雅男装
- 奋斗,成就男人——劲霸男装
- 敢与天下争——劲霸男装
- 专注夹克,忠于男人——劲霸男装
- 进,固然需要勇气;退,更需要智慧。进退之间,彰显智慧;简约而不简单——利郎—商务男装

这些广告全面抒写了男人的性格气质、情感世界、精神境界、人生态度、生活方式、行为方式、价值追求等,告诉我们"男人真的不止一面",而每一个品牌都努力赋予自身在"男人的世界"中独树一帜、不可取代的"一面"——品牌内涵,使自己成为某一层次消费者文化品位的象征,从而吸引具备同类气质的消费人群主动向品牌靠拢,并改变他们原有的对服饰的态度、想法和行为,最终成为忠实的消费者。

第二节　锦"秀"华服
——善于制造时尚与流行

作为一种独特的文化现象和文化形态,时尚文化或流行文化在 20 世纪末以来的中国得到了空前的发展,从关乎生活与生存的衣食住行到语言、观念以及思维方式,从物质到精神,每一个领域都可能成为某一时期时尚与流行的载体。而其中也许再没有比服饰这一领域表现得更突出、鲜明了,如果问大众"与流行和时尚关联度最密

切的领域",一般而言回答率最高的就是"服饰"和"音乐"。流行与时尚并无铁律,只要宣传、策划得好,完全可以制造出一种流行与时尚。从某种意义上说,任何服饰的流行都是时尚演绎与商业运作的结果,对此广告传播功不可没,事实上服饰时尚与流行从一开始就寻求着广告的支持并与广告结成了联盟,把服饰广告誉为"流行的指针、时尚的灯塔"实不为过。

一、服饰广告是时尚与流行的主要载体

服饰是流行与时尚的载体,而服饰广告则是发布这种流行的宣言。服饰广告作为时尚与流行的主要载体,它对社会时尚的贡献主要表现在两个方面,其一是在观念层面,对时尚所代表的价值观念的竭力传播及由此而引发的观念变革,其二是在具体时尚符号运用上,对时尚符号资源的大力推广与普及。

1. 服饰广告是时尚主题的传播者

时尚与流行作为文化的一种类型,它虽然随着整个社会的文化情境与文化状态不断发展变化,但其核心的价值观念还是有较为稳定的内涵的,这就是对主体性的强化,对自我价值、自我实现的价值目标的选择和追求。因此,即使不是时尚的主要实践者,人们对"什么是时尚"给出的最初答案也会跟诸如"比较前卫"、"比较有个性"等内容有关。服饰广告与时尚主题的高度契合,从以下不同时期的中外服饰广告中可以彰显,也许再没有哪种传播形式比服饰广告更直截了当地传递出如此强烈的主体意识和自我意识了。

- 真我、真情、真维斯——真维斯服饰
- 率真自我,红星尔克——红星尔克运动鞋
- 我选择,我喜欢——安踏运动鞋
- 我的生活,我选择——爱尔尼西服
- 我的个性,我选择——威鹏服饰
- 我的风格,我的选择——吉盛伟邦服饰
- 把精彩留给自己人——李宁服饰
- 我运动我存在——李宁服饰
- 没什么能挡住我的路——李宁服饰
- 我能,无限可能——匹克
- 我的空间,我是我——太平鸟服饰

- 我有我的一套——熊倪服饰
- 我相信,我能够——安踏
- 我选择,我喜欢——安踏
- 阳光伴我行,舞出我天地——加州阳光彩条 T 恤
- 我有我的方式——唐狮服饰
- 爱我全世界——唐狮服饰
- 牧心者,牧天下;睿变由我——九牧王 JOEONE
- 男人自有主张——虎都
- 天高任我飞——报喜鸟
- 我 Run,我快乐——贵人鸟
- K-bird! Nobody can stop me 无人可以阻止我——贵人鸟
- 我想,我能——露友运动鞋
- 我自信,我成功——邓亚萍体育用品
- 不屈服天生的高度,不满足昨天的难度,不重复自己的角度,不追随别人的速度,不甘于平凡的态度,有勇气就可以挑战每一度,361°勇敢做自己——361°
- 令所有人妒忌,我深表遗憾——真女人钻饰
- 爱我就跟随我——卡帕 Kappa
- 我就是我——锐步 Reebok
- I CAN I Could(严肃运动)——美津浓 Mizuno
- 我是中产——法国金鸡 Goldrooster
- 我不是明星,但我也可以拥有一条 Levi's——里维斯 Levi's
- 真我不改——Lee
- 由你决定——杰克琼斯 Jack&Jones
- 百搭优衣库,演绎我风格——优衣库
- 走遍世界,我只看中阿迪达斯——阿迪达斯牌运动服

时尚是一种个性的张扬与自我的扩张,许多人追逐时尚是为了求新求异,证明自己与众不同的个性,显示自己独特的生活品位,一句话"我就是我"。如果说服饰是时尚潮流的价值理念和精神气质为自己找到的一种理想的物质表达的话,那么,服饰广告就是这种精神气质与理念的信息传播的物质载体。在这里人们对时尚的追求与对时尚服饰品牌的追求是合二为一的,于是,时尚文化的核心理念很自然地演变成服饰品牌的理念与服饰广告的主题。而这种声势浩大的传播带来的结果就是对更大多数

人观念的改变，以及消费趋势与目标的改变，此所谓："一个人干一件事不是时尚，许多人热衷于干一件事就是时尚。"

2. 服饰广告是时尚资讯的发布者

在服装已经演化为时装，国内外时装周已经成为时尚产业的主流舞台，服饰产业已经成为时尚产业重要构成之一的今天，服饰广告作为时尚传媒的主要代表，已经无可争议地成为时尚与流行资讯的信息源。

服饰广告报道着时尚、演绎着时尚、评说着时尚。它以高度的日常性传播，最先向人们传递社会潮流和时尚流变的信息。当一种时尚生成后，服饰广告及时地把流行资讯广而告之，使人们处在一种强有力的时尚文化环境和认知空间中，从而不断地推进着流行时尚市场的发展。人们通过服饰广告传播了解中国乃至国际最新的流行是什么，普及的范围如何，社会评价的程度怎样，服饰广告已名副其实地成为人们获取中外时尚流行信息的过滤网。只要我们稍加回忆，就会发现在中国，这些年来人们在服饰穿着方面，从职业装、休闲装、商务装、西装、唐装等，到露脐装、透视装、吊带裙、背带裤、内衣外穿、袖子一长一短、鞋子一白一黑等街头潮装的流行，从当年的面料、款式、色彩、风格的发布到来年的流行趋势的预测，哪一种服饰时尚没有广告传播的贡献？国际四大时装周(巴黎、伦敦、米兰和纽约)演绎的最新一季的潮流变化，不仅会在全球服饰业得到充分的表达，也会在中国国际时装周以及全国各大服装节上有所反映，这同样归功于基于全球化和现代网络技术基础上的服饰时尚展示与广告营销活动。大众→广告→时尚→接受→购买，在这样一个认知与行为系统中，我们不难想象如果没有广告的传播，即使各大服饰品牌也难成为时尚的标杆，哪怕时尚已经形成，时尚文化也难以这么快速地流行。可以毫不夸张地说，大多数的消费者，尤其是年轻一代的消费者是从服饰广告中发现各种最新的时尚元素、吸收各种最新的时尚资讯，并最终被卷入时尚与流行的。

二、善于制造时尚与流行

服饰广告对社会时尚的最大贡献莫过于对流行与时尚的制造或创造了。时尚与流行有自身的特征与产生的条件，无论哪个时期，时尚与流行的出现其前提是现实已经具备了或隐或显的时尚萌芽。但是，有时某一种时尚究竟能否流行，该在何时流行或流行什么并非总是有固定的"铁律"。即使流行存在周期性的特征，但这周期也绝非是机械的、固定的、僵死的。在一个适当的时间、地点和条件下，只要宣传得体、得法、得时,完全可以通过广告运动"凭空"制造出一种时尚与流行的。我们可以透过广告史上许多经典案例,去寻找其制造机理的些许轨迹乃至规律。

1. 制造时尚主题——观念广告

如前所述,时尚的核心是其所蕴含的某种观念或理念,人们是在接受了时尚所展现的新的价值观后才成为时尚产品的拥趸的,所谓的"观念先行",服饰时尚同样如此。因此,服饰广告所起的作用不只是单纯地宣传时尚服饰,它更为主要的任务是通过制造新的时尚主题,使自己成为"新生活方式展现新价值观的预告"[①],从而改变人们旧有的观念,激发新的消费欲求,并把消费者的欲望和需要转化为其认知上对时尚观念的强烈共鸣,进而成为一种内在的驱动力,促成其社会参与的途径,最终形成新的社会时尚。

案例: Lee Cooper(见图 5 - 41、图 5 - 42)

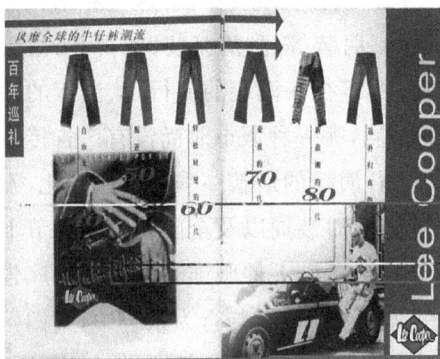

图 5 - 41

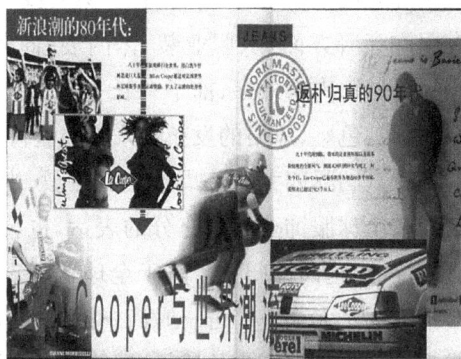

图 5 - 42

Lee Cooper 是欧洲牛仔裤厂商中的先驱,创立于 1908 年的伦敦,追求实用与时尚,被誉为世界三大牛仔裤品牌之一。在该品牌的"百年巡礼"中,我们看到其每一次辉煌都是以一个创造出来的时尚主题来表达的:20 世纪中自由无拘束的 40 年代,叛逆的 50 年代,轻松时髦的 60 年代,豪放的 70 年代,新浪潮的 80 年代,返朴归真的 90 年代。时尚主题的不断更新与创造使 Lee 牌始终挺立潮头,成了历经百年而不衰的时尚品牌。

"东西不是生产以后才变得流行,东西是为了流行而生产",Lee Cooper 预测与把握时代潮流,近乎完美地演绎了如何制造每一时代的时尚话题的神话。它不仅满足

---

① 丹尼尔·贝尔.资本主义文化矛盾[M].北京:三联书店,1976:118.

了不同时代消费者对文化、对服饰时尚的需求，又使自身的品牌文化成为时尚文化的表现形态，而始终挺立潮头，引领时尚，成为历经百年而不衰的品牌。

2. 强化"动态广告"——时装展示

从广告传播的角度看，服饰类广告最具个性化特征的广告就是时装展示（special offer），这是不同于其他商品广告的特殊形式，它不仅包括各大服装节、时装周、服博会等专门性展会（发布会）的 T 台秀，也包括服饰品牌在世界各地举办的品牌秀，以及各大商城因不再满足于使用静物模特而举办的服饰展示活动等，我们都可以视其为服饰的"动态广告"。相比在媒体上投放广告，作秀无疑是更形象、更生动、更直接的广告传播形式。

众所周知，穿服装戴饰物的主要目的是为了展示、美化自己形象。日本广告学者川胜久说："根据心理学的研究，适当掩蔽身体的要求，是由于保护自己的动机产生的，希望穿美丽的衣服，是性的魅力与显示冲动交织的结果。一般女性穿上最新流行的时髦时装，就会感觉满意而洋洋得意。如果观察西门町闹区的来往女性，就可以知道她们好像都在互相显示衣裳、争奇斗艳。倘若没有人欣赏自己的衣裳，穿新衣的喜悦感大为降低。"[1]他揭示了服装动态展示的社会心理学基础，说明展示的必要性，当然对于服装广告主而言其目的不只是展示，而是通过展示去制造和引领潮流。历年来的时尚和流行表明，国内外大品牌每一场惊艳的发布会无不创造着潮流时尚最前沿的信息，并无可争议地成为世界时装设计和消费潮流的"晴雨表"和"风向标"，其广告效果无可争议。

案例：世界四大时装周

全世界最著名的时装周一共有 4 个，包括纽约时装周、伦敦时装周、米兰时装周和巴黎时装周，每年一届，分为春夏和秋冬两个部分。每年的春夏流行发布通常在九十月间，秋冬趋势发布则在二三月份。各大品牌在为期 8 天的时装周上将上演近百场新品时装秀，轮番掀起一场场视觉盛宴，给消费者带来无尽的惊喜。四大时装周是世界时尚的风向标，它创造与引领着世界时尚风潮。

时装周期间吸引眼球的已经不单纯是品牌服饰，而是它创造的氛围、制造的话题和关涉的人物，其广告效应是单一媒体广告无法企及的。这是一场时尚界的盛会，国际时尚产业领袖、顶尖时尚媒体人、品牌创始者、著名设计师和名模、专业买手等悉数出席；这也是一场豪门贵族名流明星的派对，他们是坐在 T 台前排的贵宾熟客；这还

---

① 川胜久.广告心理学[M].福州：福建科技出版社，1985：97.

是一次街头草根时尚中人的聚会,他们是时尚流行的重要基础,他们的参与也使时尚显得并不是那么高不可攀。由此,汇聚成了从秀场 T 台到街头粉丝、从时尚圈内到时尚圈外的轰轰烈烈的时尚潮流。

全球各大媒体的新闻发布成了最有效的时装周广告,"直击秀场内外"、"精彩瞬间"、"趋势盘点"、"T 台精选"、"秀场看点"、"微博热议"、"明星风采"、"信息速递"等,精彩纷呈的栏目把时装周演变成了一次声势浩大的服饰广告传播运动,每一个焦点都在制造着时尚的标杆。中国的时尚媒体与各大门户网站也是不遗余力(见图 5 - 43、图 5 - 44)。

图 5 - 43

图 5 - 44

当然,征服人们眼球并制造时尚与流行的源头依然是各大品牌的每一场惊艳展示。以秀场为流行起点,以市场为商业终点,时装周上的国际时尚巨头对品牌秀场落地市场的商业化运作极为娴熟,几乎都能在第一时间将秀场上汲取的灵感转化为市场中的产品,凭借超强的时尚敏锐度,把 T 台上的最新流行元素运用到新品中,然后借助现代传媒运作体系尤其是广告的合谋迅速制造新一轮的流行,而其背后则是高额的销售利润。

3. 善于借事借势——公关广告

既然服饰时尚与流行在特定条件下可以制造出来,那么对于广告主和广告人来说必须要有善于制造流行与时尚的意识,能够敏锐地预测流行与时尚,前瞻性地预计到服饰时尚产生的契机。一般而言,服饰时尚的出现有一个孕育过程,在最开始的时候它可能很潜在地存在于社会的政治、经济、文化以及大众的需求所共同形成的环境中,而一旦这种大环境有变动,都可能成为传媒竞相报道的对象,比如发生重大的新闻事件、举行重要的社会活动、体育盛会娱乐新闻、传统的节日庆典等，都有可能成为萌生新服饰时尚的依傍和载体，两者只要嫁接、组合、拼盘得当，都可以通过商业操作被打造成当下的服饰潮流，从而使其扩大再生产的能力无可限量。据最新报道，习近平主席偕夫人出访俄罗斯等国，第一夫人国产品牌的服饰备受关注，并进而广为追捧，以致同款手提包旋即脱销。此所谓借事借势，很多服饰时尚都是因为善于借助媒介事件、公关广告达到制造时尚流行的目的的。

案例："唐装"的流行

"唐装"是一个很宽泛的概念，且不是一个古已有之的概念。它的由来与海外"唐人街"有关，华人居住的地方统称为"唐人街"，那么华人穿的中式服装就统称为"唐装"了。"唐装"成为一个流行词和流行服饰，归功于一部电影和一次"峰会"。

"唐装"最有代表性的女性服装是旗袍，限于篇幅我们不去追溯旗袍的历史演变，只突出始于 2000 年的旗袍或旗袍元素服装的流行过程。2000 年王家卫的影片《花样年华》上映，影片在收获票房、口碑和奖项的同时，还被借事借势制造了旗袍的流行。片中张曼玉身着旗袍的造型性感、优雅，据有心人统计，片中张曼玉总共换了 26 件旗袍，其多变的造型、夺目的色彩、丰富的花样，让人们充分领略了中式服装的千般变化、万种风情。由此很多品牌借势推出旗袍或融合旗袍元素的各式服饰，甚至催生了专门的中式服装品牌。一时间，大街上流淌着的是浓郁的复古味道：绣花肚兜、盘扣小袄、收紧腰身的小旗袍。

继《花样年华》之后，再次引发"唐装"热，并把"唐装"时尚推向高潮的是 2001 年 10 月在上海举行的 APEC 峰会（见图 5 - 45、图 5 - 46）。当时，20 位各国首脑一身唐装集体亮相，大红色和宝蓝色的中式对襟唐装华贵大气、舒适自在，引爆媒体报道热潮。不仅世界瞩目，更刹那间唤醒了国人的民族情怀与怀旧心态，给正在走俏的唐装

图 5 - 45

图 5 - 46

热加了一把干柴,让唐装热潮达到了沸点。一时间,不分男女老幼、明星草根,不管南北东西,无论前卫保守、品位高低、收入多寡,一股脑儿全被裹挟进去。其速度之快、波及面之广、接受度之高、延续时间之久,在服装流行史上几近盛事了。如果问起那年的服装流行时尚,恐怕连平时最不留意时尚的人也会给出一个最准确的答案:唐装。

4. 突出名人效应——明星代言

几乎所有重要的时尚流行都与明星名流有关,影视剧中的明星服饰、秀场上的明星名流服饰、服饰广告大片里的明星服饰、名目繁多的活动中的明星名流服饰,直到明星名流的日常服饰,都可能因其市场号召力而酿成新一轮的流行。著名的《名利场》杂志,每年都有"年度最佳着装榜"的评选,一眼望去,榜上皆是各界名流,从影视娱乐界明星、王室名媛,到时尚设计师、街拍鼻祖,可谓网罗了各个领域的时尚达人,这些明星名流被认为引领了全球的"最时尚"。如前所述,从商业的角度看,时尚必须为自己找到获取利润的"卖点",对于服饰而言明星名流就是"卖点";从接受的角度看,任何时尚只有获得广大消费者的共鸣和认同才有生成的基础,那么大众社会仰慕明星名流的情结与追星族的普遍存在就是流行最有效的群众基础和可靠保证。近几年来"韩流"扫荡之处,时尚美眉无一幸免,韩国影视剧中的明星和哈韩族共同制造了此类流行。我们看到,几乎所有成功的服饰品牌或服饰品牌的成功都与明星有关,明星代言是服饰广告的主要形式,国内外有很多品牌上演的都是全明星阵容,而因名人效应引领出的服饰流行案例比比皆是。本章其他章节的内容都已有所涉及,在此不再赘述。

第三节　视觉盛宴
——服饰广告的媒体选择

人们对于与服饰相关的诸多元素的联想和想象,诸如色彩、造型、款式、形象、美丽、漂亮、气质、风度、性感、诱惑、摩登、时尚、流行、时装秀,乃至服装节、博览会、门店陈设等,无不体现出强烈的视觉感官特质以及对视觉呈现、动态展示的需求,这些高感性与多重感官元素不仅构成了服饰与其他商品产品属性的区隔,也成为服饰类商品广告在媒体选择与信息传递上的主要考量。服饰类商品一直以来都是电视广告的大户,杂志广告和户外广告的主力。

一、电视广告

　　集影像、画面、文字、声音、动作和颜色等视听手段与信息符号为一体的电视,不仅是最理想的广告媒介,更是服饰类商品广告最重要最理想的媒介。无论是过程演绎,还是细节展示,它都以强烈的现场感与表现力,把服饰之美表现得淋漓尽致,给受众以完美的视听享受和良好的心理体验,使受众身临其境,体验到如同穿上了该服饰一样的感觉。

　　服饰行业向来是央视广告投放的中坚力量,作为传统行业的代表,它具有"营销策略成熟,广告投放稳定"的显著特点。大多数本土著名服饰品牌的成长,受众对这些品牌的认知都与其在央视和各大卫视的广告投放有直接的关系。根据 CTR 媒介智讯的统计,①2010 年度全国服饰、家纺及关联类产品广告投放共计 92.9 亿人民币,电视、报纸、杂志和户外广告的份额分别为 58.85％、8.2％、16.6％、12.0％;2009 年共计 93 亿人民币,电视、报纸、杂志和户外广告的份额分别为 71.7％、7.2％、12.9％、8.2％;2008 年共计 82.2 亿人民币,电视、报纸、杂志和户外广告的份额分别为 68.4％、6.7％、13.3％、11.7％,可见全行业广告投放均以电视广告为主。表 5-1 是根据 CTR 媒介智讯的数据对近三年服饰类电视广告投放 TOP10 品牌的统计。

表 5-1　TOP10 品牌电视广告统计

2010 年	品　　牌	2009 年	品　　牌	2008 年	品　　牌
1	长动力	1	芳奈儿	1	百斯盾
2	七匹狼	2	波司登	2	洁丽雅
3	波司登	3	婷美	3	红蜻蜓
4	鄂尔多斯	4	驰誉	4	康立美
5	柒牌	5	洁丽雅	5	爱登堡
6	与狼共舞	6	小软	6	KC
7	九牧王	7	百斯盾	7	浪莎
8	塔卡	8	夏娃之秀	8	婷美
9	劲霸	9	长动力	9	小软
10	洁丽雅	10	柒牌	10	美特斯邦威

---

　　① IAI 中国广告作品年鉴 2009. IAI 中国广告作品年鉴 2010、IAI 中国广告作品年鉴 2011[M]. 北京:中国民族摄影出版社,2009～2011.

二、报纸与杂志广告

报纸和杂志是主要的平面媒体,它们图文并茂,能承载详细的文字信息与生动的图片信息,正是刊载服饰大片所需要的。而报纸高度的市场覆盖率、有效触达率和渗透能力,杂志对目标群体的细分、高度的针对性以及精美的制作与印刷,为充分表现广告人的创意,创造富有冲击力的视觉效果,激发受众的购买欲,建立品牌的良好形象,提供了很好的媒体平台,由此才有了上述市场投放的高份额。

据报道,服装服饰行业广告对全国报刊广告的贡献度在不断加大。从平面媒体各行业广告的贡献度来看,2005 年服装服饰广告对平面媒体的贡献度排在第 13 位,2007 年上升到第 10 位,2010 年再上升 2 位,2011 年该行业广告的贡献度已经排在第6 位,截止到今年 1 季度,服装服饰行业累计广告额已然是排在房地产、机动车、旅游餐饮休闲之后的第四大广告投放行业,服装服饰行业对平面媒体广告市场的贡献度在大幅攀升已经是不争的事实。

根据 CTR 媒介智讯的数据对近三年服饰类报纸和杂志广告投放 TOP10 品牌的统计表明,与报纸广告投放 TOP10 品牌大多是本土品牌形成比较鲜明对比的是,杂志广告投放 TOP10 品牌大多是国外的强势品牌,尤其是奢侈品品牌。那么,这些服饰大牌的广告都投给了哪些杂志呢? 进一步研究杂志与服饰广告投放的关系,我们会发现一些高端的时尚杂志、航空杂志、财经媒体等,已经成为国际高端服饰大牌广告投放的主要去向,这几乎已经是"国际惯例"。从广告收入来看,时尚类杂志尤其是服饰美容类杂志是期刊市场的强势品类。2011 年杂志广告投放额最高的前 10 名中,有 5 家都是服饰美容类杂志,见表 5 - 2。

表 5 - 2　服饰美容类杂志

排名	杂志名称	2011 广告额	广告市场份额	竞争指数	2011 年发行市场份额
1	世界时装之苑	85 691.78	26.12%	1.16	6.6%
2	时尚伊人	73 684.09	22.46%	1.29	4.7%
3	瑞丽服饰美容	57 247.61	17.45%	1.01	11.8%
4	服饰与美容	56 518.50	17.23%	1.03	5.9%
5	时尚芭莎	54 956.49	16.75%	—	5.0%

　　美轮美奂的时装广告大片以及与此相关的品牌故事、生活方式、情感体验、文化氛围等,共同构建了杂志强烈的视觉与心理冲击力。在这里服饰广告与杂志内容融为一体,既有鲜明的个性特色,又是如此的丰富多元。从王妃华美大裳到草根潮人街拍,从明星衣着风范到设计师风格创新,从欧美、日韩、本土潮流快递到经典再现,从秀场直击到秀场背后的故事,等等,其网罗的内容与广告诉求对时髦知识女性的吸引力是可想而知的。那些年龄在 25～40 岁左右的、受过高等教育的女性,往往具备敏锐、创新并对新鲜事物充满热情的心理特质,多数相信自己有能力决定自己生活的方向,倾向于努力工作、充分享受高品质的生活,并且在充分展示自己的女性魅力方面欲望极高,她们是此类杂志与服饰广告最忠实的受众。

三、售点广告和户外广告

1. 售点广告(point of purchase display)

　　售点广告(POP)或称卖场广告,它以卖场的广告单张、装饰性现场布置为传播媒体,一般布置在各地零售店的店内及店门口,与走秀不同,它是一种静态的陈列式广告。其主要功能是利用商品销售点的时空,以独具一格的陈设设计、环境营造、气氛烘托,把产品信息、品牌文化生动形象而又实实在在地展示出来,强烈地吸引顾客,有效地引导顾客,促使其产生购买动机。现场 POP 的种类很多,如店头、橱窗、垂吊、墙面、镜面、地面、柜台、陈列物、电子屏等,借此开发出几十乃至上百种之多,均能起到无声推销的作用。

　　售点广告是直接沟通顾客和商品的现场广告,这种高感性的广告形式很好地掌握了消费者(尤其是在消费时较易丧失理性的女性消费者)的购买行为与态度受情境影响较大这一特点。某种服饰,人们也许本来并没有购买意向,但倘若受到巨大的情境力量的影响,如那些系列配套近乎完美的服饰造型,在巨幅摄影、音乐、灯光、壁画等烘托下的各种衣饰,就会产生强烈的购买冲动,而且一买就可能不是单品。

　　同时,这种广告形式由于简单易懂,便于识别,适合不同阶层的消费者,具有广泛性和时效性。POP 广告还被认为是促成购买的最后一个劝说者,其意思是指从购买过程看,消费者注意广告信息之后产生了联想,萌发了购买欲望,接着走向卖场并在售点眼见为实,此时如果依然不为之所动,那肯定就不买了。

正是基于对终端消费行为的研究,以及对 POP 广告对终端店面销量提升所具有的强大助推力的认知,服饰行业特别重视售点广告,售点广告和户外广告已经成为服饰行业仅次于四大传统媒体的两种广告媒体。无论是独立的专卖店,还是大商厦的服饰卖场乃至商厦的内外展示空间,服饰的售点广告都是一道五彩缤纷、各具特色、赏心悦目的风景线。

图 5-47、图 5-48 是矗立在上海恒隆广场和香港中环的 LV 旗舰店,两个极富创意的巨大的 LV 箱包异曲同工。恢宏的建筑完整立体地复原了 LV 两款经典旅行箱的造型,上面的铜钉、线条、搭扣具备极强的立体感,金属部分还闪烁着光芒,黄褐色的印花造型栩栩如生,从远处望去,仿佛是一件用布料与皮革制成的商品,生动再现了这个 1888 年始创品牌的悠久历史和经典文化。其构思之奇异、想象之丰富、气势之豪迈令人叹为观止。在旗舰店内部,华丽的金色基调,舒适宽敞精致的空间,珠光宝气的服装和鞋包等组成的完整配饰,晶莹剔透的展示柜,灯光与音乐的烘托,甚至每一个道具的摆放,都可以体现这个品牌特有的文化与气质。

图 5-47

图 5-48

2. 户外广告

户外广告契合着服饰展示性的特点受到服饰品牌广告主的青睐,而成为服饰广告的主要媒体。在城市的大街小巷、建筑物外墙、地铁车站机场内外、城际间的交通要道两侧等开放的空间中,遍布着众多的服饰户外广告,它们以视觉冲击力强,信息传达到达率高,传达信息具有不间断性、持久性等特点而产生良好的广告效应。虽然大多数的服饰类户外广告尚未超越一般平面广告的创意与表现,基本属于户外空间中的“平面”广告,但是我们还是欣喜地发现了令人刮目相看的创意,如图 5-49 至图 5-54 所示。

图 5 - 49

图 5 - 50

图 5 - 51

图 5 - 52

图 5 - 53

图 5 - 54

零世纪牛仔裤户外高炮广告的立体造型突破了四平八稳的单一画面,岩石的造型和攀岩的场景与高悬的广告牌相得益彰,牛仔裤的形象非常夺目,其在户外运动中的功效一目了然,"我自由,我快乐"的核心诉求得到了立体化的展现。而运动服饰户外广告在运动场之外,依然有如此精彩的演绎,令人叫绝。耐克和阿迪达斯的户外,完全超越了其他媒体的手法和元素,真正立足于户外环境,不仅避免了户外环境的干扰性,而且极富创意地使户外环境为广告所用,使媒体特性最优化、最大化。耐克的两组户外,在二维和三维之间巧妙转换,把两个本不相关、不可及的空间用自己的产品密切关联起来,互动起来,前后呼应,一气呵成;在偌大的空间环境中,受众的视野虽然很广,但是注意力却始终紧随产品,视觉焦点直接落在产品之上。广告效果不仅表现在视觉冲击力上,更有惊心动魄的力量。阿迪达斯则使平面与立体、静态与动态达到完美结合;图5-54中阿迪达斯的整个户外广告就是一座景观,巧夺天工,气势恢宏。

四、网络广告

根据中国电子商务研究中心发布的《2011年度中国B2C电子商务市场调查报告》显示,2011年中国服装网络购物市场交易规模达2 035亿元,服装服饰类产品俨然成了网购的第一大商品,无论从数量上还是交易额上都是最大的,成为B2C市场第一大细分领域。从服装电子商务的发展来看,国内(外)服装品牌企业注重网络营销的趋势越来越明显,由此促使中国服饰行业品牌网络广告投放的规模迅猛发展,并日益成为服装行业不容小觑的广告力量。

一方面,服饰类网站高度图像化与融媒体、多媒体的环境特性对注重视听觉传达的服饰广告而言有着得天独厚的优势,而网络广告时空的无限延伸,完全超越了其他媒体广告的量和质,既能把企业的全面资讯一网打尽,又能使现实空间无法展示的所有服饰及其细节一览无余;多维互动、精准对接、全面覆盖的网络媒体特性又使购买者能在广告的引导下,深度参与广告主的各种营销活动。另一方面,近年来,随着服饰企业对品牌营销和效果营销的要求日益提高,网络广告丰富的媒体形式使满足企业广告营销的多元化需求成为可能;而在互联网大环境下,数字营销已是大势所趋,服饰类企业自身也在追求线上线下产业链的完整,网络广告在其线上市场的重要意义更加凸显。更为重要的是,互联网已经成为人们信息获取及生活娱乐最重要的平台,数以亿计的消费者才是吸引品牌广告主最大的砝码,尤其是那些以年轻受众为目标对象的服饰品牌,互联网作为时尚年轻人群聚集地,更成了广告重地。

　　根据 Enfodesk 易观智库研究表明,①2011 年服装服饰行业品牌网络广告投放 TOP20 广告主名列前茅的是凡客诚品(Vancl)、广州梦芭莎(Moonbasa)、九合尚品(MasaMaso)、特步中国、北京李宁体育用品有限公司、三六一度福建体育用品有限公司、优品生活(兰缪)和江苏龙华(艾夫儿)等,其中以凡客诚品为代表的网络服饰零售商已成为服装服饰行业品牌网络广告增长的最大驱动力量。同时随着中国市场对于奢侈品品牌的热度持续升温,众多国际大牌纷纷加大在中国网络市场的营销力度,卡地亚、阿玛尼等奢侈品品牌在服饰行业网络广告投放前 20 强中也赫然在目。

典型案例评析

美国箭牌衬衫广告②

　　标题:我的朋友乔·霍姆斯,他现在是一匹马了。

　　文案:

　　乔常常地说,他死后愿意变成一匹马。有一天,乔果然死了。

　　五月初我看到一匹拉牛奶车的马,看起来像乔。

　　我悄悄地凑上去对它耳语:“你是乔吗?”

　　它说:“是的,可是现在我很快乐!”

　　我说:“为什么呢?”

　　它说:“我现在穿着一件舒服的衣领,这是我有生以来的第一次。我衬衫的领子经常收缩,简直在谋杀我。事实上有一件把我窒息死了。那就是致死的原因!”

　　“天哪,乔,”我惊讶失声。

　　“你为什么不把你衬衫的事早点告诉我? 我就会告诉你关于‘箭牌’衬衫 Arrow Shirt 的事。它们永远合身而不收缩。甚至织得最紧的深灰色棉布做的也不收缩。”

　　乔无力地说:“唉! 深灰色棉布是最会收缩的了!”

　　我回答说:“可能是,但我知道‘戈登标’的箭牌衬衫是不缩的。我正在穿着一件。它经过机械防缩处理。收缩率连 1‰ 都不到! 此外,还有箭牌所独有的‘迷淘戛’特适领!”

　　①　http://www.ebrun.com.2012-4-27.
　　②　本案例评析由宁波大学人文与传媒学院徐舟汉教授撰写.

"'戈登标'每件只卖两美元!"我说的达到了高潮。

乔说:"真棒,我的老板正需要一件那样子的衬衫。我来告诉他'戈登标'的事。也许他会多给我一夸脱燕麦。天哪,我真爱吃燕麦呀!"

口号:箭牌——机械防缩处理。

如果没有箭牌的标签,

那它就不是箭牌衬衫。

箭牌衬衫,

机械处理防缩——如果收缩不合,免费奉送一件作赔。

这是美国广告界公认的近代著名广告大师乔治·葛里宾为箭牌防缩衬衫写的广告文案。乔治·葛里宾是从写广告文案开始,步步升到大广告公司首脑的。他积累了极其丰富的文案写作经验。他曾说:"虽然我不能告诉你一个'怎样来写广告'的典范,可是在你做好一个广告之后,我绝对能告诉你一个要怎样做的典范。这个标题是否使你想去读文案的第一句话?而文案的第一句话是否能使得你想去读第二句话?使你看完了整个文案。一定要做到使读者看完广告的最后一个字再想睡觉。"这段话形象地阐明了广告必须用极大的创造力去激发人们兴趣的道理。这则箭牌防缩广告即是成功的典范,是他自己所喜爱的广告之一。

这则广告的创意极为新奇,作者用丰富的想象构思了一个人与马对话的童话故事。人由于衬衫领子收缩窒息而死变成了马,它在向人诉说中知道了箭牌衬衫经过机械处理不收缩,还有一种独特的特适领,高兴的要去告诉老板,以求得更多的燕麦饲料。文案写得十分有趣,在展开故事时层层诱导,真正做到了葛里宾所说的从标题开始就要吸引读者,直到看完最后一个字再想睡觉的效果。标题"我的朋友乔·霍姆斯,他现在是一匹马了"。就语出不凡,人怎会成马?先设奇特悬念,一下子吸引住了读者。文案简述乔死后变马的事实,道出致死的原因可以说是解了标题的悬念,但接着开始的人马对话又提出新的疑问,把人们的兴趣引向深入。文案把有箭牌防缩衬衫、原最易缩水的深灰色棉布衬衫也不收缩、用机械防缩处理、收缩率不到1%,还有独特的"迷淘夏"特适领,每件只卖两美元等商品信息一一穿插于对话中。对话绘声绘色,既切合人、马各自的身份,又洋溢着朋友情分,极富吸引力。葛里宾在奇特故事叙述中不露痕迹地融进了防缩衬衫种种性能,读者在看故事的同时不知不觉中了广告宣传的圈套,这是非大手笔不能达到的。

葛里宾的成功是建立在对商品和顾客充分了解的基础上的。他曾说:"我认为写文案的人应该对商品有深切的了解——不仅只是他对广告商品实体上的特点——而且要知道哪一类人去买它,以及什么样的动机使得他们想去买它。"正因为他对箭牌防缩衬衫种种性能烂熟于心,童话故事中的对话才会写得如此自然贴切;正因为他对顾客受衬衫领收缩之苦有深切体会,把握了人们买衬衣要求合体舒适的动机,他才能构思出人穿收缩衬衣窒息变马的童话。巧妙引人的广告形式,在这里起了关键的作用。

广告最后的口号和销售允诺,对前面形象故事作了概括和提高。形象和抽象的结合,更给人留下了深刻的印象。

思考题

1. 阐述服饰的功能与服饰广告传播之间的关系。

2. 如何理解人体美与美化人体、人的品位与服饰品味之间的关系?

3. 举例说明服饰与社会风尚之间的关系。

4. 举例说明服饰广告对服饰时尚与流行的推助作用。

5. 如何提高销售终端对服饰品牌市场营销的作用?

6. 为什么说服饰消费是一种文化消费? 服饰品牌的核心价值在于其文化附加值?

7. 新媒体环境下,服饰品牌如何与消费者进行深度沟通?

研讨训练

1. 以小组为单位,从表5-1和表5-2中选择一个品牌,从广告传播史的视角,讲述其品牌故事,论述其品牌精神与品牌文化是如何构建、塑造、演变与传播的,并在课堂以PPT形式进行演讲讨论。

2. 以小组为单位,以2个以上体育品牌为例,比较这些体育服饰品牌在奥运营销中的广告策略及其特色,并在课堂以PPT形式进行演讲讨论。

补充阅读材料

1.《马褂-旗袍-军装-吊带裙——"时尚百年"折射中国社会变迁》,news. sohu. com

2.《2002～2012高级定制十年史诗回顾》,www. ellechina. com

3.《时尚化体育　奢侈品牌的新神话》,www. lifestyle. com

4."新媒体对服饰品牌的推助作用"主题类文章阅读,中国品牌服装网

参考文献

［1］金涛. 中国传统文化新编［M］. 杭州：浙江人民出版社,2005.

［2］贺雪飞. 全球化语境中的跨文化广告传播研究［M］. 北京：中国社会科学出版社,2007.

［3］陈月明. 文化广告学［M］. 北京：国际文化出版公司,2002.

［4］贺雪飞. 论时尚文化及其话语特征［J］. 当代传播,2007(3).

［5］Mare Gobe. 高感性品牌行销［M］. 辛巴,译. 台湾：蓝鲸出版社,2001.

［6］王蕾,代小琳. 霓裳神话——媒体服饰话语研究［M］. 北京：中央编译出版社,2004.

［7］陈丕西. 服饰文化［M］. 北京：中国经济出版社,1995.

［8］金涛声,徐舟汉. 中外广告精品探胜［M］. 北京：国际文化出版公司,1995.

［9］刘立宾. 中国广告作品年鉴［G］. 北京：中国民族摄影艺术出版社,2012.

［10］张惠辛. 中国广告案例年鉴(2003～2004)［G］. 北京：中国出版集团东方出版中心,2004.

［11］张惠辛. 中国广告案例年鉴(2010～2011)［G］. 北京：中国出版集团东方出版中心,2011.

第六章　安得广厦千万间
何以俱欢颜

—— 房地产广告

　　我国房地产业自 20 世纪 80 年代萌芽形成以来,一路轰轰烈烈,成为市场经济的一个热点与重要的支柱产业。房地产业的迅速发展直接带来了房地产广告的滚滚热潮。同时随着房地产业的成熟,房地产广告也日益成熟,其创意和表现与其他各类商品广告相比也日益显示出自己独有的特征。本章主要讲授房地产业的发展历史与现状,房地产业的发展与房地产广告运作、策划与创意之间的互动关系,房地产作为一种特殊的商品,其广告与其他商品广告不同的个性化特征,以及房地产广告的种种误区。

第一节　中国房地产业的发展现状

　　中国房地产业萌芽于 20 世纪 80 年代初,迅速起步则在 1992 年邓小平同志南巡讲话之后,30 年来,中国的房地产市场已经成为当今世界上最大的房地产市场。房地产业作为国家的支柱产业,其快速发展,对促进消费、扩大内需、拉动投资、改善居民居住条件和城镇面貌、带动建筑建材、广告业等相关产业发展,促进社会经济发展,均发挥了重要的作用。房地产业的发展也铸就了众多著名的地产企业和品牌,而其超额的收益率吸引了越来越多其他产业的投资者蜂拥而至,并成为名副其实的造富"梦工厂"而造就更多的富豪乃至首富。《新财富》杂志发布 2010 年"新财富 500 富人榜",万达集团王健林以 401.1 亿元位居首富,恒大地产许家印紧随其后。上榜者中有 88 位来自地产业,占 17.6%,上榜的主业并非房地产的富人中,约 50% 已经涉入房地产领域。2012 年即使在地产行业宏观调控的背景下,据《2012 年胡润中国富豪排行榜》

显示,榜单前 10 名中仍有 5 位富豪以地产为主业,王健林以财富 650 亿元排名第二,前 20 位富豪中有 13 位以房地产为主、副业,①表现依然抢眼。与此同时,鉴于房地产业事关到国计民生,与百姓的住房问题密切相连,因此一次次对房地产业超常或者反常发展的质疑,一轮轮对房价居高不下的讨伐,也始终不绝于耳。30 年间的房地产业可谓既高歌猛进又跌宕起伏,既精彩纷呈又风云变幻,从时间上可分为如下几个发展阶段。

一、20 世纪 80 年代初～1997 年：房地产业萌芽与起步阶段

计划经济时代的中国,没有商品房的概念,住房不是建在自家宅基地上,就是国家作为一种福利由单位统一进行分配的,因此既无产业的概念,更无市场的影子。改革开放之后的 80 年代初,住房作为商品的概念也仅限于理论上的发端。直到 1987 年深圳特区率先敲响中华人民共和国土地公开拍卖第一槌,才正式揭开了我国土地使用与管理体制重大改革的序幕。随后,中国第一个真正意义上的商品房小区“东晓花园”在深圳竣工,中国房地产业的扬帆起锚,理论与现实意义上的商品房概念萌芽。

1990 年国务院颁布第 55 号令,制定了一系列对土地交易的法律,使土地交易合法化。1991 年开始,国务院先后批复了 24 个省市的房改总体方案,房改开始在全国范围内推行。房地产公司如雨后春笋般涌现,房地产市场建设全面起步,房地产行业初现雏形。1992 年邓小平南巡讲话之后,国家鼓励房地产业发展的政策相继出台,房地产业借势超常发展、高速增长,当年全国即完成房地产投资总额达 732 亿元,而1993 年猛增到 1 629 亿元,年增长幅度 125%。房地产业的高额利润,使更多投资者扎堆进入,房地产公司从 4 000 多家增至 12 400 多家,房地产热由此形成。

这一个阶段的房地产市场处在于卖方市场,消费者对住所要求不高,大多数人的观念尚停留在“单位分房”上,个人购房的现象并不普遍,房地产品牌意识薄弱。作为房地产产业链的下游,20 世纪 90 年代初期房地产广告尚未形成一个行业,销售代理公司执掌着广告的具体操作,操作方式也基本照搬了香港和台湾的方法。广告总体上数量少、版面小、图片少;内容以简单直接地描述商品信息为主,或是建筑物与文字信息的简单拼接;广告关注的核心点是物,不是人;诉求多以实用为主,强调价格和地

---

①　2011 年胡润中国富豪排行榜[OL]. wiki. mbalib. com,2012－3－9.

段，或面面俱到的功能性诉求，较少提炼独特的卖点利益点，缺乏有冲击力的广告口号，有的看起来更像房源信息告知或说明书而不是广告。且多为普通住宅的广告，品牌形象广告或企业形象广告极为少见。

90 年代中期开始，房地产广告在报纸上越来越常见，而且版面变大，利用大版面传播项目卖点，成为开发商向购房者展示实力的方式之一。1996 年 7 月《深圳商报》第一次刊登"益田花园"整版彩色广告，开创了大版面广告先河，从此楼盘的市场推广进入报纸广告时代。设计感较强，有视觉冲击力的广告图片逐渐多起来，也出现了专门的企业形象广告，广告文案的质量有了明显提升，诉求点突出又朗朗上口的广告语和广告口号不断涌现。

二、1998～2009 年：房地产业发展与繁荣阶段

1998 年国务院《关于进一步深化城镇住房制度改革加快住房建设的通知》即 23 号文件，宣告住房全面商品化时代的开始，这是中国房地产历史上翻天覆地的变革。从此，房地产市场步入全面市场化的进程，中国房地产行业迎来了一个绝无仅有的黄金发展时期。

国家出台了包括公有住房私有化、停止福利分房、城市居民住房分配货币化、发放个人住房补贴、开放住房二级市场、实行个人住房消费信贷、减少房地产交易税费等一系列鼓励性的政策和引导性的制度，加之居民可支配收入加速增长、恩格尔系数下降后居民消费的迅速升级、城市化进程的快速推进，这一切使压抑多年的城市居民住房的潜在需求井喷式爆发，房地产业本身的投资潜能集中释放。

房地产业迅猛发展，高潮迭起。1998 年全国房地产投资额超过 200 亿元，2000 年房地产开发投资高达 4 984.1 亿元，2001 年房地产投资成为仅次于基本建设的第二大类投资，全年累计完成房地产开发投资 6 246 亿元。2004～2006 年的中国楼市一派繁荣，中国各大城市成为世界最大的"工地"，房地产商的投资回报率或者净资产收益率甚至高到百分之几百。

同时，经过几年观念的变革、调整与适应，自主买房的观念逐渐深入人心，大中城市的房地产市场逐渐从住房消费为主导转变为住房投资为主导。市场产品多元化、品牌化、规模化时代到来，并开始形成了所谓的房地产文化，产生了真正意义上的房地产产业。

2008 年的国际金融危机对国内消费者及投资者信心的影响非常大，房地产行

业深受其害,跌入了低谷。为了遏制经济下滑,下半年中央政府决定出手"救市",希望通过房地产消费来带动市场,房地产政策出现了 180 度的大逆转,优惠利率、优惠税收等政策不断出台。被压抑了一年之久的购房需求重新释放,引燃了 2009 年的楼市火爆。楼市由冷突然转到大热,2009 年可以说是楼市迄今为止最为疯狂的年份之一。

越来越火热的房地产市场几乎成为中国最挣钱的行业,造就了诸如万科、中海、华润置地、富力、保利、合生创展、碧桂园、世贸房地产、远洋、招商、绿城、金地、雅居乐、华润置地等进入那几年"中国十大房地产开发商排行榜"的强势企业。房地产业也成为中国内地富豪们的最主要财富来源,其次为资本市场。

房地产业的迅速发展直接带来了房地产广告的热潮,翻开全国各大报纸,唱重头戏的大多是房地产广告;同时随着房地产业的成熟,房地产广告也日益成熟,其创意和表现与其他各类商品广告相比也日益显示出自己独有的特征。这一时期房地产广告在各类媒体投放数量总体上先升后降再升,2007 年到 2009 年大幅攀升,至 2009 年达到一个高峰,并连续几年占据行业广告投放前五位,这与房地产行业的宏观市场状况基本吻合。

在房地产广告诉求内容上,2000 年前后阶段与房产相关的所有信息都会作为主要卖点出现,因为这一时期消费者购房用途主要是出于自住需要,对于大部分购房者来说这是拿出毕生的积蓄购买将一生居住的"家",因此对楼盘的各种信息都很关心。广告所要做的就是把销售信息全面准确地传达出去,所以在诉求方式上更倾向于理性诉求,文案直白简单但面面俱到,广告图片也主要以产品图片为主。

2004 年以后,房地产的投资属性被认可并被迅速放大,楼市大热里消费者的购房心理出现了很大变化,人们普遍觉得买房子就是稳赚不赔的投资手段,以致这种不理性的消费心理成为主流。在广告诉求内容上,"投资前景与增值承诺"的高频率出现,也表明楼市开始从以自住为主转到了以投资为主。与此同时,随着消费水平与居住观念的不断提升,人们对居住的要求越来越高,并把房产视为身份地位价值的象征,因此购房有了从开发商实力、房地产品牌、投资、教育到户型、配套环境等的整体考量。房地产广告的诉求也从楼盘的质量、地段、价格等,开始向环境、配套、身份地位以及开发商企业形象等精神层次的需求延伸。房地产广告的主要媒体报纸广告,版面开始朝向大版面全彩版的趋势发展,图片美轮美奂,图文结合,富有感染力,广告质量有了巨大的飞跃。

三、2010 年至今：房地产业调控与拐点阶段

　　房地产行业的大规模、高速的发展持续到了 2010 年，高速发展带来的一系列问题日益凸显，尤其是一些地方房价过高，已成为社会关注的焦点，由此引发了许多社会问题，甚至影响了社会稳定与和谐。

　　2010 年，为遏制一些城市房价过快上涨的势头，国务院三次部署调控工作，出台了一系列堪称史上最严厉的调控政策。随之，北京、上海等城市率先出台地方楼市新政，同一家庭限新购一套房；接着限购令在一二线城市全面实行。当年 4 月《国务院关于坚决遏制部分城市房价过快上涨的通知》（即国 8 条）印发后，对房地产市场的影响是巨大的，反应最明显的是各城市成交量大幅下降，房地产业开始步入行业拐点。

　　但是，在通胀预期等多种原因的推动下，2010 年 11 月以来，一些地方高价地再度出现，部分未实施限购的中心城市的住房成交量价齐升，限购城市周边地区的房价出现较快上涨。根据全球房地产指数系统（Global Real Estate Index System，GREIS）对全球 12 个重点城市的调查数据显示，①2011 年第 3 季度，香港、伦敦、新加坡的住宅价格位居前三位，单价超过或接近 800 美元/平方英尺；上海、北京位列第 10、11 位，在 330～350 美元/平方英尺之间，均超过洛杉矶。上海的别墅单价跻身全球前五位，高端住宅价格也位列十大城市第 6 位。这些现象的出现，说明调控效果尚不巩固，距离群众期待还有一定距离。②

　　2011 年上半年，政府开始出台密集系列政策，尤其是《国务院办公厅关于进一步做好房地产市场调控工作的有关问题的通知》（即新国 8 条）的发布，已经鲜明地宣示了政府加大调控力度、控制房价的决心。

　　房地产新政后，万科在深圳率先打响降低楼盘价位的旗帜，而后迅速回笼资金进行自救。恒大地产宣布全国 40 个楼盘全面执行 8.5 折优惠促销；中海、保利、绿城、金地等房产大鳄也纷纷加入优惠促销行列。这一轮的调控政策，对房地产广告诉求同样产生了明显的影响。一方面，面对着基本平衡的市场供需关系和消费趋于理性化的消费者，普通的劝买广告已经难以促成购买行为，消费者已经把更多的目光转向品牌与文化附加价值，这使房地产广告的创意不仅仅是夺人眼球，更包涵着文化内涵。

① 2011 年 3 季度全球十大城市住宅价格指数[OL]. www. Soufun. com，2011. 11.
② 朱中一. 房地产行业发展机遇与挑战并存[OL]. 中房网，2011 - 4 - 6.

因此,房地产广告相比前一阶段,更加注重对楼盘的文化包装,房屋产品功能性诉求在更大程度上被精神与文化属性取代,甚至成为一种文化意识形态。

另一方面,随着房地产调控的一步步加强,潜在的购房者开始了观望和等待,整个社会都在议论与揣摩楼市的拐点是否到来。房企也不再信心十足,出于资金问题等考虑,以价换量成为更多企业的选择。因此2011年的房产广告,诉求内容上"价格、折扣、首付"、"现房、面积、户型"等卖点纷呈而至,"环境、景观、绿化"、"生活质量、身份、品位"等感性诉求点数量有所下降;诉求方式上理性诉求大幅回升,同时以"告知消费者举办某某活动"为主要诉求的广告明显增加。因为在市场观望气氛浓厚时,开发商试图用举办各种活动拉近与消费者的关系,拓展新客户的同时,也可以用活动现场的火热气氛聚集人气以增强老客户的购房信心。而"投资前景与增值"则很少出现,因为政策调控下,投资市场相比于刚需市场大大萎缩,投资客不是属于限购限贷对象,就是属于对房地产的投资预期不再乐观的人群。

第二节　房地产广告特色面面观

房地产广告,是指广告主(房地产开发企业、房地产权利人、房地产中介机构等)通过特定的媒介和渠道,向受众传达有关房地产项目预售、预租、出售、租赁、转让以及其他房地产项目介绍等事项的广告。不包括房产个人拥有者发布的房屋租售分类广告。本章所论述的房地产广告主要选取的是房地产营销和广告公司根据开发商的要求进行策划创意的房地产广告,其中涉及范围包括商业地产、旅游地产、产业园区地产等,具体主要指普通住宅、别墅、写字楼、商铺等房地产项目。

房地产业起伏跌宕的发展进程在房地产广告中留下了深刻的印记,行业的改革与创新、热点与难点、趋势与变幻等都带来了房地产广告策略、广告创意、广告诉求内容与形式的演进与嬗变。房地产广告不仅记录了行业的发展历史,传递了产品与服务的信息,更塑造了房地产业众多的品牌形象,创造了房地产特有的行业文化,它以其强大的传播力架起了企业与消费者沟通的桥梁,从而助推着房地产业走向繁荣。

一、密集轰炸的广告攻势

房地产与一般的商品有着本质的区别,它的投资大、周期长、风险大。对开发商来说，其开发严重依赖银行资金，尽管央行一再重申房地产开发企业申请银行贷款，其自有资金应不低于开发项目总投资的30％，但是在实际运作中，不少房地产商自己的投入很低，余下的资金基本上来自银行，这是房地产开发中最严重的问题。因此楼盘还未动工，营销与广告已经先行；楼盘一旦建成，开发商都希望把房子尽快卖出去，迅速回笼资金投入新的开发项目，由此房地产商品的销售期限其实是很短的。这种规律决定了房地产广告的运作时间性非常强，周期也比较短，其广告传播不像一般的商品可以随着商品的推出、改进、优化逐渐展开，商品的销售期有多长，广告也可以做到多长，而必须速度制胜，注重立竿见影的效果，这就不能不展开迅猛、浩大、强劲、高密集度的广告攻势。

从总体上看，房地产广告在行业广告中以其量多（广告数量及广告费投放量）处于举足轻重的地位。媒体中的各种广告数房地产广告最火爆，已经连续几年占据总投放前五位，总支出多次超过100亿元人民币。报纸是房地产广告媒体的重中之重，根据CTR媒介智讯的统计，2010年、2011年全国房地产业媒体报纸广告投放占全行业投放的64％和61％，其次是电视广告占21.9％和23.3％。①

声势浩大的媒体组合与丰富多彩的公关活动相配合，共同烘托出一场场房地产整合营销传播活动的饕餮盛宴。报纸广告、电视广告与专栏、户外广告、路演、直邮广告、互联网广告、手机短信、微博、车体广告、楼书、软文、广播广告、样板房、高端论坛、人员销售、电话垂询等，齐头并进全线出击；多媒体、多形式、多层面、高频次呈现，大有铺天盖地、无处不在之势。

户外广告：在楼盘开盘与销售初期，开发商主要通过各大主流媒体扩大自身媒体的曝光量，增加知名度，同时调动大量的户外广告为楼盘开盘与销售造势。2011年6月，万科集团将在吉林省吉林市打造200万平方米世界级的万科城，6月5日松花江畔吉丰新公路旁，万科房地产树立了几公里长、反映着万科房地产理念的广告海报，成为一道靓丽风景，吸引了路人的目光。如图6-1所示。开发现场更有看板、

图6-1

————————

① 数据来自 IAI2010 中国广告年鉴、IAI2011 中国广告年鉴［M］．北京：中国民族摄影艺术出版社，2010，2011．

旗帜、指示牌、霓虹灯相配合。

房地产展示会：人居展、房交会、住博会等房展会是房地产业为展示产品和技术，拓展渠道、促进销售、传播品牌而进行的一种广告宣传活动。房展会集中体现了房地产行业的近期销售热点，通常现场人潮涌动，热闹非凡，消费群体集中，能够在短时间内见到效果。国内著名的房地产企业都会利用区域性的大型房展会，来宣传即将开盘的楼盘或是展示企业形象，提高企业的知名度。2012 年 5 月中国（杭州）第 12 届人居展还吸引了新加坡、西班牙、美国、马来西亚的开发商。展会现场从平面设计到空间环境设计，从人员推荐到多媒体视频演播，都极具视觉冲击力。如图 6-2 和图 6-3所示。

图 6-2

图 6-3

开盘庆典、酒会茶话会、节庆促销、冠名活动等公关活动：在房地产售前售中售后，此类活动不断增加，对媒体广告形成有力的烘托。公关传播的一大显著特点，是传播活动化，通过各种戏剧性、艺术性的活动来塑造形象，这种活动不仅能将公司的信息传递出去，而且能树立公司极具亲和力的形象，创造让人惊喜的传播效果。如"万科·水晶城圣诞答谢酒会"，"保利地产·和乐中国·相约宋祖英——第三届和乐大使选拔赛"等。

抢滩新媒体：越来越多的房地产企业在网络平台上（门户网站、论坛、博客、播客、Wiki、Mini site 等多种平台），通过新闻发布、专题报道、在线发布会、论坛互动、博客传播、网络游戏、嘉宾访谈、虚拟路演、视频短片、Flash 演示，以及搜索引擎优化、IM传播和电子邮件等丰富多彩的新媒体传播方式，与网友展开全方位的互动，在互动和交流的过程中，完成营销目的并提升企业的互联网声誉。

如图 6-4 所示，2010 年 12 月，著名房地产公司凯德中国，在母公司嘉德置地集团上市 10 周年之际,为回馈广大消费者的关注和支持,借年末圣诞节、元旦时机,选择论坛 BBS 作为网络推广活动媒体。凯德中国在北京、上海、广州、深圳、成都等城市准备发起一场"我和凯德有个约会——《非诚勿扰 2》圣诞夜赠票活动"。① 目标是通过免费赠票的观影邀约为消费者营造温情氛围,共享都市幸福感;增强其品牌知名度与网络口碑声望,提高旗下各楼盘与品牌形象的相关性。

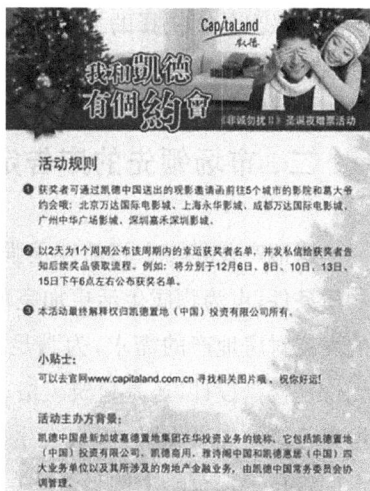

图 6 - 4

搜房网作为中国最大的房地产、家居及相关行业的网络媒体及信息服务平台,2006 年 10 月曾领头打造首届全国网上房地产博览会,"明天第一城"抓住这个契机,实行有效的网络促销,推出网上团购的概念,利用网上信息量大,图文并茂的特点,达到了前所谓有的号召力,团购效果非常明显,在一期开发之前,通过搜房开展网上团购,仅 3 天时间,就达到了将近 800 人的团购效果。

房地产广告在表现上大多采用巨大的版面、粗大的字体,硕大的立体模型图,其宏大气势给消费者以强烈的视觉刺激和心理冲击。报纸是房地产最重要媒体,而且房地产广告更加倾向于投放权威性高、发行量大的主流媒体或都市报,借此传播并提高其自身的信誉及品牌形象。报纸广告的版面从以前的半通栏、通栏变成了整版甚至跨版,大的开发商几乎都以整版为主,且都是设计精美的大幅彩图,广告的震撼力与开发商的实力有利于建立消费者的信心。其广告攻势的展开,要么采用同则广告在同一媒体与不同媒体中短时间内的不断重复,以构成刺激的强度,要么在一个诉求主题的统领下推出系列广告,形成一阵强似一阵的声势,向市场步步逼近。

房地产广告的密集轰炸还表现在广告信息的密度上。不管占的版面多大,房地产广告似乎都想在有限的空间内,穷尽有关房产的一切信息。诸如房地产的名称、地段、房型、产权、售价、交通、环境、增值、装修设施、按揭贷款、物业配套、管理服务等,再配之以地理位置图,建筑物立体模型图,室内透视图,将整个版面挤得满满的。我们或许应该把这看成是房地产广告一种无奈而又必然的选择。因为既然它想说服消费者买如此大宗的物产,那就有理由认为在你没有获得对象的所有信息以前,你是不

① 详见 Capitaland. com. cn,2010. 12.

会轻易做出什么抉择的。因此在明知过于密集的信息传递会对广告效果造成某种程度的损害时,依然不惜顾此失彼。

二、市场领先的广告定位

房地产业是一个超前性很强的产业,由于房地产为国民经济各行各业提供基本物质条件,也为物质生活更加完善的人们提供憩息之地,因此必然要为满足各行各业的发展对房地产的需求,为满足人们日益增长的对现代化住宅的需求而超前发展。无论是楼盘设计,还是建筑风格;无论是装备设施,还是物业管理,许多房地产都是以世界建筑的先进水平,以人类生活的现代化为标准和目标的。这就直接导致了房地产广告在定位策略上的显著特点——追求市场领先。于是,在竞争激烈的房地产业,一个个比肩世界经典,登临时代巅峰,打造区域标杆,傲视行业同侪,占据品质高端的地产项目横空出世,无不气势磅礴,璀璨夺目,撼人心魄,其形象之大之高是其他行业商品广告无可比拟的。

只要浏览一下房地产广告,我们就能强烈地感受到,几乎每一则广告都竭力想从某个角度,或品质优势或附加值优势或品牌领导者地位优势,乃至全视角全方位地找到自己在同行业中所不能取代的特殊的市场领先位置。

尤其进入21世纪以来,房地产业群雄并起,大盘林立,直至"标王"现象出现,大盘大气大手笔,高端高调高品位的市场定位更是势在必行。从产品定位、品牌定位、企业形象定位到品牌的行业定位、区域定位,几乎被"领先""领导"一网打尽。

- 万科·水晶城——尊崇独享
- 万科地产——建筑无限生活
- 万科·东方尊峪——绝无仅有,才值得藏为己有
- 万科·明——发现广州最美的院子;最后最珍藏
- 广州保利置业·保利城"一个关于盛世的故事,一座超越想象的城邦,一种财富之外的精神满足——北广州地标,国际英伦生活圈,保利城"
- 保利·高尔夫豪园——绝版豪宅
- 保利地产——央企地产,综合实力第一
- 保利·高尔夫华庭——六年登峰力作,只待此刻珍藏
- 保利·外滩一号——绝无仅有的中轴至美75平方米三房
- 保利·康桥——滨江东绝版一线江景

- 宁波保利城——万家灯火，颠覆献映
- 恒大地产——恒大地产，南派领袖
- 恒大·绿洲——领袖品质，天下无双
- 北京万达广场二期——不同时代的巅峰之作，同时呈现在世界面前
- 绿地·天墅——豪宅至上的豪宅
- 绿地·南桥老街——这一切，只有绿地做得到
- 绿地·观澜国际——绝版地段的品质生活
- 万达公馆——众多顶级豪宅
- 中粮·海景1号——世界五百强荣誉钜献，陆家嘴核心江景，把外滩最美的留给你
- 上海鑫泰地产·恒盛·尚海湾——打造世博外滩首席豪宅
- 顺德碧桂园——全城至高品质生活社区
- 碧桂园豪庭——龙江核心至高品质生活社区
- 广东新域地产·东林美域——绝对园林，绝对幸福
- 侨鑫地产·汇景新城——在地位的顶尖，在品位的中心，在财富的焦点
- 宁夏亘元地产·香溪美地——领袖银川，唯有香溪美地
- 浙江金基房地产·青山云居——生活，独此一栋
- 江苏大宇地产——巅峰之作，引领时代居住文明
- 广西澳门街地产——绿城中央，都市主角，衷心决定未来发展
- 万通地产——创造最具价值的生活空间
- 维科置业·上院平墅——绝版市心，终身豪宅上选
- 雅戈尔·苏园——城市大宅典范，超高性价比傲领全城
- 海南·绿城清水湾——绝美海岸线的主人，豪华五星级的房东
- 贵阳黔灵公馆——时代标杆，居者为先
- 厦门港务地产·国际邮轮城——世界级的世界
- 华丰·格兰郡——旷世水景，演绎上海传奇；纯英伦生态水岸别墅
- 吉林飞宇地产·金钻·王朝——金钻商圈最后一块绝版黄金宝地，绝对，值得期待

"市场领先"作为房地产广告的定位，只要与产业本身的规律相吻合，只要品牌、企业名副其实，本无可非议，诸如作为中国房地产业领跑者的万科、保利，以及上述的这些强势品牌，其定位均基于挖掘自身在住宅行业的竞争优势。然而，问题是这种定位一旦滥用就必成败笔。房地产广告从名实相符的市场领先定位，到言过其实的"错位"，虽只差一步，但广告的效果却有天壤之别，这不能不引起广告界的重视和注意。

三、目标消费者的明确把握

任何产品都有自己特有的目标市场,其广告实际上就是在向某个消费者群体即目标消费者传递信息,那么铺天盖地的房地产广告最终是给谁看,给谁听,要影响谁呢?

众所周知,房地产商品的流通量,不仅取决于社会需求,更重要的是取决于有支付能力的社会需求,这是它与其他任何商品的一个显著区别。诚然,目前人们对与生活有关的许多商品的消费大多已成为普遍的消费行为,但对住房的消费却并不是一种普遍的现象。对购买者而言,没有哪一种产品能像房地产这样不仅要投入如此庞大的资金,而且还要倾注许多人一生的梦想。从某种意义上看,房地产才是真正包含了物质需求与精神情感需求的奢侈品。因此,就目标消费者及有效需求而言,房地产商品是人数最少、最没有普遍性可言的商品消费者群体之一。房地产广告从根本上讲,就是做给这些有限的有支付能力的人群或阶层看的。房地产广告正是在明确了目标消费者,并对他们的消费动机、心态、观念做了充分研究的基础上,有的放矢地展开广告创意的。

现代花园别墅、高档住宅广告,主要针对的是那些物质生活相当富裕的"极少数"消费者。就消费心理而言,他们更关心的不是商品的使用价值,而是心理、社会等方面的附加价值,于是此类房地产广告竭力渲染出一幅一旦拥有会得到怎样的心理满足的图景。"品味超群,卓尔不凡""塑造高品质人士的生活模式",衬托主人"凌驾同侪的尊贵气派"等,这些广告无不把置业人士幻化成既有身份地位,又有生活品位;既有超凡气派,又有雄才大略的名流英豪。使目标消费者的自尊、荣誉、自我表现等高层次的心理需求得到了极大的满足,从而增强了他们追求高层次消费的欲望。

请看广告的诉说:

● 世纪城·国际公馆(电视广告)

旁白:1929 杜公馆,气度在此;1939 张公馆,气质在此;1946 周公馆,志向在此。2008 国际公馆,在此。百年公馆,百年尊贵,世纪城国际公馆 3 期。

● 蓝光地产高端巨制·公馆 1881 精装豪宅(电视广告)

旁白:公·握天地正源;馆·藏天下极致。层峰品位,一馆尽藏。传承百年世家风华,公馆生活,就此归来。

● 珠海华发股份·水郡(电视广告)

旁白:国际湿地岛居·极少墅,打造中国珍稀原生态纯墅区;少数论剑天下,极少数对话天籁;少数激扬万物,极少数虚怀万有;少数把控世界,极少数共舞自然;少数从谏如流,极少数随心逐流。

● 富力集团·富力湾(电视广告)

字幕:亿万年的原生礁石群,海上私家游艇港湾,4.2公里的私属海岸,五星级酒店,水疗中心。

● 臻汇园·铭仕高尔夫(电视广告)

旁白:畅想非凡定制,这就是铭仕高尔夫庄园;我的快乐下午,在我的专属球场。

● 恒大地产·巴洛克豪门(平面广告)图6-5

巴洛克豪门:奢华生活,全新演绎。

图6-5

图6-6

● 保利·林语山庄(平面广告)图6-6有些别墅,注定属于极少数。

● 绿地·九号观邸(平面广告)图6-7

非凡人,非凡品,绿地·九号观邸,献给看过世界的你。

凡此种种,广告所锁定的目标客户群体,是"极少数"人,是"非凡人"、"名人",是"新贵"、"精英",是"成功人士",是城市的主流阶层。广告为自己的目标对象构筑了一个极尽物质奢华,又能满足其身份彰显、精神寄托与财富传承,实现自我升华、超越的心理需求的理想世界。无论是"定制专属"的概念,"房产奢侈品"的概念,乃至"血统传承"的概念,

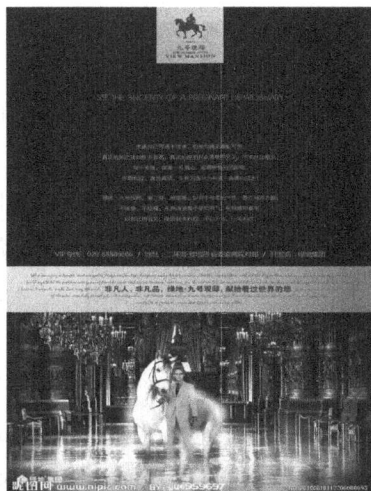

图6-7

高端楼盘所具有的符号象征意义极易获得目标消费"圈层"的价值认同。这些广告的确吸引了众多成功人士,取得了良好的广告效应。但在某种程度上,也造成了房地产广告的奢华不实之风,由此而导致的负面效应也是相当明显的,其中最突出的是,由于广告的作用,更加剧了房地产与一般消费者的距离,这对刺激潜在的购买需求也许是十分不利的。

普通住宅广告,针对的是那些依靠银行贷款购房的刚需人群。房地产广告的对象显然并不仅仅是"高端人群",如前文所述,随着住房分配制度的结束,个人逐渐成了房地产商品的购买主体。尤其是近些年来,随着房地产业的重心从高档商住楼、花园别墅为主的开发,向中低档住宅及微利居民住宅、保障房建设的转移,房地产的目标消费者群随之扩大。而对于大多数倾其一生积蓄的购房者来说,他们更注重性价比,注重增值服务,倾向于选择实力房企提供的品质好、价格低的楼盘,房地产广告也适时调整自己,因此此类广告诉求的利益点和风格与第一类广告有着明显的差异与区隔。

许多针对普通消费者需求的广告,奢华超凡之风渐渐消退,内容实在、语言自然、风格平易的广告不断出现。尤其是在房地产新政之后,豪宅市场进入"冬眠"期,高房价严重抑制了开发商"速度制胜"的预期,限制异地购买又使客户资源本地化,这一切使开发商开始将更多的注意力放在刚性需求所产生的自住客户身上,积极挖掘本地客户群,并不得不通过"以价换量"拓展新增客户源。同时在深度分析客户心理的基础上,大幅度调整广告策略与核心卖点。

图 6-8

1. 在价格上大做文章

一方面,要增强市场信心,必须保证一定的市场成交量,而及时促进成交,最好的方法是加大部分单位的促销力度,比如"清盘"与"开盘"广告。如图 6-8 所示,万科是率先降价的"标王"级开发商,其全系产品,实行闭馆销售价,使购房者怦然心动。

2. 着重宣传各种优惠与服务

另一方面,过度的价格战会加剧"观望"的心态,甚至可能导致愤怒的"房闹",房价回归应该讲究理性回归,循序渐进,平稳过渡。因此,在不做出大幅价格调整的前提下,又要保证一定的销售量,就需要通过各种优惠和服务增加部分单位的竞争力,于是赠送精装修、赠送家电等,为业主提供配套、装修等方面的增值服务，或者加大暗点折扣力度等，都成了广告诉求的利益点。如图 6-9 所示德尔地产·蒙特卡尼"购房送大礼"；搜房网 2012 年开展"买房送大礼"广告活动，第一季随着 120 台微波炉、4 辆自行车、25 台芝士炉、240 张电影票的陆续送出，完美谢幕。

图 6-9

四、演绎传统住居文化与现代生活方式

房子是栖身之所，但又不仅仅是栖身之所。从"居者无其屋"、"居者有其屋"到如今"居者优其屋"，当人们选择栖身之所时，选择的不仅是房子，更是一种文化，一种观念，一种情感，一种理想的生活方式。人们注重的已经不只是房地产商品的功能属性，更注重的是其文化附加值，于是，房地产广告从传统的居住文化到现代的生活方式，多层面地挖掘楼盘的文化内涵，全方位地对楼盘进行文化包装，以达到与消费者思维和渴望的契合，正如一则房地产广告所说的"我们不仅是在卖房子，而是在贩卖一种生活方式，贩卖人们对未来的梦想"。

1. 传承传统的住居文化

中国传统的住居文化历来强调依山傍水，天人合一，人与自然的融洽是传统住居文化的理想境界与精髓所在。虽然随着朝代的变更和时代变迁，住居风格相异，但其中包含的住居观念与文化内涵却从未改变，并逐渐成为中国传统建筑中最为典型的符号。现代社会，伴随着人类对居住环境要求的不断提高以及社会对人与自然和谐发展的大力倡导，人们更把良好的自然生态环境视为理想人居的必要基础。与此同时，生活在城市中的人们，繁忙的工作、应酬、压力使他们强烈地渴望一种真切淳朴的东西，呼唤一种回归自然的气息。这种贯穿古今的住居理念，不仅成为房地产建筑规划与设计构思的主要考量，同样成为房地产广告诉求的主要元素。众多的房地产广告已经从有形的功能诉求转向了无形的文化内涵，从具象的产品表现转到了完美的意境渲染。如图 6-10 至图 6-12 所示。

图 6-10

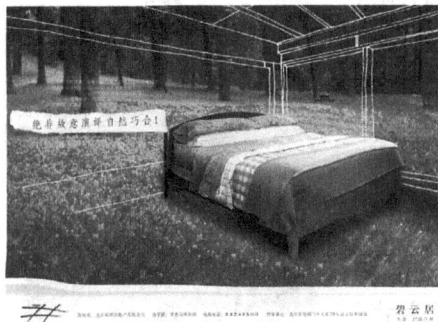

图 6 - 11

图 6 - 12

　　大版面的广告画面或空阔镜头,把大自然气象万千尽收眼底。湖光山色或宁静得让人痴迷神往,或流动得让人感触抒怀。山、水、人、居在这里浑然一体,虚实相容,既是住居的写真,又是心灵的写意,象征着中国传统住居文化的理想与追求。

　　再看以下如诗如画、人与自然和谐的住居境界:

　　● 莱蒙置业·一山半水——之江之上,亚洲意境,山水名著。

　　● 世联地产·客天下·圣山湖 1 号——世界顶级的住宅几乎都生长在湖边。美丽的湖岸,必然矗立着顶级的住宅;顶级的住宅背后,是对罕有资源的占有;圣山湖畔,国际湖居标杆之作惊世呈现。

　　● 高田地产·悦湾——生长在江岸边的房子,阳光,海岸,悦湾。

　　● 华发·水郡——与水而居,比邻万木。

　　● 金地海景翠提湾——梦想、家园、生态、阳光,幸福汇聚的地方,梦想汇聚的地方。以海文化自居,感受海洋的气息,享受海的浪漫和幸福。

　　● 深圳招商地产·半山海景别墅——大音希声,大美无形,大道于天,顺其自然。依山临水,居住与环境浑然天成,天道人道居住之道归于自然之道。

　　● 华润·翡冷翠——浩渺东钱湖,净雅天鹅湖,于湖之上构建生活,起起落落,时缓时急,于坡上构建梦想,经历人生巅峰后的返璞归真,经历人生璀璨后的心灵皈依,是谓境界之上。

　　天人合一,物我无间,享天地之灵秀,观盛世之繁华。广告表现的不仅仅是自然资源的难得和江河风景的珍贵,更是一种情绪、哲思和体验,外部世界与精神世界和谐共存。中国人是讲究亲水的,如梦似幻的"湖居"所体现的山水写意、田园牧歌般的生活,不仅给人强烈的视觉冲击,更给人情感层面的体验与精神层面的震撼。

2. 缔造现代品质生活

"家居,一种生活的质感"(保利地产),"碧桂园——给你一个五星级的家"。与传统山水诗意住居相呼应的是房地产广告对现代品质生活与生活方式的强势传播。一种文化的变革和转型,最明显也是最活跃的层次就是人们衣、食、住、行等日常生活品质与生活方式层次。随着现代社会经济的迅速发展与消费水平的空前提高,人们开始梦想与追求更高品质的生活与全新的现代生活方式,房地产广告不仅将这种梦想变成了现实,更以缔造现代品质生活为己任,如图 6-13 所示,引导人们去感受和体验。

图 6-13

著名建筑大师贝聿铭曾说过:"建筑是有生命的,它虽然是凝固的,可在它上面蕴含着人文思想。"众多房地产广告卖的不只是卖房子,而是在销售一种高品质的生活,营造一种高尚的人文情蕴。宏富地产·星河湾项目策划者认为建筑是凝固的艺术,对于星河湾的精品楼盘定位而言,艺术人文气质是其广告表现的重点。电视广告片"美学篇",把星河湾与 1663 年法国经典葡萄酒,1908 年面世的万宝龙墨水笔,19 世纪以来劳斯莱斯房车,20 世纪时装大师范思哲的典范设计等名人、名物、名牌相类比,以诠释其精益求精、追求极致、打造精品的理念,使星河湾的高端精品形象可感可触,极大地满足了中产阶级对富有文化艺术魅力的生活品质和品位的想象与追求。房地产在这里已经不是一种简单的,物质的炫耀,而被创意演绎成一种氛围一种格调一种梦想,一种文化符号。建筑是一种艺术,人居于此生活也变成了一种艺术,演化为一次次穿越时空的文化之旅。"欣赏永恒的艺术,不一定在巴黎;阅读高尚的人文,不一定在剑桥;尊享贵族礼遇不一定在宫廷。"

的确,房地产广告树立的现代物质文明生活的样板,正在成为许多人的生活方式。"生态"、"智能"、"运动"、"休闲"、"时尚"、"现代化"等,房地产广告按照某种有联想、象征意义的方式,通过这些关键词以及相关画面和场景,传递着最新生活方式的信息,把消费者的注意力从产品本身转向产品使用者自身,促使人们从传统社会生活方式向现代社会生活方式的转型。

五、挖掘从"屋"到"家"的人文情蕴

"总有一盏灯,为晚归的人守候,灯盏在夜色里,点亮一种温暖,一种只有家才有的温暖。才有了对家的思念。留一盏灯,给晚归的人,在夜色初降时,悄悄亮起。像孩子的等待,像家人的惦念,使远方回来的人,突然被一种情感击中。"深圳万科四季花城以感人至深广告文案抒写了房子对人的真正意义,它不只是一座"屋",更是人伦情感的归属与栖息之地,是一个"家"。在中国人的传统观念里,房子就是家,只有有了房子,才可以安身安心。有了家,才有爱,才有回忆。房地产广告从各个角度诠释了"家"的情蕴与意义,从而使其拥有了更强的亲和力及感染力。

1. "家"是最美好、最温馨之所在

哈尔滨保利地产·公园九号电视广告——"我家住在公园里面,有花,有草,有湖,还有鱼。爸爸喜欢动,妈妈喜欢静,我喜欢画画儿,喜欢听鸟叫,家在园中,园在家中。保利公园九号,我爱我的家。"孩子是家庭的小主人,他们对居住空间的满意度将直接影响到消费者的选择。电视片以孩子的视角和语言,将楼盘的优势展现在受众面前,以图画和现实相互切换的表现手法,将广告主题"家在园中,园在家中"如诗如画的意境淋漓尽致地表现出来。

2. "家"中满含着快乐与幸福

- 昆仑置业·昆仑·乐章——"幸福乐在其中";昆仑·桥"通往极致的幸福",为人们构筑着一个"比幸福还幸福的极致幸福"属于自己属于家的幸福。

- 万科·朗润园——轻松安个家,幸福两三口。

- 保利春天2期——成熟的爱,幸福的家。

- 光大地产——珍重每个家的期望。

- 保利·丰兴广场——大河大宅,容天下幸福之家。

- 绿地·白云绿地中心——歌声、笑声、欢呼声,都是身在绿地的幸福心声。

- 保利·维格兰花园——家的温暖,除了感觉还有感动。

- 万科·幸福汇——幸福回归,一生之城。

- 宁波万科城——幸福宁波人,家住万科城。

- 金科地产·10年城——幸福,就在10年城。

这些广告画面与文案贴近家庭生活,生动地记录着家人幸福快乐的生活状态,渲染着一种朴实无华又真挚动人的情感,使广告从对房子的关注转向了对人的生存和

生命的关怀。

3. "家"中收藏着家族的故事，成长的记忆（图6-14）

万象新天房地产"弧形篇"电视广告——以一道弧线为主贯穿始终，用简单的弧线勾勒出从生命的孕育、成长到爱情婚姻的幸福时刻再到晚年悠闲等人间最暖最温情幸福的画面。与此异曲同工的是中央公馆蟠龙"蟠龙篇"电视广告，"听。哭声。听。笑声。听。掌声。听。天地。听。山。听。世界。听。一个家族的故事。"这是一所收藏成长记忆，收藏奋斗故事，收藏人生酸甜苦辣的"家"，是情感、灵魂的栖息之地。

图6-14

图6-15

4. "家"是对父母的孝心、对孩子的关爱对爱人的承诺

在注重血缘、亲情、天伦之乐的中国，"家"是对父母的孝心、对孩子的关爱、对爱人的承诺。父母对子女恩重如山，子女感恩不尽，房地产广告中有很多孝亲主题，反映的都是对养育之恩的回报。如图6-15所示，保利·百合花园——全家福三居，父母年纪大了，买个大房子一起住，心里踏实。南京月牙湖花园系列广告，有"为了父母"、"为了妻子"、"为了孩子"三篇，其一为："为了父母选月牙湖花园"：爸妈一生太辛苦/孩儿应该多行孝/选择一套好家居/环境幽静景色美/有个公园供消闲/邻近有家好医院/卫生保健好方便。

房地产商及其广告创意者懂得，孝亲观念在中国百姓心中是根深蒂固的，近几年由于社会对家庭道德的倡导，孝敬父母长辈更蔚为风尚，广告把孝亲情感作为推销房产的一个诉求点，甚得人心，表现上图文并茂，贴切自然，也颇有感染力。

孩子是全家希望的寄托。因此,对孩子的呵护、培养和教育成了每个家庭的重要任务。一切为了孩子的成长和未来,也是选房过程中的重要关注点。许多广告竭力强化"学区房"的概念,以感召父母,如广厦天都城"孩子和房子,一个都不能等,一个都不用等"。香港瑞安集团投资开发的瑞虹新城,根据最初的"住得好,一切都好"的广告主题进行发挥,以"一切都好,孩子更好"为主打来进行延伸推广,使人文关怀具体表现在对下一代的成长上,因而具有动人的渲染力量。

在中国社会中,从古至今婚姻都是神圣的,婚姻的意义与承诺就是给对方一个"家",

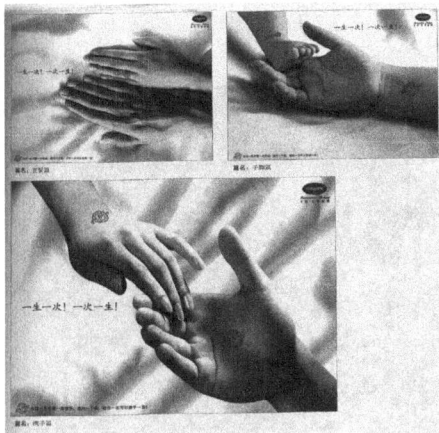

图 6-16

所谓的"爱巢",而且是一生的"家",这种特殊的关联直接反映在房地产广告上。南国奥林匹克花园"相约一生的幸福生活,今天来临",广州侨鑫房地产·汇景新城的系列广告"一生一次,一次一生"(图 6-16)都体现了中国人对婚姻的态度是庄重的,是神圣的,是与"家"紧密关联的,婚姻是关乎一生幸福的。"宣誓篇"将汇景新城的 logo 作成了结婚戒指戴在一只男人的手上和一只女人的手上,广告语为此做了注解,"往往一生只有一次幸福,选对一个家往往可以幸福一生"。

六、做的比说的好——创造样板房实景广告模式

如前所述,房子是特殊的大宗商品,消费者的购买决策比较复杂。其做出决策的过程中,通常会通过媒体广告、企业网站、行业网站或亲友等各种途径搜集产品信息与详细资料。随着体验营销的兴起,他们还会亲身参加开发商组织的各种公关活动,尤其是积极参与"眼见为实"的样板房体验乃至住宅小区环境资源的考察活动,最后才会做出购买决策。就传播沟通效果而言,实实在在的样板房实景广告其效果远胜于单纯的图文广告信息。

在消费者购房的全程体验中,产品(房子)是核心体验元素,是其他相关元素内容的来源,因此其重要性是其他体验与传播途径无法比拟的。一个好的样板房,不只是硬件层面的体验,更是价值、文化与精神层面的体验;不只是户型、结构、空间等展示,更是建筑艺术、装饰设计、生活方式、住居文化、品牌形象、企业形象整合效果的体现,还包括样

板房体验过程所提供的人员沟通与服务的"含金量";同时,样板房是企业对消费者的必须兑现的承诺。样板房应该是"物"、"人"、"信息"三位一体的,是视觉、感觉、感情、理智的综合冲击,而且是真实的。很多消费者真正动心的一刻可能就产生在样板房的体验过程中,因此几乎所有的开发商都非常注重这一形式,并竭力使样板房体验活动富有创意。

如 2009 年 11 月 22 日,宁波房地产高端项目华润·卡纳湖谷开盘当天,开发商安排了一架顶级私人飞机,邀请业主乘坐飞机在碧波粼粼的东钱湖畔上空鸟瞰卡纳湖谷,感受了"君天下"奢华霸气。以私人飞机作为看房交通工具的活动,在宁波尚属首例,借助这个事件,凸显了卡纳湖谷的高贵品质。

当然,无论是媒体广告,还是样板房,都需要最终的房子来检验。如果在广告的引领下产生购房欲望,在样板房体验后决定购房,但是入住后发现广告中的美景不复存在,体验过的样板房与实际的房子大相径庭,那么对消费者而言就不只是失望,而是愚弄了,其后果可想而知。

与样板房这一独特的广告模式相链接或者相配套的是相关的服务与营销活动的展开,其中主要是各大房产专业网站和门户网站与开发商合作的看房服务与看房团活动,新媒体在这里发挥了很大的传播力与组织力。"网易购房直通车"是 163.com 网易房产打造、免费为网易网友提供的舒适看房、放心买房的一站式贴心服务,全年运营。网易网友可以拨打 010 - 82558522 直接预约,也可以在下方直接网上报名,选择受众中意的楼盘项目页面填写报名相关信息,即可享受免费专属车辆接送看房、专业的全程置业导购的增值服务。搜房网的"看房团"活动遍及全国,可谓轰轰烈烈,其影响力与实际效果受到消费者较高的评价(见图 6 - 17)。

图 6 - 17

样板房广告模式因其极大地提高了消费者的主体地位,且互动性强、体验性强,对于强化产品认知、品牌认知与品牌知名度、美誉度和忠诚度,提升企业形象有着重要的价值和意义。

第三节　房地产广告误区

房地产广告走过了几十年的探索与发展之路,它对中国房地产业的发展与繁荣、中国广告业的发展与繁荣所作的贡献是有目共睹的。但是,与之形影相随的是房地产广告所存在的诸多问题及其引发的诸多投诉,尤其是广告内容虚假和广告所承诺的内容无法兑现而引发的投诉、纠纷一直呈上升趋势,其结果伤害了行业的良性发展与消费者的利益和信任,甚至会引发一些社会问题。

一、诉求与创意的模式化雷同化

虽然如前所述,房地产广告已拥有区别于其他商品广告的个性与特色,这是行业广告成熟的标志。但与此同时,我们也应该看到这种成熟是优势与局限相伴的,与成熟相对的另一面则是房地产广告从内容、形式到风格过于模式化的思维定式的出现。与其他商品广告精彩纷呈的创意相比,房地产广告那千篇一律与司空见惯的诉求折射出一目了然的创意疲劳。一些房地产广告只满足于直截了当的简单告知,而缺乏有冲击力、感染力的创意。过分炒作房子的卖点而不去关注业主未来的生活;缺少与客户的沟通,更缺少对人的关怀。广告所展示的不外乎文案(产品、地段、环境、价位等要素的宣传)加图形(模型图、地理位置图、户型解剖图等),加上大版面,似乎除此之外再也找不到闪光的"卖点"。文案或虚张声势,或粉饰雕琢,甚至哗众取宠。因此,房地产广告如何走出既成的、单一而固定的套路与格局,创出独辟蹊径的新意,已成为广告人不能不思考的问题。

二、以虚假承诺欺骗消费者

饱受消费者诟病的是房地产广告过度夸张、虚假的广告内容。尽管我国的《广告法》与《房地产广告发布暂行规定》都明文规定广告不得含虚假内容,但房地产广告内容的真实性经常是不尽如人意的。据央视的一组调查数据显示:对于房地产广告完全相信的人只占调查总数的 0.41%,部分相信的占 62%,完全不相信的占 37.59%。本次央视的调查人数为 14 364 人,调查人数之广泛,调查机构之权威无不让房地产开发商为之震惊。① 而对于要买房子的人来说,广告是获得信息最重要的渠道,大多数购房人对楼盘的第一印象来自广告。我们曾经在宁波市的几家售楼处随机作了询问,光顾者绝大多数的确是按图索骥在广告的诱导下来的。因此,房地产广告的号召

---

① 胡喜雷. 房地产广告失实害了谁[OL]. huxilei1983. blog. tianya. cn,2006 - 4 - 13.

力不容低估,而由此产生的危害力同样不可小视。只要在搜索引擎上键入"房地产虚假广告"关键词,可以看到由于虚假广告而引发的楼市纠纷非常多,虚假广告已经严重影响了房地产的健康发展。

网络上流传着一份楼盘广告忽悠用语大全,比如地处偏远地带,就说成远离闹市喧嚣,尽享静谧人生;紧邻闹市,就说成坐拥城市繁华;旁边有河,就说成水岸名邸,上风上水;对面有山,就是坐拥几千亩绿色;楼顶是圆的自诩为"巴洛克风格",楼间距小则是"邻里亲近,和谐温馨"……等,虽然是玩笑话,但是确实存在这样的情况。很多有过购房经历的人,都深有体会房产广告上的内容,无论文案还是画面大多与实际有明显的差距,甚至因过度夸张而有明显的虚假成分。2010 年 9 月 27 日,重庆市工商局发布了责令整改发布广告的清单,房地产虚假广告泛滥,亟须得到彻底整治,本次清单中,"保利重庆"、"恒大地产"、"金科地产"、"中渝地产"、"龙湖地产"、"华宇地产"、"中冶地产"、"鲁能地产"、"首钢地产"等知名开发企业赫然在目。

许多房地产广告都含有随意偷换位置与时间概念、有意模糊售房价格、故意夸大住宅各项功能等"虚假"成分,更有甚者房产的实际面积与广告宣传的严重不符,"短斤缺两"现象时有发生,侵犯了消费者的权益。为了证明物业升值潜力或交通便利,房地产广告往往附一个房产的地理位置图,并在图中说明"交通便捷,直通繁华市区,乘车仅需若干分钟(或距市中心×公里)",给人的感觉是近在咫尺。事实上,上面的车程要么少报,要么指的是在汽车畅通无阻状况下的直线距离。诸如此类,房地产广告被消费者视为玫瑰色的圈套,由此而导致的投诉事件也激剧增加,以至成为近几年全国消费者投诉的热点之一。

三、几近奢华的炫富广告

综观各个时期的房地产广告,"炫富"的倾向或多或少存在,这既与地产产品本身的价值有关,又与开发商想强化房子的特点与优势,并以此吸引人们的眼球有关,本无可厚非,但是盲目地炒作"大富大贵"的概念却是不可取的,它客观上造成了人们对贫富差距的强烈感知和不满心态,同时也会助长人的不切实际的消费欲望。尽管一些地方政府已经对房地产广告采取措施,禁止虚假不实的炫富广告,但是近几年来中国房地产广告的炫富之风有愈演愈烈的趋势。

呈现在我们面前的、由房地产广告中的符号、影像拼接而成的视觉奇观,它带给受众的是他们期待中、幻想中的奢华生活。诸如"世纪龙鼎"、"东方御墅"、"富贵园"、

"大亨观邸"、"金钻王朝"、"高尔夫豪园"、"莱茵皇家"、"巴洛克豪门"等案名,"给你一个五星级的家","享受布尔乔亚式的生活"等文案,欧陆风情、花园式洋房、哥特式建筑、英伦城堡、法式大宅等场景,这些充满诱惑的语句配合五光十色的动感画面,建构了一个具备高度模式化特征的超现实世界——一个"虚拟世界",其奢华形象不断地刺激着人们的感官系统。这种把广告受众都当作有消费能力的中产阶级来看待的广告表现,极易燃起人们对物质生活的向往,对现有生活的不满和厌恶;助长奢侈享乐的意识,挑起无止境的欲望。

真正的社会现实是,贫富差距悬殊,大部分的人都并不富裕,甚至根本买不起房子,又何谈奢侈豪华的住宅呢?让人难以置信的是,广告居然对此竭尽嘲讽之能事,如图6-18和图6-19所示。

图6-18

图6-19

"你的房子跟上你的脚步了吗?"海口海甸岛某楼盘广告内容与人类进化挂钩,难道跟不上脚步买不起房子的就是"猿"吗? 以一个物质的符号来衡量人的进化、发展与文明,这让高房价下的百姓情何以堪呢? 同样的诘难还来自南京的一家楼盘广告:"价格都不能承受,还谈什么生活享受?"如此居高临下的态度,充满蔑视的口吻,不近人情的嘲讽,侵犯了大多数人的尊严。看到广告的市民和网友都觉得受了莫大的侮辱,认为广告与公民道德风尚背道而驰,要求相关部门依法取缔并查处。

四、肆意描绘与渲染低俗信息

房地产广告为了博取注意力,不断创新内容与表达,只要格调健康,对行业发展、广告创新与房产销售都是有利的,但是如果仅仅是为了吸引眼球,不惜用良知与道德去换取注意力和冲击力,那就是关乎广告伦理与社会责任的大事了。

　　房地产广告中的低俗、庸俗甚至媚俗、恶俗的现象时有发生,其中不乏对"性"进行肆意描绘与渲染,借此传达某种色情意念,以迎合社会上一些人的低级趣味及追求感官刺激的阴暗心理的,如图6-20至图6-25所示。

图6-20　　　　　　　　图6-21　　　　　　　　图6-22

 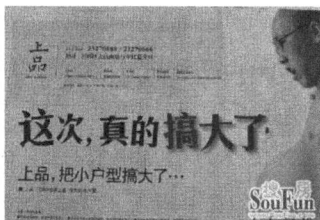 

图6-23　　　　　　　　图6-24　　　　　　　　图6-25

　　"房地产终于脱下底裤开始卖了"[1],"i尚国际"楼盘宣传广告在微博热转,网友纷纷指责其低俗下流。被热议的"i尚国际"楼盘宣传广告有两幅,其中一幅是一女子将内裤褪至小腿处,并配"两万,干不干"的挑逗色情广告语,另一幅则是一女子面对一半躺在沙发上的外国男性,追问"两万,干不干"。广告语中充斥着那种把女性视作男性玩物、视作性对象的陈腐观念。用这种刺激感官、令人作呕、下流无耻的词句来推销,丧失了起码的社会良知。更有甚者:"男人女人都喜欢大的","既然只能'搞'一次,为什么不搞大她","这次,真的搞大了",大小地产商几乎不约而同以灰色、恶俗、污秽的语言大做色情文章。有网友称,成都南延线上某楼盘的一块巨大广告牌上写着"供小三",让人纳闷。仔细一看,原来前后都有字,把缩得很小的字连起来看是"80后供小三房"。为求新求奇、媚俗惑众而制造极具欺骗性的低俗噱头。广告宣传中对

　　①　搜房网综合整理.10大露骨雷人楼盘广告　挑战你的承受极限[OL].www.soufun.com,2012-5-19.

女性的损害与污辱莫过于此了,的确是在挑战人的承受极限与社会的道德底线。

　　凡此种种,广告以"色情"为载体,不仅严重损害与扭曲了女性良好、健康的形象,同时,也使广告自身沦为视觉公害,并成为不良文化现象的源头之一。广告已严重背离了《广告法》中所规定的"广告应当真实、合法、符合社会主义精神文明建设的要求",是对受众在伦理道德上的一种错误引导,它反映的是开发商乃至房地产业对社会责任感的漠视。

典型案例评析

万科地产广告精髓浅析

　　万科房产的平面广告不在少数,无论是单幅的,还是系列的,都体现了王石领导的万科作为国内房地产业的领军品牌,在广告创意方面的卓越表现与独特个性,在将人文性、艺术性与有效性的完美融合上是可圈可点的。

　　这里我们选择了6幅平面广告作品,并将它们二二成双分成了三组;它们既有共通之处,又富有异趣,在有形与无形之间,在有限与无限之间,在言有尽而意无穷之间,生动、形象、思辨地诠释了万科充满人文关怀的核心理念、价值与精神。

　　我们将图6-27、图6-28两幅平面广告作品称为系列一。图6-27以澄澈透亮的海水为背景(水中倒映着松软白净的云朵),重心处则以竹筏,凳子,树桩和木板自然巧妙搭建成房子的造型。文字"建筑人文,建筑无限生活"位于白云的倒影之下,似在水面与水中,很好地平衡了画面。图6-28以悠远干净的蓝天为大背景,近处则是由错落有致的书本形成的房子造型。书前白净素雅的盘子托起的咖啡杯以及勺子不仅和碧空上悠悠的白云呼应,也和远处滚滚而来的波浪仿佛有气息上的呼应。

图 6-26 　　　　　　　　　　　　　　　图 6-27

　　值得注意的是松软剔透的海滩,让由书本构建而成的"房子"变成了从海底升起的心灵之屋,深邃且浩瀚。另外,值得一提的是公司的宗旨"建筑无限生活",它很好地融入了广告画面,不仅从视觉上平衡了画面,也从精神上和广告画面所形成的意境完美融合。两幅图片有着异曲同工之妙,都是用统一的符号来宣传公司的品牌形象和理念。而这个统一符号的,构造生态元素,自然高雅,对于想象的延展大有裨益。

　　图6-28、图6-29两幅平面广告作品为系列二。"最温暖的那盏灯,一定在你回家的路上"——"家",多么温馨而值得珍惜的字眼;简简单单的一个字,却道出了多少生动的故事和丰富的情愫。尤其是万家灯火齐明的夜晚,我们的归宿总是那个可以安歇身体和心灵的家。而万科带给你的,不仅是可见的物质实体,更是可感的精神家园。"卸下你心灵的围墙,你会发现生活的原味"——在用钢筋和水泥浇铸而成的都市里,一幢幢拔地而起的高层建筑似乎在不经意间就流露出了疏离和落寞。建筑物之间的缝隙越来越小,但人与人之间的空隙越来越大。什么时候我们才能揭开惯性的面具,拆卸心灵的围墙,以最真实的面孔,最朴素真切的感情投入最本源的生活呢?也许很多人会说,不是我们不想,而是在这个快节奏的时空里,我们常常会来不及思考,来不及轻松,来不及品味……而这一切的一切,都是精神层面的元素。在庄严气派的大楼前,原本单色的土地也恣意爬满了绿色的藤蔓,在绿意萦绕的石凳上,两杯休闲的咖啡盛装在白净的杯子里,散发着如同主人翁那对视的气息,在阳光的陪衬下,显得格外有意味。就连平时司空见惯的一棵棵树,在

图6-28

图6-29

此刻,也仿佛更加丰茂了。或许生活的原味一直都在我们身边,只是随着匆匆的脚步声,我们的心灵也变得匆匆,少了很多发现和珍视。万科提醒我们:穿梭在繁华与炫动的长廊,家是心灵最好的疗养师;在本源的家园里,找寻忠于本源的心灵。

　　图6-30、图6-31两幅平面广告作品为系列三。"从电梯到楼梯,万科用了20年","阳光穿过3米的距离,万科走了20年"这些诗意化的语言,结合明丽华贵的地产元素,容易唤起我们的畅想:镌刻着万科20年来艰苦卓绝而又辉煌灿烂的历程的因子原来潜藏在这些细节里!同时也让我们从心里真切感知到万科认真踏实,不断进取的企业文化——从电梯到楼梯,是对健康的一种回归方式;阳光轻而易举就穿过3米的距离,而万科在这20年里每一步都走得很谨慎很踏实,才取得今日如此不凡的成绩。此时,我们享受的不仅仅是家居物质层面的舒适,更是对精神文化的深入回味,以及对企业形象美誉度的由衷赞叹。

图6-30

图6-31

　　以上六幅平面广告均侧重对万科企业形象的宣传与展示。从艺术性通透的美学角度来看,物体的用色(冷暖色协调)以及各种元素的布局(主次分明)都恰到好处,与万科的企业文化一脉相承。另外,广告语炼字,追求深层次的意境,可以称得上哲思性的语句。广告画面与宣传意图紧密相承,自然且协调。画面中均有阳光(仅有一幅是用路灯和月光)的切入,这不仅是为了增加画面的鲜活度,更要与所展示的万科房产的企业精神深深契合!无论从哪个角度而言,这些平面广告都达到了万科孜孜追求的艺术,人文与自然的和谐统一,值得我们细细品味! 对此,你有什么看法呢?

思考题

1. 如何正确理解房地产业的发展与房地产广告之间的互动关系?

2. 从商品特性与消费心理分析房地产商品的独特性。

3. 在数字化媒体环境下,如何达到房地产广告与房地产公关活动的整合共赢?

4. 试以具体案例分析房地产广告是如何体现人文关怀的。

5. 试以具体案例分析说明什么是"地产文化",如何构建与传播"地产文化"?

6. 针对房地产广告所出现的种种"误区",你认为如何改变这种状况?

7. 收集国外房地产广告并与国内房地产广告做比较分析,阐述其异同并分析动因。

研讨训练

以下是中国房产信息集团联合中国房地产测评中心共同发布的《2011年度中国房地产企业销售排行榜 TOP50》中的 TOP10 榜单(榜单由新浪乐居独家首发)。

1. 请以小组为单位各自选择其中一家房企,收集其近5年的广告活动案例,撰写案例评析报告,综合论述其广告传播的特色。

表 6-1 2011 年房企销售金额 TOP10

排　　名	公 司 名 称	销售金额(亿元)
1	万科集团	1 210
2	恒大集团	808
3	绿地集团	776
4	保利地产	732
5	中海地产	720
6	万达集团	560
7	碧桂园	430
8	龙湖集团	381
9	华润置地	366
10	世茂房地产	315

2. 每组推选一位代表,以 PPT 形式在课堂上进行交流。

补充阅读材料

　　1.《中国地产网络营销经典回眸》,http：//soufun. com/news/subject/nree2006/

　　2. 查阅中国房地产指数系统,http：//fdc. soufun. com/model/sh/

　　3.《国八条背景下 2011 年房地产市场走势预判》,http：//www. sina. com. cn,
2011.04.06

参考文献

［1］刘立宾. 中国广告作品年鉴［G］. 北京：中国摄影出版社,2008.

［2］刘立宾. 中国广告作品年鉴［G］. 北京：中国民族摄影艺术出版社,2011.

［3］张惠辛. 中国广告案例年鉴(2003～2004)［G］. 北京：中国出版集团东方出版中心,2004.

［4］张惠辛. 中国广告案例年鉴(2010～2011)［G］. 北京：中国出版集团东方出版中心,2011.

［5］余源鹏. 房地产优秀广告文案创作与鉴赏大全［G］. 北京：机械工业出版社,2010.

［6］伯德·施密特. 体验式营销［M］. 南宁：广西人民出版社,2003.

［7］潘家华,李景国. 中国房地产发展报告［M］. 北京：社会科学文献出版社,2010.

［8］金涛声,徐舟汉. 中外广告精品探胜［M］. 北京：国际文化出版公司,1995.

［9］陈月明. 文化广告学［M］. 北京：国际文化出版公司,2003.

第七章　只为一个美丽的梦

——化妆品广告

　　说起化妆品广告,大多数人脑子里呈现出来的是:漂亮的代言人和精致的画面展现出来的极致诱惑……化妆品广告本身似乎也成了"花瓶",很少能在戛纳或其他广告大赛上见到化妆品广告的获奖作品。但是,这个行业却又是一个几乎每个女人,甚至部分男人都离不开的行业。正因为其消费者的普遍性,使得化妆品行业呈现出丰富的多层次的态势。本章通过对化妆品行业本质的分析,从女性(男性)的消费心理和行为出发,结合中国化妆品行业的现状及发展趋势,探讨化妆品广告的创意特色。在其中,我们能看到广告对消费文化的完美体现、策略和创意在"美"中的融合之道。

第一节　化妆品的历史溯源

一、化妆是人类的天性

　　化妆品的历史几乎可以推算到人类的存在开始。最先使用化妆品的记载来自埃及,时间大约在公元前 3750 年。在乌尔城的一个墓葬里,曾出土了约为公元前 4000 年的口红和一个金质的化妆盒,盒子里有修剪指甲的工具。当时,不仅妇女化妆,男人也要化妆。他们"用毛笔来画眼睛、用胭脂来擦脸,还戴着假发"。

　　中世纪,化妆被基督教禁止。而待到文艺复兴时期,人性的追求被打开,男性和女性都开始流行夸张的妆容,特别是在贵族当中,化妆成了社交的必备因素。香水、唇膏和腮红都在此时流行起来,巴洛克时期的女性,将剪成各种形状的饰口用胶水贴在脸上。洛可可时期,男性也流行和女性一样的化妆。管状唇膏诞生。到了 20 世纪中叶(第二次世界大战后)是国际化妆品大发展时期。

而在深圳的美容化妆品博物馆,"红妆玉粉香艳五千年,民族精粹美誉七大洲"文字磅礴而远蓄,镏金镌刻而成。一般推断,中国妇女的化妆习俗在三代(夏商周)时期就已形成,铅粉是古代妇女化妆的基本材料。秦汉时期,斜红、啼妆开始流行,历史上最有名的啼妆当属东汉权臣梁冀之妻孙寿所画的啼妆,史书上称之为"色美而善为妖态,作愁眉、啼妆……以为魅惑。"经历过魏晋南北朝时期的求新求异、隋朝的质朴,唐朝达到了中国古代史上富丽与雍容的顶峰。而宋代妇女开始重回清新、雅致、自然的类型。而这一习俗一直延续到明清两朝。可以说"中国美容化妆史是一部变迁史、创新史,它的传承和演变从一个个侧面反映了人类政治变革、经济变化和风俗变迁"。而除了化妆之外,古代的美人很早就懂得将水和植物精华调制成美容秘方。

而现在,化妆品市场令人目不暇接,化妆品成为一种时尚、一种文化、一种潮流。而随着市场竞争的激烈,化妆品企业也纷纷意识到广告在引导消费、刺激需求、促销购买方面的作用非常显著。化妆品广告占广告中的比重也是日益显现。根据 CTR 媒介智读的信息显示:2011 年 12 月各媒体前十位类别广告投放当中,化妆品行业位居第一,成为投放额度最大的行业——达到 796.1 亿元。① 而化妆品广告和化妆品一样,成为一道独特的美丽的风景线。

二、化妆品和女性的关系

虽然化妆品并不只有女性购买,但是从古至今,女性对美的追求要远远超于男性,而对女性的研究也成为解化妆品广告的一把密钥。优秀的广告从来都不是自话自说,而是建立在对行业本质及其发展趋势、消费者购买的心理和行为以及竞争对手的深刻洞察的基础之上。

(一) 对"安全"的追求

化妆品行业的本质是什么? 郎咸平先生在《本质①——破解时尚产业战略突围之道》中把化妆品的本质归结为三点:安全、产品功能和品牌共鸣。其中,前两个属于实际功能层面,第三个属于心理功能层面。实际当中我们也要可以看到,这三者正是目前化妆品行业的诉求重点。不少国外及高端品牌在产品共鸣层面都做出了大量的努力。如 DHC、SK-Ⅱ。

---

① 中国市场广告投放月报. 现代广告[J]. 2012(4):98.

而随着消费者对"安全"性能的追求,越来越多的有机化妆品、可以吃的化妆品开始抢夺市场。而产品功能层面,则代表着消费者永远追求的利益点。中国人一向认为:"一白遮百丑",所以,"美白"永远是中国化妆品市场的一个产品功能。而现今的化妆品市场的功能概念开发已经从简单的第一层次开始不断往下深入,美白、除皱、滋润、补水、去除黑眼圈、淡斑、修护、精华、精油……女性美容护肤的需求和欲望伴随着概念的细分,也在不断地增长。

(二)那是一面镜子——自我形象的代入

"女人来自金星,男人来自土星",这句话充分说明了女性和男性在购物上的差异所在。女人想要什么? 帕科·昂德希尔在《顾客为什么购买》中告诉我们:女人很挑剔,女人在购物中有大量的心理活动,女人在购物时常常会陷入某种想象之中,她们会一丝不苟地进行挑选比较,脑子中设想着产品的使用情况。[①] "哦,抹上这支口红,我会不会更吸引力?""这支睫毛膏肯定会让我的眼睛显得又大又明亮"、"喷上这种香水后,我是不是会更有女人味"? 某种意义上,女性购买商品时,买的最终是和一种自我的外显和价值的体现。这一点在香水广告中体现得尤其明显。

案例:香水广告文案中的自我暗示

在香水广告中,除了曼妙的美女、精致的瓶型,还有就是直透人心的文案,这些文案不仅是简单地告诉我们前调、中调和后调,在每一个文案中,我们都仿佛见到一个窈窕佳人,在水一方。最重要的是,她们各具姿态,像一面镜子,映出消费者自身独有的精神、气质和价值观。也许你自认为自己就是这样的女子,也许你一直渴望成为这样的女子。

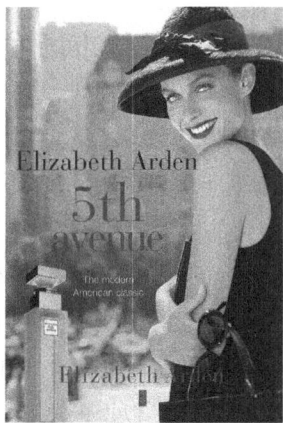

Dior 真我香水——Dior 真我香水以玫瑰和大马士革梅的花果香调,极其女性气质的表达,以及金色,绝对女性气质的象征,充满自信而感性。

雅顿第五大道香水——漫步在纽约的女子,白天的从容优雅蜕变成夜晚漫着纸醉金迷的神秘感,风情万种的眼神中闪烁着微妙光泽的耀眼金铜色光芒,锐利但妩媚的围绕在性感的气息里! 选择第五大道香水的女人是自信的、现代的、智能而优雅俐落的(见图 7-1)。

图 7-1

---

① [美]帕科·昂德希尔. 顾客为什么购买[M]. 刘尚焱、李艳,译. 北京:中信出版社,2004:107.

佛莱格默闪耀光彩女士香水——甜美的花果香味、扑面而来的菠萝香味，就像明媚的五月般豁然开朗。绚丽的瓶身、五彩斑斓，就像小时候所有女孩子的梦想。你是18～25岁甜美可爱的女孩子。

KENZO高田贤三水之恋香水——清新而性感的水，泛起淡淡涟漪化成了波浪状的瓶身和外包装，独具风格的瓶身捕捉了流水的动态美感，柔和的曲线凝聚着女人的妩媚和洁净。选择水之恋的女人，往往清如水、淡如风、清新脱俗、理性中带着感性。

第二节　中国化妆品行业的现状

近代化妆品起源于1830年江苏扬州的"谢富春"，1862年杭州的"孔凤春"，也是很早的化妆品行业的开拓者。1898年中国第一家现代化民族化妆品企业诞生，这就是香港广生行有限公司，也正是"上海家化"的前身。在20世纪80年代初，上海家化曾一度垄断国内化妆品市场。1982～1996年，外资的化妆品企业开始抢滩中国，土洋品牌开始泾渭分明。尽管面临着强大的外敌，但本土也涌现出诸如大宝、小护士、可伶可俐、可采等品牌。1996～2002年，本土品牌开始凭着细分市场进行突围。2002年至今，外资品牌开始由高端向低端延伸，而本土品牌在激烈的市场竞争中也开始向高端延伸。总的来看，现在总体的中国化妆品市场呈现出以下几个特征：

一、整体市场发展势头良好，但男女化妆品表现不一

从1987～2007年的20年间，中国化妆品销售额从10亿元猛增至1 000亿元。而2008年后的金融危机，不但使得化妆品行有没有消退，反而得益于"口红效应"，有了更快的发展。到了2010年，全国化妆品销售总额达到1 530亿元。[①] 未来随着消费者护理意识的进一步提升、化妆品细分市场的不断强化以及化妆品对县级及县级以下市场的不断渗透，中国的化妆品行业在未来仍将保持较快发展水准。

但男性化妆品市场和女性市场的表现又各有不同。中国女性化妆品市场每年将保持着15%以上的增速，而中国男性护肤品市场却保持着每年50%以上的增速。相比较女性市场的多样性，男性护肤品市场还属于初级阶段，平民开价品牌占有绝对的

---

① 中国化妆品行业现状报告[J].中国商贸，2011(12)：9-10.

优势。并且男性所关注的产品也相对单一,洁面类产品仍是男性消费者最关注的产品,并且关注度逐渐上升,而润肤乳霜的关注度比去年有所降低,其余各项基本无明显变化。这个变化说明开始护肤的男性数量的增长。洁面是最简单日常的护肤步骤,男性开始护肤,绝大多数都是只从一瓶洗面奶开始。

二、国外化妆品巨头垄断,本土化妆品的市场空间越来越小

中国化妆品市场上的主力军仍是以外资化妆品牌为主。而本土化妆品的生存空间日益缩小。根据北京中怡康时代市场研究有限公司(CMM)对中国 13 个消费领先城市范围内百货店化妆品专柜的销售推总数据。2011 年 11 月,化妆品市场品牌占有率的前 10 位为:雅诗兰黛、兰蔻、欧珀莱、迪奥、香奈儿、玉兰油、资生堂、无添加和SK-Ⅱ。①前十位均为外资品牌。而据 CTR2010 年《中国化妆品市场行业趋势报告》的数据显示:在中高端市场上排名前 10 位的品牌中有 8 个欧美品牌,其余为日本/有日本背景品牌;大众市场上居前列的也是欧美品牌或是被欧美化妆品收购的本土品牌。如第二位的"大宝"2008 年已经被强生收购。第三位的"小护士"在 2003 年底就被欧莱雅收购。欧莱雅、宝洁、雅诗兰黛和资生堂是在中国市场居领先地位的四大化妆品集团。

三、化妆品行业进入门槛低,竞争激烈

尽管本土化妆品牌受外资品牌的挤压越来越大,但是,由于化妆品行业进入门槛较低,本土化妆品牌的竞争者日益增多。中国化妆品企业,单广东省就有 1 811 家企业。而国内目前注册的化妆品企业有 3 700 多家,品牌上万个,行业竞争的格局已经形成。本土品牌的竞争非常激烈,而不断地进行市场细分、定位和聚焦成为企业的必选之路。于是我们看到,化妆品行业"专家"辈出。

● 本草护肤专家——相宜本草
● 健康护肤专家——薇姿
● 补水专家——珀莱雅
● 眼部护理专家——丸美

---

① 化妆品市场信息权威发布[J].中国化妆品,2012(2):80.

● 胶原护肤专家——FANCL

● 香薰护肤专家——思妍丽

● 抵抗力护肤专家——D-Q蒂珂

……

即便是不以专家自称的品牌,也将自己的竞争点放在"单品突破"之上。如美即面膜、御泥坊面膜、阿芙精油、卡姿兰眼影……这些凭借细分领域的单品成功突破的品牌,在细分市场站稳脚跟后,再慢慢向其他产品领域进行扩张。

由此可见,化妆品品牌的战略定位日益重要。只有在战略定位明晰的前提下,广告的诉求才能更好地体现出品牌的特色所在。

四、"中国草本"概念开始异军突起

面对外资品牌的咄咄逼人,中国本土化妆品牌逐渐开始找到突破之道。韩国化妆品市场成功之道无疑给中国化妆品企业以巨大的信心。在韩国明洞商业街,随便一抬头都能看到 ETUDEHOUSE(爱丽小屋)、THE FACE SHOP、SKIN FOOD、INNISFREE(悦诗风吟)、MISSHA(迷尚)这些韩国本土化妆品的醒目招牌。而欧莱雅、宝洁、联合利华这三大化妆品巨头却不见踪影。事实上,早年的韩国化妆品市场也是被国际品牌所占据。惊喜的是,近几年,我们不断看到本土化妆品牌的崛起。这主要体现在三方面:

(1)本土化妆品牌开始朝高端迈进。在外资品牌不断侵占国内市场之时,佰草集却逆水行舟,凭借着"中草药"配方成功挺进西方市场。

(2)在中低端市场,本土品牌凭着"中国草本"概念迅速崛起。根据百度数据研究中心的报告显示:2011年在天然活性化妆品的搜索排名中,"相宜本草"力压雅漾、薇姿、理肤泉、FANCL、美体小铺等品牌,成为最受关注的天然活性化妆品品牌。

图 7-2

(3)专业化产品突围而出。以差异化产品特色切入市场,利用本土既有优势,又避开和洋品牌的正面交锋。而差异化产品不仅仅体现在植物草本及中药的概念上,比如,珍珠护肤也是中国传统以来的护肤传统。定位于中国中高端化妆品市场的京润珍珠(如图 7-2),就是通过对珍珠这一古老的美容佳品的研究,成功塑造了被消费者认可的现代珍珠美容理念。

第三节　化妆品广告创意特色

创意是将广告定位(诉求概念)形象化的过程,也是和消费者实现沟通的一个过程。少女对化妆品的认识不再来自母亲,而是源于那些冰冷的广告以及铺天盖地的广告和宣传。直到今天,杂志仍是发布化妆品广告的最佳媒体之一,印刷精美的杂志和追求"美感至上"的化妆品广告找到了彼此的默契。而电视声、色、画相结合的传播更是让化妆品广告在"美感"之路上越走越顺。进入当下社会化媒体时期,化妆品的广告有了更多的创意空间以及和消费者互动的空间,但不管时光如何流转、媒体如何变迁、行业如何变化,我们总能找到化妆品广告创意上的共通和特色之处。

一、注重打造品牌形象

有人戏言,化妆品广告就是一个美女加一个产品。诚然,大多化妆品广告的创意都是如此。但如果简单地看到此表象,对化妆品广告的理解无疑还是肤浅的。在品牌化的今天,有以产品为主要卖点的,也有抛开产品,纯粹只做形象广告的(当然,这无疑是高端品牌),而不论是产品还是形象,在化妆品广告中,一个前提条件都是"美"。

(一)品牌故事和文化的魔力

一个好听的名字、一个独特的包装、一个独特形象的广告画面,产品永远是广告中的主角之一,在化品行业也不例外。我们可以听到兰蔻"小黑瓶"的新切昵称,也可以见证到 SK-Ⅱ 的神奇魔力。一个精彩的品牌故事或者名字,让化妆品俨然变成女性的"闺蜜",亲切感倍增。

案例:SK-Ⅱ神仙水的产品故事

"护肤精华露"?这五字听来毫无个性、毫无卖点。但是变身成"神仙水"之后,立马不同。这就是"神仙水"所引发的广告传播效应。对于消费者而言,听不明白的各种成分和效果,需要用一种更通俗、更神奇的语言让消费者记住。国际上,兰蔻"小黑瓶",国内有婷美"小绿瓶"。和大多数奢侈品一样,化妆品背后卖的不仅是产品,而是在产品背后的故事。我们可以看看关于 SK-Ⅱ 神仙水的故事:1975 年,日本科学家吉井隆先生偶然在一次参观日本滋贺的一家米酒酿造的过程中,发现年迈的酿酒婆婆脸上布满皱纹,但其双手却像玉脂般白嫩细滑,好像少女的肌肤一般。这让吉井隆大惑不解,在惊讶的目光里,他敏锐地感觉到,清酒(SAKE)的酿造过程中,蕴含着一个令肌肤晶莹剔透的秘密。这个发现引起吉井隆强烈的好奇,为了解开老婆婆的嫩滑肌肤之谜,吉井隆开始了他的研究。经过多年的验证发现,在米酒酿造过程中,经天然酵母菌发酵后,会产生一种透明的液体代谢物。吉井隆分析了 300 多种不同的天然酵母菌,在经过长达 5 年的潜心研究后,终于发现这珍贵的神奇物质 Pitera。Pitera 是由酵母发酵而成,没法以人工制造,而酵母中的真核细胞接近人体结构细胞,能温和地在细胞内作用,经过这种酵母发酵所得的天然代谢物跟人体天然体湿因子十分相似,具有极佳的护肤功效和无限的护肤潜能。

1980 年,SK-Ⅱ在日本首次亮相,SK 是取"Secret Key to beautiful skin"——"开启美丽的神秘之钥"之意。SK-Ⅱ进入香港及中国内地市场后,在一系列明星(琦琦、郑秀文、李心洁、汤唯等人)的代言和推荐下,很快打开市场,而我们在其广告中,也能看到其日复一日地在讲述一个关于如何发现神仙水的故事。

(二)产品自身的形象

在化妆品行业有句戏言:如果你要看哪个化妆品的档次更高,你只要去看哪个化妆品柜台的销售人员最漂亮。事实上,有很多关键的接触点都构成了化妆品品牌形象的要素。比如:售货人员的长相、标准色、制服、柜台设计,但是在构成化妆品品牌形象当中,产品永远是主角之一。就像很多人所说,在香水中,大家分不清买到的到底是香水,还是香水瓶。

尽管化妆品广告中明星众多,美女如云,但往往有些化妆品广告却独以产品取胜。一幅好的产品构思和摄影(设计)作品,就能将消费者的目光吸引过去,此时的物不再仅是物,而是有了其自身的灵魂和个性。

案例:倩碧的"纯产品广告"

20 世纪 60 年代后期,人们对于肌肤美丽的概念仅限于一句当时普遍推崇的至理名言——"女性肌肤的状况是与生俱来的,不可改变的"。一位杂志主编提出"女性应该正视她们的肌肤"的言论后,人们才开始惊觉,原来肌肤完美可以重塑。这一年是 1967 年,发表这句言论的主编正是美国时尚杂志《VOGUE》主编 Carol Philips 女士。而她也正是倩碧品牌的创始人之一。就在当年,纽约权威的皮肤科专家 Dr. Norman Orentreic 在接受 Carol 的专访时表示:美丽不只是靠遗传而得,而是通过正确的护肤程序,即可改善肌肤状况,这正是日后成为倩碧护肤三步骤的护肤程序——第一步:清洁;第二步:清理皮层;第三步:滋润。正是这一报道引起了雅诗兰黛公司的注意,并催生了倩碧品牌的诞生。

1968年,倩碧这个安全、有效、经由皮肤科专家配方,并且经过过敏性试验,百分之百不含香料的高档化妆品品牌在了雅诗兰黛公司旗下问世。

倩碧对产品的重视,从其广告便可见一斑。倩碧的广告,主要由美国著名摄影师Irving Penn负责拍摄,完全不采用模特,只采用简洁、明快、以产品为主题的照片。在倩碧看来,除了产品本身,任何一个女性或一张面孔都不能充分表现产品内在的精髓。而倩碧所有的广告,也都以白色为底色(见图7-3和图7-4),正好呼应了倩碧作为基础护肤品,不含任何香料的纯净感,与其整体的白色品牌形象也正好相统一。即便是倩碧后期开发的彩妆和男性护肤品,在广告风格上也延续了其相同的原则。

 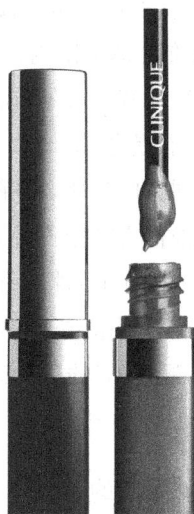

图7-3　　　　　　　　　　　　　图7-4

（三）规范的品牌形象管理

倩碧的单一品牌,做到形象风格统一相对简单。但是,如果是多品类、多产品代言人要做到品牌形象的统一,则是很难,需要在广告中有更高超的形象管理技巧。广告有时候不仅仅需要创意,更需要管理,以维持品牌统一的调性所在。

案例:巴黎欧莱雅(品牌)的广告调性(见图7-5)

欧莱雅的产品线有多丰富?欧莱雅品牌旗下拥有五大产品系列:护肤、彩妆、护

图 7-5

发、染发及男士系列。而在每一个产品系列中，又有着众多的产品。以彩妆为例，共分为脸妆、眼妆和唇妆，脸妆下又有六款不同的产品。这些产品，仅在中国，目前的品牌形象代言人就有：范冰冰、李冰冰、李嘉欣、巩俐、张梓琳、阮经天、吴彦宜等……如此丰富的产品、如此多的代言人以及广告，如何让其共同体现出欧莱雅的品牌特质和个性，是品牌管理和广告创造当中需要认真考虑的问题。

欧莱雅的理念在于"你值得拥有"，而我们在其所有的广告中，都能看到其"自信"的表现和传达。欧莱雅是如何做到的？比如，在代言人的选择上，欧莱雅有自身的一套标准：欧莱雅在全球范围内选择最具魅力的明星作为产品代言人。尽管他（她）们来自不同的年龄，拥有各种不同的容貌和血统，但他（她）们皆是才华横溢，富有激情的个性。他（她）们是艺术、时尚和美丽的偶像。他（她）是欧莱雅的灵感来源。而最重要的是，在不同的广告中，欧莱雅将形象管理做到极致。我们会发现，在欧莱雅的广告中，不论是谁代言哪个产品，所有的明星一定会用以清晰的面部特写镜头、自信的表情和语言、干净利落、近距离地向消费者传达出"你值得拥有"的品牌理念，如图7-6所示。

图 7-6

（四）作为形象的美女

在广告中使用姿色出众的美女形象来博取消费者的好感，以加强广告画面的吸引力，是化妆品广告表现中最行之有效的策略之一，具有不可忽略的促销价值与审美价值。

案例：迪奥的口红美女

在广告中使用美女，最怕的是消费者的注意力往往都集中在美女上，从而忽略了产品本身。同时，大量地使用美女，也使得很多人认为在化妆品广告中有滥用之嫌，如何在表现上，能让自己的品牌脱颖而出，同时又不滥俗，是广告在创意和表现中需要深思熟虑的问题。而迪奥的口红广告，无疑给了我们一个很好的借鉴（见图7-7）。

在整个广告的表现中,画面的焦点始终对着模特的唇部,
同时在摄影的处理上,调却了光、色、线等造型因素,烘托
主题、深化意境。明与暗的对比,肤色的亮白与唇吻的艳
红对比,红、白、黑基本色的运用,侧光造成的效果,使得
唇膏和唇部在整体画面中都脱颖而出。

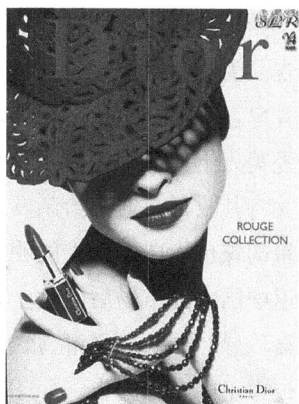

图 7 - 7

同时,在模特的处理上,广告并没有刻意展现出模特
的全貌,所以,我们往往见不到整个美女,而只是见到美
女的"某个部分",而纤纤细手拿口红的造型也使整个画
面富有了动感。在这样的广告中,往往没有美女赤裸裸
的诱惑,而是通过美女将产品的利益点展示得充满诱惑。

二、代言:明星还是亲民

明星代言,本就是广告创意中最常用的手法,代言人的种类很多,有明星代言、普
通消费者代言,还在社会化媒体下,达人也成为一种稀缺资源。用什么样的代言人,
主要是因为品牌定位及档次的差异。

(一)明星——化妆品广告中永远的主角

根据代替性学习理论,消费者会通过对他人行为以及行为所造的结果的观察和
判断,影响或改变自身的行为的过程。明星本身是一种稀缺资源,其身上美丽而时尚
的光环让普通消费者羡慕不已。化妆品行业,有不少品牌都是明星代言的高手。比
如:兰蔻、欧莱雅、玉兰油、宝洁,还有力士。

案例:力士:一部 20 世纪 80 年的明星代言史

力士最初是作为洗衣皂推向市场的。到 1924 年,力士以美容香皂这一崭新的面
孔出现在世人面前,这对其代理公司智威汤逊提出了更高的要求。三年后,智威汤逊
发动了一场举世瞩目的广告运动——"每 10 个电影明星中就有 9 个在使用力士香皂"
(有时也称作"好莱坞"广告运动),这场发轫于美国的轰轰烈烈的广告运动拉开了力
士香皂与美女传奇的序幕。力士广告中的女主角不仅仅是美女,而且全部都是悉数
名动一时,最起码在一定区域内,乃至全世界都拥有号召力。力士将这一策略不仅用
在美国市场,在其他国家也是如出一辙。以中国为例,"1933 年春夏之交,英商投资的
肥皂有限公司,为了让力士香皂大规模占领中国市场,不惜代价,举办了声势浩大的

'电影明星竞选活动'。利用公众选择的'十大星王'名义,在全国著名报刊上大做广告。为了'强化诱惑力、鼓动效应',配有'星王'照片和签名的广告语显赫精彩:'力士香皂,色白质纯,芬芳馨美,人见人喜。十大明星,十颗爱心,愿将上述感觉,传送天下爱美人士!'有明星附照和签名的广告,得到了广大消费者的青睐和喜爱,不少青年男女将其收藏或赠寄给亲友。"①在20世纪30年代,有着"民国第一美女"称号的传奇影星胡蝶也入选了力士的明星阵营,阮玲玉其后也成为力士的代言人(见图7-8)。重返中国大陆市场后的力士,延续了大手笔的明星策略。张曼玉、舒淇(见图7-9)、刘嘉玲、胡慧中、关之琳、张敏、杨采妮、袁咏仪、李若彤、朱茵、张柏芝、蔡依林等都参演过力士的电视广告。

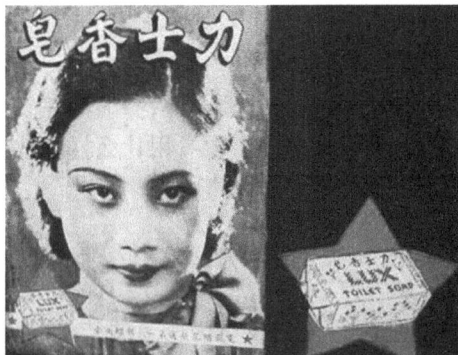

图7-8　　　　　　　　　　　　　　　　　图7-9

　　从1930年至今,全球有超过400位的极富魅力、极具美感的女性出现在力士的广告中。从"好莱坞常青树"伊丽莎白·泰勒(见图7-10)、被誉为"性感女神符号"和"流行文化代表人物"的玛丽莲·梦露、被视作性解放时代的代表人物之一的法国女星碧姬·芭铎、还有黛咪·摩尔,在20世纪80年代风靡全球的欧洲女明星娜塔沙·金斯基、被美国电影协会选为"百年来最伟大的女演员"第八名的朱迪·嘉兰、生于20世纪80年代的好莱坞著名女星安妮·海瑟薇、被称为威尔士玫瑰的凯瑟琳·泽塔琼斯,还有印度著名女星阿辛……这些影星共同串起了力士辉煌的80多年

　　①　党芳莉,朱瑾.20世纪上半叶月份牌广告画中的女性形象及其消费文化[J].海南师范学院学报(社会科学版),2005(3).

历史。时至今日,力士早脱离了往昔洗衣皂的概念,其现今的产品涵盖洗发水、护发素、香皂、淋浴液等产品。但我们不难发现,虽然产品变了、广告的载具也变了、表现手法也变了,可依然不变的是力士与美女的传奇故事。

图 7 - 10

(二) 亲民的品牌

在化妆品的代言舞台上,不仅仅只有明星的身影。一直以来,大家都以为化妆品是一种比较高端的消费行为。和时尚产业紧密结合,排斥大众化。以至于众多品牌都挤在中高端市场,而忽略了在中低端市场,忽略了化妆品也有众多的需求。但是,如何做到低价,但形象又不低级,并且能唤起消费者对品牌的喜爱而忠诚,则需要品牌的精心维护。

案例:百年妮维雅的"平民"坚持

成立于1911年的德国品牌妮维雅在2011年迎来了其百年华诞。1911年,妮维雅润肤霜诞生,它的诞生归功于乳化剂"Eucerit"的发展。乳化剂"Eucerit"能够将油和水凝固在非常稳定的霜体里,其最初是用作医疗用途,但三位博士兼化学家很快意识到油包水的这个组合是完美的护肤品面霜的基料,并且他们将其命名为NIVEA,意思是"雪白"。从第一款产品开始,妮维雅就一直秉承特罗普洛维茨(Troplowitz)博士追求的目标,那就是制造所有人都能买得起的高质量产品。直到今天,这个愿景一直延续。妮维雅的第一支广告是由著名的海报艺术家汉斯·鲁迪·厄特(Hans Rudi Erdt)于1921年为其设计的一幅女性肖像海报(With the likeness of a lady)(见图 7 - 11)。Erdt 根据当时世纪之交的女性主流特征,塑造出了一个娇弱敏感的理想女性形象,可以说妮维雅的第一支广告就走上了其亲民路线。而其后的妮维雅男孩和女孩让妮维雅品牌更进一步地贴近了大众。

1924年,当不同年龄段的人越来越多地在休闲和室外活动上投资时间和金钱时,最初的美白娇弱的美容需求

图 7 - 11

也逐渐升级为全新的美容需求：清爽、健康、活力成为新的风尚。胡安·格雷戈里奥·克劳森(Juan Gregorio Clausen)时任妮维雅广告部总监,有一次他在汉堡街头悠闲散步的时候,路过一家摄影工作室,橱窗里挂着的一张3人照片引起了他的兴趣。照片上,3个小男孩笑意盈盈,嬉皮笑脸。胡安看到这张照片的一瞬间便清楚地知道这种干干净净、健健康康的家庭画面才是妮维雅全新形象的精髓所在。当妮维雅在柏林的报纸上刊登想要在全国范围内招募三位妮维雅女孩的广告后,立刻激起了公众巨大的兴趣,但是妮维雅想要找到的不是靓丽的模特,而是普通的邻家女孩:"我们需要的不是绝世美女,舞会花魁或者是有着甜美卷发的女孩,而是看上去健康、纯净、清新的阳光女孩形象。"

图 7 - 12

至此,在妮维雅今后的历史中,从未使用过明星作为品牌代言人。妮维雅产品于 20 世纪 30 年代被引进中国,1939 年的海报从主题及其内容的文字上展现了一个充满活力的整体形象。与其他国家的广告类似,海报的关键目的还是在于宣传妮维雅润肤霜的多功能作用(见图 7 - 12)。

妮维雅在全球针对的人群从小孩到老人、从女性到男性,具有广泛的目标人群,而妮维雅也一直保持着其质朴、内敛、貌不惊人却又有丰富内涵的品牌个性。妮维雅确立了其核心价值为"关怀",并且始终展现"真实、健康、美好"的品牌形象。在此核心之下,妮维雅提供价格合理、质量安全可靠、效果卓越的产品。

三、理性还是感性

化妆品广告中,不仅只有明星,也不仅只有绚烂的色彩和漂亮的画面。产品多样化、消费群体多样化,使得化妆品行业的广告创意也是绚烂多姿。在具体的创意表现时,理性的功效诉求、感性的情感诉求、幽默的表现手法、故事型的讲述、夸张的手法等在广告中常见的创意模式,在化妆品广告都可见到。

(一) 理性的广告诉求

自从 20 世纪 50 年代美国人罗瑟·瑞夫斯提出了"USP"理论后,USP 理论在各个行业都有了广泛的应用。在化妆品广告中,利用 USP 进行理性诉求的表现方式主要有三种：

1. 产品概念的创意

为什么要购买化妆品？不管是女性还是男性都有更为清晰的利益要求。比如，女性更多的要求是：变得更白、补水滋润、肌肤更紧致、抗衰老、控痘、去除眼角纹、去黑眼圈、去斑等……男性的利益要求相对简单，主要也集中在干净、控油、收缩毛孔几方面。在广告中，光是强调一个美白或者补水，已经难以打动消费者。于是，我们看到，化妆品行业在产品利益点上的再次创新。

案例：珀莱雅的快速崛起

Proya，珀莱雅，这个成立于 2003，仅成立不到 10 年时间的品牌，今天却与自然堂、丸美、美肤宝、美素并称为国产五大品牌。"珀莱雅"的成功有很多原因，但其很重要的一点，无疑在于准确的定位。在今天这样一个竞争异常激烈的市场，单纯的"补水专家"或"美白专家"已经很难再打动消费者。珀莱雅最终确定以"海洋水动力"作为支撑，并率先提出 320 米深层海洋水概念，不是补水而是"海洋深补水"，不是补水专家，而是"深深深，深层补水专家"。蓝色的广告画面搭配大 S 清新的形象，让其在众多化妆品广告中脱颖而出，而消费者也对这个略带夸张但却有强烈记忆点的"深深深，深层补水专家"有了深刻的印象和记忆（见图 7-13）。

图 7-13

有业内人士认为珀莱雅是国内护肤品市场中继丸美之后第二个利用市场细分概念取得成功的国内品牌。丸美以"眼部护理专家"的定位、"弹弹弹、弹走鱼尾纹"的概念和其明星产品"丸美弹力蛋白精华系列"一举成名，奠定其中端市场的价位。

2. 独特的原料配方和工艺

为了更好地体现产品的功效或利益，化妆品广告往往会强调其工艺或者原料。无疑已经是化妆品广告中最常见的一个卖点，特别是在消费者对化妆品的安全有更多担忧的时候，从植物、动物、海洋等中所提炼出的生物原料似乎让消费者觉得更安全。雅诗兰黛集团旗下的 LAMER 海蓝之谜面霜，被誉为化妆品界的奇迹，人称"面霜之王"。"奢华、神奇、不可置信……"是消费者用来形容 LAMER 海蓝之谜的词汇。它的神奇之处既来自坚持发酵三个月，坚持手工填装以及特殊的制造工艺，更来自于其海洋的神奇魔力——当海藻与维生素结合，便能诱发微分子营养素的生成，帮助皮肤的更新再生。其创造人贺博博士将太平洋某特殊深海海域的海藻,搭配维生素 C、D、E、B$_{12}$ 与矿物质钙、钾、镁、铁及柑橘、尤加利、小麦胚芽、紫花苜蓿、向日葵等天然植物精华,经过三个月的低温低压生物性特殊发酵方式,完整保存其矿物质成分的天然活性。

GUERLAIN

揭示兰花非凡生命力的奥秘

延缓老化·全能护肤

ORCHIDÉE IMPÉRIALE
EXCEPTIONAL COMPLETE CARE
法国娇兰 御廷兰花极致全效维护系列

新品上市
修护美肤 尽显水润

图 7 - 14

其实,雅诗兰黛品牌自身也是一个"用材高手"。取材自七大洲的 55 种名贵珍稀物产,从天然的南海珍珠到汉方名贵成分黄芪,从秘鲁罕见的猫爪藤到日本的柏树叶,从百草之王白桦茸到精油天后迷迭香,无不涉及。娇兰号称自己从兰花中找到了肌肤活力的秘密(如图 7 - 14)。韩国品牌 SKIN FOOD 则干脆以"新肌肤美食主义"为定位,以"用美味食物制成的美味化妆品"为座右铭,坚持"对身体有益的食物对肌肤也同样有益"这一创新理念。在其广告中,天然干净的食材同样纯净的代言人相得益彰,而其广告中也总会出现用勺子直接吃化妆品的画面。

近年来,国内品牌也都从原料中寻找新的卖点。"春纪"强调五谷养肤的概念。御泥坊则声称其是用湖南湘西边陲小镇——滩头古镇所特有的矿物泥浆(也称御泥)做原料而开发研制而成的。

3. 解决问题型

不少化妆品的广告有着相同的结构和模式。这个模式就是"情境——问题(危害)——解决方法——利益"。这种方式在宝洁的玉兰油广告中经常用到。

案例:玉兰油的常用创意模式

以玉兰油的防晒产品为例。先来看看她的文案:"每一个金色的夏天、我们都会热衷于阳光下的户外生活:或是在海滩散步,或是在网球场上奋力击球……然而,你有没有注意到,阳光中的紫外线正在侵害你的肌肤? 阳光带给肌肤的伤害将以色斑、肤色暗哑、细纹和干燥,甚至是皮肤癌变的形式出现于肌肤。要更好地保护我们,至关重要的一点是保护我们的肌肤不受阳光照射的侵害。OLAY 为你带来一系列卓越的防晒品,适应肌肤不同的需求,周全保护你的肌肤避免 UVA/UVB 的伤害。这个夏天,OLAY 让你尽情享受阳光,而又远离阳光的伤害。"

在这个文案中,我们能清晰地看到 OLAY 的广告创意模式:夏天户外运动(情景)——肌肤受到伤害(问题)——OLAY 适应肌肤不同的需求,周全保护你的肌肤避免伤害(解决问题)——OLAY让你尽情享受阳光,而又远离阳光的伤害(利益)。在OLAY的其他广告中,我们同样能看到这种创意模式。比如,OLAY多效深层嫩白乳液的广告:幸福来临的时候(情景)——肌肤却少了光彩(问题)——OLAY多效深层嫩白乳液多八倍美白营养成分,质地不油腻,能迅速渗透,嫩白肌肤,亮出健康光彩(解决问题)——幸福时刻,光彩来自肌肤的健康嫩白。(利益)

不过,在玉兰油的广告中,我们会发现,往往中低端产品会采用此种模式,而高端产品则很少用。

(二)感性的打动、极致诱惑

在展现理性概念之时,化妆品广告也在极尽各种手段,以感性打动消费者。打动消费者的内心,爱情、友情、自我……这些极富情感性的元素都成为化妆品广告中的常客。

1. 以情动人

消费者沟通讲究以情动人。当商品同质化、卖点不突出、很难以功能利益为突破口去打动消费者时,情感会是一个很好的打动消费者的理由。情感广告要求以人性为出发点,牢牢抓住消费者的内心世界,直抵内心深处。

案例:MG面膜:打造美即时刻

2010年9月,本土民营企业美即面膜在港交所上市。报告显示:截至2010年4月底的10个月,美即控股净利润为1.02亿港元,销售收入为5.09亿港元。美即仅仅是做面膜,却能够成长为中国近10年来唯一的一家民营化妆品上市公司——从成立公司到上市仅用了5年时间。

2010年初,一场"停下来,享受美丽"的大型整合营销传播活动开始推广(见图7-15)。美即开始向现代女性倡导一种生活方式,一种"女性休闲主义"的理念。从地铁、卖场、电视到分众传媒、网络……到处都能看到美即的广告片:优美温婉的音乐旋律、唯美清新的广告画面、配以细屑的女性内心独白,让疲惫中匆忙的女性暂得片刻休憩。告诉现代女性,每天为自己留出"美即时刻"。美即的这次号召活动,使很多消费者产生了共鸣,希望停下来享受生活、享受美丽。正如一位女性网友的祖露:"现在对于我而言,最放松最舒服的时候就是回到家里安安静静的贴上一块美即面膜,什么也不干,什么也不想,安安静静,享受那一刻

图7-15

的清凉和清爽。"美即已经不单单是面膜产品的代名词，而是一种生活态度、价值的象征。

2. 剧情取胜

完整的故事情节有助于消费者对广告的理解和记忆，将产品融入故事情节当中，既有娱乐性，又可以削弱商业气息，减少消费者对广告的天然抵抗力。近年来，随着网络媒介的发展，可以更好地承载更长时间的广告片。在化妆品广告中，长达 5 分钟甚至 10 分钟的广告越来越大，甚至发展到微电影的形式。如，2009 年夏天，力士一个长达 6 分钟的好莱坞大片般的电影短片，在世界各地惊艳上市，这个热播的力士洗发水取名"金纯魅惑"，是好莱坞当红一姐凯瑟琳·泽塔琼斯全新回归的光芒之作。

3. 性感的极致诱惑

性感是人类最基本最强烈的情感之一，性感广告也确是一种杀伤力较强的武器，男人的眼球无疑是性感的最忠实的对象，而女人同样也会被性感所打动。在化妆品广告中，最常营造这种浪漫的情调和氛围。比如：朦胧。朦胧产生美，在化妆品广告中，通过道具的使用，或是本身的画面表现，营造出画面的朦胧之感（见图 7－16），既突出了产品，也产生了美的感觉。广告看似朦胧，实则深刻，有一种"犹抱琵琶半遮面"的诱人，或用对比，或用比喻，或用象征，或用反衬来表现。这种含蓄和朦胧的魅力会大大地增加广告的艺术欣赏价值，更注意广告创意的内涵和质量。

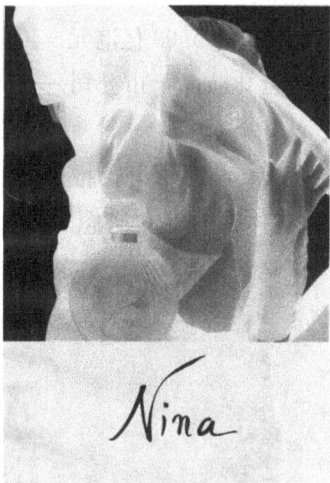

图 7－16

图 7－17

在化妆品广告中，还会出现一种奇幻迷离的效果。当然这种效果的营造，一方面是为了更好地吸引消费者的注意力，有时，也是为了表现品牌自身的独特个性所在。

比如,这则"毒药"香水的广告(见图7-17),模特的手被绘上奇怪的条纹,同时,画面上只露出了模特的一只眼睛。这种奇幻迷离的表现手法充分体现出了"毒药"致命的吸引力。

(三)其他广告创意手法

化妆品广告中偶尔也会出现一些奇葩,打破传统思维,换个角度让人豁然开朗。幽默、诙谐、恐怖诉求甚至是公益,这些虽然不是主流,但却让化妆品广告增添了不少别样的风景。

1. 幽默与诙谐

1997年戛纳广告节金狮奖——"必备"润手霜(Esencial Hand Cream)的自行车篇广告就讲述了一个反习惯性思维的幽默:阳光明媚的春天,乡间蜿蜒的石子路上,一个女孩"吱呀、吱呀"地骑着自行车从远方慢慢靠近,会骑自行车的人都知道这是怎么了,女孩也发现了异样,扭头看看后轮,"呜"地一声刹住了车。她拿出一瓶"必备"润手霜,将润手霜均匀地涂抹在车链上,接着骑车远去。可是,我们发现,一切照旧,"吱呀、吱呀"仍是不绝于耳。正当观众觉得诧异之时,字幕出现,一个男音念道:"必备湿润护手霜,只含水,不含油。"

2. 恐怖诉求

化妆品追求美的效果,但偶尔用用恐怖诉求,似乎也无伤大雅。欧莱雅旗下的薇姿品牌虽然也延续了化妆品广告中的明星策略,但令人印象最深刻的还是脸部的拉链:一名女子脸部制作出一条逼真的拉链,随着拉链的拉开,原本偏黑的"脸皮"被"撕开",渐渐露出女子内部一层焕然一新的"脸皮",以此来宣传产品的美女效果,整个画面长达数秒。这个广告曾经爆出因吓坏小孩而遭到投诉的新闻(如图7-18)。

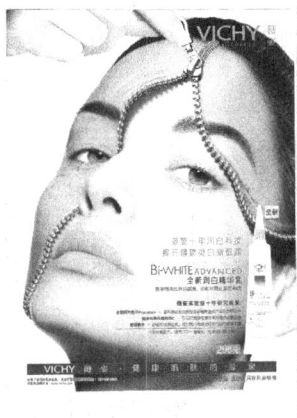

图 7-18

四、新媒体环境下的化妆品广告创意

网络媒体的重要性在当前已经无须再提。在这之前,化妆品广告主要以平面和电视媒体为主,更强调画面的精美感,和消费者的互动性较弱。随着web 2.0以及社会化媒体的兴起,化妆品广告的创意性和互动性也得到了无限的延伸。不论是传统的 BANNER 广告、关键词搜索,还是新兴的微博营销、社会化媒体营销、网络剧、微电影……化妆品广告已经开始随着媒体形式的变化而悄然发生着改变。

网络广告不仅可以更快地传播品牌,也可以更好地实现品牌和消费者的互动。玉兰油在推出"天然凝萃"美肌系列时,在网站上推出了鉴定用户皮肤属性的趣味测试,让浏览者在有趣的测试题中,了解自己皮肤的善,更为重要的是根据目标受众的不同特性,有针对性地推介适用于消费者的洗面奶产品,让消费者感到享受独立私人化的专门服务,对产品的好感度和忠诚度都会有所提升。2010 年,羽西推出了堪称国内首部网络时尚互动剧——《闺蜜门》,以三个鲜明的年轻都市女性的生活展开,十分真实地反映了现代中国女性所面临的困惑、冲突和矛盾。该剧一共分为 8 集,每集通过一个主题来讲述一个故事,三位感情深厚的闺蜜在工作之余不时聚在一起,格调颇有《欲望都市》的感觉,但题材全部由现实生活选取,由好莱坞老牌制作人 Gil Wadsworth 打造制作。有前四集中,羽西并没有在里面冠以品牌名称,而是通过与女性息息相关的剧情来吸引消费者,以便能够循序渐进地贴近消费终端。同时,羽西还为《闺蜜门》在时尚潮流门户网站 Yoka 上建立了网络互动平台,滚动播出,供观众就剧中的争议性话题进行讨论或参与活动。

典型案例评析

"双妹"的复兴之路

1 080 元的护肤霜、890 元的香水、230 元的香皂……这不是国外的顶尖奢侈品,而是完全"上海制造"的老品牌。瓶盖上的一对姐妹身着旗袍,顾盼生辉——70 年前,她们频频出现在上海的老月历牌上,这就是诞生于 1898 年的"双妹"品牌。"双妹"在沉寂多年后,上海家化正试图让两位"旗袍少女"复活,使之成为海派高端时尚品牌的一种"形象代表"。

1. "双妹"的文化历史

"双妹"诞生于 1898 年,并在 20 世纪四五十年代逐渐淡出上海。作为那个时代"极致"的女性用品,"双妹"承载了旧上海的无限风情。作为家化品牌家族中古老而年轻的一员,"双妹"在品牌渊源与文化气质上部分保留了原品牌的特质(见图 7-19~图 7-21),但在产品与定位上则完全推倒重来。从最初品牌组合模式的探讨,到品牌定位高端奢侈的测试,逐渐清晰明确地走向中国第一个高端跨界时尚品牌定位的方向,并以上海文化为个性,集奢华、经典、摩登、风情于一身。以源承 20 世纪 30 年代上海滩名媛致美方略,融合现代国际先进科研技术,通过美妆、配饰、文化产品等全方位演绎"东情西态·尽态极妍"的现代名媛与大都会形象,彰显极具个性、融汇东西的女性风采。

图 7 - 19   图 7 - 20   图 7 - 21

"双妹"的重生,宣告了上海家化正式进军高端时尚领域的决心。在规模近千亿元但竞争残酷的日化行业,国产品牌的市场份额被挤压得不足 20%。复活"双妹",不仅是一次大胆的尝试,更是一个民族品牌复兴的传奇故事。

2. 为复兴而做出的努力

家化尝试着整合全球资源,参考国外奢侈品运营的经验,"用世界语言讲述上海故事"。

(1) 与台湾蒋氏后人蒋友柏及其"橙果设计"跨界合作,对"双妹"的经典系列进行包装设计,区同演绎一份时隔半个多世纪的牵手传奇,蒋友柏以其家族基因和对上海文化的独特视角与理解,诠释了"双妹"品牌的"东情西韵、尽态极妍"。这是来自于双方共同的文化血统、共同的对 20 世纪 30 年代上海文化的价值认同。

(2) 邀请了法国人雅恩担任"双妹"的艺术总监。他曾在伯鲁提(Berluti,LVMH旗下著名手工定制鞋品牌)担任了 5 年的形象大使,之后的 7 年就任于登喜路全球形象与媒体总监。"双妹"对雅恩的要求是:"你要帮我们理清双妹品牌的有所为和有所不为。"

(3) 携手法国产品开发团队,以现代科技融萃中西奢美工材,再现上海名媛致美方略,撷取上海名媛晨起时,独特的"沐、润、梳、描、怡、妍"六道扮姿媚态,划分出"沐浴、护肤、洗护品、彩妆、香水、配饰"六大系列产品。同时,以行业最高标准来要求"双妹",包括化妆品的配方、包装以及生产过程中的工艺控制和质量管理等。

(4) 在渠道选择上,"双妹"在上海将选择具有上海文化地标、情感地标、形象地标的高端场所,以"双妹"所代表的上海名媛文化相匹配。选址在于文化对口和格调精致,而不在于多。如,选择和平饭店作为首家品牌店。

(5) 在品牌的传播上。新广告的设计,让人感觉到这是一个历史和时尚相结合(见图 7-22~图 7-24)。画面本身看似做旧的效果,画面主体永远是一对双妹名媛。黑白的旧上海滩的背景,衬上一对双妹的近景。姐妹花的打扮似古典、似现代,让人产生时空穿梭和错位之感。历史和现代,旧式名媛和新式名媛就如此地衔接起来了。一个老牌新生化妆品牌重建的初期具有巨大穿透力的基础,是品牌背后的文化,价值观上的相互认同,相互欣赏才是打动消费者唯一的理由!"双妹"的传播模式也将更多地从文化层面进行跨界合作。比如,"双妹"与舞剧《周璇》的合作,在历史和文化层面相互契合与交融。另外,"双妹"也在上海城市史诗纪录片《外滩》中进行了植入。该片是作为上海世博会的城市献礼片。

图 7-22　　　　　　　　　　图 7-23　　　　　　　　　　图 7-24

但是,"双妹"的复兴在今天化妆品牌竞争激烈的今天,也有其难点所在,比如"佰草集"的成功经验并不是可以完全复制的。而"双妹"在 40 年代该品牌就因国内战争淡出上海滩,而现在"双妹"的品牌认知度几乎为零。对"双妹"目前瞄准的目标客户群而言,那些久远的品牌记忆并不存在。而国人对于中国是否能打造高端时尚品牌的质疑不曾间断。对家化而言,公司必须为"双妹"植入更为强大的贵族印记,并对现有策略做到多年如一日地坚持。

未来的"双妹"能否真正复兴？中国能否诞生真正属于自己的奢侈化妆品牌，让我们拭目以待吧!

思考题

1. 你认为"双妹"的品牌复兴能克服上述困难吗？在传播上，"双妹"面要如何更好地创新？

2. "双妹"的复兴对中国其它老字号的化妆品品牌有何借鉴意义？

3. 你认为化妆品品牌应该如何运用好明星代言策略？

4. 就国内化妆品牌在做好品牌形象维护上，你有哪些建议？

5. 你认为，目前中国男性护肤品广告的创意存在哪些问题？

6. 结合你对国产品牌的认识，你觉得中国国产化妆品广告如何才能在竞争中重新获取优势？

7. 你认为"专家式销售"的方法在化妆品广告中是否可行？需要注意哪些问题？

8. 化妆品的售后服务重要吗？举例说明!

9. 新媒体对化妆品的品牌建设和推广，带来了哪些改变？

研讨训练

在课堂上播放目前电视上出现的化妆品广告片。并请学生们讨论分析:

1. 从化妆品的电视广告中，能看出哪些共性？

2. 你认为哪些化妆品电视广告比较优秀？分析原因所在。

3. 你认为在创意化妆品广告中，需要注意哪些问题？

补充阅读材料

1. 相宜本草的相关资料(公司历程、产品、广告、代言人等)

2. 男性护肤品广告的相关资料及广告。

3. 化妆品广告的平面设计艺术。

参考文献

[1] 帕科·昂德希尔. 顾客为什么购买[M]. 北京：刘尚焱，李艳，译. 中信出版社，2004.

[2] 尚道女性营销. 得女人者得天下[M]. 北京：中信出版社，2011.

［3］帕科·昂德希尔. 女人为什么购买[M]. 白榆,译. 北京：中信出版社,2011.

［4］胡豪. 化妆品广告的奥秘[M]. 广州：广东经济出版社,2004.

［5］资生堂中国事业三十周年庆典[J]. 中国化妆品,2012(3).

［6］冯浩羽. 不仅是香味——透视香水营销策划背后的心理策略[J]. 中国化妆品,2012(1).

［7］罗雁飞. 化妆品营销的"本质"追问[J]. 销售与市场. 2008(7).

［8］2011 年化妆品行业报告[J]. 百度数据研究中心报告.

［9］化妆品市场信息权威发布[J]. 中国化妆品,2012(2).

[10]陈海超. 佰草集：一个中国本土品牌的出海记[J]. 广告大观综合版,2009(11).

[11]从欧莱雅广告中的自信漫谈品牌形象包装.

[12]朱允之. 品牌塑造大众化和聚焦的统一：妮维雅品牌对美加净的启示[J]. 广告人,2008(4).

[13]中国化妆品的品牌之路——珀莱雅、相宜本草的快速成长故事[J]. 中国广告,2009(7).

[14]珀莱雅：营销成功并不等于经营成功[EB]. 中国化妆品网,http：//www. cnppmh. com.

[15]于蕾. CHANNEL 香奈儿[M]. 北京：中国旅游出版社,2003.

[16]鲜活雅诗兰黛　魅力触进人人[J]. 广告大观综合版,2010(10).

[17]张书乐. DQ 蒂珂：一场游戏一场秀[J]. 销售与市场,2012(1).

[18]张兵武. 化妆品品牌营销实务[M]. 广州：南方日报出版社,2007.

[19]何平华. 中外广告案例选评[M]. 武汉：华中科技大学出版社,2010.

[20]侯志奎. 双妹华丽转身　赋新品牌　重振上海[J]. 国际品牌观察,2010(11).

[21]刘镭. 落叶——纯天然的季节性宣传单[J]. 国际品牌观察,2012(1).

[22]广告门网站 http：//www. adquan. com/.

[23]中国广告网 http：//www. cnad. com/.

[24]各大化妆品牌官网、微博等.

第八章　一杯好酒　一种情怀

——酒类广告

酒是一种特殊的商品,酒与文化有着最亲密的关系。随着酒文化的发展和人们生活理念的转变,消费者更注重的是产品所带来的附加价值和对潜在心理需求的满足。酒类产品广告只有通过创造一种独特文化,形成属于自己的品牌个性,才能赢得消费者的情感依赖,奠定品牌价值。白酒喝文化,红酒喝浪漫,啤酒喝激情,产品定位决定着广告策略,由此演绎出千姿百态的广告创意。

第一节　醉翁之意不在酒

——白酒广告的本土文化

茱莉雅·柴尔德说:"酒是不含防腐剂的生命之水。它的生命周期由青年期、成熟期、老年期和死亡几部分构成,如果未被给予适当的尊重,它将病弱和消亡。"厄纳斯特·海明威说:"酒是世界上最文明的东西。"①

中国是卓立世界的四大文明古国之一,有着悠久灿烂的历史和文明,白酒便是发源于这一片文明之土。白酒是中华民族智慧的结晶,从最古老的典籍殷墟甲骨文开始,酒就如血液一般在中国人的脉络里涓涓流淌。浩瀚五千年的中国历史中,酒文化一直占据着重要而特殊的地位,中国白酒被专家学者誉为中国的"第五大发明",并与法国白兰地、俄罗斯伏特加、苏格兰威士忌并称世界四大蒸馏酒。

作为一种特殊的商品,酒从来都是一种具有社会属性的文化消费品,以满足人们的心理感受为主要宗旨,人们饮酒所重视的精神情感价值远远超过了生理满足和功

---

① 资料来源. 与酒有关的名言警句. 道客巴巴.

能价值,这就是酒品消费的文化性,所以说人们对酒的消费也是在消费文化。广告作为新时代市场营销的重要手段与首要策略,理应纳入文化范畴,来迎合消费民众不断提升的文化层次与消费理念。根据美国心理学家亚伯拉罕·马斯洛(Abrahan Maslon)的需要层次论①来看,对于酒类产品的消费是人类追求一种高级的物质享受和精神需求,蕴含着深厚的文化理念。当下白酒品牌面对的文化营销之争就是以品牌的独有文化内涵来争取更多消费民众的精神愉悦和情感寄托。白酒得天独厚的文化优势使其成为当今社会最具有文化底蕴和气息的商品。

一、白酒行业现状分析

(一)白酒行业发展轨迹

新中国成立之初,我国的白酒产量仅为 10.8 万吨,到了 1978 年,已达到 143.74 万吨,增长近 15 倍。后来,随着改革开放的深入发展,白酒行业得以迅速发展。在 1996 年,我国白酒产量达到了历史顶峰值 801.3 万吨,但随着国家宏观政策的影响和其他替代产品的发展,直至 2004 年,我国白酒行业一直处于不断衰退状态。从 2004 年开始至今,我国白酒行业一路稳步回升,产量逐年增长,幅度逐步递增,如图 8-1 所示。但调查显示,我国白酒行业里大中型企业占 1.49%,中型企业占 8.90%,小型企业占 89.61%,企业规模发展很不均衡。②

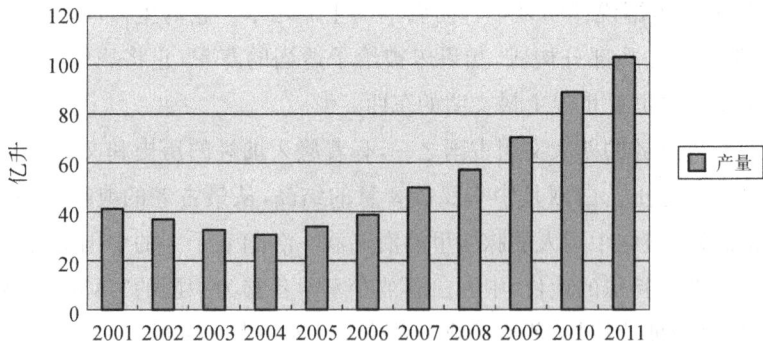

图 8-1

---

① 马斯洛理论把需求分成生理需求、安全需求、社交需求、尊重需求和自我实现需求五类,依次由较低层次到较高层次.
② 田聪,王建强.我国白酒行业发展现状及趋势分析[J].北方经济,2012(1).

（二）白酒行业竞争状况

1. 白酒业的全方位竞争

白酒行业的竞争历来是非常激烈的,名牌企业一直占据着主导地位。茅台、五粮液有着悠久的历史和文化积淀,以及得天独厚的自然条件,酿造出无法企及的名酒品牌,代表着中国白酒最高水准。其次是以泸州老窖、剑南春、洋河、水井坊为代表的二线品牌,具有很高的知名度,竞争更加激烈,想脱颖而出进驻一线品牌。三线品牌就是一些小型酒厂生产的酒品牌,属于区域性品牌,知名度和影响力较低,大部分只限于地方性消费。

全方位竞争主要体现在品牌、营销、产业线等方面。传统名酒近年大力复兴,这些酒企业在品牌建设与传播上大力投入,尤其是近几年广告投放不断攀升,如古井贡酒、汾酒等,消费者对原本熟悉的品牌具有亲近感,认同感也同时被唤醒。其次是营销模式,五粮液的"提价"、"买断"模式,茅台的"专卖店"和"高端客户团购",洋河的"深度分销"等,都在一定程度上颠覆了白酒行业固有的竞争模式,如图8-2可以看出2000~2010年来白酒行业明显的渠道变迁。产业线的竞争体现于酒企在六大价格区间的"卡位",这六大价格区间指的是超高端市场、高端市场、次高端市场、中高端市场、中端市场和中低端市场。①

图8-2

据尚普咨询发布的《2010—2013年中国白酒市场调查报告》显示,从白酒行业近几年的发展趋势来看,中国白酒的销售总量趋向平稳,行业市场集中度逐步提高。随着市场竞争的加剧,一线品牌正在加大扩张力度,逐步向二三线品牌市场渗透。随着竞争的深入,市场集中度将进一步提高。

2. 白酒面临冲击与挑战

随着人们生活方式和生活理念的转变,酒类消费也越来越多元化、多样化。取消关税壁垒以来,洋酒大量进入我国,契合着人们健康意识的提高,那些标榜着时尚、健康、低酒精的葡萄酒迅速成了酒类市场的新宠;还有啤酒、黄酒、保健酒等酒类产品,也分割着我国白酒市场的份额,白酒行业面临的竞争压力进一步加剧。目前,洋酒正

---

① 金耀来.中国白酒完全竞争版图:6大产区6大价区纵横割据[N].理财周报,2012-6-11.

抓住我国经济开放力度加深的最佳机遇而大肆进驻,不断强化其品牌的广泛认知与高端品牌的市场培育,逐步分享我国高端酒类市场。白酒行业并购、重组行为进一步扩大与深化,轩尼诗并购文君酒,帝亚吉欧入驻水井坊,伏特加联姻剑南春,外资渗透的力度不断加大。同时,白酒行业还面临着本土行业外资本入驻与并购的冲击,由于白酒业利润空间巨大,发展前景乐观,引发了业外资本的入驻热情。维维集团2006年与双沟酒厂成功合作,2009年又与枝江酒业成功牵手,2012年3月再与贵州醇酒厂签约股权重组项目合作,从而深度介入白酒业。还有在汉龙实业控股丰谷酒业、巨人投资联手五粮液推出黄金酒之后,泸州老窖近日发布公告称,旗下武陵酒业决定同意引入联想控股和自然人黄星耀作为战略合作伙伴,联想控股将成为武陵酒业第一大股东。[①] 资本与白酒的联姻,将在一定程度上改变白酒行业格局,在促使白酒产业向大型白酒企业以及向原产地、名优老字号集中,从而促进白酒企业进一步做强做大之外,也加剧了白酒市场的竞争。

二、竞争背后　广告是推力

广告已经成为市场经济时代营销的重要手段与策略,这在酒业的竞争中表现非常明显,酒业竞争与广告竞争始终如影随形,见表8-1。可见像茅台、五粮液这样的行业巨头也不能不重视广告的效用,以维持多年塑造的品牌形象,二线品牌如泸州、剑南春等也紧随其后,不断累积品牌的知名度和美誉度,正在崛起的品牌更是依赖广告加入市场角逐。广告作为酒业竞争背后强大的推力,对于将酒品牌推向消费市场的制高点,其作用功不可没。

表 8-1

单位:万

2008	总投放	占 比	2009	总投放	占 比	2010 (1~5)	总投放	占 比
五粮液	76 649	10.71%	五粮液	69 167	7.95%	五粮液	32 295	6.10%
剑南春	42 344	5.91%	茅台	42 939	4.93%	泸州	26 226	4.95%
泸州	36 137	5.05%	剑南春	41 125	4.73%	郎	24 758	4.68%
茅台	32 905	4.60%	泸州	36 979	4.25%	茅台	22 155	4.18%

---

① 周洪博.业外资本"入驻"白酒业[N].中国联合商报,2011-7-1.

（续表）

2008	总投放	占 比	2009	总投放	占 比	2010（1~5）	总投放	占 比
杏花村	23 667	3.31%	洋河	31 946	3.67%	剑南春	20 178	3.81%
枝江	18 218	2.54%	杏花村	26 385	3.03%	洋河	20 076	3.79%
衡水	17 818	2.49%	郎	25 050	2.88%	双沟	16 788	3.17%
稻花香	16 709	2.33%	衡水	20 373	2.34%	杏花村	14 097	2.66%
宋河	14 440	2.02%	稻花香	20 356	2.34%	古井贡	13 495	2.55%
白云边	14 103	1.97%	舍得	17 959	2.06%	口子	13 272	2.51%
2008	央视投放	占 比	2009	央视投放	占 比	2010（1~5）	央视投放	占 比
五粮液	30 616	18.93%	五粮液	27 797	14.31%	五粮液	16 476	10.40%
茅台	17 086	10.57%	茅台	19 658	10.12%	郎	13 556	8.56%
泸州	14 681	9.08%	杏花村	18 116	9.33%	泸州	11 887	7.51%
杏花村	13 263	8.20%	舍得	17 429	8.97%	舍得	11 741	7.41%
舍得	10 347	6.40%	郎	16 771	8.63%	洋河	10 115	6.39%
水井坊	9 408	5.82%	泸州	12 779	6.58%	杏花村	9 505	6.00%
洋河	8 680	5.37%	洋河	10 647	5.48%	茅台	8 736	5.52%
丰谷	6 153	3.80%	剑南春	9 720	5.00%	剑南春	8 364	5.28%
剑南春	5 179	3.20%	稻花香	5 797	2.98%	双沟	7 223	4.56%
郎	4 889	3.02%	衡水	5 372	2.77%	稻花香	6 093	3.85%

前些年，白酒的一些品牌可谓风光无限，通过广告投入进行促销的方式创造了业内的奇迹，秦池、孔府家、孔府宴利用中央电视台黄金时段的广告轰炸，在短时间内塑造了极高的知名度。虽然后来种种原因使这些品牌走向没落，但是广告对于提高品牌知名度的贡献是有目共睹的。在当时的中国，市场经济并不十分成熟，有品牌意识并且利用了最有效的媒体资源时，知名度就成就了一切。

随着市场经济的不断成熟和企业品牌意识的逐渐加强，白酒的广告之战逐年升级，一路走来风风火火，气势轰烈，好有一番"你方唱罢我登场"的劲头。白酒广告经历了消费观念、营销观念、服务观念由不成熟走向成熟的三位一体的发展历程，如今面临的是品牌文化的竞争和价值观的竞争。建立品牌文化，白酒必须从品牌历史与气质出发,挖掘出新颖独特产品亮点,来迎合广大消费者对白酒附加价值的深层需求,从而树立起领先品牌。

三、白酒广告创意

1. 白酒广告的文化诉求

白酒广告对于文化的挖掘一直没有中断,漫长而丰厚的中国文化有着太多的精髓,运用得贴切、合理,便可以使酒品牌提炼出品牌的核心价值,在市场上争得一席之地。纵观白酒市场,金六福、国窖1573、剑南春等无一不是对传统的中国历史文化进行挖掘,将之与酒品牌联系,迎合消费者的精神文化需求,最终达到营销的目标。

(1) 历史文化诉求。"酒是陈的香",中国酒文化具有一种独特的怀旧性。传统酒文化一直影响着酒的生产和消费,所以历史文化诉求点是白酒广告经常使用的创意元素。同时历史资源是稀有而珍贵的,所以酒类品牌更加抢占资源,迎合消费者心中追求的一种历史厚重感和对经典的向往与认同。

案例 1:国窖 1573

电视广告文案:1877年,留声机发明,你能听到的历史,131年;1839年,照相术产生,你能看到的历史,169年;1573年,国窖窖池兴建,你能品到的历史,435年。

"声音的历史、视觉的历史、品味的历史",科学发展史上重大事件的引入,使国窖1573犹如饱经沧桑又充满智慧的品位大师,通感的排比文案严谨地揭示了1573的悠久历史。

案例 2:泸州老窖

电视广告文案:老,是历史;老,是传承;老,是信任。泸州老窖传经典,百年窖香老泸州。

泸州老窖以三个"老"字构成三个排比,简单有力地传达了老泸州的久远历史,并以"信任"来迎合普遍的受众心理。

剑南春、水井坊、汾酒等也通过这种历史的注入,使得消费者对酒品牌形象的悠久、经典表示认同,满足消费者的文化怀旧心理,以及对老品牌的信任感。

- 品味人生,典藏历史/千年精酿——剑南春
- 400年的老窖飘香,中国人的骄傲——泸州老窖
- 600年品质缔造,穿越历史,传承文明。水井坊,第一坊——水井坊
- 悠悠岁月酒,滴滴沱牌情——沱牌酒

● 酒是陈的香,百年老字号——枝江大曲

(2)儒道文化诉求。儒道文化是中国文化的正统和经典,也是不可复制的文化资源,在漫长的历史发展中成为中国文化深层结构的一部分。儒家哲学讲求"礼"和"仁",道家哲学思想的根基是"道"与"无为"。

中国两大名酒茅台与五粮液都推崇儒道文化。五粮液以儒家中庸文化为其文化品质,茅台走向了道家的无为文化。五粮液表现为积极进取,茅台表现为顺其自然。五粮液与茅台都积极向主流社会的核心价值观靠拢,并力图证明自己代表着最正宗、最优秀的文化传统。可见作为酒业的领导者对于文化核心的把握是极其重要的。

案例1:古井贡酒

电视广告文案:放松自我,让心与自然为友,古井贡酒,天地人和。

"天地人和"出自《庄子》,是庄子思想的精髓,对中国文化起到深远的影响。古井贡酒运用"天地人和"的经典传统文化塑造品牌形象,不仅与酒品牌的历史相匹配,并蕴涵着古井贡酒对"大品牌、大境界"的一种追求。广告以唯美的画面营造出一种天地合一,如图8-3与8-4,人与自然完美相融的悠然景象,令人心驰神往。

图8-3

图8-4

案例2:小糊涂仙

电视广告文案:做什么神仙最洒脱?小糊涂仙!聪明!聪明难,糊涂更难!

小糊涂仙在文化营销如此激烈的竞争中能脱颖而出,成为后起之秀,的确难得。"糊涂"一词听上去似乎简单,却包含着一种生命的张力和生活的智慧。"宁武子,邦有道,则知;邦无道,则愚。其知可及也,其愚不可及也。"出自《论语·公冶长》,讲的就是孔子所敬仰的宁武子高深的人生智慧,"其知可及也",大多数人可以做到,但"其愚不可及也"就很难做到了,这就是"难得糊涂"的大智慧。

"小糊涂仙"向消费者传达的就是一种处事智慧,糊涂不是昏庸,是为人处世豁达大度,拿得起,放得下,要求人在生活中想得开,看得开,该糊涂的时候就糊涂。其实这是一种酒中圣境,当饮酒时连同生活的苦闷烦恼一并饮尽,在一种一切都不那么有所谓的状态下忽然领悟,才发觉糊涂其实是一种智慧,是一种气度。这一文化内涵与中国千年贤士圣哲们的人生境界一脉相承,引起消费者的强烈共鸣。

广告运用朋友间对话打趣的形式道出了"糊涂"文化的大境界,并强化了受众对于品牌名称的记忆,整个广告也充满了文化气息。这样的文化定位同时也扩宽了受众群,使品牌文化传播得更远更广,再如下列广告:

● 舍得,感悟智慧人生。——舍得酒

● 高炉家酒,和谐为上——高炉家酒

● 孔府家酒,叫人想家——孔府家酒

● 喝孔府宴酒,做天下文章——孔府宴酒

● 中庸和谐,完美品质——五粮液

(3) 福文化诉求。白酒品牌通过对寄托情感的宣扬,可以引起品牌理念和消费理念的共鸣,使产品和情感融为一体。福文化早已深深植根于中华民族的意识之中,所以酒类广告选择吉庆文化作为诉求点是可以深得受众之心的。

案例1: 金六福的"幸福渲染"(见图8-5)

图8-5

金六福的文化营销是酒类文化营销中的典范,通过对消费群的深度调查,以"幸福的源泉"进行品牌理念渲染。从最初"开门见福"到"好日子离不开它",再到"结婚就要金六福酒"、"我有喜事,金六福酒"、"中秋团圆,金六福酒"、"春节回家,金六福酒"等,"福"文化的品牌核心贯穿金六福营销的每一个阶段,使品牌形象不断稳固,品牌文化深入人心。金六福也从五粮液旗下的一个子品牌成为拥有独立品牌的企业。

案例2: 稻花香——分享收获的喜悦

电视广告文案:丰收是成功的喜悦;丰收是一生的托付,丰收是幸福的团圆,丰收是爱的延续,丰收是共赢的激情。稻花香珍品一号,人生丰收时刻,稻花香。

南宋词人辛弃疾曾写过"稻花香里说丰年,听取蛙声一片"的名句。酒的名称直接使人联想到"收获"的喜悦,学业的收获,爱情的完满,家庭的团圆,事业的进步,梦想的实现……每一个丰收时刻都满含爱和激情,每一个丰收时刻都孕育着梦想与荣光,这就是"稻花香"所承载的幸福和圆满。

广告以五个排比的手法来演绎人生最重要的五个时刻,每一张笑脸都满含深深的幸福,整个广告充满着喜悦与感动,深深地感染着受众,仿佛稻花香里酿造着完美的人生。斟满一杯美酒,诉说一分收获,酿造灿烂的笑容,一切都融进稻花香的芳香里。

酒类广告对吉庆文化的诉求非常之多,以下略举几例。

- 喝金种子酒,过好日子——金种子酒
- 酒到福到,梨花老窖——梨花老窖
- 中国人的喜酒,兰陵喜临门酒——兰陵喜临门酒
- 北京醇,好运带给您——北京醇酒
- 品全兴,万事兴——全兴酒
- 大喜自然开口笑——开口笑酒
- 日照特曲,祝您幸福——日照特曲
- 喝福星酒,运气就是这么好——福星酒
- 打开金坛子,幸福一辈子——金坛子酒
- 金铺子一开,好运自然来——金铺子酒
- 身边的幸福,身边的酒——老白干酒

2. 白酒广告的品位诉求

白酒作为一种情感与文化的消费品,始终不限于满足最基本的功能型价值,而是上升为对归属、尊重和地位等方面的价值品位追求。水井坊的成功就在于其宣扬了一种高贵与尊贵的生活方式,在白酒广告诉求中脱颖而出,成就了一个年轻品牌的传奇。

案例 1：水井坊——中国高尚生活元素(见图 8-6、图 8-7)

图 8-6

图 8-7

电视广告文案：开创一段历史，源远流长；开拓一方文明，闪耀世界；开启一种生活，成就高尚。水井坊，中国高尚生活元素。

"历史、文明、高尚"，"开创、开拓、开启"，组成了"金狮"篇架构的主线；以西方歌剧与中国鼓点结合的史诗音乐开篇，呈现出东西方交汇的国际化姿态，体现出水井坊走向国际的襟怀和气魄；以雄狮为图腾，以水墨渲染张力、以日冕与祥云等中国元素结合演绎的手法，展现高尚人士的精神追求及大国崛起的文明成就。同时，也表达出水井坊的品牌精神及作为中国高端白酒发展的风向标的品牌自豪感，激发消费者对中国高尚生活的热爱和共鸣。①

案例2：汾酒，开启尊贵生活

电视广告文案：源远流长，载誉一生；清香典雅，天赋高贵；汾酒，开启尊贵生活。

汾酒是我国清香型白酒的典型代表，工艺精湛，源远流长，素以入口绵、落口甜、饮后余香著称。汾酒产地杏花村的酿酒历史已有6 000年，悠久的历史积淀了产品的高品质和可信度，也赋予了汾酒厚重感与尊贵感。在民众的消费概念中，白酒的历史文化就代表着其品质，代表着一种尊贵。历史的悠远才能成就精湛的酿酒工艺，并经过岁月的流转使品牌升华出独特的气质与内涵，从而在消费者心中塑造出一种王者的尊贵与高尚形象。

图8-8

汾酒具备了成就"尊贵"的品质与优势，所以广告创意以"开启尊贵生活"进行诉求，激发消费者对尊贵体验的向往与追求。享受尊贵是人们共同的生活追求，同时隐喻着对成功人生的渴望，凡此类广告，总以成功的男性形象来展示高贵的生活方式（见图8-8），刺激受众分享与感受的欲望。在消费者观念的支配下，白酒已经变成一种实现情感寄托和自我价值满足的消费载体，愉悦体验与品位象征越来越重要。

案例3：道光廿五，只为尊贵而生

电视广告文案：何为尊贵？尊贵是166年穴藏陈酿，尊贵是210年皇封贡品，尊贵是承袭千年的满族工艺。道光廿五，只为尊贵而生，中国陈香，道光廿五。

---

① 刘立宾. IAI中国广告作品年鉴·2009[M].北京：中国传媒大学出版社，2009：223.

广告文案中运用排比的手法,以五个"尊贵"来强调道光廿五的品牌定位。尊贵不是财富的炫耀,尊贵不是强权的专横,真正的尊贵是来自对世界的包容、友善、内敛、从容。皇家贡品的高尚血统、穴藏陈酿的尊养基因、传承千年的酿酒工艺、以尊贵精神诠释中国陈香,追求时间的淡定与雍容,追求生活的醇和与绵长,体验真正的尊贵。[1]

消费大众对酒类消费价值的评定已经从单一满足基本的心理需求,上升为对归属、尊重和地位等方面的情感追求。

● 名门之秀——五粮春

● 酿造高品位生活——茅台

● 高贵与生俱来——剑南春

3. 重大活动造就品牌传奇

白酒企业在日益激烈的角逐战中,开始走向公关策略的对弈,公关活动强大的影响力和有效性对企业的发展显示出不可估量的作用。酒类品牌的公关策略中最常见的是赞助行为,表现为赞助商身份的合作或是独家冠名某项重大活动。

案例 1:金六福的体育营销

体育赛事的赞助是企业通过赞助某一项体育赛事或活动,并围绕赞助活动展开的一系列营销,从而借助所赞助体育活动的良好社会效应,提高企业及品牌知名度与美誉度,以获得社会各界广泛的好感与关注,为企业创造出有利的生存和发展环境。

金六福的营销在借时、借势这一点上做得非常到位,一来所费周折少,二来以有限的资源争取无限的利益。2001 年,金六福在精心策划之下,实施"体育营销"的策略,创作围绕着金六福 2001～2004 年中国奥委会合作伙伴、第 28 届奥运会中国代表团唯一庆功白酒、第 14 届亚运会中国代表团唯一庆功白酒、第 19 届冬季奥运会中国代表团唯一庆功白酒、第 21 届世界大学生运动会中国代表团唯一庆功白酒、中国足球队进入 2002 年世界杯出线唯一庆功酒等称号展开。金六福自始看好体育这一王牌,并握准打赢了这张王牌。

2001 年,中国足球队在冲击世界杯的十强赛中胜利出线,主教练南斯拉夫的米卢一时间成了全国人民瞩目的焦点,之后便产生了米卢为金六福代言的"第一次篇"和"庆功篇"。此次代言可以说是近年来最成功的明星代言,米卢的"运气就是这么好"(庆功篇)和"中国人的福酒"(第一次篇)推动金六福 2002 年销售 18 个亿,成功跃升白

---

① 刘立宾. IAI 中国广告作品年鉴 · 2011[M].北京:中国民族摄影艺术出版社,2011:287.

酒三甲。此次金六福的突破意味着一次质的飞跃,从原本的单纯"福文化"营销理念升级为"福文化"与"体育营销"两种营销策略相结合,不仅带来销售业绩的明显增长,更使金六福拥有了自己独立的标志。

案例 2:古井贡酒冠名"感动中国"(图 8－9)

图 8－9

公益活动体现了企业关心社会、关心人类、回报社会的经营理念和社会责任感,企业通过赞助来提升品牌亲和力,塑造了良好的品牌形象。

2011 年,古井贡酒独家冠名央视第一公益品牌节目《感动中国》,使古井贡酒不断传承创新、贡献美酒以及"做真人、酿美酒、善其身、济天下"的企业精神与《感动中国》弘扬社会主流价值、传承中华民族美德的精神相交汇,共同承担起新时期建设精神文明的重任。

古井贡酒本次聚焦核心媒体,与央视深度合作,在 CCTV－1、CCTV－2、CCTV－7、CCTV－13 等多个频道综合发力。古井贡酒还借助广播、户外、LED 电子屏、公交车体、平面媒体、网络媒体等大力宣传此事,扩大评选活动的影响力和覆盖率,达到了媒企和谐共赢,并启动微博、微信等新形式媒体,让受众直接参与。

2011 年,古井贡酒·年份原浆品牌价值达到 140.68 亿元,名列行业前茅,成为安徽地区唯一一个拥有中国驰名商标的白酒企业。现在,企业已经立下目标,在 2015 年末,将要实现销售收入过百亿,将要成为最受尊重的中国白酒企业之一。①

案例 3:郎酒冠名春晚(图 8－10)

央视黄金资源广告招标会有着"中国经济晴雨表"和"市场风向标"之称,吸引着各行业的目光。随着酒业市场竞争不断加剧,白酒行业对此也展开激烈厮杀。历年春晚备受瞩目,有着极高的关注度和极广

图 8－10

① 胡侃,刘洁.权威活动造就高端品牌[J].国际品牌观察,2012(4):90－91.

的传播面,传播力度更是无以比拟的。于是乎,众商家拼尽全力在春晚亮相,以提升品牌的知名度与影响力。自 2009 年以来,郎酒几度冠名春晚,名震全国,对品牌的发展有着不可替代的巨大作用。郎酒集团老总汪俊林对此认识深刻:"亿万观众都集中在一个时间集中关注,而且是一个喜庆、团圆的时刻,那时的品牌传播面是任何时候都无法比拟的,郎酒本身就是情感饮料,举国欢庆的时刻出现,正当其时。"

郎酒冠名春晚的营销效果:2009 年春晚期间,郎酒销售额 3 亿元;在冠名春晚后,郎酒产品受到了消费者的极度信任与强烈追捧,2009 年的 35 亿的销售额比 2008 年的 20 亿增幅高达 75％,同时郎酒品牌价值也得到了较大幅度的提升。

第二节　葡萄美酒夜光杯
——红酒广告的异域情调

美国作家威廉・杨格说:"一串葡萄是美丽、静止与纯洁的,但它只是水果而已。一旦压榨后,它就变成了一种动物,因为它变成酒以后,就有了动物的生命。"

红酒(Red Wine)是葡萄酒的通称,并不一定特指红葡萄酒。红酒有许多分类方式,以成品颜色来说,可分为红葡萄酒、白葡萄酒及粉红葡萄酒三类。其中红葡萄酒又可细分为干红葡萄酒、半干红葡萄酒、半甜红葡萄酒和甜红葡萄酒,白葡萄酒则细分为干白葡萄酒、半干白葡萄酒、半甜白葡萄酒和甜白葡萄酒。①

根据红酒的来源地,有一种划分法将其分作"旧世界红酒"和"新世界红酒"。旧世界红酒一般指欧洲(尤其是法国和意大利)出产的红酒,他们在国际市场上价格较为昂贵。"新世界红酒"红酒是指澳大利亚、智利等国家出产的红酒。

葡萄酒起源于一个美妙的误会。曾经有一位波斯国王,非常热爱葡萄,于是把未吃完的葡萄收藏起来,他担心葡萄被人偷吃,在容器外注明此物"有毒"。然而国王经常忙于国事,忘了收藏葡萄一事。恰好在此时,曾被打入冷宫的一位妃子痛苦难耐,发现了这一"毒品"。妃子欣喜,想着生命终于可以了断,她便打开容器准备饮尽此物,然而这看似像毒药的液体不但没有任何副作用,喝完之后还倍感享受。妃子于是将此事告知国王,国王大惊,试饮之后果然舒畅,于是妃子再度被宠爱,诱人的葡萄酒就这样诞生了。

---

① 资料来源:百度百科.

公元前 6000 年,波斯人最先掌握了葡萄酒的酿造技术,后来随着战争和移民,葡萄酒的酿制方法逐渐传开。最早到达的是文明古国埃及,公元前 3000 年的时候埃及人就已经开始饮用葡萄酒。再后来有航海家将葡萄的种子由尼罗河带到罗马,于是罗马人也开始酿制葡萄酒。随着罗马帝国实力的扩张,葡萄酒迅速传遍了整个欧洲。到了 17 世纪、18 世纪,欧洲殖民主义的扩张,葡萄种植以及葡萄酒的酿制方法也由此传遍了世界各地。

一、中国葡萄酒发展概况

1. 中国葡萄酒产业机遇与挑战并存

葡萄酒作为"舶来品",在我国的发展较为缓慢。经过几十年的努力,现如今终于逐步形成了环渤海湾、西北、东北、云南、黄河故道等多个葡萄酒特色产区。近年来随着社会经济的发展和人民生活水平的提升,特别是中产阶层的发展壮大,以及人们饮酒习惯的改变,中国葡萄酒的消费量也呈现出了快速增长的趋势,在酒类消费中的比例已不断提高。

2006 年葡萄酒行业进入平稳发展期,近 5 年更以 20% 的速度连年增长。2010年,我国葡萄酒年产量达到 108.9 万千升,工业总产值 309.5 亿元。五年间,产量增长了 150.7%。中商情报网发布的《2012～2016 年中国葡萄酒市场调研及前景预测报告》数据显示:2012 年上半年,全国葡萄酒的产量达 60.8 万千升,同比增长 17.51%。6 月份,我国生产葡萄酒 13.67 万千升,同比增长 31.45%。①但中国葡萄酒产业在迎来机遇的同时也面临挑战,据中国海关最新数据显示,2011 年进口葡萄酒占国内葡萄酒消费量的比重为 24% 左右,过去 5 年之间翻了将近 5 倍。这个速度还在继续增长中,在《2012 年 1 季度中国葡萄酒行业市场研究报告》中有另外一组数据,2012 年 1～2 月,我国进口葡萄酒数量达到 6.40 万千升,同比增长 0.20%。②这样的发展态势一方面显示着中国葡萄酒市场的潜力和前景,另一方面也带给我国葡萄酒产业巨大的挑战。葡萄酒受产地影响,进口葡萄酒的知名度以及品质、品牌的影响力对国内葡萄酒构成了一定的威胁,在此情形下,广告作为争夺市场的主要工具日益频繁地为各大葡萄酒品牌所倚重。

---

① 华夏酒报·中国酒业新闻网[OL].中国情报网,2012－7－27.
② 华夏酒报·中国酒业新闻网[OL].广州日报,2012－7－25.

2. 中国葡萄酒传奇——百年"张裕"（见图 8 - 11）

1892 年,爱国华侨张弼士投资创办了张裕酿酒公司,中国葡萄酒酿造的工业化序幕由此拉开。真正的发展是在 1949 建国年之后,烟台、青岛、北京、太原、通化等地纷纷建起了葡萄酿酒厂,初步形成我国葡萄酿酒工业格局。随着改革开放的脚步,我国开始对各种先进葡萄品种进行引进栽培,并大力改进酿酒设备,提升酿酒工艺,我国葡萄酒取得了跨越性的发展。

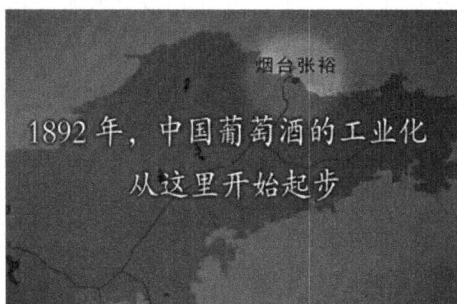

图 8 - 11

1915 年,张裕葡萄酒在巴拿马太平洋万国博览会上夺得 4 枚国际金奖,分别是张裕(可雅)白兰地、红玫瑰葡萄酒、琼瑶浆(味美思)、雷司令白葡萄酒,从此成名天下。1952 年、1963 年、1979 年连续 3 届全国评酒会评出的中国八大名酒,张裕金奖白兰地、味美思和红葡萄酒名列其中。

1987 年张裕中国烟台被国际葡萄、葡萄酒组织命名为亚洲唯一的"国际葡萄——葡萄酒城",在后来的世界级评酒会上多次获得殊荣,张裕公司成为同行业获得国际国内大奖及荣誉称号最多的企业。1993 年 10 月,张裕商标被国家认定为中国驰名商标,1997 年和 2000 年张裕 B 股和 A 股先后成功发行并上市。

2001 年 8 月 8 日,张裕集团与法国葡萄酒大王卡斯特集团签约了战略合作协议,吸引了全世界葡萄酒商们的目光,有媒体这样报道:两位"大佬"的结盟是对现有格局的一次突袭。张裕严格按照国际"3S"标准:大海(SEA)、沙滩(SAND)、阳光(SUN),建成了中国第一座符合国际酒庄标准的专业化葡萄酒庄园——张裕·卡斯特酒庄。张裕的国际化,正随着与国际同业的合作一步一步的深下去。

2002 年,张裕建成烟台酒庄,其他葡萄酒企业也踊跃跟进,标志着中国葡萄酒业高端市场进入酒庄时代。2006 年,张裕与全球冰酒出口量最大的加拿大奥罗丝冰酒公司合资建立了张裕黄金冰谷冰酒酒庄。同年,新西兰张裕凯利酒庄在新西兰正式成立,这是一座集葡萄酒酒庄、高尔夫、旅游度假为一体的贵族式高尔夫葡萄酒酒庄。2007 年,拥有意大利、美国、葡萄牙、中国等多国资本的北京张裕爱斐堡国际酒庄正式开业。爱斐堡酒庄开创了融合酿酒、葡萄酒知识培训、旅游和休闲等多种功能的高端酒庄新模式。2009 年,又创立了以张裕为核心的"国际酒庄联盟",2010 年销售收入中,酒庄酒已占公司整体收入的 1/4。

百年历史造就品牌传奇,张裕形成了自己独特的品牌文化,在品牌文化传播方面也独树一帜。2004 年张裕设立旅游公司,深度开发文化旅游资源,从而更广泛地传播葡萄酒文化和张裕品牌文化。如今张裕形成了以酒文化博物馆为中心,串联酒庄、葡萄基地、葡萄发酵中心、现代化生产线的旅游线路,以独具特色的内容和形式吸引了越来越多的游客。

张裕作为一个百年企业,目前无论市场份额还是品牌影响力都是中国葡萄酒业第一品牌。据全球饮料权威调研机构——英国 Canadean(佳纳地亚)公布的《2007 年饮料市场研究报告》显示,2007 年世界葡萄酒 10 强中首次出现亚洲企业的身影——张裕集团以 6.95 亿美元销售收入,位居全球第 10 位,成为亚洲首个跻身全球葡萄酒 10 强的企业。① 福布斯《2010 中国品牌价值排行榜》榜单中,张裕公司位列第 23 位,是该排行榜中唯一一家葡萄酒企业;《福布斯》杂志公布 2010 年亚洲 200 家最佳中小型上市企业排行榜中,张裕市值排名第二;Brandz 2010 最具价值中国品牌 50 强。

二、葡萄酒广告的原料与产地诉求

葡萄酒的产地对其品质高低有着重要的影响,还有如茶叶、咖啡之类的产品,某一产地的优势可能就直接附加于产品本身,成为优质产品的象征,如瑞士的巧克力、中国的茶叶。葡萄的产地直接影响葡萄酒的质地,一瓶好葡萄酒,其风味品质主要是由葡萄品种、种植园土壤及气候条件以及栽培管理技术决定的,所以与生俱来的这种自然资源和地理条件可以说只能来自上帝的偏爱。一直以来,原料与产地诉求是葡萄酒广告中经常出现的诉求点。

案例 1：通天葡萄酒

广告文案：有一种味道来自北纬 43 度,长白山脉,世界第一的山葡萄产地,每日十二小时的自然光照,凝聚于天地之灵秀,纯酿通天山葡萄酒,浓情甜红,回味醇香,适中国人的口感,通天葡萄酒,中国的味道。

这一广告以其原产地为出发点,淋漓尽致得从地理位置、土壤条件、光照时长等方面阐述了山葡萄产地的特殊性,葡萄酒原料的优势;并点出这不仅是通天山葡萄酒的味道,更是中国的特色,适合中国口感,以此来推出"中国的味道"的主题,可谓一举

---

① 蔡桂娟.张裕：酒庄塑高端品牌[J].国际公关,2008(5).

两得,讨得消费者的好感。广告画面也颇具中国风情,如图 8 - 12 所示,饱含自然之
美,与天地之灵气结合得恰到好处。

案例 2：长城葡萄酒

广告文案：太阳有两个,一个是给别处
的,一个是给我们的。上帝一定也爱葡萄
酒,给了我们与别处不同的阳光与土壤。在
堪与波尔多比肩的葡萄产地,阳光善解人
意,气温恰到好处；675 ml 的平均降水不多
不少,仿佛上天用量杯悉心量过；当然还有
排水优良的砂质土壤,在输送充足养料的同
时,亦不会影响葡萄的甜度。如此天赋的条

图 8 - 12

件,才长出颜色与味道俱佳的葡萄,并摇身化作了独具灵性的葡萄美酒。长城葡萄
酒,不但源自享誉世界的黄金产地,更出自有时间为证的酿造经验和独具一格的储藏
工艺,让好酒之间没有距离,只有共同的酒香。地道好酒,天赋灵犀,长城葡萄酒。

中粮集团旗下的长城葡萄酒是中国葡萄酒中的名品,在国内占据着主要的葡萄酒
市场。长城葡萄酒的一系列广告都非常出彩,这一则文案强调的是原产地风范,因为葡
萄酒七分靠原料,三分靠酿造。好产地、好品种、好年份,这些都是酿造好酒的优势。该
文案运用了对比、拟人等手法,非常动情地描摹了长城葡萄酒的产地优势,堪称经典。

三、红酒广告中性元素的运用

在现代广告的表现中,以一种挖掘人类意识深处的需求与欲望而达成广告目的,
变得越来越重要。红酒因其独特的气质与属性,广告创意经常运用性元素进行表现,
以女人的身体或者两性的激情来演绎,从而形成对受众强烈的吸引。

案例 1：CAMPARI CALENDAR 的绝色诱惑

意大利名酒金巴利(也称“康帕利”)2007～2010 拍摄的月历广告(见图 8 - 13 和
图 8 - 14)分别为“红酒艳情”“性感童话”“绝色诱惑”“致命邂逅”。每一个模特都如性
感尤物,风情万种,能够唤起人们潜意识里的天然欲望,并引发联想。金巴利的广告
以女性的肢体来阐释性感,传达产品所具有的美的价值与内涵,调动受众对产品的倾
慕感。强烈的视觉冲击带来的吸引力与诱惑力是一种对人性深处天然本能的说服,
从而调动受众的感觉,增强欲望。

图 8-13

图 8-14

案例 2：葡萄酒广告中的象征性"性喻诉求"

在葡萄酒广告中，有时并不会直接以肢体形象出现，来直接性地表现"性"，而是通过酒杯的摆置构成一种躯体造型（啤酒广告也有很多类似的表现形式，如喜力、健力士），隐含性地表现"性"，巧妙地传达了信息，又表达了葡萄酒的功能诉求。如图 8-

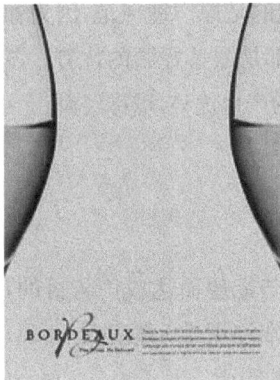

图 8-15

15 所示，两支酒杯中间隐约含蓄地显现出一位曼妙女子的性感腰部，受众也仿佛感觉到了妩媚婀娜的女子就在眼前。

美国广告学者大卫·里斯曼和迪莫西·哈特曼指出，性诉求广告只有和产品相匹配时，受众的注意力、记忆率才能同广告信息的强度成正比，反之性元素仅仅作为一种吸引目光的诱饵，只会导致受众的注意力的分流，无暇顾及产品的信息。性元素的运用既要合理又要有技巧，才可以达到广告初始的效果，性元素的使用如果超过了微妙的度，就会陷入色情之嫌疑，影响广告效果与品牌形象。

四、植入式广告：葡萄酒营销的新途径

植入营销（Product Placement Marketing）又称植入式广告（Product Placement），是一种嫁接营销模式，在国外已有百年的历史，是指将产品或品牌策略性地融入电影、电视剧或电视节目中，通过场景的再现，让观众对产品及品牌留下印象，进而达到营销的目的。

　　国外葡萄酒早已开启了植入营销的里程,并且在电影中植入后,取得了非常好的效果。电影《杯酒人生》取景于美国的著名葡萄酒产区加州的索诺玛,通过好莱坞大片的非凡影响力,直接带动葡萄酒黑比诺的消费。据 AC 尼尔森公司发布的数据显示,《杯酒人生》影片放映短短几天之后,黑比诺的销量就大幅攀升,直接引发了美国葡萄酒的销售狂潮,所以不得不感叹这是影视娱乐与商业的完美结合。

　　法国作为顶级红酒的产地,几大名酒庄都曾在电影中植入。《失乐园》中植入玛歌酒庄葡萄酒,《007 皇家赌场》中植入金钟庄葡萄酒,《龙凤斗》中植入白马酒庄葡萄酒,《门徒》中植入珀翠酒庄葡萄酒。

　　葡萄酒广告近几年在我国影视剧中的植入也颇为可观,《将爱情进行到底》中植入波尔多原产品牌巴克龙葡萄酒,《非诚勿扰》中植入温莎堡红酒,《我知女人心》中植入张裕红酒和帕图斯红酒。尤其是在《将爱情进行到底》中,巴克龙红酒贯穿整部电影,三个假设场景全部用到,使品牌形象鲜明地"植入"观众心中。

　　除影视剧外,植入式营销的平台还有很多,只要是受众经常接触的娱乐平台,比如真人秀节目、相亲类节目、访谈类节目等,都可以作为植入营销的载体,相信众多的载体和平台都将为葡萄酒的营销提供多方面选择(见图 8-16～图 8-19)。

图 8-16

图 8-17

图 8-18

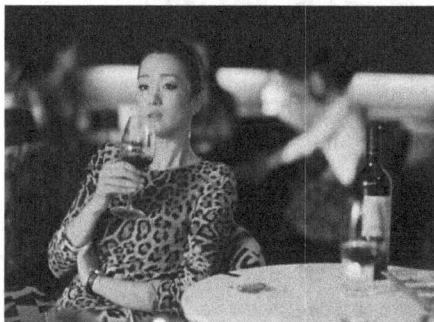

图 8-19

第三节　人生得意须尽欢
——啤酒广告的激情营销

　　"玩足球的人喝啤酒,玩高尔夫的人喝红酒。"这是 ASC 精品葡萄酒公司董事长唐·圣皮埃尔爵士的论断。啤酒,作为在狂欢、胜利、庆祝时最受青睐的饮品,喝的不只是滋味,更是一种 high(高涨)的氛围。啤酒通常使人联想到相聚的人群、相互碰撞的酒杯、欢快的笑声,联想到激情的赛场、疯狂的观众、胜利的喜悦……给人一种激情四溢的感觉。

　　啤酒起源于巴比伦和亚述(即今地中海南岸地区)。古代美索不达米亚人(现属伊拉克)和埃及人生产和消费啤酒最多。欧洲西部高卢人(现属意大利北部、法国、比利时、荷兰、德国、瑞士)、塞尔特人(现属爱尔兰、英国)、撒克逊人(现属德国撒克逊人)也生产和饮用啤酒。其实,啤酒最初并不称"啤酒",直到 13 世纪,自德国巴州寺院开始用酒花作为啤酒香料以后,才把这种含少量酒精的饮料,称为啤酒。

一、德国——啤酒王国

　　德国的啤酒酿造业是闻名世界的,如中国的白酒,法国的葡萄酒一般。德国对啤酒发展史和酿造科学的贡献也是非常了不起的,可类比该国对哲学、文学和音乐的贡献。啤酒被称作"液体面包",是德国人每日最重要的饮品,并形成了一种特殊的"啤酒文化",有悠久的历史、古老的传说和各式酿制方法,还有专属的节庆和舞蹈(见图 8-20)。

　　世界第三大啤酒品牌——德国贝克("BECK'S")啤酒。德国贝克啤酒起源于 16 世纪的不来梅古城,其优良的酿造技术和精湛的酿造工艺,使"BECK'S"品牌影响深远。1876 年,在纪念美国建国一百年的费城世界博览会上,贝克啤酒获得第一届国际竞赛金牌奖的殊荣,此后百余年来所荣获的奖项更是不计其数。

图 8-20

　　贝克啤酒平面广告:

案例1：标题：喝贝克，听自己的！

正文：我，德国贝克啤酒，600年，我就这样坚持自己的独特"啤"气——泡沫一定洁白，色泽一定清亮，口感一定要爽快，我就是要跟你这样从不随波逐流的人交朋友，酒逢知己，干杯！

多么有趣而充满自信、洒脱的气质，贝克啤酒就是这样以坚守个性而吸引年轻消费群体的。一直以来，贝克啤酒坚持对消费者的清晰洞察和对品牌的准确定位，如此便奠定了品牌的气质和在啤酒业中的地位。

案例2：标题：禁酒令

文案：查生啤之新鲜，乃我酒民头等大事，新上市之贝克生啤，为确保酒民利益，严禁各经销商销售超过七日之贝克生啤，违者严惩，重罚十万元人民币（见图8-21）。

此广告文案可谓新颖独特，借用了公文中"令"的写作形式和语言风格，将广告信息以规范的公文形式展现出来，产生了一种强大的说服力。整个文案句子结构简要，语言表达严正，使受众感受到贝克生啤制造商对推出这一营销新举措的严肃、端正的态度。同时，用如此特别的形式来表达，令受众领悟到创意者所提供的幽默，会心一笑间印象深刻。

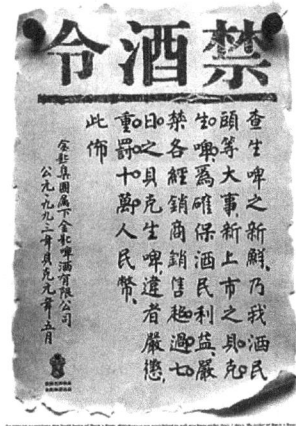

图8-21

二、美国啤酒缔造王者风范

美国是世界上最大的啤酒生产国和消费国，同时缔造出啤酒业的王者，将啤酒推向了极致。据2012年世界著名啤酒十大品牌排行榜显示，世界十大啤酒企业最新排名中，美国就占去了两个席位。一个是诞生于1876年的百威啤酒公司，另一个是位居第七位的美乐（米勒）啤酒公司。

啤酒之王——百威（Budweiser）。世界啤酒市场一直是竞争十分激烈的一个领域，市场引领者的角色，不断在更替。然而，享誉世界的百威啤酒，在几十年来发展中，一直稳坐美国及世界最畅销和销售量最大的啤酒业霸主之位。在美国啤酒市场上几十年来，百威也曾有过品牌定位的调整，然而无论经历怎样的变迁，百威始终不变的是在广告营销策略上的创新和突破，百威所造就的传奇，功勋章至少有一半属于广告。

　　百威一直以出色的广告表现形式和新颖的广告创意来传播品牌形象,其精益求精的态度和永恒进取的品质不仅造就啤酒业的传奇,同时也创造了无数经典并令人回味无穷的广告作品。1996 年,由美国芝加哥 DDB 恒美环球为百威啤酒代理制作了名为"克拉斯代重挽马"的电视广告,讲述的是克拉斯代马赢得一场橄榄球赛的故事。此广告创意出色,制作技艺高超,整体广告效果极为精美,凭此摘得了戛纳国际广告节金狮奖。

　　之后的广告中,百威的形象有所转变,从马背上的王者形象转变为更接近受众的平民形象,这也是百威经过对消费者深入调查后的策略调整。广告故事的主角从克拉斯代马转变为可爱的青蛙和鳄鱼,随即出炉的有"百威蜥蜴"、"百威青蛙"、"蜥蜴路易"等系列广告。1999 年,百威制作了一些以市民幽默为主题的广告,其中极为经典的两部广告片,"上路"(Open road)和"再次上路"(On the road again)又一次获得了戛纳国际广告节金狮奖。

　　百威在开拓不同的市场之前,对该区域都要做一个透彻的了解和市场调查,以此为依据来定位广告策略。以年轻人作为啤酒的主要销售目标人群,百威准确地把握了美洲年轻人的生活方式和独特的语言模式。于是产生了五支一系列的经典的影视广告"Whassup",如图 8-22 所示。该广告不仅赢得了纽约克里奥国际广告节的格兰特·克里奥金奖,而且又一次在戛纳国际广告节上摘取了金狮奖。"Whassup"的五支广告通过一个主题,一种风格和一些中心人物充分反映了百威啤酒在美国人生活中不可或缺的地位。广告围绕着当时美国年轻人流行的黑色俚语"Whassup"(怎么了)为中心,以一种自然的,漫不经心的状态,展现当时美国年轻人的一种生活方式。广告不停地重复"Whassup",不仅使这句俚语大放异彩,成为美国年轻人时下最"High"的口语;同时更加强了消费者对这一广告的记忆程度。集风趣、清新、幽默于一身,它也在实际上改变了美国人枯燥无味的看电视生活,"Whassup"的问候语以及喝着百威看比赛的方式,使美国人无趣的电视生活变得更加真实而精彩。①

　　百威在开拓日本市场时将目标锁定为 25～35 岁的年轻男性,然后推出"全世界最有名的高品质啤酒"、"我们爱第一"、"百威是全世界最大、最有名的美国啤酒"的品牌概念,其中"我们爱第一——百威啤酒"的广告文案是:"美式生活就是用百威啤酒润

---

① "Whassup"案例引自张家平,袁长青.影视广告经典评析[M].上海:学林出版社,2005:59.

图 8 - 22

喉,请看这个设计,多么富有星条风味,当您手握此罐,必然,您将会感受到您已将美国紧握手中。当您拉开拉环,纤细泡沫一涌而出,新尝时滋味美妙,喝完后滴滴畅怀,是的,这就是美国味,美国的伟大,诚实的我深深点头,如此完美足堪第一,何不畅饮最大牌的百威。"这样的广告文案句句扣人心弦,受众仿佛已经感受到了百威给予的美妙感觉,产生一种强烈的震撼和向往。广告迎合了日本青年人追求时尚前卫生活的需求,刺激了目标对象的心理渴望。

三、中国啤酒产业发展状况

啤酒是由外国传入我国的酒精饮品。1940 年起到 1949 年止,这是我国啤酒工业的萌芽时期。1978 年以后,我国啤酒工业进入发展时期,啤酒产量增长迅速。1990～1998 年是我国啤酒工业发展的巩固阶段,啤酒年产量居世界第二位。1998 年全国啤酒产 1 987.68 万吨。目前,啤酒工业的发展有两大趋势:一是合资企业越来越多;二是向大型化、集团化、国际化发展。到1998年跨省市的大啤酒集团已占10个,今后发展啤酒工业一方面要继续扩大开放,引进外资;另一方面又要坚决支持和扶植民族啤酒工业,保护和发展国产名牌啤酒。

当下国内的啤酒行业还处在整合期,其行业集中度依然有待提升。美国前四大啤酒企业市场占有率达到90%,而国内啤酒行业前三大啤酒企业的市场占有率只近50%。尚普咨询分析师表示:"随着整个行业的发展以及竞争格局的不断变化,未来5～10年中国啤酒行业依旧会保持'大吃小'的形势,兼并收购将继续。"华润雪花近年的吞并潮势头猛烈,中信建投证券研究报告显示,华润旗下啤酒业务净利润率从2006年不到2%提升至2010年的3.2%,这样的先扩张规模而后提升利润的战略似乎已彰显其优势。[①]

在外资啤酒抢占市场份额的同时,企业欲走出低层次的价格战,更应注重建立品牌竞争的概念。通过向市场提供高品质的产品、完善的销售服务和整体形象来吸引消费者,从而提升企业的整体形象。啤酒行业未来增长空间将主要来自行业集中度提升后的企业销售利润率的提高,龙头企业将成为未来啤酒行业最大的受益者。规模小的企业生存将异常艰难。[②]

青岛啤酒——中国啤酒的骄傲。青岛啤酒(以下简称青啤)的前身是"日耳曼啤酒有限公司青岛公司"。青啤在一个世纪的发展过程中,虽历尽艰辛,却名震四海。据2012年世界著名啤酒十大品牌排行榜显示,青啤位居第六位。每年一度的青岛国际啤酒节已成为世界最具有影响力的啤酒节之一,来自世界各地的啤酒厂商和啤酒爱好者共同感受着青岛啤酒的激情与魅力。

1993年是青啤发展史上具有里程碑意义的一年,在青啤成立90周年之际,抓住了改革开放带来的重要发展机遇——完成股份制改造,成为首家在海外上市的中国内地企业。2005年,青啤提出全面改革,将视野扩展至奥运会以及全球市场的开拓。2005年8月11日,北京奥组委和青岛啤酒股份有限公司在北京签署协议,青岛啤酒成为2008年奥运会国内啤酒赞助商。青岛啤酒的奥运营销坚持"三位一体"营销模式:"品牌传播"、"产品销售"和"消费者体验"集于一体,将奥运精神传达给社会和公民,将体育与娱乐统一起来,打造出全民、媒体、社会还有奥运共同参与的影响性品牌,将资源的全方位整合发挥得淋漓尽致。

---

① 啤酒行业未来增长空间在哪里[OL].中国酒业新闻网,2012-7-23.
② 啤酒行业未来增长空间在哪里[OL].中国酒业新闻网,2012-7-23.

1. 营销手段

2005 年,青啤在北京推出第二款新品"大优精品",此举是奥运营销的前奏。之
后,青啤冠名央视《梦想中国》,传播"激情
传递梦想"的口号,此次冠名是企业品牌主
张首次进入央视栏目的活动主题,如图 8 -
23 所示。

2006 年,青啤与央视联手打造"观球
论英雄",此次活动提供了青啤与球迷互动
的平台。2006 年 6 月,青岛啤酒和湖南卫
视在全国范围内举办一项名为"青岛啤
酒——我是冠军"的平民化户外竞技活动,

图 8 - 23

历经全国 18 个省的 43 座城市。电视、广播媒体进行覆盖传播,以及公关传播和论坛、
博客等网络营销手段,配合消费体验活动,让一个全方位的系统体育营销活动呈现在
大家面前。

2007 年,青啤签约国家跳水队。2007 年 3 月 31 日,青啤作为赛事"全球高级合作
伙伴"宣布将再次与厦门国际马拉松赛牵手,这是青岛啤酒连续第五次赞助厦门马拉
松赛。2007 年 4 月,青岛啤酒携手中央电视台联合举办了青岛啤酒·CCTV·倾国倾
城"最值得向世界介绍的中国名城"大型电视活动,此次活动吸引了全世界的眼光,众
多组织与媒体参与其中,累积参与人数达 500 多万。在 2007 年北京奥运会倒计时
500 天之际,青岛啤酒发布了首款针对年轻人而设计的运动型啤酒——"欢动啤酒"。
2007 年,青啤还赞助了中国网球公开赛。

2008 年,"激情欢动,为您干杯"的青啤全球奥运激情征集活动全面启动。

2. 营销效果

2006~2007 年,青啤全方位营销显示效果。2008 年前三季青岛啤酒的产品销量
同比增长 28%;实现主营业务收入 128.9 亿元,同比增长 17.5%,均远高于同行业增
长率(6%左右)。据"世界品牌实验室"公布的数据评估,青岛啤酒的品牌价值已经从
2005 年的 199.91 亿元上升到 2007 年的 258.27 亿元。① 另据益索普奥运赞助效果跟
踪研究报告显示,青岛啤酒的奥运营销在促进产品销售方面提升最大,被访者的购买

---

① 营销效果资料来源.2008 十大奥运营销经典案例[OL].搜狐体育,http://sports.sohu.com/s2008/
qdpj/.

意愿从 54.1% 提升到 75.7%，增长 21.6%，位居所有奥运赞助商之首；青岛啤酒"激情成就梦想"的品牌口号位列最具记忆度的奥运口号第 4 位，其奥运赞助商身份认知也高居前十名。

同时，随着奥运的结束，青啤在 2008 年揽获众多殊荣，"奥运营销十大经典案例"、"2008 北京奥运十佳品牌营销奖"、"最佳奥运营销案例奖"……但是青岛是要走向国际的，所以这只是一个起点，2008 年，青啤签约了 NBA，这是青啤走向国际化之路的又一次启程。

目前，青岛啤酒品牌价值已达 502.58 亿元，跻身世界品牌 500 强，是世界第六大啤酒供应商。2011 年上半年，青岛啤酒产销量达 375 万千升，净利润 9.9 亿元，呈现出可持续发展的良好态势。

四、啤酒品牌的运动之路

体育营销堪称 21 世纪最有效的市场推广工具之一，是企业经营中的一种战略，各行各业已完全认可和肯定体育营销对达成商业目标的效用。体育普遍吸引与浸透了生活的所有要素，能跨越文化、信仰、种族等障碍，正是体育文化具备的这种公平、平

图 8 - 24

等和无边界的精神与沟通功能，让体育营销圆了众多商家的品牌梦。

案例 1：哈尔滨啤酒赞助南非世界杯

四年一度的世界杯是令球迷们疯狂的，也是令啤酒商们雀跃的。2010 年的南非世界杯，中国品牌完成了一次巨大的突破，有史以来第一次在世界杯的赛场上出现了中国企业的身影，那就是哈尔滨啤酒。

2010 南非世界杯，雪花、青岛、燕京在世界杯期间一个月中的消费量名列前三。哈尔滨啤酒销量和喜欢程度在世界杯后较之前有明显提升。哈尔滨啤酒的营销成就，源于以世界杯为平台的全方位营销宣传体系，整个宣传以世界杯赛场广告为主，辅以电视宣传、户外广告、新媒体等营销手段。

世界杯巨大的影响力使哈尔滨啤酒的品牌形象得以迅速改善，是啤酒赞助商中形象提升最为明显的。赞助世界杯可以在消费市场上提升产品名气并获得一种大品牌的认知感，当消费者得知哈啤的赞助商身份时，超过三成的人数会在未来的消费中

更多地选择赞助商品牌,其实这就是消费者普遍的一种消费认知心理。

案例 2:嘉士伯牵手欧洲杯

嘉士伯自 1988 年起开始赞助欧洲杯,是历时最长的欧洲杯赞助商之一。2012 年 6 月欧洲杯豪门大战的硝烟渐渐四起。当球迷拉帮结友安排看球时,啤酒品牌早已准备好点燃整个赛事。

早在预热阶段,嘉士伯就在各种社交网络上进行宣传,鼓励全世界的球迷下载嘉士"2012 年欧洲杯应用程序",在欧洲杯 31 场比赛期间为嘉士伯最佳球员进行投票,最终统计超过 300 万人通过苹果商店和安卓商店上免费下载了该程序。嘉士伯此次还借助手机的 APP 应用和 SNS 互动,将体验营销与品牌精神紧密结合在一起,另外嘉士伯还拥有欧洲杯每场比赛的最佳球员颁奖权,将在全球范围内征选球迷去现场看球,让激情欧洲杯的欢愉气氛带给更多人,也植于这个古老的品牌气质中。此次营销可见嘉士伯所展现出的创意,这是品牌营销的关键所在(见图 8 - 25)。

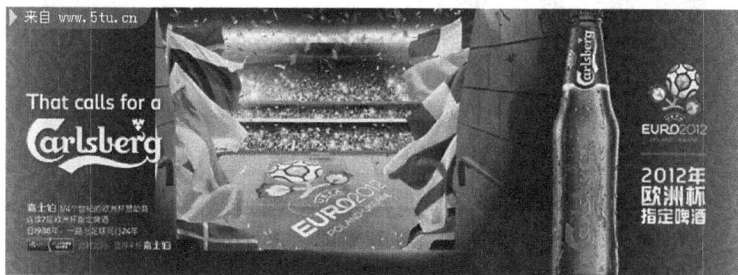

图 8 - 25

此次的体育营销效果非常乐观,数据显示,有大约 670 万人次球迷光临波兰和乌克兰的八个嘉士伯球迷公园,公司在 2012 年欧洲杯中的场馆销量比上届欧洲杯大幅增长 40%。欧洲杯参赛的 16 个国家里,嘉士伯在其中 15 个市场占据领先位置。

五、情感体验——啤酒广告的温情说服

美国未来学家约翰·奈比斯特说过:"未来社会正向着高科技与高情感平衡方向发展。"[1]情感消费,不仅要求产品或品牌能唤起个人的情感体验,也能引起人们的美好遐想与回忆。

---

① 金定海,郑欢.广告创意学[M].北京:高等教育出版社,2008:147.

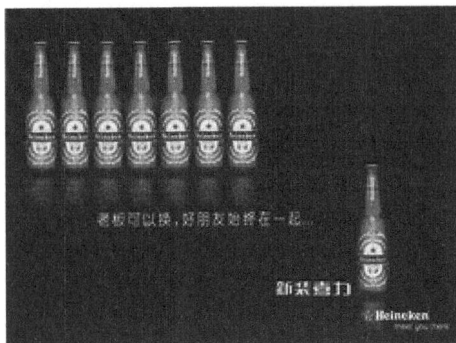

图 8 - 26

案例 1：喜力啤酒的朋友主张（见图 8 - 26）

"出头了，就该找朋友喝一杯"，"老板可以换，好朋友始终在一起"，喜力广告，始终将"朋友"作为诉求重点，简简单单的广告词，让我们感受到生活中朋友的重要性，以及对于朋友与啤酒之间的联想。同时也将喜力啤酒比作形影相随的好朋友，不管发生什么事情，始终相伴左右，给受众一种亲近感和温暖感。

案例 2：燕京啤酒——好朋友永远不氧化（见图 8 - 27）

图 8 - 27

杂志广告《光阴的故事之儿时玩伴》文案：真正的咫尺天涯莫过于此：他们身体的距离是 0.01 毫米，心的距离却遥远得无法计算。连他们自己都想不到，20 多年前出生于同一个小镇，玩过同一把弹弓，为争一个鸟窝还打过架的他们，多年后擦肩而过竟没有认出对方。原来再纯真的友情都会被距离氧化！其实，找回友情并不难，打个电话，约个时间……喝杯燕京鲜啤。燕京鲜啤，零氧化，真新鲜！好朋友永远不氧化！

好朋友不会过期，也不会氧化，好朋友永远是心灵的归宿。燕京啤酒在物质与精神之间找到了完美的结合，让人眼前一亮；在进行情感诉求中，创造出个性独特、构思巧妙的创意，在调动受众对于儿时的记忆时，也无形中将燕京啤酒植入消费者的记忆中。

六、啤酒广告探路新媒体

抢占新媒体资源已经成为各大啤酒品牌竞争的一个砝码，通过新媒体平台，可以与受众展开全面互动,建构消费者与品牌的忠实感情,从而实现营销目的。百威、嘉士伯、喜力等跨国啤酒巨头对新媒体的推广应用深入而持续,国内的青啤、哈尔滨、雪花、燕京也走上了新媒体营销之路。

案例 1:百威娱乐营销

百威始终坚持亲民营销,从体育、音乐、电影等最具有容纳性的领域入手。从2002 年开始,每年百威都会有一个主题音乐活动诞生。其中 2009 年 6 月的"百威音乐王国、闪耀 IN 乐国度"全国大型市场活动在上海启动,这是百威规模最大的一次音乐营销,举办了 9 场王者演唱会、63 场 IN 乐迷活动,在全国 14 个城市举办"寻找百威K 歌之王"大赛,同时通过百威中文官方网站以及在新浪网上开设的活动专区进行渗透,在线上和线下展开强大的宣传攻势。

2011 年 9 月 1 日至 10 月 9 日,由百威英博啤酒集团和土豆网联手打造的 4 集百威微电影《麦霸英雄》闪耀登场。这部电影以激励年轻人释放青春热情,追求梦想为主题的音乐活力电影。《麦霸英雄》的上线,引发新一轮网络观影热潮,百威利用明星效应、激情的青春与情感感染等策略,获得了年轻消费群体的共鸣,同时传递着百威音乐王国的活力与精神。

案例 2:雪花啤酒"勇闯天涯"(见图 8－28)

"勇闯天涯"是华润雪花啤酒原创性品牌推广活动,也是雪花寻找到的最有效的寄托自己精神内涵和品牌理念的营销载体。它通过探秘雅鲁藏布大峡谷、探源长江、远征国境线、极地探索等多项活动的设置,带领人们一同去探索大自然、挑战自我,这其中灌注着雪花啤酒的积极、进取、

图 8－28

挑战、创新的品牌内涵。活动通过新媒体的影响力将雪花的品牌认知不断进行渗透,以获得消费者的情感偏爱。

网络媒体方面,"勇闯天涯"采用广泛曝光,全部主流媒体攻占的投放策略,配合极具创意的内容,让每一次曝光都有看得见的效果。网络公关方面,"勇闯天涯"结合多个社会热点,通过论坛营销、病毒视频营销等多种营销手段,覆盖目标消费者全部网络行为。

"勇闯天涯"融合了口碑营销、病毒视频营销、互动营销等多种营销手段,全面整

合各种传播资源，将差异化的品牌形象深入地传达给目标受众。

　　啤酒本身并无太大差异，所以从产品出发寻找卖点变得非常困难。当下的个性化消费促使啤酒必须进行品牌差异化的打造，在市场与消费者之间寻求差异化的对接，才能拥有立足之地。此次雪花啤酒"勇闯天涯"的网络活动，是一次具有里程碑意义的新媒体营销实战案例。

典型案例评析

绝对伏特加的艺术营销之路

　　绝对伏特加（ABSOLUT VODKA）的品牌打造，一直是营销历史上的经典。这是一个承载着梦想与荣光，将艺术与文化完美结合的洋酒品牌。绝对伏特加不仅成就了品牌营销的传奇，也成就了广告创意的传奇。"总是相同，却又总是不同"的广告创意哲学使伏特加的广告一直坚持自己的风格与特点，将品牌文化与内涵传播到了全世界，并获得了众多殊荣。

　　"绝对"伏特加（ABSOLUT VODKA）品牌于1879年在瑞典创建，并很快跻身世界顶级伏特加酒的行列。"ABSOLUT"具有双重意思：瑞典文"绝对"是品牌名称；英文"绝对"是绝对的、十足的、全然的意思。

　　绝对品牌自创建以来，始终都坚持"绝对的纯粹而独特"的品牌追求，无论从广告内容、广告创意、广告风格、表现方式等都展示出自己的独特之处和品牌魅力。今日的赫赫之名并不是空穴而来，这是一个品牌在漫长历程中创造的自我传奇。绝对所引领的精神不仅是一种艺术，更是一种文化。一支酒瓶走了100多年，走过了世界的很多角落，于是用这亲身的体验诉说着人类的文化和文明，记载着不同时代和岁月的印记，记录着大自然无须修饰的美，也造就着广告艺术的珍品。

　　绝对伏特加在2003年克利奥亚洲广告展之际，向人们展示了其历年以来的获奖广告作品。自1982年首次在纽约克利奥获奖之后，ABSOLUT VODKA已经在世界范围内不同的广告盛会上获得了至少315个奖项。至2003年ABSOLUT VODKA摘到30个克利奥奖项。不得不惊叹绝对伏特加的壮观广告史，也是对"绝对"艺术营销之路的最好见证。

　　绝对伏特加表现出的是以一种价值理念与多种可供链接的象征符号之间的对应，TWBA公司为绝对品牌创造了"绝对完美"的全新概念，并为其找到了"绝对完美"的表现形式与象征符号。几乎是所有平面广告的画面都以酒瓶子作为中心，这是其艺术想象的战略核心，设计灵感源自瑞典一种古老药瓶，透明的酒瓶传达出一种自信的品牌理念。广告中瓶子下方加一行两个词的英文,首词为商标名称"ABSOLUT",该词为一个表示其品质概念的符号元素的词。"绝对的圣地亚哥"(见图8-29)、"绝对的波修瓦"(见图8-30)、"绝对的布鲁塞尔"(见图8-31)、"绝对的斯皮尔伯格"、"绝对的好莱坞"、"绝对的波士顿"、"绝对的和声"等等,被绝对牌"借题发挥"的符号元素多达12类之多——绝对的物品、城市、艺术、节日、影片与文学、时事新闻等各种社会事件和文化现象,两者互相映照,妙趣横生。

图8-29

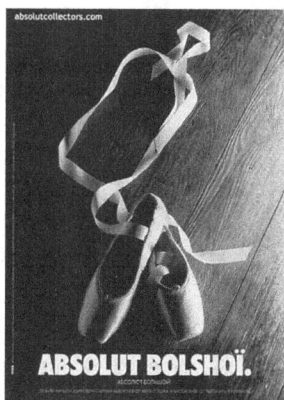

图8-30

图8-31

　　创意之于广告犹如灵魂之于生命。绝对伏特加的广告始终充满着巨大的生命能量,这能量便是源于持续不断的创意。其广告还涉及到很多的领域诸如电影、音乐、摄影等,充满时尚、炫酷,但又不乏幽默与傲气。更聪明的一点是将不同的造型创意元素与所在销售国家的文化紧密相连,创造出了很多既突出地方特有文化,又与绝对的经典瓶形巧妙融为一体的成功案例。1987年,绝对伏特加在美国加州热销,为感谢消费者对其厚爱,TBWA小组制作了一座酒瓶状的泳池,标题是"绝对的洛杉矶"。直接结果是得到众多邀请,创作城市形象广告,于是便有了"绝对芝加哥"、"绝对西雅图"、"绝对迈阿密"等绝对城市系列。

　　绝对伏特加吸引着世界各地的知名艺术家在"绝对"的瓶身上进行创作,图8-32～图8-34是"绝对"与中国传统元素的结合,图8-32采用了脸谱艺术中常见的勾脸形式使一个伏特加酒瓶的形状浮现出来,脸谱艺术与绝

图8-32

对伏特加的瓶形完美融合,让人不得不惊叹创造力的神奇与魅力。图8-32与图8-33都充斥着浓郁的中国风情,倒置的酒瓶出现了大红"福"字,不仅具有暗示的祝福之意,并且给人以亲切感与吸引力;图8-34的平面广告由我国著名摄影家黄岩拍摄,饱含文化韵味的传统水彩画与伏特加的融合,仿佛有一种空灵感和神秘感,整体广告画面纯净、简单、完美,使绝对伏特加的品牌宗旨得到了非常精彩的展现。

图8-33

图8-34

ABSOLUT的核心价值——纯净、简单、完美,以充满想象、智慧及精致的方式加以诠释。透过酒瓶我们看遍万千世界,透过酒瓶我们看到了创想的伟大。绝对,给你无限的想象和绝对的创造力。被称作艺术珍品的广告使绝对品牌培养了一大批忠实的顾客,同时也拥有了一大批迷恋与收藏绝对广告的受众。1996年底,《绝对伏特加平面广告的故事》一书正式出版,虽定价高达60美元,却也成为人们竞相抢购的对象。

如图8-35、图8-36所示,绝对伏特加的广告视野非常开阔,同时又不乏深度与内涵。达到艺术与文化、艺术与自然、艺术与人性的完美结合。绝对伏特加抛开完全商品化概念,没有把产品作为主要突出的对象,没有把产品的质量作为宣传的重点,

图8-35

图8-36

而是以永远不变的一支酒瓶和赋予酒瓶的无限想象来给消费者广阔的审美与联想空间,追求的是最本真的美,赢来的是消费者狂热的钟爱。广告是一门很深的学问,对广告的应用是需要深入地领悟,绝对伏特加做得非常完美,其成功也极好得证明了广告的巨大潜能。这一潜能可以延伸品牌的无限内涵,赋予品牌更多的底蕴,甚至在某种程度上可以超越产品而成为主宰一个品牌的灵魂。

思考题

1. 请总结出近十年内的白酒广告在文化定位中的成功与失败,分析原因,提出自己的看法。

2. 试以具体案例对比分析中外酒类广告在创意上的异同。

3. 新媒体对于酒类品牌营销的优势和劣势分别是什么?

4. 酒品牌文化如何与消费者的深层心理需求找到一个结合点,形成品牌忠诚?

研讨训练

选择最喜爱一个酒品牌(中外均可),进行广告策划,并撰写文案。

六人为一组,选定最喜爱的酒类品牌之后,请收集这一酒产品的现有广告,并详细了解该品牌的背景文化、发展历程、竞争状况、消费群定位、广告策略等,在此基础上,请为该产品策划一则新的广告(要求涉及主要媒体形式),并撰写文案、分镜头脚本或平面广告画面描述(艺术设计系的学生需要设计出平面广告)。

补充阅读材料

1.《白酒营销的三大趋势》,《市场观察》,2011 年第 12 期。

2.《未来 10 年中国葡萄酒营销环境预测》,http：//info. china. alibaba. com/news/detail/v0 - d1009235067. html,2010. 04. 07。

3.《中国啤酒业的营销模式及发展趋势》,《啤酒科技》,2011 年第 4 期。

参考文献

[1] 刘立宾. IAI 中国广告作品年鉴·2009[G].北京：中国传媒大学出版社,2009.

[2] 刘立宾. IAI 中国广告作品年鉴·2011[G].北京：中国民族摄影艺术出版社,2011.

[3] 纪华强. 广告策划[M].北京：高等教育出版社,2011.

[4] 余明阳,罗立. 酒品广告的奥秘[M].广州：广东经济出版社,2005.

［5］贺雪飞. 文化视角下的广告传播［M］. 北京：中国教育文化出版社,2004.

［6］金定海,郑欢. 广告创意学［M］. 北京：高等教育出版社,2008.

［7］陈月明. 文化广告学［M］. 北京：国际文化出版公司,2002.

［8］张家平. 影视广告经典评析［M］. 上海：学林出版社,2004.

［9］吉姆·艾奇逊. 亚太地区最成功的广告策略［M］. 北京：机械工业出版社,2005.

［10］穆虹. 实战广告案例全案［M］. 北京：中国人民大学出版社,2005.

［11］胡侃,刘洁. 权威活动造就高端品牌［J］. 国际品牌观察,2012(4)：90－91.

［12］蔡桂娟. 张裕：酒庄塑高端品牌［J］. 国际公关,2008(5).

［13］葡萄酒做植入营销三大优势［OL］. 中国酒业新闻网. http：//www. cnwinenews. com/html/201005/17/20100517160530. htm,2010. 05. 17.

［14］啤酒企业新媒体营销走向［OL］. http：//www. brewer. cn/bbs/read. php? tid＝46802,2010. 12. 20.

［15］王冰冰,汪田明. 创意中的自然美——浅析绝对伏特加酒系列招贴广告的物象美特征［J］. 美术大观,2007(6).

［16］中国酒业新闻网［OL］. http：//www. cnwinenews. com.

［17］中国行业咨询网［OL］. http：//www. china-consulting. cn.

［18］中国广告人网［OL］. http：//www. admen. cn/.

［19］MBA 智库［OL］. http：//wiki. mbalib. com.

［20］各大酒品牌官方网站,博客以及百度,新浪,搜狐等网站.

第九章　口服心服　他好我也好

——药品与保健品广告

药品和保健品广告在广告中是比较特殊的存在,一个原因是这两类产品直接关系到人们的身体健康,广告中呈现的内容应该是科学、客观和谨慎的,因此国家专门出台了专门的药品保健品广告的相关法律法规规范药品和保健品广告行为;另一个原因在药品保健品巨额的利润诱惑下,许多广告主不惜踩着法律的钢丝去做违规的药品保健品广告,在国家工商总局查处的违法广告中,药品保健品广告一直以来是"重灾区"。本章主要从保健品和药品的广告案例分析如何制作符合规范又富有创意的保健品和药品广告,同时也从案例中去看保健品和药品广告主要存在哪些问题。

第一节　保健品广告创意特色

保健品产业在中国起步较晚,但发展很快,到目前为止,中国的保健品市场是世界上最大的保健品市场之一。保健品产业从产业起步就与广告结下了不解之缘,从中国第一批靠保健品发家的"太阳神",到因保健品名扬天下的"脑白金",再到如今战国纷争、群雄并起的保健品市场,广告都是他们手中的利器。广告对保健品的营销成功扮演了不可或缺的角色,尤其是地毯式的广告轰炸、从农村包围城市的广告策略、恶俗型广告创意等,保健品广告一边创造着辉煌,一边挨着骂声,一步一步走到了今天。

一、中国保健品广告的发展历程

从时间和事件两个方面来看,可以将中国保健品广告的发展分成三个阶段:

（一）中国保健品广告的第一个阶段：从产生到繁荣(1987~1995年)

这一阶段的保健品广告的代表品牌有：太阳神、三株、娃哈哈等，广告形式以在广告内容中大量宣传产品的保健功能为主，并常常使用专家权威和典型消费者做代言。

中国第一次出现现代意义上保健品这一概念是在20世纪80年代。1985年杭州保灵集团有限公司成立，不久，该公司就开发出蜂王浆系列产品。1987年10月，中华人民共和国卫生部发了《中药保健药品的管理规定》，首次出现了"卫药健字"，这是国家首次用法规明确了保健类药品的定义、范围、功效和审批程序，这一类的保健品要发布广告，必须先到卫生部拿到保健药品的批文，才可以发布相关的广告。

1988年，对于中国保健品市场和保健品广告来说，都是一个开创性的年份。早在1985年1月，杨振华教授就已经在实验室中研究成功了"851营养液"，这是中国最早利用生物工程技术发明的保健品，它的命名就以研究成功的年月结合来命名的。产品投放市场后，并没有真正打开市场，惨淡经营了三年，一直到1988年，当时有许多人代销振华851产品，但多数人都不成功，而其中一个叫吴炳新的人是例外。

吴炳新是内蒙古包头的一名下岗工人，1988年，他代理福建杨振华851生物科技有限公司的产品，取得了不错的销售业绩。随后，吴炳新又代理了上海交通大学的"昂立一号"保健品，大获成功，获得了人生中的第一桶金。之后，他和另外两位下岗工人许彦华、乌力吉掀起了中国保健品业广告营销的第一次高潮，他们运用"渠道＋人海销售＋广告轰炸"，形成了全国知名的内蒙医药军团。

吴炳新、乌吉力和许彦华，用少量的钱买产品，却用大量的钱打广告，而广告一出，果真就带来了销售的狂涨。后来，吴炳新创立了著名的三株药业，乌力吉成立了驰誉集团，许彦会成立了华泰公司。

在1988年前后，中国出现了许多直到今天也非常有名的企业家，如娃哈哈的宗庆后在1988年推出了"娃哈哈儿童营养液"，第一年的销售额近500万元，第二年达到3 000万元，第三年就突破了亿元。

此时，另一个将自己品牌的广告语传入千家万户的大佬也开始进入保健品行业，这人就是怀汉新。怀汉新在1988年成立了"太阳神集团有限公司"，主要生产太阳神生物健口服液和猴头菇口服液，主要运用了新闻、广告和获奖效果推动产品的销售。

1992 年,深圳太太集团成立,推出了广告红遍大江南北的"太太口服液"。

这一个阶段的中国保健品市场处于新兴迅速发展阶段,在 1991 年,中国的保健品市场突破了 100 亿元。一夜暴富在保健品行业并非梦想,而他们将保健品占领市场的最有效武器就是铺天盖地的广告。如:

- 喝了娃哈哈,吃饭就是香。——娃哈哈儿童营养液
- 当太阳升起的时候,我们的爱天长地久。——太阳神药业
- 太太口服液,让女人更出色。——太太口吸液
- 补血养胎,均衡营养——保灵孕宝口服液

以上几则广告从总体上看,都可以看出这一时期的保健品广告是比较朴实的,广告语都直切产品主题,用了直白的语言,说服消费者购买产品。比如娃哈哈,直接说明白娃哈哈儿童营养液是能促进宝宝吃饭的,用了这款营养液,能让宝宝吃得更香;而保灵孕宝口服液更是在广告语中直接指向了目标群体孕妇。

(二) 中国保健品广告的第二个阶段:从低迷到高潮(1996~2000 年)

中国保健品广告的第二个阶段中代表品牌是脑白金、青春宝、养生堂等,广告形式以恶俗型广告、地毯式投放为主。

中国保健品广告的第二次阶段的起点,是在保健品严重低迷中开始的,在 1996 年,曾经的领军品牌太阳神陷入了巨大的危机,销量直线下滑;曾经创造销量奇迹的巨人集团也随着巨人大厦成为烂尾楼而名存实亡;而三株口服液更是在 1998 年发生了喝死人事件后,迅速衰败……

在 1998 年底,中国的保健品行业迅速萎缩,一些保健品公司倒闭,一些保健品公司转型,有的转成了医药企业,有的转到了其他行业,中国的保健品行业和保健品广告处在低谷之中。

在保健品行业低迷不振、问题屡出之时,国家出台了多个与保健品行业和保健品广告相关的法令法规。1996 年 3 月,卫生部颁布了第 46 号令《保健食品管理办法》,正式明确了保健食品的概念。在《保健食品管理办法》第二条中:"本办法所称保健食品系表明具有特定保健功能的食品。即适宜于特定人群食用,具有调节机体功能,不含治疗疾病为目的的食品"。① 中国正式在法律中确认了保健品行业合法

---

① 中华人民共和国卫生部. 保健食品管理办法[OL]. http://www.moh.gov.cn/publicfiles/business/htmlfiles/zwgkzt/pgz/200804/29402.htm,1996 - 3 - 15.

地位。

1996年7月,卫生部颁布了《保健食品评审技术规程》和《保健食品功能学评价程序和方法》,这两个法规与1996年3月颁布的《保健食品管理办法》一起,确定了保健品审批、上市经营、广告发布等各项流程的具体要求。

正是这三部法令法规的出台,为中国保健品广告掀起第二次浪潮奠定了法律的基础以及保健品广告合法的地位。

1998年,沉寂多时的史玉柱重新出山,酝酿生产了脑白金,并在1999年正式推向市场,同时,脑白金式的广告也在中国广告界引起了一场巨大的震荡,在中国的消费者心中也引起了非常强烈的反响。

脑白金的广告被许多消费者称为"恶俗广告",即:它只用简单的一两句话重复地讲商品信息,以"送礼"作为广告创意的主要诉求点,大量采用了新闻软文的形式做广告,所有的这些,都是脑白金的创新,这种创新,给脑白金带来了成功,同时也掀起了中国保健品行业的第二次浪潮。

- 今年过节不收礼,收礼只收脑白金——脑白金
- 呼儿嗨哟,中国出了个红桃K——红桃K补血剂
- 红桃K是王牌,有吃有喝补血快——红桃K补血剂

1996～2000年,中国的保健品业和保健品广告一起从最低谷走到了有史以来的最高峰,在2000年底,保健品公司的数量超过3 000家,保健品行业的总产值和保健品广告的数量、投入的广告资金量都达到了历史最高值。

(三)中国保健品广告的第三个阶段:从破局到重生(2001年至今)

这一阶段保健品广告的代表品牌是安利纽崔莱、脑白金、黄金搭档、昂立一号等,广告的主要形式是注重广告策划和创意,运用不同媒体组合进行整合传播。

第三次浪潮是从一个又一个的信任危机中开始的,在脑白金创造了两个亿的销量以后,中国的保健品行业一片繁荣兴盛,但在繁荣之中,危机却不断地出现,而这种危机恰恰与广告是密切相关的。

三株口服液喝死人的事虽然影响很大,但在1999年,却是以三株在法律上的胜诉而告终。在2001年出现的核酸风波,却是明确地被国家处分了的严重违行为。大连珍奥核酸科技发展有限公司开发了一种"核酸保健品"。它在广告宣传中,却宣称能修补人类受损的基因,所有的疾病都能通过修补基因的办法得到治疗,是"万应灵丹"等,另外,它还把38位诺贝尔奖的获得者也列进珍奥核酸的研发队伍中。

但在事实上,卫生部卫食健字[1999]第 0081 号批文中,已明确核酸保健品只准许作"免疫调节"功能进行宣传,其广告宣传过于夸大和夸张,在社会中形成了非常恶劣的影响。2001 年 3 月,卫生部通报确认了珍奥核酸胶囊、忘不了 3A 脑营养胶丸、绿 A 天然螺旋藻精片、威士雅免疫保健粉、富元片虫草王胶囊等六种保健品广告夸大宣传,误导了消费者。至此,中国的保健品广告几乎处在人人喊打的困境,中国的保健品业也开始停滞不前。

在第三阶段中,国家颁布了一批与保健品广告相关的法律法规:

2001 年 12 月,国家药品监督局发布了《撤销中药保健品批准文号的公告》,撤销了 159 个中药保健品的批文,禁止这些保健品做广告。

2004 年 1 月,国家食品药品监督管理局规定,所有"药健字"保健品一律不得上市销售,在保健品广告宣传中,再也不能出现"药健字",一般用"卫食健字"替代。

2005 年 6 月,国家食品药品监督管理局公布了《保健食品注册管理办法(试行)》。2005 年 7 月,国家食品药品监督管理局正式实施《保健食品广告审查暂行规定》,明确规定了所有的保健食品广告必须要由国家食品药品监督管理局审查后才能发布,并且还明确规定保健食品广告中不得出现 17 种情形和内容等。

正是保健品行业日益完善的法规,正是消费者对保健品处方和保健品功能越来越正确的认识,使得保健品广告得到了一个重生大发展的机会。

中国保健品广告的第三个浪潮是从 2003 年的非典事件开始的,全民皆恐"非",掀起了买维生素类保健品的浪潮,在这一年中,黄金搭档销售急速上升,21 金维他也快速增产,关于保健品的广告也日益增多,从这以后的一年一度的央视十大广告商中,总会有保健品生产商的身影,比如哈药六厂。而在地方电视台和地方报纸的广告招商中,脑白金、黄金搭档、青春宝等都是广告大客户。

这一阶段的保健品广告开始正规化和理性化,不再以在农村中到处发小传单广告,不再以纯恶俗广告的面容出现在大众面前,而是讲究产品的整体包装和整合传播策略,运用现代广告学的手段来推广保健品。

二、中国保健品广告创意特色

纵观中国保健品产业的发展历程,其兴衰沉浮都与保健品广告相关,很多保健品成也广告,败也广告。纵观保健品广告这 20 多年来的发展,可以看出中国的保健品广告是具有鲜明的中国特色,从广告创意到广告载体,从广告内容到广告形式,从中也可以看到中国广告业的发展之路。

（一）地毯式的广告轰炸

关于地毯式广告，至今没有学者专门对此作出定义，一般意义上的理解就是广告主大量地打广告，从点到线、从线到面、全方位集中式地进行广告投放。

从1988年，"振华851营养液"的营销开始，中国保健品的生产商、经销商经历了前期摸索后发现了一个推销商品的有效手段——在报纸上登广告。被业界许多人称为中国保健品广告促销前辈的吴炳新、乌力吉、许彦华，在推销"振华851营养液"时就是利用报纸广告打开了市场。吴炳新率先在报纸上登广告宣传"振华851营养液"，后来乌吉力、许彦华在报纸上打了半版广告后也迅速地把几车货销售一空，这三位运用保健品广告的先行者让其他人看到了广告的巨大魅力，由此，频繁地、地毯式地进行广告轰炸几乎成为保健品行业20世纪90年代到今天的广告特色。

我们可以从一系列数据来看中国保健品广告轰炸的力度：从21世纪开始，中国广告投放量排名前十的品牌里，从未少过保健品品牌，我们可以看一下近三年的数据。

2009年，哈药六厂的钙加锌、盖中盖（见图9-1）进入前十，其中与2008年相比钙加锌的广告投放量增幅达到了1 774%。2010年，哈药六厂以43.36亿元的花费荣登中国广告花费榜前十。而在2011年，三精品牌荣登了广告花费品牌的前十。[①]

除哈药六厂和三精之外，脑白金、三株（如图9-2所示）、黄金搭档、红桃K等也

图9-1

图9-2

---

① 资料来源于CTR官网：http://www.ctrchina.cn/ctrwebsite/cn/index.php.

是广告投放的大客户。没进广告投放量前十榜单并不意味着广告投放数量的减少，比如脑白金常常选择省级卫视组合投放，而投放的时间通常选择非黄金时间。脑白金采用了粗犷的媒介购买方式，一般要达到在全国卫视每天总暴露频次在1 000次左右。三株和红桃K则更愿意采用传单广告、信箱广告的形式，派人在各个地方粘贴小广告，或者邮寄广告等，以此来达到地毯式轰炸目的。

（二）广告投放从农村包围城市

保健品广告具有鲜明的中国特色烙印，其中之一就是广告投放从农村包围城市，很多保健品牌并非通过电视报纸等大众传媒传播出名，而是以在农村中张贴和散发各种小广告，慢慢地把知名度从农村向城市渗透。

吴炳新的"农村包围城市"人海战术，把全国划分为东北、华北、西北、华南四大"战区"，四区设"战区经理"，由总部协调指挥，采用军事上垂直领导的四级营销体系。在短短三四年时间里，吴炳新就在国内所有省会城市和绝大部分地级市注册了600多个子公司，2 000多个县级办事处，营销队伍达到15万人，当时三株的网络覆盖率仅次于中国邮政。[①]

红桃K未来开拓农村市场，深入到乡村，组建了很强大的营销广告队伍，不论人口密集还是人口稀少，只要有县城、有乡镇、有村庄，红桃K的产品功效和品牌形象就覆盖到那里。红桃K的广告营销体系共有六层，从总部到大区、省公司、市公司、县公司直至乡镇工作站，红桃K遍布全国各地的广告宣传兼业务员有数万之众，采用了人海战术，让宣销人员直面消费者。宣销人员的工作职责70%是广告宣传，30%是销售。主要的广告宣传策略有四种：一是散发宣传单（见图9-3所示），宣传单被称为红桃K公司的重武器，遍地散发宣传单，让红桃K的影响深入人心；二是电视专题请当地的专家和消费者现身说法；三是墙体广告（见图9-4所示）；四是义诊宣传（见图9-5所示）。[②]

图9-3

---

① 文旭.吴炳新的三株复兴梦[J].名人传记,2009(5):60.
② 刘方一.红桃K农村市场攻略[J].企业改革与管理,2005(2).

图 9-4

图 9-5

（三）带着恶俗广告的骂名屡创销售奇迹

前些年,网络每年的"十大恶俗广告"评选中,保健品广告肯定会位列其中,在近十年网友评选十大恶俗广告,脑白金广告几乎都排名第一,而其他的哈药六厂的新盖中盖高钙片广告、碧生源牌常润茶广告、碧生源减肥茶广告、黄金搭档广告、生命一号口服液广告、太太血乐广告等都是恶俗广告评选中的常客。

2011 年 11 月,在央视黄金资源广告招标会时,巨人集团的副总裁程晨参加媒体见面会时说,如果进不了"十大恶俗广告",她将会被罚奖金。巨人集团的史玉柱在多个场合都曾表示,广告重要的不是创意,而是记忆。

与史玉柱观点相映衬的是,脑白金和黄金搭档的销量一直稳居前列。在 2010 年国家统计局公布的全国保健食品销量排行榜上,脑白金是连续九年的全国保健食品销量第一;根据中国行业企业信息发布中心的最新统计,脑白金销售额占到了整个保健食品行业销售总额的 9.32%,是历年来唯一销售份额接近 10% 的品牌。也就是说,我国居民的保健食品开销,10 元钱就有一元给了脑白金。①

而碧生源牌常润茶,在 2011 年 11 月 30 日举行了"碧生源常润茶销量突破 13.7亿袋"发布会,号称"国人一人一袋常润茶",成为我国同期销售额最高的再加工茶类品牌。② 还有哈药六厂的各类保健品,销量也是处在同类产品中的领先位置。所谓的恶俗广告,人人喊打,但却创造了一个又一个销量的奇迹。

保健品的广告一般具有以下的特征:

---

① 腾讯财经. 国家统计局公布全国保健食品销量排行榜[OL]. http://finance.qq.com/a/20100401/005493.htm. 2010.4.1.

② 凤凰网财经. 碧生源常润茶销量突破 13.7 亿袋　今年年收入将破 10 亿[OL]. http://finance.ifeng.com/news/corporate/20111201/5178790.shtml.

1. 创意简单，广告口号通俗朗朗上口

脑白金的广告口号多年以来一直坚持"送礼"这一主题，比如"今年过节不送礼，送礼只送脑白金"、"今年过节不收礼，收礼只收脑白金"等（见图9-6）。而碧生源常润茶的广告口号是："清宿便、排肠毒、润肠道"和"给你的肠子洗洗澡吧"；碧生源减肥茶的广告口号更为简单："不要太瘦哦！"（见图9-7）

图9-6

图9-7

这些广告口号可以称为通俗，但更多的消费者称它们为"恶俗"。

2. 反复播放同样的广告，反复加深消费者的记忆

可以不追求广告创意，但一定要追求重复播放率。同一支广告可以一天在不同的媒体投放好几次，也可以好几年都播放同样的广告。比如脑白金的送礼系列广告，常常一播就是六七年不变的；1999年拍的倪虹洁海南养生堂的朵而胶囊广告（见图9-8），到今天还是各大搜索引擎中关于"朵而胶囊"关键词搜索的热门；还有更长的，青春宝的网球篇广告（见图9-9），播放了20年以上，从20世纪80年代开始投放，到最近几年还在播放，许多老一辈的人听到熟悉的广告独白"迈着轻柔的步伐，踩着青春旋律，这春机盎然的青春世界，全是因为有了青春宝"，还会想起当初的岁月。养生堂龟鳖丸父子篇、生日篇广告也重复播放了好多年。

图9-8

图9-9

几年如一日地反复播放同一支广告,消费者对广告画面、广告人物、广告对白、广告口号都因为经年累月的接触而印象深刻,比如 1984 年拍的青春宝网球篇,看过那个广告的人到现在仍然能脱口而出"都是因为有了青春宝"、"青春宝,保青春"这些广告语,甚至还能清醒地回忆出广告里面的少女模特的装扮和动作。还有倪虹洁的朵而胶囊广告,也有许多人可以说出"以内养外,补血养颜、细腻、红润、有光泽"的广告语言。

3. 定位准确,广告诉求的针对性强

保健品广告的定位一般都比较准确,一般只诉求一到两个关键点,补钙就强调补钙,从画面到广告语言都围绕着补钙这一个点来;补血就强调补血,不会把减肥什么的都拉进来。正如广告大师罗夫瑞夫斯所说的,每一个广告都需要找到一个独特的销售说辞,而保健品广告在这一点上做得相当的明确。

保健品广告在广告中用文字和图像,对消费者提出了保健的建议,明确地告诉消费者购买此保健品将会得到相关的利益;而这一保健的建议都是比较独特的,比如脑白金,其保健的作用应该是助睡眠,但助睡眠的产品有很多,于是脑白金就提出了另一个独特的说辞:送礼。因为脑白金产品是可以助睡眠的,如果买来送给老人,老人会喜欢,这就是独特之处;保健品在广告中的建议往往具有很强的号召力,常常会带着祈使或强调的语气,产生比较大的说服力。

第二节　药品广告的创意特色

药品广告,是指药品生产商、经销商依据法律法规的要求,运用广告学的相关理论,通过媒介传播药品的信息,塑造品牌,从而说服消费者购买药品的活动。相对于保健品广告来说,药品广告具有更特殊的地方。一方面,药品广告的监管更严格,由于药品对人的身体影响十分巨大,如果错误地服用和使用药品,可能会产生严重的后果,所以国家在药品广告的监管方面一直是十分严格的;另一方面,药品广告的审批程序相对于一般的产品广告乃至于保健品广告来说,更繁琐、更严格。一个正常药品广告在投播以前,一般要先经过十一二道审批程序。

一、中国药品广告的发展历程

中国药品广告的发展要远远早于保健品广告的发展,有史可查的最早的药品广告可以上溯到宋代。"在《清明上河图》中描绘的赵太丞家,治病兼售生熟药,门前竖起高出屋檐的布制大路牌广告四座,突出介绍各种中药丸散膏丹治病的神奇作用。"[①]

在南宋也有相关的记载,比如"黑虎王家"的市招是一个名为"黑虎"的灵验丹方。还有"高屠"的医药商标、"金钟李氏"的医药世家等。而从宋代发展到元明清三代,药品广告更是越来越普遍,越来越繁荣。

1949年以后,关于现代中国药品广告的发展历程,可以分成四个阶段:

(一)蛰伏阶段(1949～1979年)

在1949年以后的相当长的时期,中国的经济处于计划经济时代,广告被冠以"资本主义生意经,要它干什么"的名义,一直处于停播的阶段。在这个阶段里,几乎看不到商业广告的影子。在1970年1月14日,《人民日报》第6版,刊登了一则天然油石的广告;同年1月19日,《人民日报》又刊登了三条工业品广告之后,就再也没有出现商业广告了,药品广告更是在大众媒体中绝迹。

这一时期的药品广告与古代药品广告基本相似,以店面招牌、商品商标为主(见图9-10)。

图9-10　早期的药品广告

(二)发展阶段(1979～1989年)

中国大陆第一支电视商业广告就是医药保健类广告,当时还没有保健品的概念,统一称为医药广告。在1979年1月14日,《文汇报》发了一篇名为《为广告正名》的文章,正式拉开了商业广告复播的序幕。

① 李小丫.古代医药广告趣话[J].中国社区医师.2010(9):25.

1979年1月28日，正好是大年初一，上海电视台在下午刊播了《参桂补酒》的电视广告，长度为90秒，是用16毫米的彩色胶片摄制而成的。从1979年到1989年这10年时间，中国的药品广告还处在较为缓慢的发展阶段，药品广告的创意和策划都比较简单，而且数量也不是很多。改变这一局面的其实是药品和保健品的分家。

（三）繁荣和规范阶段（1989～2000年）

1987年开始，出现了中药保健品的概念，在吴炳新等人的努力下，保健品广告大行其道，掀起了中国保健品广告的第一次浪潮，而药品广告同样也在这股浪潮中得到了迅速的发展。

在20世纪90年代早期，药品生产、经销还处在以国营为主的时期，基本上生产和销售都是一一对应的，或者说，生产者还不需要费尽心思推广药品。所以在这一时期，药品广告的表现还是比较简单和单调的。

但在20世纪90年代的中后期，社会主义市场经济下的药品市场已经开始摆脱计划经济的影响，大量的民营制药企业、外资制药企业出现，对国有的制药企业形成了强大的冲击力。民营制药企业为了抢夺市场，采取了更为灵活的药品营销方式，药品广告出现了繁荣的局面。在这一时期，药品广告费也节节攀升，在大众媒体上做广告成为药品营销的常用方式。正是在这一时期，一批国营的药厂转制转型，比如哈尔滨制药六厂，在1995年转型，改为国有控股的股份制企业。

其中比较典型的是哈尔滨三精制药，又称为哈尔滨制药三厂。在1994年之时，三精制药连年亏损八九十万元，当时的厂长提出了三级营销体系，进行改革。又在1997年提出了"依托质量、品牌、信誉与产品结构优势，全面拓展国内、国外两个市场，发展大医药格局，以产品宣传和销售重塑企业形象，博得产品经营与信誉经营的成功。"当时主推了葡萄糖酸钙这一产品，集中了人力、物力和财力，以大规模长线广告和短线广告相结合，最终获得了成功。在1999年底，被新闻媒体称为"产业爆炸和药三现象"，成为医药市场上的一匹黑马。

在1996年，江西江中制药厂和江西东风药业股份有限公司经改制后注册成立江中药业股份有限公司，当年的江中牌健胃消食片广告和江中牌草珊瑚含片广告，一直到现在仍然被广告界频繁提起。

在这一阶段，国家也出台了关于规范药品广告的法律法规，加强了药品广告的监督和管理，主要的法律法规有：

1985 年 7 月,《药品管理法》施行,开始了药品广告的管理,规定了药品广告必须拿到广告批文后才能发布等。

1995 年 2 月,《广告法》施行,对药品广告管理做了特殊的限定,也规定出了禁止做广告的药品类别。1995 年 3 月,国家工商行政管理局和卫生部发布了《药品广告审查标准》和《药品广告审查办法》,进一步明确了药品广告的申请、审查程序和管理内容。

(四)百家争鸣,快速发展阶段(2001 年至今)

进入 21 世纪后,药品市场中群雄并起、百家争鸣,医药市场日新月异飞速发展。由于国家药品流通体制改革和医疗体制改革不断地深化,药品市场化程度迅速提高,各种资本进入了药品业,制药企业大幅增加,药品业进行了产品同质化时代,出现了大型的药品零售连锁机构,消费者对药品的选择余地和购买渠道大大增加,这对药品广告的发展提供了良好的契机。

在央视的黄金时间段广告招标会上,一直都有药企中标。昌荣传播机构发布的《2011 中国广告市场与媒体研究报告》中显示,药品是广告投放的五大主力之一。在其《2012 年初广告市场投放分析》中,药品广告的增长量在所有行业的广告增长量中也排在第五位。

二、药品广告的创意特色

与保健品广告一样,中国的药品广告创意也具有中国特色,从药品广告的语言、人物、画面、情景设置等各方面,都具有中国式的特色,主要总结有以下几个方面:

(一)广告创意强调产品的功效利益

在药品广告创意中,大都定位准确,强调该药品有明确的疗效,承诺消费者使用了该药品以后,会给自己带来明显的利益,比如常常会使用“治愈”、“减轻”、“有效”、“止痛”、“止痒”等明确地带着利益承诺的词语。

厦门大学的硕士研究生郭化在其硕士学位论文《20 年来药品广告的内容分析》中,分析了 1985 年到 2004 年 20 年间《羊城晚报》的 1 337 则药品广告为样本做的内容分析,得出了图 9-11 的结论。在图中我们可以看到,强调产品功效利益的以 73.6%绝对优势远远领先于其他的广告诉求。

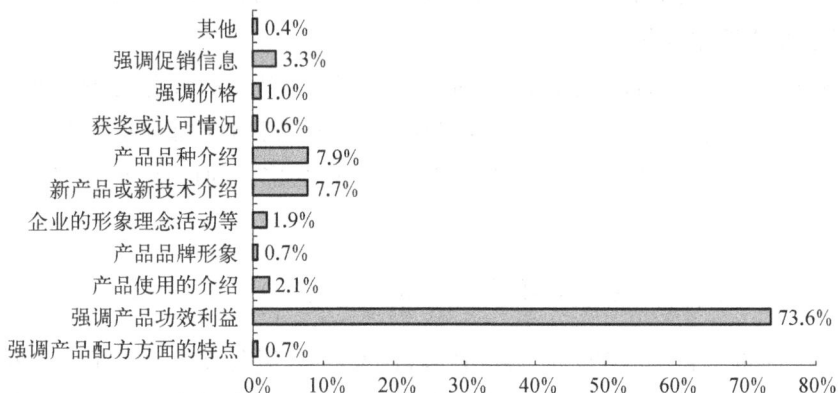

图 9 - 11①

（二）广告创意常常采用问答的形式

用广告画中人物一问一答、自问自答、多问一答、一问多答、画外音答等几种形式，先提出问题，再给出答案，通过这样的问答方式突出产品的功效。

一问一答式，如图 9 - 12：黄氏响声丸京韵大鼓篇。

图 9 - 12

画中男子讲了喉咙痛等问题，画中女子就问"怎么办"，然后画中男子再推出黄氏响声丸。这是典型的一问一答式。

一问多答式，如图 9 - 13：广东罗浮山复方曲湿宁片七十二房客篇。

---

① 郭化. 20 年来药品广告内容分析［D］. 厦门大学硕士学位论文.

图 9 - 13

画中的女子提了"风湿疼痛怎么办?"出来一堆房客同时拿起复方曲湿宁片,回答了她的问题。

画外音答式,如图 9 - 14：美林药品广告。

图 9 - 14

画中一个职业女性接到电话,听到宝宝发烧十分着急,接着一个成年男子的画外音响起:"退烧灵,用美林"。这种画外音答的方式在药品广告中也是非常常见的。

（三）用典型消费者形象或类似于专家的形象做建议、推荐广告（非证言广告）

与保健品相比,药品广告的目标受众更明确、更清晰,也许会有人没事也吃吃保健品,但没有人会没病去买药来吃,所以药品广告的目标消费者就是患了某种病的病人,相对应的专家领域和典型消费者群体也是明确的。

正是这一种特性,在药品广告中的专家形象是比较清晰的,比如医生、医院的管理者等都是常见的专家形象。而且由于患者很想从专家处找到信任感和安全感,因此,在药品广告中,专家出来做建议和推荐效果是非常好的,在早期的中国药品广告中,的确也出现了很多专家证言广告,但是同时也出现了很多问题,所以中国在药品广告监管中,对于专家代言有明确的禁令,专家代言药品或者专家为药品作证言都是不可行的。而广告创意中,很多药品广告创意退而求其次,选择了类似于专家的形象来做建议和推荐广告。

用典型消费者形象做药品代言,在现在的药品广告创意中还是频繁出现的,这些典型消费者可以是有可能患该种病的人群(但不能明言是患者),也可以不是使用者但是是购买者的消费者。用典型消费者作建议、推荐,能迅速地拉近广告与消费者之间的距离,产生亲切感和亲和力,从而产生信任感。在药品广告中,约有一半以上的代言人是使用了普通人的形象,而这些普通人的形象一般为典型消费者。比如白加黑感冒片,一般选择得了感冒的年轻人,白天要工作,提精神,用白片,晚上要睡得好,用黑片,有工作的年轻人就是白加黑感冒片的典型消费者;又比如汇仁肾宝(见图9-15),其主要的使用者是中年以上需要补肾的男性,但在广告画面中,却主要用了一个女性作代言,因为女性为男性补身体,女性是购买者,那么女性也是汇仁肾宝的典型消费者。

图 9 - 15

(四) 用身体机理画面来说明药品起效的过程

药品广告要表现药品治病的全过程,最常用的方法就是用身体机理的画面展现。一般有三种方法:第一种方法是直接用真实的人类身体表现,比如治螨虫的药品广告,直接展示显微镜下的长螨虫的部位,用没用过药的画面和用过药的画面相比较,以此证明药品的有效。这类方式用在直接能在外表看到疗效的药品广告上比较常见;第二种方法是二维或三维动画模拟身体机理的过程,用动画方式演示药品是如何起效的。这种方式的应用范围要比第一种更广,应用也更多,几乎所有的药品广告都能使用这种方式;第三种方法是用动物的身体来展现。在动物身上用试验以证明药品的有效,比如小白鼠或者虫子等动物。

这三种用身体机理展示证明药品疗效的方法各有利弊,第一种方法比较真实,

可信度会相对高一些,但容易在消费者心中产生一种恐惧感和恶心感;第二种方法
比较亲切,画面也生动丰富,但可信度会打一个大的折扣;第三种方法相对第一种
方法来说,在消费者心中造成的恐惧感和恶心感不那么明显,而且又是真实的动物
身体实验,可信度也比较高,但这种方法会显得不太人道,时常受到动物保护主义
者的反对。

用真实的人类身体机理来证明药品疗效,如新康泰克的广告(见图 9 - 16)。

图 9 - 16

用一个职业女性在严重感冒后被各种症状填埋的方式来展现重感冒对身体的伤
害,而在服用了新康泰克后,那名职业女性就恢复了健康。这个广告的画面冲击力很
强,视觉效果也很好,但随着玻璃破碎效果的显现,给观看的人一种自己也被埋在里
面的感觉。

用身体机理的动画显示药品疗效。如芬必得动画广告如图 9 - 17 所示。

图 9 - 17

用动画人物动态地展示了芬必得直达疼痛部位并持续 12 小时有效的过程。动画
形象要比用真实的形象简单一些,对药品起疗效的过程也解释得更为清楚。

（五）以软文的形式做药品广告

药品广告并不直接介绍药品,而是通过在报纸、杂志、网络、电视专题节目等以类似于新闻的形式出现,比如付费的报纸软文广告、付费的专家点评广告、深度的分析报道、养生节目中的推荐、两性节目中的主持人药品点评等,消费者如果不特别注意,很容易会将软广告与新闻混在一起,所以软广告的效果与硬广告相比也并不逊色。

报纸类药品软广告,如图9-18所示。

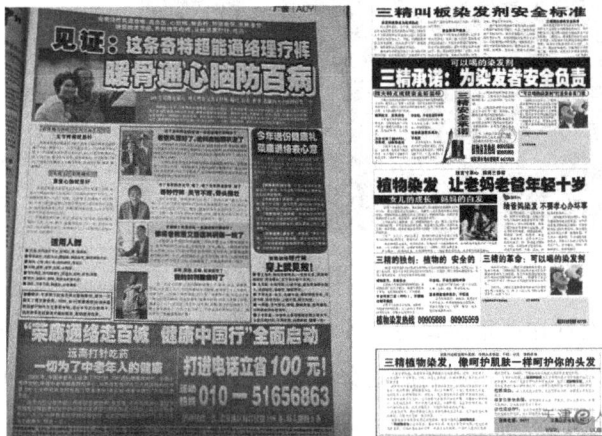

图 9 - 18

报纸类的药品软广告,一般是以新闻报道的形式出现,用一些带着感染力的标题,比如"防百病"、"承诺"、"让你年轻十岁"等,吸引消费者的注意。一般消费者如果不注意区分,会以为是报纸上的新闻报道而不是广告。

电视类的药品软广告,如:图9-19中的两幅画面,都是新沂电视台播出的药品软广告,一则是妇科药品,一则是御苁蓉,这两则广告都是以新沂电视台记者对患者采访的形式播出的药品广告,这样的广告形式,效果是很好的,但因为其容易让消费者产生混乱和混淆,在播出时也屡屡被禁,广告制作者在制作这样的广告时,需要把握好度和量。

（六）企业形象广告和感性诉求广告逐渐增多

药品广告很难做,比保健品广告还难做,在历年查获的违法广告中,违法药品广

图 9-19

告数量几乎是违法保健品广告的两倍。出现这一现象的原因并非药品广告创意存在问题,而是因为国家对药品广告的审查和监管更为严格。比如不能做证言广告,不能作效用推荐广告,不能做名人证言名人推荐名人功效说明广告等等。

企业形象广告,如图 9-20 所示。这是一个黄海制药的企业形象广告,是讲述了一个人从出生到成年所经历的各个过程,从第一声呜哭时的拍打,到童年时生病的被强迫着打针,还有成年后父母的唠叨等;图 9-21 是片子最后出现了黄海制药的企业

图 9-20

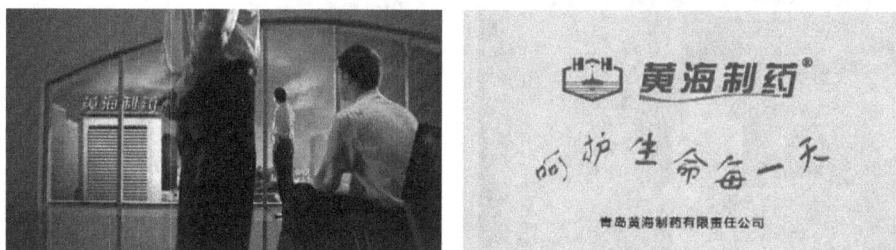

图 9-21

名称和标识,最后一个画面用一句"呵护生命每一天"点题。

如果没有最后三幅画面的点题,很多观看者根本不知道这是一个药企的广告,从第一幅画面"拍打"开始,到后面的"唠叨",都没有出现明显的药品说明与药品疗效的文字与画面,只有到了最后,出现了"黄海制药"四个字,才让人看明白这是企业形象广告。可是说这样的药企广告已经跳出了传统的药品广告和药企形象广告的束缚,进入了全新的药品广告创意领域。

图9-22是五粮液集团的在央视频繁播出的企业形象广告,请来了黄圣依作代言人,从广告歌曲到广告画面拍摄,都是精心制作,画面唯美,是企业形象广告片中的精品。五粮液集团底下有药酒和保健品品牌,但五粮液集团比较少做药酒的广告,反而是投入大笔的资金去做企业形象广告,企业形象塑造成功,其底下的各类药酒自然也更容易被消费者依赖和接受。

图9-22

感性广告,这是云南白药百年历史篇广告,图9-23是广告开头,点明云南白药的历史从1902年开始;而图9-24是片子中间部分画面,讲到了战争之痛、奋斗之痛、比赛之伤等;图9-25是片子的结尾,点出主题:"如果伤痛在所难免,云南白药在你身边"。

图9-23

图9-24

这则广告没有去说明云南白药的成分、也没有说云南白药的疗效,而是从情感的角度来诉求与消费者的共鸣,有百年历史的云南白药,一直陪伴着中国人民走过了战争、新中国建设、为国争光的女排比赛等,而现在,云南白药仍然为身边的你治疗伤痛。这样的广告既有效地避免了国家对药品广告的种种限制,又非常好地引起了消费者对百年历史的认同感,能同时提高知名度和美誉度,塑造产品良好的形象。

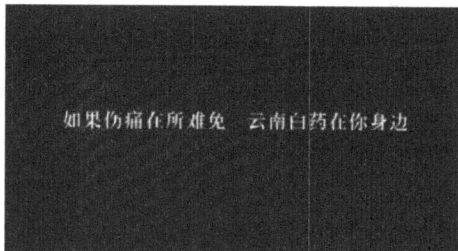

图 9 - 25

第三节　乱象丛生的药品和保健品广告

药品和保健品广告有诸多的限定,如果严格地停留在产品的说明上,会像产品说明书,显得乏味枯燥,吸引了不少消费者的目光,但如果做出夸张的广告创意,又容易触犯法律的禁条。很多能应用在普通商品上面的创意方法,用在药品和保健品广告创意上就是违法,如果去搜药品保健品广告的研究文献,至少有一半以上是关于药品保健品广告违法现象以及研究如何有效监管的。

乱象丛生的药品和保健品广告的特点有:

一、违法药品和保健广告数量爆发式增长,"过年现象"尤其突出

近年来,尽管国家加强了药品和保健品的监管力度,国家食品药品监督管理局每一个季度都会公布违法的药品保健品广告,对严重违法的广告会点名通报并移送工商部门处理,但违法的药品和保健品广告却仍然在爆发式地增长。

1. 违法药品和保健品广告数量爆发式增长

2012 年第一季度国家食品药品监督管理局查处的违法药品广告有 33 648 次,违法保健品广告是 6 551 次,而在 2011 年的第一季度,查处的违法药品广告有 10 990 次,违法的保健品广告有 3 668 次。也就是说,相比 2011 年第一季度同期,2012 年第一季度违法药品广告增长了 306%,违法保健品广告增长了 179%,两者几乎都是呈现了爆发式的增长,尤其是违法的药品广告,增长了 3 倍还多。而更加夸张的数据是

2012 年的第二季度与 2011 年同期相比的数据,2012 年第二季度,违法的药品广告数量是 50 301 次,违法的保健品广告数量是 3 627 次,比前一年同期分别增长了 331% 和 218%。

2. "过年现象"突出

从全年四季度来看,违法的药品广告和保健品广告集中在一年当中的第四季度,也就是过年期间。比如在 2011 年全年,被国家食品药品监督管理局通报并移送同级工商行政管理部门查处的违法药品广告有 70 661 次,违法保健品广告有 14 076 次。其中第四季度的违法数量几乎占全年违法广告数量的一半,比如 2011 年第四季度违法药品广告有 31 537 次,占全年违法药品广告数量的 44.6%,违法保健品广告 6 233 次,占全年违法保健品广告数量的 44.2%[①]。

二、夸张宣传、虚假宣传泛滥成灾

药品和保健品的特殊性要求药品和保健品在做广告时要严谨、科学,不能使用过于夸张的词句,而广告本身是带有一定夸张性的,所以药品保健品广告时常在宣传产品功能、产品效用上出问题。

在中国药品的管理中,有明文禁止的九类广告宣传内容:含有不科学地表示功效的断言或保证的;说明治愈率或有效率的;与其他药品的功效和安全性进行比较的;违反科学规律,明示或暗示包治百病的;含有"安全无毒副作用"、"毒副作用小"等内容的;含有明示或者暗示中成药为天然药品的;含有明示或暗示该药品为正常生活和治疗病症所必需的;含有明示或暗示服用该药能应付现代紧张生活和升学、考试需要的,能帮助提高成绩,使精力旺盛、增加竞争力、增高、益智等内容的;其他不科学的用语或表示如"最新技术"、"最先进制法"等语言的。

以上的九类禁止情形,我们在药品广告中却时常看到,如图 9-26 是刊登在 2009 年 3 月 1 日《深圳晚报》上的"小

图 9-26

---

① 数据来自国家食品药品监督管理局网站.

医生补肺丸"广告,该广告使用了绝对性根治性的语言,而且还使用了患者的形象,并且在药品广告中未注意药品批文和药品广告审查批文,存在严重的违法行为。

而在保健食品管理法律法规中明文规定了 17 项禁止在保健品广告中出现的内容,比如不能含有表示产品功效的断言或保证;不得含有使用该产品能获得健康的表述;不得通过渲染夸大某种健康或者疾病等,恐吓公众;不得出现国家机关及其事业单位、医疗机构、学术机构、行业组织的名义和形象,或者以专家、医务人员和消费者名义和形象为产品功效作证明的;不得夸大功效或明示暗示适合所有人群的;不得含有与药品相混淆的用语,直接或者间接地宣传治疗作用,明示暗示该保健品具有疾病治疗作用的;不得宣传是祖传秘方;不得含无效退款、保险公司承保等内容等。

但是我们在现实生活中,却频繁地看到了保健食品夸大宣传产品功效,断言或承诺保健食品给消费者带来不可能实现的利益,如图 9 - 27 是一种名为高密码的保健食品,在其广告中作了效用承诺,并夸张地说 20 岁以上同样能轻松长高 3～12 厘米,还使用了中科院研发基地、中国平安保险等明令禁止的内容。

图 9 - 27

三、违反药品保健品广告审批要求的现象比较普遍

国家要求药品和保健品广告必须要经过药监部门的审批才可以投放广告,但事实上,很多广告未经审批就直接投放了,在国家药监局的统计中,违法药品保健品广告几乎都存在违反审批要求的情况。

1. 未取得药品保健品广告批准文号,或者使用过期药品保健品广告批准文号擅自发布广告的

未取得药品保健品广告批准文号,或者使用过期药品保健广告批准文号,甚至是盗用别的药品保健品广告批准文号,从而发布广告的。在 2002 年,国家药监局做过一个统计,在报纸上,超过 40% 的药品保健品广告是没有批文的,可见这一现象是十分普遍的。

2. 广告宣传超出审批范围

在国家药监局的网站上,2012 年 5 月 25 日发布的违法药品广告中,有 6 种药品严重违法被点名曝光,这 6 种药品全都存在篡改审批内容,夸大宣传的地方,如:江西本真药业的“强肾养心胶囊”,有批文,但在广告中篡改审批内容,其批准的药品功能主治为“补肾助阳,养心安神。用于肾阳不足所致的腰膝酸软,畏寒肢冷,神疲体倦,小便频清长及心悸健忘,失眠多梦”。但广告宣称“服用一个疗程肾激素分泌功能提升,服用两个疗程肾脏过滤功能提升……”。

还有处方药违反审批要求在大众媒体上做广告的,根据药品广告管理法的规定,处方药只能在医学、医药类的专业杂志上发布广告,但是一些处方药违反审批范围,违规在大众媒体上发广告的现象仍然是十分普遍的。例如:2012 年 5 月,国家药监局查处的西藏神猴药业生产的“十八味杜鹃丸”,是处方药,但却在 2011 年 6 月,间隔着四次在《今晚报》上刊登广告,而且内容虚假违法,造成了极为恶劣的影响。

四、名人、专家代言问题频出

中国第一个明星代言广告就是药品广告,在 1990 年,著名艺术家李默然为三九胃泰拍摄了一个广告(见图 9-28),而这则广告引起了非常大的影响。李默然以塑造《甲午风云》中的邓世昌出名,形象高大正气凛然,这则广告的策划兼拍摄者、《新周刊》的创办者和社长孙冕当时找李默然拍摄时,李默然犹豫了两个月之久,最后同意了,但要求在广告中加进“制造假冒产品是不道德的行为,必须受到全社会的谴责”这句话。①

图 9-28

可以说李默然为三九胃泰作代言广告,是带着

---

① 任文鹤. 第一个吃的三九胃泰广告[J]. 市场观察,2008(12):32.

一定的责任心和公益心的,但就是这样的广告,在播出以后,受到了铺天盖地的谴责和责难,最后李默然不仅捐出了全部的拍摄报酬,而且从此再也不拍商业广告。

但另一个对比的数据是,在1990年12月在杭州举办的全国医药订货会上,南方制药厂生产的"三九胃泰"冲剂,成交额超过7 000万元,开创了该厂参加全国性订货会的最高纪录!

正如三九胃泰的例子所显示一般,在药品和保健品广告中,名人代言能迅速地拉升产品知名度和销售量,但同时跟着来的是社会公众的质疑和国家监管部门的严查。

虽然目前《广告法》对于名人代言药品保健品的责任没有明确规定,但是国家药监局和国家工商行政管理总局早就非常明确地提出:社会公众人物在保健食品、药品中以消费者、患者、专家的身份,向受众推荐商品服务或者介绍商品服务特点、优点、性能、效果等,属于虚假广告行为。

在2009年11月,央视新闻爆光了侯耀华代言十则违法广告,分别是澳鲨宝代言、伯爵养生胶囊代言、渭肠益生元代言、亚克口服液代言、加拿大V6胶囊代言、角燕G蛋白代言、杜仲降压片代言、康大夫茶愈胶囊代言、方舟凯达降压仪代言。这些代言以专家、患者作证言,并使用了"纯天然"、"根治"等语言,而且有一些是"涉性"代言,是影响极其恶劣的名人代言广告。

如何改变这种违法药品和保健品广告四处泛滥的现状,又该如何给公众一个清静可信赖的药品和保健品信息来源,这是药品和保健品广告监管中面临的问题。现有的药品和保健品广告的监管主要有以下几个方面:

第一,是完善国家的药品和保健品广告审查和监管的法律法规。与药品广告相关的有《广告法》中第十四条、十五条和十六条对药品广告作了具体的规定;对《药品管理法》重新修订,规定药品必须审查取得批文才能发布;《药品管理法实施条例》、《药品广告审查办法》、《药品广告审查发布标准》等。与保健品广告相关的有《广告法》、《保健食品注册管理办法〈试行〉》、《食品安全法》、《保健食品监督管理条件(草案)》、《保健食品广告审查暂行规定》等。另外,在各个地方又都有自己专门的药品和保健品广告的管理条例。

第二,是建立长效的监管机制。建立规范和有效的药品和保健品广告秩序,依据国家和地方的相关法令,建立长期的广告监管机制。对执法程序定期化、规范化、统一化,对执法部门和执法人员的职责和职能进一步明确,将违法广告公告制度化和透明化,对严重违法的药品和保健品广告有及时曝光并发布消费警示。

第三,是充分发广告协会和中国保健协会的监管作用。中国保健协会是保健食品企业的联合会,是发布保健品和一部分药品广告的广告主,发挥中国保健协会的监管作用,从源头解决保健品广告和药品广告的违规问题。而各种广告协会是广告主或广告公司的联合体,以发挥它们的监管作用,能规范药品和保健品广告制作和广告创意。

第四,是对媒体发布环节进行有效监管。很多媒体是知法犯法,明知道所发布的药品和保健品广告是违法的,但照样发布出去,这是经济利益在作祟。新闻媒体如果不得到有效监管,会容易陷入过份追求盈利,无视社会利益,发布违法广告。如果能在媒体发布这一环节严格审核广告,把好发布关,那违法的药品和保健品广告就不可能通过大众媒体发布出去。

第五,是提高公众对违法广告的鉴别能力,建立畅通的投诉渠道。展开公众健康教育,开展药品与保健品信息的公益讲座,在大众媒体上发布药品和保健品相关信息,这些都是提高公众对违法广告鉴别能力的有效手段。只有普及了药品和保健品的相关知识,才能根治违法药品和保健品广告的存在。要建立举报和投诉机制,群众的眼睛是雪亮的,对举报虚假药品和保健品广告给予奖励,把投诉渠道畅通化、公开化,彻底让违法广告没有生存的空间。

典型案例评析

毓婷品牌广告案例分析
——刀尖上舞蹈

毓婷的药品名称是左炔诺孕酮片,是口服类避孕药非处方药药品,是由国家计生委科研所、国家计生委药具服务中心与国家计划生育用药科研生产基地——北京第三制药厂共同研制开发的事后紧急避孕药品牌。毓婷是中国第一代口服避孕药品牌,也是目前中国市场上知名度和市场份额都比较高的紧急避孕药品牌。

在2000年到2003年,北京第三制药厂完成了债转股的改制,成立了北京紫竹药业有限公司,所以毓婷广告中出现的生产厂家一般称为"紫竹药业"。

药品广告本身难做,避孕药广告更是难上加难,事后紧急避孕药广告就是难上又难再难。一个原因是与性有关的广告本身就难做,事后紧急避孕药的广告,就如同踩着刀尖跳舞,一不小心就会摔在尖刀下,鲜血淋漓。而毓婷的广告,一边饱受争议,一边又效果明显。

这是毓婷《保护篇》的广告,在图9-29中一个年轻的女性独白:"女人其实需要很多保护",拉开了女性被保护的序幕。图9-30是一个男性保护女性不受伤害,但女性独白又响起:"有些保护他可以给你,而有些保护只有毓婷才可以做到",含蓄地点出了广告主题。图9-31是出现毓婷产品名称和广告口号。

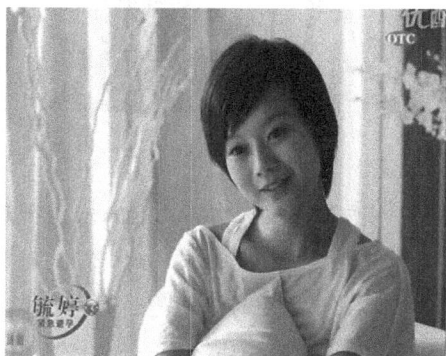

图9-29

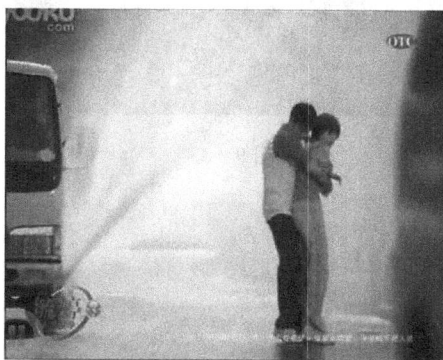

图9-30

这则广告影响很大,"有毓婷,放心爱"在百度搜索中有123 000个搜索结果,其中在各大门户网站都有出现讨论这句广告口号和这则广告的帖子。《保护篇》这一则广告比较符合中国人的审美,一个是比较含蓄,不直接出现与性相关的画面和词句,另一个是广告画面和语言很细腻温情,符合女性消费者的心理。

与之对比的是毓婷《爱她就请呵护她》篇。

图9-31

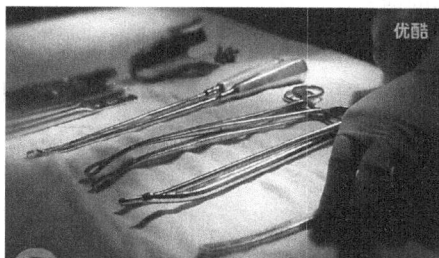

图9-32

在这则《爱她就呵护她》篇的广告中,图9-32和图9-33展现了女性做流产手术的画面,而图9-34表现了女性术后身体痛苦和心理痛苦的画面,图9-35则点出了保护的主题。

图 9 - 33

图 9 - 34

图 9 - 35

这则广告与《保护篇》比起来就稍微逊色，不管是搜索率还是网友评价，都与《保护篇》不能相比。主要的原因是这则广告用了药品广告中常用的手法之一——恫吓法，用恐怖的手术场景暗示消费者，如果不服用毓婷，可能就会怀孕，然后被迫接受人工流产手术。消费者看了这则广告会产生恐惧心理，会下意识地回避与该药相关的信息。

思考题

1. 试以具体的案例分析什么样的保健品广告才是好广告。

2. 如何理解保健品广告中的"恶俗现象"？

3. 如何看待史玉柱对员工说"脑白金广告不进入当年十大恶俗广告就扣奖金"这样的话？

4. 如何看待药品广告中种种限制？

5. 中国药品广告与国外药品广告相比有什么不同？

6. 为什么药品广告的违法数量远远超过保健品广告？

研讨训练

中国非处方药协会在 2012 年 6 月 7 日发布了《2012 年度中国重点医药生产企业非处方药统计排名》：

1. 以组为单位各自选择其中一家药企，收集其近 5 年的广告活动案例，撰写案例评析报告，综合论述其广告传播的特色。

2. 每组推选一位代表，以 PPT 形式在课堂上进行交流。

补充阅读材料

1.《20 年来药品广告内容分析》,厦门大学硕士学位论文,2006 年。

2.《中国保健食品产业发展报告》,中国保健协会,http://www.chc.org.cn/.

参考文献

［1］刘立宾. 中国广告作品年鉴[G]. 北京：中国摄影出版社,2008.

［2］刘立宾. 中国广告作品年鉴[G]. 北京：中国民族摄影艺术出版社,2011.

［3］张惠辛. 中国广告案例年鉴(2003～2004)[G]. 北京：中国出版集团东方出版中心,2004.

［4］张惠辛. 中国广告案例年鉴(2010～2011)[G]. 北京：中国出版集团东方出版中心,2011.

［5］李小丫. 古代医药广告趣话[J]. 中国社区医师,2010(9).

［6］文旭. 吴炳新的三株复兴梦[J]. 名人传记,2009(5).

［7］昌荣传播. 2012 年初广告市场投放分析[J]. 媒介研究周刊,2012(5).

［8］任文鹤. 第一个吃的三九胃泰广告[J]. 市场观察,2008(12).

［9］陈月明. 文化广告学[M]. 北京：国际文化出版公司,2002.

第十章　车到山前必有路
——汽车广告

　　自 1885 年德国机械工程师卡尔·本茨发明了世界上第一辆汽车以来,经过了一百多年的发展,汽车已经成为当今世界上最普遍的交通工具,它与人们的生活息息相关。不容忽视的是,汽车广告一直伴随着汽车工业的发展,它对汽车的生产和销售有着举足轻重的作用。本章主要讲授汽车的发展历史与现状,梳理中外汽车产业的发展历程,结合国内外经典的汽车广告案例,分析汽车广告中常用的诉求主题、表现形式以及表现技法,并详细阐释一系列卓有成效的汽车广告表现策略。

第一节　汽车与汽车工业的发展

一、汽车的诞生与汽车工业的发展

　　1885 年,德国机械工程师卡尔·本茨(Karl Benz)发明了世界上第一辆实用的内燃机汽车,开创了人类陆上交通工具的新纪元,在此之后的一个多世纪里,汽车成为世界各国尤其是发达国家中人们外出、旅行等必不可少的交通工具。

　　1886 年 1 月 29 日,卡尔·本茨获得了汽车制造专利权。1888 年,奔驰生产出第一辆供出售的汽车。1908 年,美国的亨利·福特用流水线的方法制造出了廉价的"T"型汽车,从而使汽车最终成为社会大众买得起的一种消费品。并且由此,汽车工业开始逐步发展起来。

　　经过百余年的发展,汽车工业已经成为当今世界上最大的机械制造部门,形成了以美国底特律、日本丰田、德国沃尔夫斯堡和斯图加特,以及意大利都灵为中心的世界五大国际汽车城。

回顾过去百余年的发展,汽车这个工业革命时代的宠儿,为人类的文明与发展谱写了重要的篇章,汽车成为这一百多年来最显著的人文标志之一。因为没有任何一种工业产品,能像汽车这样渗透到社会大众生活的每一个方面,它不仅紧紧伴随着人类的发展,影响了整个社会的经济结构和发展速度,而且,还以其技术和产品的不断更新,彻底改变和提高了人们的生活方式和生活质量。同样,在工业社会的进程中,也没有任何一件产品的品牌可以像汽车品牌这样,有如此之多、发展历史如此之久,当然,许多汽车品牌能够有较高的知名度,也有赖于汽车广告的广泛和深远传播。

二、中国汽车产业的发展

1958 年 5 月,第一辆国产东风牌轿车在一汽问世,相隔不到 3 个月,第一辆以"红旗"命名的高级轿车诞生,中国轿车行业的民族品牌诞生。此后,上海牌等轿车陆续问世,但在随后的数十年间,轿车工业一直处于停滞状态。在 20 世纪 50 年代,国家对汽车工业的发展政策一直是"重卡轻轿",在政策影响下,轿车方面只有红旗、北京、上海等寥寥数种自行研发的国产车型,款式老旧,产量低得惊人。

从 20 世纪 80 年代中期开始,针对汽车业缺重型车少轻型车,轿车几乎空白的不利局面,我国确定建立"三大"(上海、一汽、二汽),"三小"(天津、北京、广州)轿车生产基地,并正式将轿车项目列为国家重点支持项目,中国汽车工业开始了战略转移,轿车行业成为中国汽车工业真正的主角,结束了多年来主要生产载货车和越野车的历史,驶入崭新的"轿车时代"。

中国轿车工业的加速发展,是乘着改革开放的春风前行的。1984 年初,中美合资北京吉普汽车有限公司成立,开创了我国合资生产整车的先河。上海大众、一汽大众、神龙公司、上海通用等一个个大型中外合资轿车企业迅速崛起,并成为中国轿车工业的主力军。巨大的产业震动成为中国轿车工业的催化剂。1986 年前的数十年里中国轿车年产量一直徘徊在五千辆左右,而在 1986 年,这个数字翻了一番,第一次突破了 1 万辆。

20 世纪 90 年代初期到中期,轿车进入家庭提上议事日程,并首次明确中国私人拥有汽车的权利,决定了此后轿车工业的大发展。实际上,1995 年才真正开放的轿车市场,在速度上远远滞后于先期形成的庞大消费市场。得益于改革开放而成长的起来的一批中坚阶级(主要以私营企业主为主)从 80 年代起积累了足够的购买欲望和购买力量,1994 年的一纸开令,使得这个市场呈"井喷"式瞬间爆发。

　　90 年代末期,中国"入世"步伐加快,中国汽车企业开始加速融入全球化大潮。众多的汽车企业开始寻求与世界汽车巨头的战略联合,新的合资企业也随之纷纷诞生。

　　《2010 中国汽车产业发展报告》显示,截至 2009 年底,我国每百户居民拥有汽车10.91 辆,2015 年将达到 18.37 辆,2020 年将达到 27.08 辆,这也就意味着 2020 年我国每 4 户居民就拥有 1 辆汽车。2008 年全球金融风暴肆虐,在我国汽车行业相关政策的扶持下,我国汽车产销量超过美国跃居世界第一。

第二节　汽车广告概述

一、国外汽车广告的诞生与发展

　　1895 年,汽车杂志《无马时代》创刊,美国汽车制造商查尔斯和弗兰克·杜利埃在上面刊登了世界上第一份汽车广告。目前有据可查最早的汽车广告出现在 1898 年 8月 13 日的《科学美国(人)》杂志中,是一家位于俄亥俄州克利夫兰市名为 The Winton

图 10 - 1

Motor Carriage Co. 的汽车制造商刊登的广告(如图 10 - 1),其文案写道:"DISPENSE WITH A HORSE. THE WINTON MOTOR CARRIAGE"(让骡子和马都歇了吧。温顿牌汽车)。

　　1898 年的这则汽车广告可能是史上第一个汽车广告。

　　在汽车工业发展初期,汽车广告就已经受到了汽车生产经营者们的高度重视。1900 年,当美国的奥尔兹莫比尔(Oldsmobile)汽车厂竣工时,奥尔兹莫比尔父子在工厂大门口竖了一块醒目的标志"世界上最大汽车制造厂",引来无数惊奇的目光。此外,奥尔兹父子为宣传到翌年 1 月止产销 100 辆汽车的"雄心勃勃的计划",还制作了大量色彩鲜艳的宣传单四处张贴。短短几年间,报纸广告、招贴广告、海报广告等都有了雏形,而且,到了 1902 年,连奥尔兹父子也没有想到,奥尔兹莫比尔汽车的产销量超过 4 000 辆,大大超出了他们当时的一年左右产销 100 辆的"宏伟计划",广告的魔力出露端倪,强有力地推动着汽车工业的发展。

大规模的汽车广告宣传出现在 1908 年,这一年的 10 月 1 日,具有划时代意义的"Ford – T"型汽车问世了。福特公司安排了规模空前的广告宣传活动:不但在报纸、杂志上刊登了大幅广告,还进行了当时全美最大的邮寄式宣传活动,除此之外,通过电报、电话直接与消费者联系。结果让人喜出望外的是,在广告宣传的第二天(即 10 月 2 日)清晨,1 000 多份邮寄单被送到了福特;一周之后,回收的订单像雪花一样飘来;六个月之后,福特 T 型车的销量达到 2 500 辆;一年之内销量总量达到 6 000 辆。

值得一提的汽车广告要数 1925 年 7 月 1 日雪铁龙在法国的象征——埃菲尔铁塔上所作的电灯式广告,这个广告后来被列入《吉尼斯世界纪录》。这个广告用了 6 种颜色的 25 万个灯泡,竖向排列的"Citroen"高达百余米,其中字母"N"的高度即达 20.8 米,这个巨大耀目的灯式广告中夜幕中犹如一道亮丽的虹,30 公里外都清晰可见。这道"雪铁龙巨无霸"在巴黎的浪漫夜空中矗立了 11 年,影响深远,直到 1936 年才拆除。

1914 年,德国奔驰汽车公司创建了世界上第一个汽车品牌,在随后的一个多世纪的沧桑岁月中,汽车广告走上了一条征服全球的辉煌之路。其间,汽车广告从早期的形式单一、表现粗糙中逐渐发展过来,变得更加关注消费者、注重打造品牌个性以及发挥整体效应,这些广告在促进销售、丰富人们精神生活的同时也影响了人们的生活态度,影响着现代消费行为的养成。

二、国外汽车广告的表现特点

一般认为,国外汽车广告分为三个主要阶段,即早期、中期和当代,不同阶段在广告表现及传播模式上具有不同的特点。

从国外汽车广告的早期特点上看,20 世纪初到 60 年代,由于早期的汽车经历了第一次世界大战、第二次世界大战的军事化运用,渐渐从军用品、公共代步工具、奢侈品中发展开来,努力朝着大众化道路迈进。这一阶段的汽车广告很明显地打有了时代的烙印,汽车生产厂商迫不及待地希望大众知晓汽车与马车的不同,宣扬新时代的交通工具给人们的生产生活所带来的便捷。在汽车广告初期,这种"汽车功能性介绍"为大众普及了汽车概念,为构筑汽车社会向往、构建汽车社会意识形态奠定了基础。总的说来,这一时期的汽车广告在广告形式上表现单一,一般只是简单的广而告之,广告对于汽车的影响力较为有限。首先,在广告的投放上,汽车广告生产厂商一般选择在报纸、杂志上刊登广告,DM 广告也为其所青睐,广告的实际影响力十分有限;其次,在广告内容上,一般以产品功能以及产品质量为广告诉求点,广告表现粗陋且广告卖点过于重复;第三,二战后,汽车制造商渐渐将汽车文化推向高潮,汽车旅馆、汽车影院、汽车餐厅等服务模式相继出现,成为汽车广告发展初期的一大亮点。

在国外汽车广告的中期特点上看,20世纪70年代到90年代,汽车广告策略发生了翻天覆地的变化,广告开始进入创新时代:广告人将社会心理学与广告进行了更好的结合、广告创意的视角开始由广告主转向消费者、经济上的营销理论开始渐渐引入广告领域。从传播受众角度来看,战后婴儿潮时期出生的人们在这一时期渐渐成为社会的中流砥柱,他们大多十分富裕、勇于尝试且拥有更加开放的消费观。因此,树立品牌形象、建立较为个性的品牌性格成为当时汽车广告的主要特色。

从迈向21世纪开始,世界的经济逐步向着全球化方向发展,由于全球经济、思想文化等方面的融合,企业的全球统一战略模式开始对全世界产生不可低估的影响。在全球推广上,国外汽车厂商一般会事先制定出一套广告的标准执行方案,然后将方案拿到世界各地区进行具体的操作执行,各地区根据区域性的不同特色进行一定程度的修改,但不进行根本性改变,在全球范围内统一标识、统一品牌的信息传播理念,从而塑造起全球性的汽车品牌形象。

在广告的表现特色上,由于汽车在欧美发达国家全民化普及的社会大背景,广告主开始摆脱枷锁,将更多的创意融入到汽车广告当中,广告的目标受众更为分众化,广告制作水平更为精良,广告表现更加富有美感、更加富有人格魅力、更加个性十足、色彩更为亮丽、更加善于沟通和表现、更加具有动态及震撼的视觉效果。

三、我国汽车广告发展历程及表现特点

与国外汽车广告百余年的发展历史相比,我国的汽车广告可谓是姗姗来迟。1978年年底,中国政府同世界各大汽车生产厂商进行会谈,开始寻求长期合作,与此同时,我国国产汽车业开始了自主品牌的经营之路。经济复苏、汽车业复苏、广告业复苏,为汽车广告带来了发展的希望。纵观我国汽车广告的发展历史,在特点表现上大致可以划分为以下几个阶段。

1. 20世纪80年代:启动产品推销

20世纪80年代以前,中国汽车行业还在实行计划经济,因此几乎没有汽车广告。1985年,第一届上海国际汽车工业展览会召开,7月3日前后一段时间的《解放日报》开始出现汽车广告。广告中只有车、简单的文案和图片编排,广告语最大的特点就是口号化:"为中国的现代化作出贡献"、"一定会对贵国工农业的发展作贡献"等,这一

时期的经典之作是丰田汽车的"车到山前必有路,有路必有丰田车"。

1985 年以后,改革已经成为不可逆转的时代潮流,计划经济的格局逐渐被打破,从广告投放上看,还是以外国汽车品牌为主,尤以丰田和三菱为胜,上海大众的成立,催生了桑塔纳的诞生,提出"拥有桑塔纳,走遍天下都不怕"的广告口号。在市场的带动下,红旗、夏利、江铃等国产汽车也开始投入广告。1985~1989 年这一时期的广告量,为每年平均 50 条左右。

在表现形式上,广告延续 80 年代初素描风格,并在后期开始注重选择背景及选用照片,使用显著标志、简单文字以及大幅照片是这一时期汽车广告的普遍形式。

2. 20 世纪 90 年代初(1990~1995):品牌推广起步

20 世纪 90 年代初,是中国中外汽车工业的磨合期,汽车工业"三大三小"局面初步形成,北京吉普、上海大众、广州标致、一汽捷达、神龙富康等"混血车"的诞生,直接掀起了一个广告投放的高潮。经过十几年的改革和开放,人均收入有了质的飞跃,一部分先富起来的人步入了中国私家车族的队伍中。由于竞争车型增多,加上国外汽车营销理念的影响,促使汽车广告不再一味地强调产品的性能、技术和质量,开始进入形象广告的潮流之中,追求画面的美观以及品牌个性。汽车制造商大力强化品牌意识,大打品牌战略。

这一时期广告在表现形式上,进一步以图画为主,配以少量文字,传达一种身份和格调意识。

3. 20 世纪 90 年代后期(1996~2000):开始定位推广

90 年代后期,时代的进程进一步加快。1994 年出台的《汽车产业发展政策》正式确立,家庭轿车到 90 年代后期开始突现出它的推动力,市场对私家车的需求量快速增加。同时,国外汽车进一步抢滩中国市场,国内合资企业也走向成熟,林林总总的报纸、杂志也迅速发展,彩页汽车广告也越来越多。消费者选择余地增大,且消费者的成分更加多样,需求差异化开始突显,要想打动消费者,必须使产品在消费者心智中占有一个独特的位置,深入了解消费者的心,定位宣传开始。

这一时期广告的最大特点就是介绍一款车型,突显这款车的特点,版面较大,注重背景的选择,画面更加漂亮美观,具有勃勃生气。总之,就是告诉潜在消费者,我是什么车,试图将产品定位在消费者的心中。

4. 入世后(2001 年至今):整合营销萌芽

中国加入世贸组织后,汽车产业作为中国新时代的支柱产业,越来越散发出独特魅力。中外汽车抢滩,拥有私家车的人群暴涨,媒体业高度发达,迎来了汽车广告的春天。

汽车广告投入媒体越来越多,越来越讲究媒介选择和组合的时机、技巧。电视、广播、平面报纸、杂志、户外广告、互联网等交相辉映,汽车厂商和经销商开始有意识地将各种营销方式整合互补,形成合力,事件营销、展会营销、体育营销、时尚营销、概念营销、体验营销、环保营销、文化营销等五彩斑斓、热火朝天。每一辆车都有各自不同的诉求点,不同的广告营销方式,目的就一个:力求得到目标客户的共鸣。

从简单的汽车广告历程中可以体会到一种发展趋势——汽车广告连同汽车车型开发和营销,其关注重心逐步从产品(汽车)向人(购车者)转变,意识到体现人本精神的重要,逐步向以人为本的发展道路渐进,这种关注重心的转移不仅推动了汽车广告在质量和数量上可喜的进步,也在实际行动和成效两个层面逐渐顺应了以消费为中心的现代市场营销在理论和实践上的发展趋势。

第三节　汽车广告诉求主题

汽车的卖点就是汽车的竞争优势,缺乏竞争优势的广告主张就很难打动消费者。汽车广告的诉求,总结下来,主要有两种类型:一种是理性诉求(即功能、特点诉求),一种是感性诉求(即情感、价值诉求)。每种类型都包括一些相应的诉求主题见表 10-1。

表 10-1　汽车广告诉求

类型	理性诉求(功能、特点诉求)	感性诉求(情感、价值诉求)
诉求主题	科技、技术创新	豪华尊贵、财富地位
	动力、速度、力量	时尚、个性
	安全性能	探险与自由
	质量、品质	自我意识
	造型空间	成功、理想
	价格	家庭、休闲
	节能、环保	感动、亲切
	舒适便捷	中国风、民族文化
		历史
		售后服务

一、理性诉求（功能、特点诉求）

1. 科技、技术创新诉求

汽车作为高科技含量的产品，领先的技术一直令许多品牌倍感荣耀。领先的技术不仅代表企业的造车能力与水平，更代表着汽车产品的品质。同时，不同的汽车品牌在技术、质量和设计上互相进行着激烈的竞争，为了巩固品牌的地位，必须注重科技的创新，不断推出新款车型，并尝试开发新的市场。

奥迪汽车一直都以最新的科技来提高车子的性能，并且成功地运用科技主张实现了与其他品牌的区隔，因此其广告口号是"突破科技，启迪未来"，在广告中比较注重强调自己的技术。如图10-2，这则奥迪A4L的平面广告强调的是前轴前移技术，图10-3这则奥迪A6L平面广告强调的是自适应式空气悬架，图10-4这则奥迪A4平面广告的诉求点则紧紧围绕其FSI发动机展开，都是围绕技术进行诉求。

图10-2　　　　　　图10-3　　　　　　图10-4

2. 动力、速度、力量诉求

在汽车发展史上，汽车进化的重要标志是汽车行驶速度的提升。同时，汽车是重要的陆上交通工具，为使用者提供了简单和便利，现代生活尤其是城市生活越发快节奏，为了节省时间，人们倾向于选择速度和稳定性较好的汽车，这也成为人们购车的一大促因。图10-5这则三菱汽车广告，巧妙用两个造型幽默的玩偶来体现该车的速度惊人以及驾驶的刺激享受。他们脸上刺激的表情，女玩偶竖起的头发，还有他们深陷于座背的身体，都让人能逼真地体验到驾驶的速度和刺激。

图10-5

3. 安全性能诉求

对于任何一种交通工具来说,安全永远是广告的诉求主题,随着汽车市场的不断发展,汽车生产厂商对于汽车速度、外形等方面的竞争已经十分有限,广告主开始将注意力转移到汽车的安全性以及人性化设计上。

沃尔沃汽车始终以"安全"作为其品牌宗旨,在其各式汽车上推出了数十项安全装置,其中许多项都被全球各车厂广泛引用,成为安全汽车的典范。在汽车的设计上,沃尔沃始终坚持行车安全的理念,其广告也将"安全"表现得淋漓尽致(见图10-6、图10-7)。

图 10-6

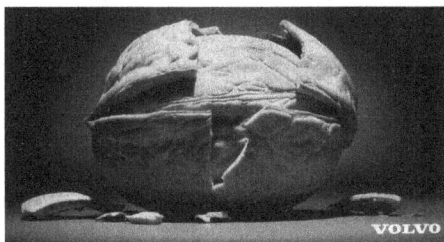

图 10-7

4. 质量、品质诉求

汽车的质量直接关乎消费者的安全乃至生命,因此,在广告中体现汽车产品质量和品质也是汽车广告中不可忽视的部分,因此质量是许多汽车广告宣传的着力点。例如,大众的捷达汽车一直以质量好、结实、耐用为诉求点,如图10-8,一个男人把新捷达车停在路边,下车后关上车门时,从树上掉下来包括飞盘、橄榄球、风筝等附近小孩先前扔上去的玩具,路边一个小女孩仰着头看着树上,这时车主把车门再一次打开再关上,又从树上震落一个洋娃娃,小女孩开心的捡起来跑回家。车主正要离开时,又从树上掉下来一只小猫。然后出现旁白:"新捷达的扎实关门声,是大众汽车质量的另一个标志,这就是德国技术的厉害之处。"广告使用了略微夸张的手法,通过汽车关门把树上东西震落下来的现象,来体现出这款车车门与车身的扎实度,让人不得不佩服创意的巧妙。

5. 造型空间诉求

根据汽车的空间及大小,汽车可以分为微型车、小型车、紧凑型车、中型车、中大型车、豪华车、MVP、SUV、跑车、面包车等。汽车不同的用途、不同的场合都需要不同的空间,于是许多汽车厂商围绕汽车空间做文章,也在情理之中。

在汽车广告中,"大"往往是比较受青睐的诉求点,并会与汽车的豪华紧密结合,广告主不仅将大空间、一车多用等作为广告的诉求点,还会展现大空间汽车座椅的可调节性、汽车

图 10 - 8

变家的生活方式、商务娱乐两得等。例如,上海通用汽车推出的别克 GL8 把空间的"大"作为主要卖点,强调"有空间,就有可能"。如图 10 - 9,画面中,在风景如画的水泊旁,有一群小鹿。突然一部深蓝色的别克 GL8 停到了平滑如镜的水面上,于是,鹿群奔向别克汽车,有条不紊地一一跃入车厢。结尾出现画外音及字幕:有空间,就有可能(见图 10 - 9)。

图 10 - 9

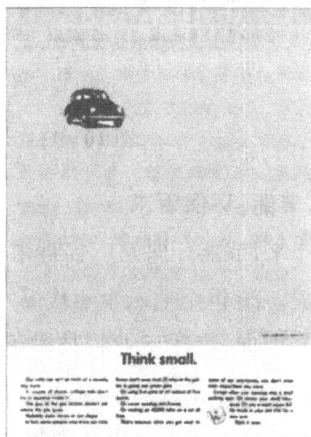

图 10 - 10

当然,并不是所有的汽车都一味求"大",也有一些品牌将汽车的小巧、灵活作为诉求点,在这方面,德国大众的甲壳虫曾撰写了一个神话。20 世纪 60 年代,当大众甲壳虫汽车投放到美国市场,威廉·伯恩巴克的 DDB 广告公司以"用诚实语言介绍诚实车"为创作原则,为大众甲壳虫汽车策划了一系列独特的广告。其中最著名的就是较早推出的一则(如图 10-10),其广告语是"Think small",强调"小"的特点,启发消费者思索小型车的种种好处。正式这种以"小"为定位,刚好能够填补消费者的需求及市场的空白,成为第一个知名的小型车,从而迅速地打开了市场。到了 60 年代末,大众甲壳虫汽车在美国的销量已经超过 64 万辆,确立了小型车市场不可动摇的霸主地位。

6. 价格诉求

汽车是高档商品,汽车的价格制约着消费者的购买行为。目前,我国的汽车消费主体是中档、低档汽车,因此,低价可以说是最令人心动的销售主题。我国的国产汽车主要做的是中低档汽车,在同类型的中低档汽车中,国产汽车在价格上占据着先天的优势。如图 10-11 的江淮轿车和图 10-12 的力帆汽车,都在强调其低价格的优势。

图 10-11　　　　　　　　　　　图 10-12

7. 节能、环保诉求

近年来,节能环保是广告诉求上发展较快的,究其原因,主要同环境保护及能源危机有关。20 世纪七八十年代爆发的以石油为主的能源危机大大影响了世界汽车工业的发展方向,汽车工业将技术革新的视角转向了节能减排;另一方面,受工业污染及二氧化碳气体排放的影响,世界的气候及环境正在逐渐恶化,环境保护也渐渐成为当今汽车广告的主题。以此为契机,汽车广告提出了"省油"的概念,20 世纪八九十年代以保护环境、节能环保为主题的汽车广告逐渐流行。

目前,在节能环保方面,我国国产汽车也有不俗的表现。如图 10-13,江淮汽车提出了"一箱油挑战 1 200 公里,中国最省油 SUV"的省油诉求。

图 10-13

图 10-14

8. 舒适便捷诉求

舒适对于驾驶者和乘客来说是极为重要的。而作为一种交通工具,汽车是为人服务、供人使用的,使用者会希望使用时舒适、便利,因此,许多汽车广告都突出其舒适及便捷操作的特点。如图 10-14,这则大众汽车广告表明,在车里的任何一处,都舒适如同在沙滩度假一样。

二、感性诉求(情感、价值诉求)

1. 豪华尊贵、财富地位诉求

一辆高档的汽车能够衬托主人的身份与财富、地位,因此,许多人在汽车方面热衷于购买奢华的高端品牌。自 20 世纪 20 年代开始,豪华、尊贵便成了许多高端车型的诉求重点。

如图 10-15 的奔驰汽车广告,强调的是"尊享体验";图 10-16 的卡迪拉克广告则标榜自己是"总统座驾"、强调"领军者风范";图 10-17 的卡迪拉克广告则鼓舞消费者亲身来感受它的奢华。

图 10-15

图 10-16

图 10-17

图 10-18

2. 时尚、个性诉求

在汽车广告中,突出时尚元素的车款,多半是针对年轻人设计的。追求独特、富于想象力是年轻人的特点。汽车厂商总能不失时机地抓住年轻人关注的时尚热点,讨巧地进入年轻消费者的思维中心,满足他们彰显自我、表达个性的渴望。

宝马 MINI 汽车以其独特的外观,灵巧的车型赢得了年轻一族的青睐。除了外形迷人之外,MINI 更吸引人的是其可以定制的车顶、内饰、轮胎等,正如其广告(见图 10-18)所说:"为个性主义摇旗呐喊"。

此外,MINI 还推出系列广告作品,如图 10-19,正如作品文案所说,全球 99% 的车主会对 MINI 进行个性改装这些作品的创意与目标人群追求个性的特征不谋而合,他们品位高雅而独特,不希望平淡无奇,拒绝重复单调,他们的生活要充满创造性的激情。驾驶汽车对他们而言,不是速度和纯粹感官的体验,而是一种个性的宣言,而 MINI 体现出的正是这种无拘无束的个性。

图 10-19

3. 探险与自由诉求

汽车作为最普遍的交通工具,已经越来越多地走进我们的生活,成为一个被赋予极强功能性的物品。而广告已经不单纯地只是看到商品的使用价值,也看到它传达的心理附加价值,将汽车与人的精神和各种生活情趣结合在一起。因此,广告越来越注重将汽车作为实现人们自由与探险愿望的消费品进行诉求,如图10-20路虎(Land Rover)广告就是鼓励人们去探险,其广告语为:"超出你预料的遥远之旅,其实近在咫尺。"

图 10-20

4. 自我意识诉求

追随他人还是领导潮流?人们往往希望自己能够显得与众不同。紧紧抓住消费者的心理,有意识地将产品与消费者本人联系起来,通过广告来使它们的心理上得到满足,这往往是汽车厂商惯用的方式。强调消费者的"自我意识",也就是满足其个人的心理感受,包括满足感、成就感、自豪感、归属感等。

梁朝伟出演的雪佛兰迈锐宝广告即是这方面的典范。在中国,雪佛兰迈锐宝是一个"新鲜"的名字,为了增加其知名度,2012年,上海通用汽车邀请香港著名演员梁朝伟作为雪佛兰中高级旗舰迈锐宝在中国地区的官方代言人,拍摄了一则好莱坞巨制广告片《心回马里布(Malibu)》(如图10-21)。

图 10-21

这则广告片故事情节充满个人色彩,情感路线错综迷离,主线围绕"现在的我"与"戏中的我"的邂逅而展开,由过去与现在的相互追逐推入巅峰。片中热情洋溢的加州风光、令人瞩目的迈锐宝新款车、影帝电力十足的回味眼神以及唤起无数人记忆的经典主题曲《加州之梦》(*California Dreaming*)等都是这部广告片中令人难忘的元素。

5. 成功、理想诉求

如今,汽车已成为个人形象的展现、成为代表拥有者社会价值的表证物。大家常挂在嘴边的中产阶级和成功人生,往往是通过其拥有的汽车来彰显其事业的成功。因此,国内很多汽车广告追求尊贵、豪华、气派的感觉和成功人士身份象征的诉求方式。汽车广告中常透露出"某某车是追求高品质生活的成功人士的首选座驾"之类的讯息,汽车成为成功的象征,实现理想的体现,尤其是一些中高端汽车更是以此为诉求点。如图 10-22 凯迪拉克汽车广告,即将凯迪拉克视作成功的体现。

6. 家庭、休闲诉求

家庭是构成社会的基本单元。每个人个体,从始至终都离不开家庭这样一个基本群体。中国人历来有"顾家、重家"的传统,这样的价值观也常为广告倡导,作为广告与消费者沟通的桥梁。于是,汽车已不再是冰冷的机器,而是装饰上了一层温情的

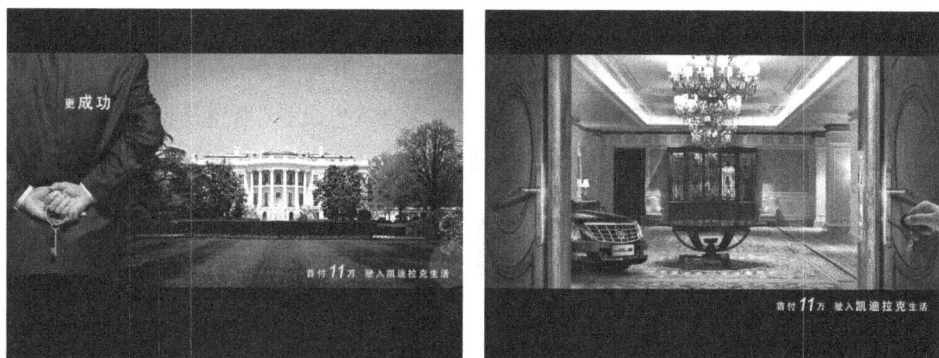

图 10 - 22

色彩,成为消费者家庭生活的重要组成部分。

在菲亚特派力奥周末风广告《假日篇》中,穿着时尚的一家人驾驶着菲亚特周末风来到一片沙滩嬉戏。结尾处发现这片沙滩实际上是建筑工地的一堆黄沙,但这家人却能够玩得如此尽兴,因为菲亚特周末风能让你时时享有一份周末的心情。

7. 感动、亲切诉求

感动是汽车品牌常常使用的诉求,目的是给消费者营造一种亲切感。2004 年是大众汽车进入中国市场 20 周年,为此,大众汽车推出了中国大陆市场的首支形象广告。作品围绕"中国路,大众心"这一主题展开,诠释大众汽车与中国消费者融合共存的理念。其中"中国路"即是指大众汽车为中国消费者铺设的发展之路,也是大众汽车与中国汽车工业共同走过的辉煌之路。"大众心"旨在表达大众汽车追求完美、不断创新和持之以恒的德国造车精神以及大众汽车对广大用户的关怀。车与路密不可分,是联系人与人、心与心的纽带。广告以汉字"心"贯穿始终,运用代表中国文化的汉字和书法,感性地传达了大众汽车对中国、对中国消费者和中国汽车工业的拳拳爱心。

8. 中国风、民族文化诉求

如今,汽车广告愈发强调意境以及某种精神品质,强调一种汽车与人的精神共鸣。许多汽车广告的画面、文案中加入了古典元素的运用,令汽车这一时尚形象同中国文化中"上善若水""有容乃大""不以物喜不以己悲"等精神品质结合,令时尚的汽车广告具有了更多神秘的东方古典风韵。

奥迪 Q7 曾经做过一系列水墨画的广告(见图 10 - 23),向受众描绘了这样一幅画面:近处的山林与远处的山峰交相呼应,树木郁郁葱葱,山峰层叠错落,依稀可辨几只飞鸟翱翔于天际;另一幅则是苍劲的迎客松与陡峭的悬崖交相辉映,万里无云的天空中一只展翅雄鹰昂首飞翔……画面充分展示了中国水墨画的意境之美,而这些水墨画是由泥沙勾绘的,由此,创意巧妙地把产品的特性引入受众认知,这样的水墨画只有这款具备越野性能的汽车才能描绘。正如文案"写意激情"所道出的:这款产品能够带你翻山越岭,领略大自然的意境与情怀。

图 10-23

9. 历史诉求

作为汽车行业的领导者,2011 年梅赛德斯-奔驰在发明汽车 125 周年的契机之下,在全球范围发起了一系列"125! 汽车发明者"的庆祝活动。作为全球活动的起点,梅赛德斯-奔驰以"是传奇的史诗,更是传奇的未来"为主题,呈现梅赛德斯-奔驰的过去与未来(见图 10-24)。

图 10-24

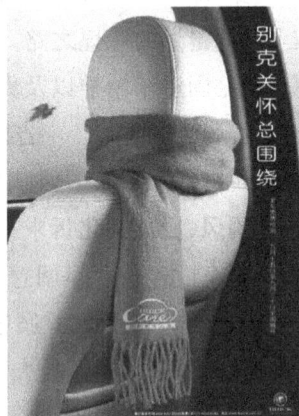

图 10-25

10. 售后服务诉求

在竞争日趋激烈的今天,许多厂商深刻认识到优质服务及良好的口碑对销售的促进作用,于是在广告中以打服务牌为主,体现出优质贴心的售后服务。

2001年,别克推出了中国汽车的第一个售后服务品牌"别克关怀"。将汽车售后服务从传统的被动式维修服务带进主动关怀的新时代,在下面这则广告中(如图10-25)用围巾、座椅、枫叶等视觉符号让受众通过联想来理解主题:秋日的丝丝凉意,让人渴望温暖,围巾和座椅的巧妙搭配凸显出以人为本的特质,显眼的是围巾上恰好是"别克关怀"的品牌logo。广告语"别克关怀总是围绕"更是点睛之笔,"围绕"一词一语双关:既是围巾的围绕,也是别克售后服务在您身边的围绕。从情境设置的角度看,它淡化了商品意味,强调了人情味,以情动人,深入人心。

第四节 汽车广告表现技法与表现策略

一、汽车广告创意表现技法

广告表现是指表达广告信息的方式。在消费市场千变万化、消费者心理难以猜测的今天,为了征服消费者,汽车广告要巧妙地采用艺术的手法来进行表现,以提高广告的吸引力,让消费者对产品产生兴趣,进而激发其购买的欲望。因此,汽车广告的表现技法也越来越富有创意。比较典型的包括以下形式:

1. 用品牌标志做文章

汽车的标志和它的品牌是一个不可分割的整体,是汽车品牌形象的象征符号,同时,也成为汽车广告创意的重要元素。现代汽车标志的发展,在形式上趋于符号化,内涵上趋于形象化,功能上趋于广告化。鲜明独特的汽车标志能够在强烈的视觉冲击下阐释其个性品位,使受众通过特征含义一目了然地认识到企业及产品的类别,了解产品的功能特色,对认识起到良好的诱导作用。

通观世界著名汽车品牌,几乎每一个车型的标志都有一段故事,以及与之相对应的视觉符号,例如奔驰的三叉星徽、宝马的BMW、奥迪的四连环、雪佛兰的彩色十字标等,它们对社会大众彰显的是一种社会化了的视觉符号,因为这些标志除了是汽车品牌的象征外,还转化为品质、身份、地位等象征意义。标志对汽车品牌形象有着举足轻重的影响,它是品牌形象的视觉精粹,彰显着品牌的精神和形象,没有标志也就无法建立自己的形象。

利用四环标志作为创意要素,是奥迪汽车广告经常采用的手法。在品牌标志和产品特性之间找到一种内在的联系,并用艺术创意的形式将产品诉求表达出来。

奥迪最经典的标志广告当属钥匙环篇,屏幕上首先出现"WHAT DO YOU WANT IN A CAR"的字样。之后墙上先后被挂上了4把带有圆形钥匙环的车钥匙。第一把钥匙,屏幕上出现"DESIGN?"字样,并挂上带有阿尔法罗密欧标志的车钥匙;第二把钥匙,屏幕上出现"COMFORT?"字样,并挂上带有奔驰标志的车钥匙;第三把钥匙,屏幕上出现"SAFETY?"字样,并挂上带有沃尔沃标志的车钥匙;第四把钥匙,屏幕上出现"SPORTNESS?"字样,并挂上带有宝马标志的车钥匙。之后,镜头上移,四把圆形钥匙环组成奥迪汽车标志。由此可见,阿尔法罗密欧的设计,奔驰的舒适,沃尔沃的安全,宝马的运动性能,这些奥迪汽车统统具备。

2. 发挥外形的魅力

甲壳虫是德国大众汽车制造的一款紧凑型轿车,它诞生于1933年,原名大众1型(Volkswagen Tape 1),后因其外形酷似甲壳虫而得名。提到甲壳虫汽车的时候,人们会想到它的许多有点:小巧、结实、实用、操控性好……但是能让甲壳虫成为经典的最重要的原因就在于它可爱的外形设计。它的许多平面广告也以其可爱的外形作为切入点,如图10-26,在这组平面广告中,海滩、花圃、美好的郊外、惬意的早餐、树木、喷泉……全都隐藏着甲壳虫的样子,画面清新可爱。甚至连甲壳虫赞助的乒乓球赛,也充分利用球拍和球,构成汽车外观,如图10-27。

图10-26

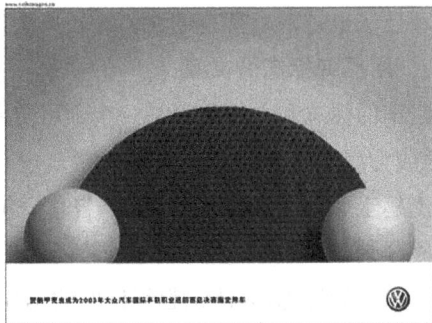

图10-27

3. 发掘内在的戏剧性

内在的戏剧性是广告大师李奥·贝纳(Leo Burnett)的广告哲学。李奥·贝纳认为每一件商品都有"与生俱来的戏剧性",做广告就是要替商品挖掘特点,令其戏剧化地成为广告里的英雄。产品内在的戏剧性"常常是很难发现的,它总是呆在那儿,一旦发现,它便是所有广告诉求中最有趣和最令人信服的"。他坚信广告应该以消费者利益为基础,而在展示这些利益时应强调戏剧性因素。

说到多米诺,一般人都会想当然地把它与骨牌联系起来,不过本田汽车的广告 New Accord TVC 彻底颠覆了多米诺骨牌的概念。

从一个钢圈齿轮在跷跷板的一头慢慢滚落开始,经过汽车输油管,四只轮胎,汽车座椅,雨刮器,车门电动窗,汽车音响喇叭等,到最终亮相的北美旅行版本田雅阁汽车。你在惊叹整个多米诺设计的如此巧夺天工时,肯定还会疑惑这些道具是否真的全部来自汽车零件,答案当然是肯定的。在量产前,世界上共有六台 New Accord,全是本田的工程师手工打造的。这部广告用了两台,其中一台拆成了零件,所以广告用的完全都是真的车里的零件。这则广告一共拍摄了 605 次,没有使用任何电脑绘图辅助,花费四天四夜拍摄而成。它被奉为汽车广告中的经典之作,至今任被津津乐道。

4. 强烈的视觉冲击

心理学研究证明:人的眼睛是一个积极探索的工具,它像是无形的手指,在周围空间中移动着,一旦发现事物,就去触动它们、捕捉它们、扫描它们的表面、寻找他它们的边界、探究它们的质地……因此,一个视觉形象如果具有强烈的视觉冲击,这种冲击力就势必会引起受众的注意,甚至留下深刻的印象。

法国著名广告人雅克·赛盖拉为雪铁龙拍摄过一则广告片,片中一辆雪铁龙汽车在航空母舰的飞行甲板上与喷气式战斗机同时启动,并率先冲向甲板的尽头,把战斗机甩在身后,然后腾空飞处,冲进海里,两个飞行员正在为此幸灾乐祸,此时却见那辆汽车乘在一艘潜艇上破浪而出,司机擦了擦脸上的海水,安然无恙。值得一提的是,这个广告片在总统的批准下,动用了真正的航空母舰和潜艇进行实拍,因此广告以非凡气势给观众留下了深刻的印象。

5. 打造动人的故事

故事情节本身会让人产生美好的联想,因此,在广告中,设计一个故事,巧妙地将广告信息融入其中。当然,在这种表现手法中,故事本身只是包装广告信息的糖衣,信息才是真正的主角、沟通的重点。

宝马汽车的一则广告中,用了一个幽默的故事表现其卓越的性能:一位新郎驾驶着宝马汽车兴冲冲地去教堂参加婚礼。他的英俊潇洒吸引了许多美女,于是她们不顾一切地想要拦住他的去路,接连从楼上扔下衣服甚至内衣,而新郎机动灵活地驾驶着宝马汽车,用尽了浑身解数,急刹车、猛转、倒车、加速……凭借宝马良好的操控性——巧妙躲过,奔向教堂。此时,焦急万分的新娘正望眼欲穿泪珠莹莹,新郎赶紧掏出手帕为她擦泪,未曾想掏出来的竟然是一只丝袜(见图 10-28)。

图 10 - 28

6. 巧妙设置悬念

悬念是一种调动受众好奇心的创意方式,在广告开始的时候布下疑阵,让人感到费解、疑惑、惊讶等,充分吊起受众的胃口,让受众在好奇心的驱使下去猜测接下来的情节,或者寻找问题的答案,最后,在广告结束时点明主旨,解开悬念,使受众茅塞顿开,从而留下深刻的印象。这是吸引受众注意力,使受众对广告产生兴趣,继续阅读、收听或观看广告的一种有效途径。

例如丰田汽车的一则广告,讲述两个人驾车在一条人烟稀少的道路上行驶,见到前方有位拥有魔鬼身材的妙龄女子站在一辆抛锚的丰田车旁向他们求救。两人眼神相碰,轻佻地坏笑。暗自欣喜在此荒芜之地能够遇到如此艳遇,待车离近正要停车时,司机却突然加快车速冲了过去。另外一个人十分不解,只听司机说道:"一定是个陷阱!你见过抛锚的丰田车吗?"画面一转,只见妖娆的美女撕下伪装,露出了狰狞面孔。虽然只是虚构的广告创意,但通过一个悬念,将丰田汽车的品质和口碑巧妙地表现了出来。

二、卓有成效的表现策略

1. 系列广告策略

所谓系列广告就是一个产品围绕同一个主题、人物、事件或环境等,延续、拓展商品某些特性的多则广告的统称。系列性广告每一则是相互独立但又相互配合的。广告形式相似,能达到强化广告效应的结果,又因为每则广告或多或少有所变化,因此受众不会厌烦。

系列广告历来倍受钟爱,在广告创意策略中,系列广告在传播中对消费者的注意、兴趣等冲击力往往比单一广告更大一些。

例如,宝马 MINI 曾发布了一系列以英文字母为表现元素的广告,文案风趣幽默,耐人寻味(见图 10 - 29)。

图 10 - 29

2. 比较型广告策略

比较型广告策略是指在广告中直接或者间接指明竞争者,就一个或者多个特定属性进行比较的广告策略。品牌对比是这类型广告的常用表现策略,通常用来表现有竞争优势的诉求点。

2009 年,在美国南加州海滨城市桑塔莫妮卡,两个德国著名汽车品牌奥迪与宝马上演了一出精妙绝伦的广告牌大战。

2009 年 4 月,奥迪在 Santa Monica Blvd 的广告牌上为新一代奥迪 A4 打出一个户外广告,如图 10 - 30,上面写着:"Chess? No thanks, I'd rather be driving. The entirely new Audi A4"("我不爱国际象棋,我更爱任意驰骋,全新奥迪 A4")。从奥迪后来的举动猜测,这大概有点调侃宝马汽车标志像棋盘的意思,可是宝马并没有领会到这个意思,于是,奥迪发起了直接进攻,又发布新的户外广告,如图 10 - 31,写着"Your move, BMW

The entirely new Audi A4"（"该你走了,宝马。全新奥迪 A4"）由影射变成了直接挑衅。可没过多久,宝马就做出了回应。当地的宝马经销商 Santa Monlca BMW 直接在马路对面竖起了一个广告牌,如图 10-32,广告牌上展示出了一辆宝马 M3 的画面,并打出了一句令人捧腹大笑的象棋术语——"Checkmate"（将死）。

图 10-30

图 10-31

图 10-32

图 10-33

　　面对棘手的难题,奥迪将问题抛给粉丝,在 facebook 上求助如何反击。于是还未等奥迪官方做出任何反应之前,奥迪的粉丝们就已经迫不及待地 PS 了一些有趣的图片以示反击。他们将画面换成一部奥迪 R8 超级跑车,广告语为 your pawn is no match for our king"你的卒根本无法跟我的将比",如图 10-33。而宝马的粉丝也不是等闲之辈,他们直接在上面 PS 了一架飞机,意将广告牌拿掉,飞机上写着 Game over.（游戏结束）,如图 10-34。

　　最终宝马率先采取了行动,在该地段取消了宝马 M3 的广告,据报道奥迪新换上的广告,改打豪华牌,如图 10-35,上面写着 Time to check your luxury badge. It may have expired.（是时候检查你奢华荣誉的徽章了,它可能已经过期了）。

图 10 - 34

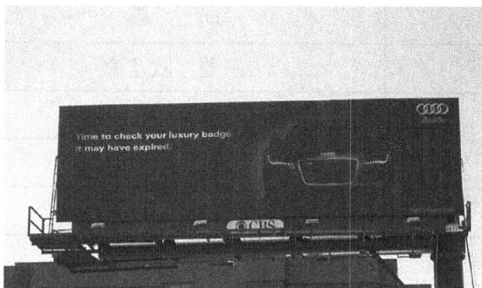

图 10 - 35

这场广告大战得以平复,但国内及国际各类媒体,特别是互联网,纷纷对此进行报道,由此,两大厂商也赚尽了眼球。

但是,对于竞争型广告,我国《广告法》是明令禁止的,《广告法》第二章第十二条规定:广告不得贬低其他生产经营者的商品或者服务。因此在国内主流媒体上是不可能出现这种针锋相对的竞争型广告的。

3. 明星代言策略

长久以来,大部分汽车生产厂商倾向于通过对汽车本身特质的展现来传递信息,不容忽视的是,在当前,中国最具消费能力和消费潜力的"80 后"甚至"90 后"成为消费市场的新晋力量。在"80 后"、"90 后"眼中,汽车如同手机、时装一般,是时尚的代名词。同时,这些伴着明星成长起来的年轻人在偶像崇拜上远高于"60 后"、"70 后",很大程度上,明星代言汽车广告的兴起是为了"笼络"这群新生消费力量的。因此,近年来,汽车广告渐渐开始"众星云集"。目前,中国汽车广告的明星代言比例正在迅猛地追赶着欧美和日本,在明星的选择上也趋于选择国际巨星。笔者初步统计了一下各品牌的代言人,见表 10 - 2。

明星代言广告一定要将明星的气质同汽车的特质融合起来,否则本应是广告主角的汽车将会在明星的光环下黯然失色,失去广告价值。在明星代言汽车广告中,表现得可圈可点的是球王科比代言的奔驰 Smart 汽车。这款汽车运用对比的方式将微型车的"小"同球王科比的"大"相比,产生出巨大的视觉反差,成功地将汽车的特质同明星的特质融合在一起,展现出该款汽车的"灵巧"以及"能自由穿梭于城市繁华纷乱的街道中"的销售卖点。

表 10 - 2　各品牌的代言人

	品　牌	代　言　人
1	三菱　欧蓝德	金城武
2	斯巴鲁	韩寒
3	雪佛兰　迈锐宝	梁朝伟
4	雪佛兰　科帕奇	汪峰
5	东风日产	高晓松
6	凯迪拉克	吴彦祖
7	新帕萨特	姜文
8	马自达 6 睿翼	菲尔普斯
9	长安逸动	吴奇隆
10	奔驰	章子怡、李冰冰
11	科迈罗	孙红雷
12	Jeep 指南者	邓超
13	丰田　皇冠	佟大为
14	丰田　雅力士	莫文蔚
15	丰田　威驰	陈坤
16	本田　思域	陶喆、张靓颖
17	讴歌	刘德华、桂纶镁
18	奔驰 Smart	科比·布莱恩特

4. 运动、赛事策略

汽车品牌为了扩大影响力,往往通过参加或者赞助各种国际体育运动或赛事来彰显实力和优越的品质。每年各种规格的国际汽车拉力赛,即是新车粉墨亮相的最佳舞台,也是各种汽车制造商显示其实力的最佳场所。而赞助体育大赛又是企业扩大影响,树立良好企业形象的最佳途径。

奥运会是全球最大的体育盛会,历来为各大汽车厂商所重视。"消费者的印象至关重要,他们一旦得知你是奥运会赞助商,你的品牌在他们心目中的地位立刻就上升了。"有人这样评价。在 2008 年北京奥运会上,通用汽车为了成为美国代表队指定国内汽车和卡车赞助商,不惜花费 3 亿美元。通用挑出 10 个最能在体育广告中打动观众的品牌,让它们获得最多的奥运广告支持,例如,"美国豪华庞蒂亚克"车型成为美国体操队的指定车辆,因为调查发现它从体操观众中将获得最大的广告收益;而"格兰披士庞蒂亚克"则成为美国田径代表队的指定使用车辆;另外,庞蒂亚克的"蒙大拿微型货车"最为适合体操运动员的家庭,因此在地方性活动中被展出。而雪佛兰品牌则是美国滑雪及雪上项目代表队最大的赞助品牌,调查结果显示滑雪者比不滑雪者买多功能运动型车的可能性高三倍,自从雪佛兰开始赞助滑雪运动以来,其卡车销售额以及在消费者心目中的形象都呈上升趋势。

5. 植入式广告策略

植入式广告又被称为隐性广告,是指将商品、品牌或者企业信息隐藏于传播载体并同传播载体融为一体,以非广告的形式在受众无意识的状态下,于不知不觉间将信息传递给受众。汽车植入式广告常见的形式有影视剧植入广告、娱乐节目植入汽车广告、网络游戏植入广告、图书植入广告及体育赛事植入广告等。

以影视剧汽车植入广告为例,如今,以描写现代都市为题材的电影电视剧急剧增长,且趋向于全球化传播,而现代都市生活离不开汽车,因此,汽车类植入式广告成为影视剧的宠儿。汽车广告主将影视主题与汽车广告的特点相结合,通过特写镜头、人物对话、拍摄场景选择等方式,将汽车巧妙地植入影视剧中,观众在观赏中无意识地接收到了某种暗示,从而达到广告传播的目的。

例如,奥迪汽车赞助了《奋斗》、《我的青春谁做主》等倍受年轻人追捧的热播剧,在片中做了大量的植入,主人公的座驾均为奥迪汽车,从而在年轻人心中一扫奥迪汽车古板、沉闷的"官车"形象,成为时尚和活力的代表。而其他汽车厂商也不示弱,纷纷在热播剧中植入,如宝马旗下的 mini cooper 与东南汽车赞助了《裸婚时代》,宝马与吉利汽车赞助了《北京爱情故事》等,在剧中根据主人公的身份,分配给不同角色,与主人公的性格、气质相得益彰,产品也增加了曝光量,并给消费者带来了更加直观的印象。

在电影方面,植入式广告也由来已久,最早的汽车植入式广告是出现在好莱坞电影《007——金手指》中的阿斯顿·马丁。当然,说起好莱坞电影中的汽车品牌植入,最为经典的当数电影《变形金刚》。自从 2007 年第一部《变形金刚》电影进入全球观众的视野,此后每隔两年的夏天就成了世界影迷的期待季,同时也为全世界车迷奉献了一台结集着雪佛兰、奔驰 SLS AMG、法拉利 458 Italia 等重量级品牌及其车型的电影车展。由此可见汽车商们深信不疑《变形金刚》的吸金能力和传播效果。

6. 微电影广告策略

微电影广告是指专门利用各种视频类媒体播放平台播放,具有较为完整策划、完整制作和完整故事情节的超短视频,播放时长一般为几分钟,内容广泛,主要用于商业定制和公益活动。微电影视频由于时长较短,可以在生活的间隙观看,因此观影总人次很多。这就为汽车广告提供了契机。当前,微电影视频在世界范围内发展迅速,互联网技术的发展以及明星代言广告更是将微电影广告推向了顶峰。

例如那部一夜爆红的《老男孩》就是商业定制的典型,在 4 分 48 秒内赚了不少眼泪,该系列微电影便是由上海通用雪佛兰出品。而被誉为国内首部微电影的《一触即发》,本身就是凯迪拉克的宣传片。

典型案例评析

宝马汽车 The Hire(雇佣者)系列广告

一、背景介绍

宝马汽车一直在营销上剑走偏锋,其中最为人所知的就是利用互联网兴起之势,在 2001 年和 2002 年相继推出了八部电影短片 The Hire(雇佣者),投放在网络上。截至 2005 年宝马公司将广告从网站上撤下时,该系列广告片观看受众超过 1 亿次。直至今天,仍在互联网上不断的下载和观看。

这八部网络短片包括:由《冷血悍将》的导演 John Frankenheime(约翰·法兰克海默)执导的 Ambush(伏击)、《卧虎藏龙》导演李安执导的 Chosen(圣子)、《春光乍泄》导演王家卫执导的 The Follow(跟踪)、《偷拐抢骗》导演 Guy Ritchie(盖·瑞奇)执导的 Star(明星),以及执导《爱情像狗娘》的墨西哥导演 Alejandro Gonzalez-Inarritu(亚利桑德罗·冈萨雷斯·伊纳里多)的 Powder Keg(火药桶)、另外还有吴宇森执导的 Hostage(人质)、《碟中谍3》导演 Joe Carnahan(乔·卡纳)汉执导的 Ticker(心脏)、《红色风暴》导演 Tony Scott(托尼·斯科特)执导的 Beat the devil(打败魔鬼)。

八部短片中,Clive Owen 扮演的"车手"在世界各地驾驶着宝马汽车,完成了各种出生入死的护送使命。宝马车的性能被完全自然地融入到短片的追逐场面中,宝马的企业文化也在各个故事情节中被展示的淋漓尽致。

二、The Hire(雇佣者)系列广告创意表现

1. The Hire(雇佣者)系列广告之一:Ambush(伏击)

2001 年 4 月 26 日,宝马公司推出了系列广告短片中的第一集——《伏击》(Ambush),该片由《冷血悍将》的导演 John Frankenheime(约翰·法兰克海默)执导。在片中,欧文扮演的保镖为了保护他的雇主——一位珠宝商,驾驶着宝马 740i 与追击

者在公路上展开了一场轰轰烈烈的汽车追击战。短片最大的亮点就是用长段的追杀场面将宝马的操控性能和高品质追捧到无以复加,其中包括在 1 秒钟内让宝马从 90 码加速到 140 码的镜头。可以说,这是八部短片中最为广告而广告的一部。开门见山地追车,从各个角度体现了宝马优越的加速、制动、漂移、抗撞击等性能。

2. The Hire(雇佣者)系列广告之二:Chosen(圣子)

该片由李安执导,讲述的是欧文饰演的司机拯救西藏八岁小活佛的故事。全片最富有李安风格的当属宝马被众车追逐到码头的那段,用中国话来说,这是被逼入绝境,前面是茫茫大海,后面有追兵堵截,可是伴随着华美轻松的音乐响起,宝马车在码头与几辆车开始了太极拳一样的周旋,在众车中让人目眩神迷的游走穿梭,尤如武林高手在悬崖上跳跃腾挪却依然从容,正所谓绝路中也可以逢生。同样是追车戏,在李安的处理下,没有了火爆,多了一丝灵巧,甚至让汽车还玩起了捉迷藏的游戏,配乐也别具一格地采用了古典音乐,这样的动作戏恐怕只有李安能拍出来。此外,该片在为 2001 BMW 540i 6-speed 宣传的同时还不忘在结尾处为李安的暑期大片《绿巨人》做了一下宣传,植入得恰到好处。

3. The Hire(雇佣者)系列广告之三:The Follow(跟踪)

该片由香港导演王家卫所拍,以司机受雇跟踪一位名人妻子的故事情节为主线,在略带忧伤的优美音乐中讲述一个妻子的苦恼和心酸。片中展示的宝马车型号是 2001 BMW Z3 roadster 3.0i 与 BMW 740i。汽车在这里成了表达王家卫艺术思想的工具。欧文驾驶的黑色宝马 740i 和女主角驾驶的银白色敞篷 Z3,与王家卫营造的忧伤氛围相得益彰,蓝色的基调,虚实不定的画面,伤感的爵士,缓慢的节奏,低回在画面外的内心独白……都带着王家卫独有的孤寂味道。这是八部片中,司机仅有的一单失约委托,但是看着他退去订金挥然而去,连那辆黑色坐骑宝马 740i 也不禁蒙上一层惺惺相惜的光环。奥斯卡影帝福里斯特・惠特克,第 65 届威尼斯电影节最佳男主角提名米基・洛克在里面有着精彩演出。

4. The Hire(雇佣者)系列广告之四:Star(明星)

该片是由 Guy Ritchie(盖・里奇)导演,堪称八部短片中最搞笑的一部,讲述了司机欧文教训一个极度令人讨厌的女明星的故事。宝马汽车在这部短片里宝马汽车载送的不是别人,正是导演盖・里奇的妻子,歌星麦当娜,但他把妻子的形象完全置于脑后,他让欧文在驾驶座上手舞足蹈,让宝马在大街上左闪右躲不亦乐乎,麦当娜则在后座上被甩得死去活来。短片中的飞车场景配上有趣的背景音乐非常搞笑,麦当娜不计形象出演,把黑色幽默发挥到极致。

5. The Hire(雇佣者)系列广告之五：Powder Keg（火药桶）

这是由墨西哥导演亚利桑德罗·冈萨雷斯·伊纳里多执导的作品，讲述的是欧文饰演的司机保护一位摄影记者逃出武装军人的追击。片子所用的宝马车型为2001 BMW X5 3.0i。冈萨雷斯·伊纳里多坚持了他一贯偏爱的暗淡色调和卡氏噪点，影片的反战主题相对其它短片也沉重了许多。也是八部短片中最伤感的一部作品。

6. The Hire(雇佣者)系列广告之六：Hostage(人质)

片中欧文饰演的司机带着现金去赎回人质，警方非但没有帮上忙，还迫使绑架者自杀。欧文凭借机智发现了人质的线索，而此时藏着人质的汽车已坠入河中，欧文开着宝马汽车一路飞车赶在人质死亡前救出了她。这部典型的吴宇森影片，以震撼的音乐、经典的吴式慢镜头、子弹的特写、刺激的飞车场面、多台摄影机同时拍摄同一场景、凌厉的剪辑等，给观众带来了强烈的视觉震撼。本短片还获得洛杉矶国际短片节的最佳动作短片奖。

7. The Hire(雇佣者)系列广告之七：Ticker(心脏)

该片由《碟中谍3》的导演乔·卡纳汉执导，片子，欧文饰演的司机载着一位手提神秘行李箱的乘客疾驶在高速公路上，一驾直升机紧追不舍。最后，欧文凭借精湛的车技和惯有的机智让飞机撞桥爆炸，并且在油箱漏油的情况下飞速赶往目的地，挽救了一个人物甚至一个国家的命运。片中被子弹贯穿的画面证明了宝马车的质量。典型的好莱坞娱乐片风格。开门见山的追车场面，针锋相对的人物冲突，还有一个到影片最后才揭开的悬念，娱乐片，这样已足够。

8. The Hire(雇佣者)系列广告之八：Beat the Devil(打败魔鬼)

这部短片是《橙色风暴》、《国家的敌人》的导演托尼·斯科特的作品。在这部片中，欧文饰演的司机受雇于摇滚教父与摇滚魔鬼进行的一场赛车赌博。加里·欧德曼的参演使本片充满了妖异的气氛和野性的力量。片中的飘车场景毫不逊色于好莱坞大片。片末玛丽莲·曼森的客串更是本片出任意料的亮点。片中演员个个都是大腕，加里·奥德曼，可谓是影坛千面人，曾出演过《蝙蝠侠》、《锅匠、裁缝、士兵、间谍》、《哈利波特》等片。詹姆斯·布朗是无可争议的美国灵魂乐的教父。玛丽莲·曼森则是美国重金属乐队主音艺名。

三、The Hire 成就"宝马品牌"

The Hire 系列短片获得了空前的成功。影片上映后，各大媒体进行了铺天盖地的报道，各种好评纷至沓来，The Hire 更是将戛纳国际广告节网络类全场大奖、钛师奖，WEIR 杂志 RAVE 年度大奖，洛杉矶国际短片电影节最佳动作短片奖等各种奖项收入囊中。并两次荣获克里奥广告奖，且被现代艺术博物馆永久收藏。

这些荣誉远远超过了宝马的预期,而 The Hire 引发的宝马购买热潮更是让宝马欣喜若狂。2001 年,宝马的年销售额与前一年相比上升了 12.5 个百分点,2002 年,宝马的年销售额再创新高,攀升了 17.2 个百分点,打败了竞争对手奔驰,一跃成为豪车市场上仅次于雷克萨斯的第二大品牌。

思考题

1. 如何正确理解汽车产业的发展与汽车广告之间的互动关系?
2. 从商品特性与消费心理分析汽车广告的独特性。
3. 什么是"事件营销"? 请搜集汽车品牌事件营销的案例。
4. 试以具体案例分析汽车广告是如何体现人文关怀的?
5. 收集国外汽车广告与国内汽车广告做比较分析,阐述其异同并分析动因。

研讨训练

高尔夫汽车是一款由大众汽车推出的经典掀背式小型家用车,已经在全球市场推出了六代,是大众汽车公司生产最多的品种,也是大众汽车在国际上比较畅销的车型,其发动机技术先进,动力强劲,整体品质较好,内饰做工精细,车身造型更加动感时尚,同时又不失大气之美。然而在中国,高尔夫汽车的知名度并不及大众旗下的其他品牌。

1. 请以小组为单位收集其产品上市以来的广告活动案例,撰写案例评析报告,综合论述其广告传播的特色,并从策略和创意表现的角度分别提出改进建议。
2. 为其创作一则适合在网上传播的视频广告。
3. 每组推选一位代表,以 PPT 形式在课堂上进行交流。

补充阅读材料

1. 贾昌荣:《汽车品牌·推广战》,机械工业出版社。
2. 向寒松:《中国汽车营销风云录》,机械工业出版社。
3. 丁兴良、曲涛:《商用车品牌营销》,机械工业出版社。

参考文献

[1] 姜炜. 汽车广告的奥秘[M]. 广州:广东经济出版社,2001.

[2] 李庚. 中国汽车市场分析报告[D]. 北京:电子科技大学成都学院,2011.

[3] 贾昌荣. 汽车广告·公关战[M]. 北京:机械工业出版社,2007.

第十一章　科技与时尚的完美结合
——数码产品广告

数码产品的涵盖范围一般包括数码印刷产品(复印机、打印机、扫描仪等)、数码影像产品(数码相机、mp3、mp4 播放器等)、数码通讯产品(手机、电脑等)三大类。随着科技的发展、互联网的普及、人们生活方式特别是娱乐方式的改变,数码产品正进入高速发展的轨道。其中,手机、电脑等与信息交流、沟通相关的产品已经成为人们生活中不可或缺的一部分,正在影响着人们的生活观念和生活习惯。未来,数码产品一体化的趋势日益彰显,可能将人们的学习、生活、工作缩小到一指即能掌控。数码产品的发展前景非常值得期待,而数码产品的广告必将随行业的成长而呈现日新月异的变化。本章将主要阐释数码产品广告的诉求要点和表现形式两大问题,结合经典案例予以详细的解读。

第一节　数码产品及广告概述

数码产品的涵盖范围一般包括数码印刷产品(复印机、打印机、扫描仪等)、数码影像产品(数码相机、mp3、mp4 播放器等)、数码通讯产品(手机、电脑等)三大类。数码印刷产品属于办公用品,较少个人购买,故广告也较少通过大众传播媒体针对普通消费者传播。数码相机、手机、电脑等则属于个人用品,我们平时所见的广告大多是关于这几种数码产品的。

一、数码产品概况

就现状来看,数码产品的发展主要呈现以下几个特点:

1. 品牌种类繁多,但市场品牌集中度高

数码行业是 20 世纪后期才发展起来的高科技行业,虽然时间不长,发展速度却非常快,大量企业争相涌入这一市场。在广东、深圳、浙江等地,生产数码产品的中小型企业比比皆是。走进城市的数码广场,高中低档次的数码产品都可以找到,消费者的可选择空间非常大,但数码市场的大部分市场份额却集中在少数几个国际大品牌手里,如数码相机、播放器主要集中于索尼、松下、佳能、尼康等几个品牌,手机集中于 iPhone、三星、诺基亚、摩托罗拉等几个品牌,电脑则集中于联想、苹果、惠普、IBM、索尼、三星、宏基、戴尔、华硕等品牌。其他杂乱的小品牌只能凭借价格优势跻身市场。

究其原因,消费者对于数码产品的质量比较重视,而对质量的信赖主要来源于对品牌的信赖。历史比较悠久的品牌在长期发展的过程中积累了比较优良的品牌信誉,容易获得消费者的信任,成为消费者头脑中品牌排行榜的前几位,从而进入消费者的购买清单。

2. 更新换代速度快

刚进入 21 世纪的时候,大多数中国人还习惯于 BB 机的呼叫声,转眼间手机就成为人手必备的寻常产品。iPhone5 的热潮还未褪尽,iPhone6 就宣布即将上市了。2003 年非典期间曾引发家用电脑的购买高潮,不到十年,笔记本电脑、上网本、平板电脑、超级本就一浪推一浪地涌上市场。数码产品的更新换代速度让消费者措手不及,使一些习惯于追赶新鲜事物的消费者屡屡因为过快的更新而囊中羞涩。

3. 价格相对昂贵,购买比较理性

根据 2012 年上半年城镇居民人均可支配收入(图 11 - 1),月平均可支配收入在 1 308~3 448 元之间,而一件具备基本质量保证的数码产品价格一般都在千元以上,占人均月平均可支配收入的 30%~90% 左右。所以,消费者在购买数码产品时尽管也追求时尚、流行或品牌的其他象征意义,但价格仍然是主要关注因素,需要经过理智的思考才能最终做出恰当的购买决定。而一经购买,仅仅因为产品更新换代就做出二次购买的不多,使用时间相对较长。

二、数码产品广告概况

数码产品的特点决定数码产品广告的如下特点:

部分省区2012年上半年城镇居民人均可支配收入			
位次	地区	城镇居民人均可支配收入	增幅
	全国	13679	13.3%
1	上海	20689	12.5%
2	浙江	18802	11.7%
3	北京	18154	11.8%
4	广东	15778.97	13.5%
5	江苏	15655	13.9%
6	福建	14661	12.9%
7	天津	14155	10.1%
8	山东	12627	13.8%
9	重庆	11760	13.3%
10	辽宁	11458	14.2%
11	湖南	10864	14.2%
12	湖北	10833	14.2%
13	广西	10820	14.1%
14	海南	10777	13.3%
15	四川	10700	14.0%
16	安徽	10691.5	14.3%
17	陕西	10684	14.3%
18	云南	10442.3	14.3%
19	河北	10232.04	12.4%
20	河南	10112.8	12.2%
21	吉林	9955.9	13.7%
22	山西	9764.8	12.8%
23	江西	9752	14.2%
24	宁夏	9250	14.4%
25	新疆	8680	13.4%
26	青海	7848.41	11.6%

数据来源于各地统计局网站 单位：元

中新网 财经
finance.chinanews.com

图 11-1

1. 产品广告和品牌广告双管齐下

消费者对于数码产品的属性、质量、功能非常关注，因此，新的产品问世的时候，有必要通过产品广告将这些信息向消费者交代清楚，以方便消费者的挑选，并凭借自己产品有而其他品牌都没有的优势促成消费者的购买决定。图 11-2 和图 11-3 分别是中天手机和摩托罗拉手机的产品广告，其最突出的特点即超薄，薄到可以拿来切火腿、切腕自杀、刮胡须、撬门、扒窃、劫持人质、切肉。两则广告不约而同地采用夸张的手法生动地展现了产品的特点。

图 11 - 2

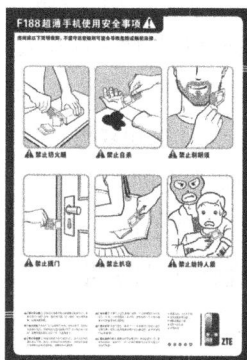

图 11 - 3

但是,消费者在购买数码产品时又有比较强烈的品牌意识,通过购买信誉度好的品牌的产品来降低购买的风险。所以,单纯的产品广告不能彻底地说服消费者,还需要借助品牌形象广告提升品牌在消费者心目中的印象,形成消费者的品牌好感、信任和忠诚。图 11 - 4 与图 11 - 5 是微软主题为"we see(在我们眼里)"系列广告:广告用

图 11 - 4

图 11 - 5

白色线条分隔开现实和虚拟两个世界,白色线条绘制的虚拟世界代表现实中人物的梦想——学小提琴的小男孩可以成为乐队的首席演奏家,站在地铁站的年轻女子可以成为 T 台上的模特儿,树上游戏的孩子可以成为飞行员,教室里学习的孩子们可以成为爱因斯坦、甘地一样伟大的人物……微软作为数码产品的领袖,一直给人高高在上的感觉,让消费者觉得冰冷、倨傲,为了改变这一形象,微软推出一系列平面和电视广告,告诉消费者,现实和梦想只有一步之遥,只要努力,梦想触手可及,而微软就是帮助你跨越现实和梦想之间鸿沟的桥梁,"您的潜力,就是我们的动力"。这些广告重塑了微软的形象,使微软更加贴近消费者的心理,提升了微软在消费者心目中的品牌印象。

2. 理性、感性并重

数码产品属于高科技产品,一般的消费者对其功能、属性都不够熟悉,希望获知足够的信息。因此,对于这类产品,消费者的购买趋于理性。所以早期的数码产品广告都以理性诉求为主,介绍产品的属性、功能等。但随着数码产品的日渐普及,数码产品已经不单单是高科技产品,而是演变成了一种时尚用品和个人符号,购买时消费者更注重产品的款式和品牌的象征意义,所以在理性诉求的基础上引入了感性诉求,以激发消费者的冲动购买,或者保持消费者的品牌忠诚。

图 11 - 6 是诺基亚的手机广告:一个年轻男子在街上拍照,但拍摄的都是一些莫名其妙的画面,例如洗手间前、宾馆标志前、路牌前等,并将这些图片发给了自己的女朋友。正当大家疑惑不解的时候,谜底揭开,原来一连串的照片都截取了街上很多文字的部分字母,最后连成一句话:Would you marry me?(你愿意嫁给我吗)女友潸然泪下,而观众朋友则恍然大悟的同时被男子的求婚所感动。最后,男子坐在街头等待女友的回复短信,身后一辆大卡车的后面有一个巨大的看板,上面写着大大的"No",观众的心不禁一凉。随即短信的声音响起,大卡车缓缓开走,看板上的字全部露出,"Nokia"全称出现在观众的视线中。广告中诺基亚始终作为男子传情的道具,全方位展示了新款诺基亚拍照和发送彩信的功能,让消费者可以加以理智的判断,同时又将诺基亚作为爱情使者,印上爱情的标签,刺激婚恋中的男女青年进行感性消费。以情动人,以理服人,让消费者的大脑和心同时被深深地打动了。

3. 大规模的广告轰炸

数码产品竞争非常激烈,各品牌都将广告作为有效的竞争工具,所以广告投放毫不手软。特别是电视广告、网络广告、户外广告的投放比重较高。大规模的广告轰炸在保证消费者获得足够的产品信息的同时,也让消费者觉得眼花缭乱。根据企业、行业、竞争对手的情况进行适度的广告投放是当前应该考虑的问题。

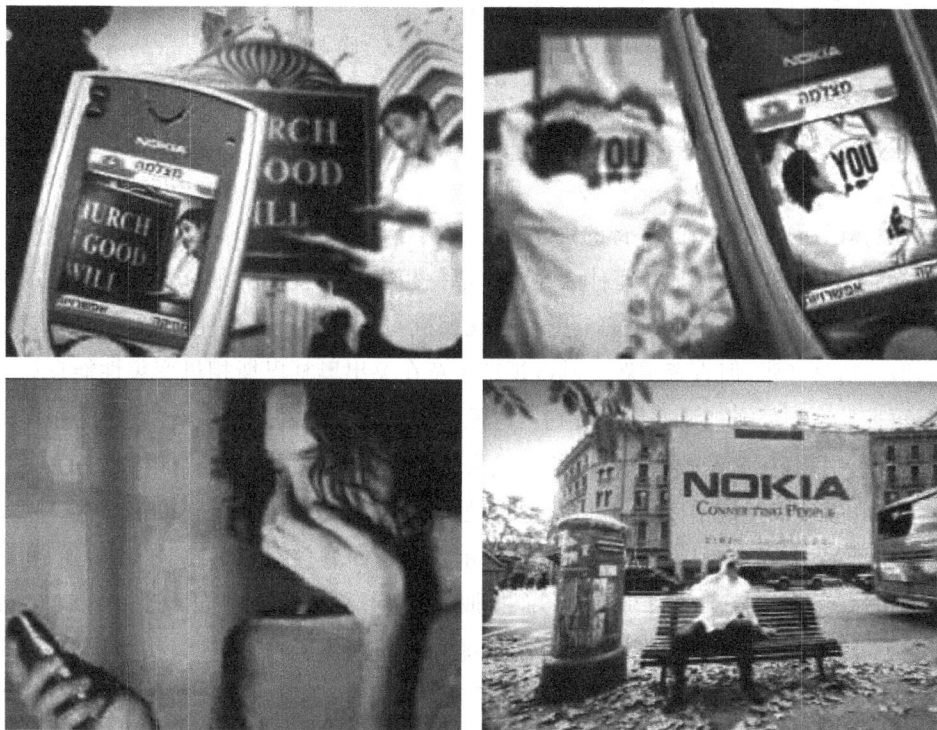

图 11 - 6

第二节　数码产品广告诉求要点

一、功能强大

数码产品是高科技产品,随着新科技、新发明的出现而不断地推出新产品,新产品区别于旧产品的最大特点就是功能上的进步,如果有一项功能只有自己的产品具备而其他任何同类产品都不具备的话,理所当然会成为产品的最大卖点。消费者在购买数码产品时对功能总是非常关注,虽然对具体的制作工艺、数据参数等无法做到了如指掌,但基本的性能还是要有所了解的。就现状来说,消费者对数码产品的功能要求主要有:

1. 定格于某一超强功能

HP Vectra PC 广告中有男子 110 米栏世界冠军艾伦·约翰逊的照片以及他的一

段话："好像有许多人都叫约翰逊,但对我艾伦·约翰逊来说,我只想成为最好的约翰逊",借世界冠军间接说明 HP 是最好的台式机。的确,众多数码产品都具有各种功能,而聚焦某一超然于对手的强大功能,颇能抓住消费者的心智。

　　文案标题:再敢拍我,我就要越街过篱,穿林过河、攀上那座山头,把那鬼相机摔到你脸上。

　　奥林巴斯这两款相机广告的诉求点都聚焦于自身最卓越的功能,给人以强烈的视觉冲击和深刻的印象。还有什么比仿佛把持相机的手臂手腕用金属环扣固定在地上或墙上(见图 11-7、图 11-8),更能表现相机超稳定的防抖性能呢? 画面简洁、单纯,肢体造型夸张,但直奔主题。其电视广告意在突出奥林巴斯相机变焦性能自如灵活,再远的事物都能被清晰地捕捉到。这是一个十分有趣的故事,似乎常见于很多的娱乐报道中,但它又是另类的特别的。镜头中,一位十分讨厌别人拍照的女艺人以惊恐愤怒和手掌来抗拒拍摄的一刹那,但是她还是被拍摄下来,而且清晰度极高。值得注意的是,文案标题所反映出她的愤怒昭示着相机距她多么遥远! "再敢拍我,我就要越街过篱,穿林过河、攀上那座山头,把那鬼相机摔到你脸上。"如此遥远距离,还能拍摄如此清晰,是什么原因? 原来采用了奥林巴斯相机所独具的"镜头拉伸,无限趋近"的变焦镜头。这虽然是夸张,但夸张手法和一个饶有趣味的情节结合起来,令人对产品超强的功能留下了极为深刻的印象。其创意不同凡响。

图 11-7

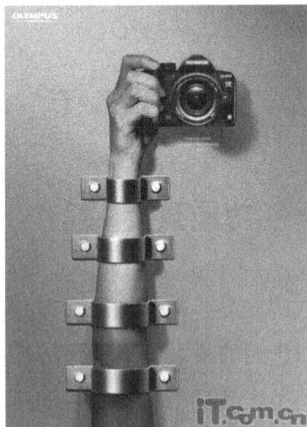

图 11-8

2. 外形小巧,携带方便

除数码印刷类产品外,大多数码产品都是随身携带的,体积的大小、重量的轻重都会影响到携带的方便与否。所以,消费者都追求数码产品的小巧、轻薄,在广告中强调产品"超薄"性能可以有效地吸引消费者的视线。如图 11-7 与图 11-8 中的手机产品都将自己的诉求要点锁定为"超薄"。

3. 集多功能于一体

数码产品的一体化趋势越来越明显,一件数码产品同时拥有以前多件产品才能实现的功能,如数码相机除拍照的主要功能外还能上网进行即时文件传输;手机除通话和发送短信外,还能上网、玩游戏、听音乐、拍照、录音、录像等。iPhone 之所以那么受欢迎,很重要的一个原因就是它的软件商店里提供成千上万种大小软件的下载,让消费者进行自由选择,一机在手,万事亨通。

图 11-9 是英特尔的广告,精彩的电影、动人的音乐、刺激的游戏尽在其中。广告采用了性别角色互换的处理方式,男士坐在女士的腿上,而女士脸上非但没有痛苦的表情,反而是柔和、幸福的表情,让人费解。实际上,这些男士代表了电影、音乐、游戏等,一机在手,就像身临其境一样逼真,让人乐在其中。

图 11-9

二、时尚性

个人用数码产品如手机、相机、播放器、笔记本电脑等已经像牛仔裤、高跟鞋一样成为消费者的时尚标签,科技产品本该具有的冷冰冰的感觉被丰富的色彩、精美的外观、人性化的设计所取代,越来越多的消费者在购买数码产品时将时尚和流行放在了功能的前面。当年 TCL 提出"科技与美相结合"的口号时,数码产品大多是黑、白、灰系的色调,棱角分明的机身,没有性别的差异,因此当 TCL 推出适合女性的镶嵌了亮钻的以美作为诉求的手机时,市场为之沸腾了。自此,美的元素开始融入数码产品的设计中,而广告也开始借助音乐、舞蹈、明星等元素来进行时尚性的诉求。

2005 年、2006 年,诺基亚相继推出倾城、倾慕两个系列(见图 11 - 10～图11 - 13),突出科技和时尚的零距离接触,在色彩、设计细节、装饰元素等方面倾注了全力,广告画面则采用优雅、华丽的花卉图案来衬托诺基亚手机的美奂美伦,让人看后流连不已。

图 11 - 10

图 11 - 11

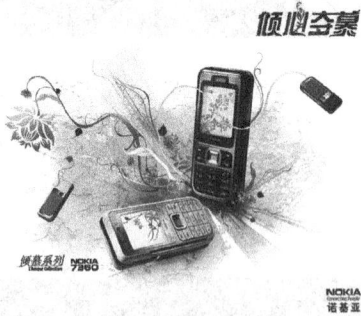

图 11 - 12

图 11 - 13

三星数码产品的广告时尚化路线更加明显,除选择韩国年轻人倍加喜爱的歌手、演员做代言人外,还加入了音乐、舞蹈等流行元素,让三星在韩国年轻人的心目中成为时尚的风向标。图 11 - 14 即三星 haptic 手机电视广告截图:画面采用黑白处理,只有桌子、杯子、手机采用淡淡的粉色,像约会中青年男女悸动的心情,随着约会进展顺利,粉色的心情幻化成粉色的花朵从诺基亚手机中飞出,轻盈地舞动。代言人则是韩国偶像组合东方神起和因电影《我的野蛮女友》而在亚洲走红的全智贤,二者均是韩国演艺界的时尚领袖,对年轻人的时尚取向起着引导和推动作用。这一系列广告再次使三星 haptic 成为年轻人的时尚新宠,延续了三星的时尚地位。

图 11 - 14

三、品质和品位

数码产品的消费群体遍布各个年龄层,年轻人偏好时尚,中年人则注重产品所体现出来的生活方式和生活质地。另外,数码产品本身的价格就比较昂贵,这就决定了它的消费群体在生活方式和生活质地上都具备了讲究品质和品位的经济基础,因此,品质和品位成为数码产品广告的又一诉求核心。

相对于时尚性的诉求而言,品质和品位的诉求在于向消费者塑造一种他应该拥有,或者他通过努力完全可以拥有的生活,引发消费者的渴望和向往之心,而这种消费者渴望和向往的生活的标志性符号就是广告中的产品。

不知道还有多少消费者记得 10 年前商务通的广告语:"呼机、手机、商务通,一个也不能少。"在当年,这一广告语几乎成为成功人士的身份判定标准,可谓家喻户晓。广告中,濮存昕饰演的中年男士从容行走于写字楼的会议室、办公间、长廊,与客户沟通,与员工交流,脸上始终洋溢着自信的微笑。这份商场上的行云流水般的自如让广告前的男士们羡慕不已,更让女士们倾慕不已。商务通销售额也跃居为行业第一,相当于第二名和第三名联想的总和,被称为"商业神话"。

图 11-15 是佳能数码相机的电视广告截图,在突出产品的功能之外,还含蓄地表现了产品使用者超凡的气质。广告的拍摄背景选择了竹林这一颇具中国色彩的场景,竹林在中国人的心目中总是和宁静、致远、高雅的境界在一起,风过,而纹丝不动;

图 11-15

而代言人则选择了具有儒雅之风的演技派明星,西装、围巾、平和的表情、收敛有致的举止,都透着经历风雨之后的成熟与稳健。这样的广告,年轻人通常是不感兴趣的,只有经过了人生历练的人才能感受到广告所赋予产品的那种独特情感。

在倡导科技以人为本精神的今天,电脑类产品的广告已很少有枯燥的直接信息,而是非常注重科技和新时代生活的结合。许多广告有意无意地在证明,当商家在出售电脑(资讯)的时候,不仅仅是在出售一种有形的商品,而是在出售电脑(资讯)所代表的高品质的生活方式。金长城电脑为人们提供的是"网络时代的创意生活",联想1+1电脑承诺"丰富了我们的生活",实达电脑展现的是"时尚生活世纪梦"。"The Internet"的系列广告传递出人类 e 时代的生活方式与生活品位(见图 11-16~图 11-18)。

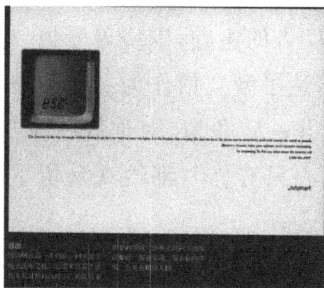

图 11-16

图 11-17

图 11-16:esc 键

文案:退出。因特网让你一步到位,回家路上免受洗车之忧,它带来日常生活从未有过的自由时空,游历从未涉足的领域:分秒之间向全球发送邮件;探索宝藏;发表你的声明;会见有趣的人物。

图 1-17:一个鼠标上印着美国护照的标识,表示加入了因特网就如拥有了一本护照,畅游世界易如反掌。

图 11-18

文案:到东京经商。到巴黎购物。到罗马会友。多悠闲的时光。

图 11-18:方向键,农夫骑车在田野的路中行驶。

文案:选择您的方向。因特网条条道路通罗马,方向在你手中。

广告为人们开启的是一种全新的高品质的生活方式,如此自由自主,如此便捷轻松,如此浪漫奇异,真正让人进入了超越现实,挥洒自如的境界。这是高质量的现代物质文明生活的样板,它正在成为许多人的生活方式。

四、爱情、亲情、友情的象征

也是10多年前,爱立信一句"事业我一定争取,对你我从未放弃"让电视机前多少女性观众心潮澎湃。在大多数数码产品还在强调产品的功能时,爱立信的一系列情感广告瞬间占据了消费者的心智空间。科技产品也是有感情的,科技产品也同样可以用来传递感情、沟通感情,让这个世界变得更加美好。

案例:爱立信

从20世纪90年代末起,爱立信就将沟通作为广告的主题,围绕着爱情、亲情、友情讲述一个又一个动人的情感故事,向消费者传达了爱立信作为一个科技产品的浓浓的人情味儿。除刘德华和袁鸣拍摄的"事业我一定争取,对你我从未放弃"外,还有刘德华、关之琳、瞿颖合作的"回头便知,我心只有你",都给观众留下了深刻的印象。

此外,爱立信还邀请张艺谋导演拍摄了一系列以"沟通"为题材的电视广告,下文即爱立信的"沟通"广告文案:

1. 父子篇

儿子:给您换一个大的,看得清楚,遥控,坐哪里都没问题。妈不在了,一个人吃饭不能随便,给您买了微波炉,又快又方便……你腰不好,有时间就用它按摩,很舒服呢。爸,我走了,有事传呼我。

父:又不能在家吃饭了?

儿子:以后再说吧,哪儿不是吃饭。朋友多,天天都要应酬。爸,我走了。

……

儿子:我跟他们说了,今天哪里都不去。爸,我们先做饭,吃完饭再陪您下两盘,很久没跟您下棋了。

字幕:沟通就是关怀。电信沟通　心意互通。

2. 健康篇

妻:张医生来了电话没有?化验结果怎么样?

夫:你知道了?

妻：快说呀,他来电话了没有?

夫：你不见我在等吗?

妻：这么大的事也不跟我说一声。

夫：说什么,也许没什么事呢。

妻：没事,没事,要是有事怎么办? 你现在什么都不跟我说,以前你不是这样,结婚这么多年,什么事不是互相商量、互相分担,现在这么大的事情也不跟我说。

夫：有什么好说,我自己也心烦呢。

妻：那我呢? 我知道那事情以后,我的心情你知道吗?

字幕：沟通都是分担。电信沟通　心意互通。

3. 教师篇

女：张教师,你不用来接我,十几里山路,您身体不好,年纪又大,别来接我。我永远忘不了家乡的小学校,永远忘不了班主任张老师。我是我们村里第一个大学生,没有张老师,就没有今天的我。工作、结婚、生孩子……越来越忙,一直没时间回去看看。后来,我为张老师装电话。这样,我又能经常听到老师熟悉的声音。

孩子们：阿姨,阿姨……

字幕：沟通就是感激。电信沟通　心意互通。

4. 爱情篇

年轻矿工：都说我们这一行很难找对象,但我有一个非常好的女朋友……我们通过别人介绍认识的,没见过面,她也从不寄照片给我,半年多我,我一直不知道她的样子。我的工作又脏又累,钱也赚不多,但她说不介意,两个人之间着重了解,她注重好性格。我认定她是世上最好的姑娘。我们终于约定见面的时间、地点,她说她穿一件红衣裳,我不停在猜,她究竟什么样子。见面时,她跟我开了个玩笑,但我立刻猜到她的意见。多少个人里我也能认出她,这就是她。

定幕：沟通就是爱。电信沟通　心意互通。

5. 代沟篇

父：你留在里面,想想你的错,想不好别出来。

母：吵什么? 有话说慢慢讲。

父：有什么好讲,他根本就不听,都是给你宠坏的。

母：这有什么关系,儿子长大了,有自己思想,小时候很喜欢跟你在一起,但现在他一看见你就跑。你了解他吗? 你知道他想什么吗? 一天到晚就是忙,你关心过孩子? 小时候,你不是希望爸爸能多抽时间跟你说话吗? ……你在外面不是很会交际吗？为什么回家就不懂跟儿子谈话？

　　字幕：沟通就是理解。电信沟通　心意互通。

　　这些故事就发生在我们身边，讲述的是消费者普遍关注的社会现象——孝道、健康、职业、爱情、夫妻关系、父子关系、奉献精神等，引导消费者去思考生活的真谛、人生的真谛、感情的真谛，让消费者意识到沟通在生活中的重要性。这些广告有着显而易见的心灵震撼力，尤其是对那些嚷着与父辈有"代沟"的新生代而言，更有一种振聋发聩的作用。爱立信由此被赋予了人性化、真善美特质的品牌价值，与消费者建立了一种牢固的情感上的牵连。发人深思的广告可以在第一时间让消费者动容，随之而来的就是品牌忠诚的形成。

第三节　数码产品广告的表现形式

　　数码产品广告的表现形式非常丰富，凡是已有的广告表现形式都在数码产品广告中出现过，本节主要介绍在数码产品广告中最为常见、广告效果最为明显的几种表现形式，包括：产品示范式广告、情感广告、MV广告、植入式广告和口碑传播。

一、产品示范式广告

　　产品示范式广告即直接向消费者展示产品的属性、功能、特点，可以像文学作品中的白描一样平实，也可以加入适当的夸张、幽默等表现手法，目的是让消费者对产品有所了解，在了解的基础上产生喜爱、信任，最终发生购买行为。这对于推荐新产品的数码产品广告来说非常适用，帮助消费者熟悉新产品的特点，弄清楚新产品与旧产品的不同之处，体现"新"的优势。

　　图11-19至图11-22是摩托罗拉手机系列平面广告"高跟鞋篇"、"戒指篇"、"香水篇"、"项链篇"，旨在向消费者展示产品的时尚感和轻盈感。每幅广告作品中，手机都是主角，消费者可以明确地看到这款手机的造型高跟鞋、戒指、香水、项链起到美化和衬托的作用。同时为了增强说明的生动性、形象性，高跟鞋、戒指、香水、项链又充当了比喻的使者，摩托罗拉手机就像这些饰品一样是女人生活中美丽的点缀，同时又突出了产品的轻薄感。

图 11 - 19

图 11 - 20

图 11 - 21

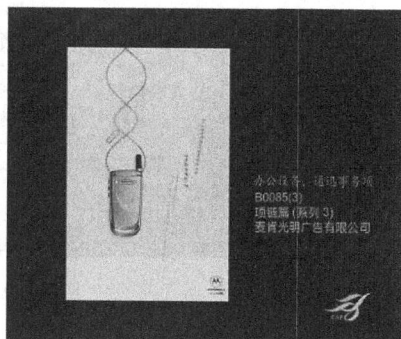

图 11 - 22

而视频广告对于产品的示范就更加直接了,图 11 - 23 是 LG 手机广告,用画面、文字、旁白三位一体的方式介绍了这款手机的几个卖点——3D 环绕音箱、Mp3 随意键、320 万像素,如果这些功能可以满足或者超越了消费者的需求,自然会调动消费者购买的欲望。

二、情感广告

产品示范式广告适合产品确实有与众不同的卖点时使用,当产品找不出显著的优势,特别是与竞争对手相比差异不大时,产品示范式广告的说服效果就会大大降低,这时就需要情感广告的诱惑力了。

正如"诉求要点"一节所述,数码产品已经突破科技产品的传统窠臼,开始向着时

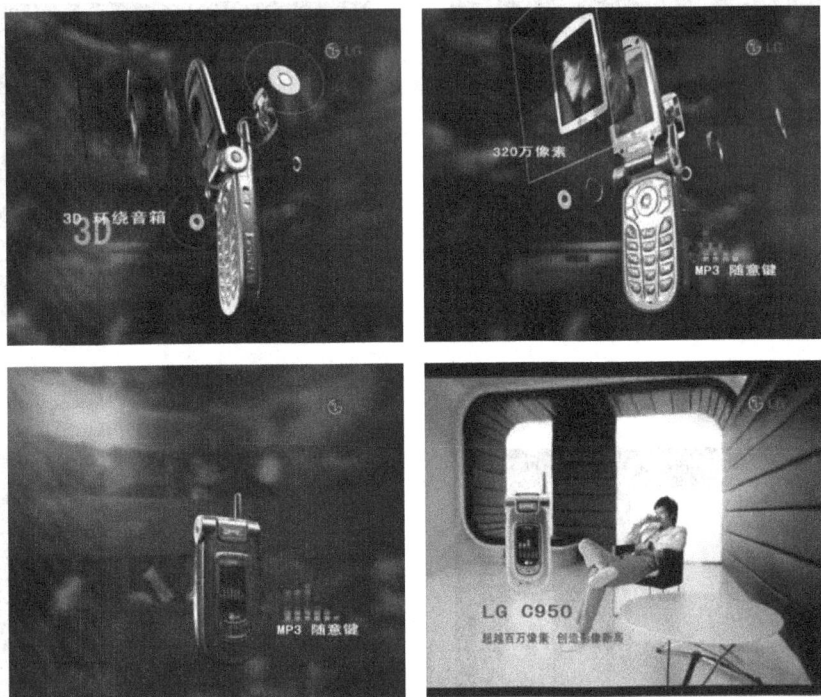

图 11 - 23

尚用品的方向转变,数码产品不但能为消费者提供科技产品的使用价值,还能满足消费者的情感需求,成为身份、地位、品位的象征,成为情感的象征。情感诉求的比重在数码产品广告中日益上升。

案例 1：索尼手机

"每天会有多少人会与你擦肩而过,又有多少人会走进你心里?"男女主人公在咖啡厅、街道、移动扶梯等很多场所擦肩而过,两个人都在用索尼手机听着音乐,或漫步,或停留,却始终无法相遇。然而就在电梯门开的一霎,男生用手中的索尼手机保存了女孩子走过的视频文件,"每天有多少人与我擦肩而过,只有一个人,会走进我心里。"然后,就是寻觅和等待。在公车站,男生因为看记录有女孩子影像的视频文件而错过了公车,就在起身想要离开的那一刻,女孩子的身影闪过,"原来有些事情,并没有错过,只是晚到了一点。"这是索尼手机"放在你心里的最真"电视广告,唯美的爱情故事让人怦然心动,你也想拥有这样的邂逅和浪漫吗?(图 11 - 24 为索尼网络视频广告截图)

图 11 - 24

案例 2：松下传真机

1990 年获日本电通优秀奖的日本松下传真机的电视广告描绘的是一个普通平凡、真实自然而又充满温馨情感的生活片断。在一个普通的日本家庭,操持家务的妻子不慎打破了一只茶杯,她想要一只新的,就用松下传真机与丈夫联络,希望他下班时顺路买一只回来。临近下班,丈夫望着窗外下个不停的大雨,想到自己走出地铁站后还需步行一段路才能到家,就用传真机告诉妻子,希望她到时带着雨伞在车站等候。夫妻俩见面时用手势交流着,这时观众才醒悟原来妻子是个哑人,无法用电话联系,而传真机成了帮助他们迅速传递信息的最好工具。他们各自带来彼此需要的东西,撑着伞,相依而行,消失在傍晚的雨雾中。全片从头到尾还配了一首深情的歌曲,结尾处一个男声道出了广告语:"温暖于人间的信息交流工具"。广告把商品与人物的密切关系完全融入了一个真实、平凡而自然的生活片断中,融入了一份朴实无华而又隽永的爱情中,没有多余的语言,完全靠画面、靠人物的行动、靠气氛的渲染来烘托广告的主题。

无论是人生的故事,还是生活的片断,抑或是像柯达胶卷广告"真情每一刻"所展现的人们喜怒哀乐的短暂瞬间和微不足道的生活细节,都使广告所要诉求的感情找到了最为恰切的表现形式,并巧妙地拨动了人们内心深处的某种"情"弦。

三、MV 广告

所谓 MV 广告,就是用音乐 MV 的形式制作广告。为产品或品牌量身打造一支主题音乐,再为这支音乐拍摄 MV,而产品或品牌作为道具出现在 MV 中,或者产品、品牌根本不出现,只在最后以广告语或字幕的形式打上产品、品牌的名称、Logo。表面看,就是一支音乐 MV,观众像欣赏 MV 一样欣赏广告,并于不知不觉间对其中的产品、品牌留下印象,或者对 MV 中所渗透的品牌文化、精神、情感等产生共鸣。

近年来,MV 广告非常流行。动听的音乐、跌宕起伏的故事情节、优美的画面,再加上明星代言人的演绎,这一切都让受众主动地寻找观看并自发传播。互联网的普及则为这一形式提供了良好的投放平台。而数码产品本身具有的时尚性特征使其与 MV 广告情投意合。

在众多数码产品的 MV 广告中,不得不提的就是三星手机的系列 MV 广告。从 2004 年开始,三星开始以每年一部甚至几部的速度推出 MV 风格的手机广告,陆续有 Anymotion,Anyclub,Anystar,Anyband,Anydream 等,每一支广告都有主题音乐和舞蹈,还有连贯的故事情节,既有年轻人的励志故事,也有暧昧的情愫滋生。每一支广告都在韩国年轻人群体中掀起了模仿的热潮,甚至有人专门在网上发布三星广告的舞蹈教学,其影响力可见一斑。每年三星都会集合自己的代言人举办三星音乐会,现场为歌迷演绎三星的音乐和舞蹈。韩国是个生产偶像组合的国家,每当这些年轻的偶像团体推出脍炙人口的歌曲时,三星就会邀请其为自己代言,使这些偶像团体的热门音乐变成三星的主题音乐。现在提起三星,马上联想到的就是动感的音乐和舞蹈,三星俨然成为韩国年轻人的时尚代言。

图 11-25 是三星 MV 广告"Anyband"截图。广告描述了一个被独裁统治的城市,人们如机器人一样机械地行走、生活,到处都是独裁统治者的警察武装,没有笑声,没有音乐,耳边都是统治者喋喋不休的传教。四个年轻人来到这个城市,力图拯救失去灵魂的人们。他们利用三星手机的音乐录制、播放功能,成功地在大厦顶层举行了一场震撼心灵的音乐演唱。音乐声穿透人们麻木的内心,唤醒他们内心深处的渴望。人群沸腾了,大家开始随着音乐一起手舞足蹈,兴奋地拥抱,连一个警察都忍

不住悄悄踢了一下脚边的足球,最终整个城市都在奔跑、跳跃、舞蹈。在这部广告片中,音乐成了拯救人类的武器,而三星手机则是承载动人音乐的工具,人类的命运就掌握在那些使用三星手机的年轻人手中。一个单纯的科技产品和品牌,通过广告,上升到了与人类命运息息相关的至高境界,这让年轻的消费者们怎么能不为之振奋?

图 11 - 25

四、植入式广告

植入式广告在国内已经愈演愈烈,从春节晚会到周末的综艺节目,从电影到电视剧,甚至连动画片中都有了植入式广告的足迹。

数码产品之所以选择植入式广告,一个很重要的原因就是数码产品是现当代题材的影视剧中最经常出现的道具之一,出现频率可能仅次于食品、饮料等日常消费品。这使植入的痕迹大大削减，能够与剧情自然地融为一体，从而达到很好的宣传效果，避免因植入手段生硬而引发观众的反感。

《天下无贼》中李冰冰挂在脖子上的佳能数码相机，《奋斗》等都市题材电视剧中男女主角们使用的手机、电脑，在播放过程中销售量都实现了明显的上涨。进入淘宝、拍拍等电子商务网站，"××同款"已经成为一句非常有效的宣传口号。图 11-26 至图 11-30① 分别为电视剧《男人帮》、《生活大爆炸》、《裸婚时代》、《谁动了我的幸福》、《一起去看流星雨》中对不同品牌笔记本电脑的植入，因为电视剧的观看群体不同，所以品牌选择植入的电视剧也会有所不同，会考虑到观众的年龄、职业、经济能力等特征。如《一起去看流星雨》以学生为主要观众，所以称为以学生为主要消费群体的清华同方的选择；而《裸婚时代》观众以年轻白领阶层为主，故苹果毫不犹豫地将自己的产品植入进去，以引发观众追随的热潮。

图 11-26

图 11-27

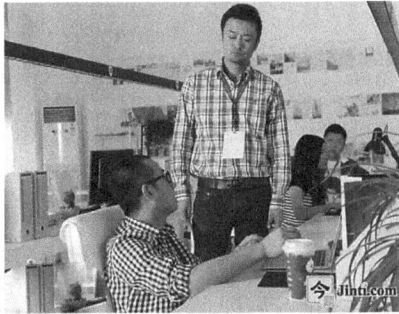
图 11-28

图 11-29

图 11-30

① 图片来源：今题网，http://news.jinti.com/shangpin/1131579.htm，2011-11-03.

五、口碑传播

对于数码产品来说,口碑传播非常重要。消费者对广告总会抱着怀疑的态度,但对于朋友、同事、家人的推荐则比较信任,特别是对于自己不甚了解的科技产品更是如此。基于这种消费心理,很多数码产品建立了自己的论坛、会员俱乐部,或者加入已经存在的与数码产品相关的论坛,让数码产品爱好者们自由地发表自己的看法、意见,为那些为了购买而来到论坛收集资料的消费者提供使用经验和购买咨询。通过这种方式,还可以获取产品、品牌在市场上的反应情况,有利于企业及时地调整战略,顺应市场的发展方向。

典型案例评析

三星手机网络社区广告营销

三星是比较早地进行网络广告营销的品牌之一。前文已经提到口碑传播对于数码产品推广的重要性,三星正是抓住这一点,于2007年针对新款手机开展了一次成功的网络社区营销。

所谓网络社区广告营销即利用具有相似、相同爱好、兴趣的网民聚集的网络虚拟社区进行产品或品牌的宣传与推广。可以自建这类的虚拟社区,也可以加入已经存在的虚拟社区。

三星此次营销的成功之处在于:

第一,选准虚拟社区。对于三星来说,本身是一个具有相当高知名度的品牌,如果自建会员俱乐部式的虚拟社区一定也能凝聚众多的喜爱三星的会员加入其中,但这就意味着放弃那些现在没有使用三星或者对三星不感兴趣,但在未来完全有可能转变态度的消费者。所以,三星慎重选择了与自己产品关联度较高的,但社区成员类型比较丰富的热门手机论坛,凡是对手机感兴趣的网民,不管喜欢的是三星还是LG,都会经常光临这些论坛交流经验、获取信息。在这些论坛中还存在着大量的手机高手,以意见领袖的身份为新手或一般人提供意见。三星看中的正是这两点。

第二,软文投放,引发互动。三星在选择出的三十几个热门手机论坛中精心投放了两篇帖子——,"超炫三星U608全图详解"、"新机谍报绝对真实三星新机U608抢先曝光",看似消息灵通人士对即将出台的新款三星手机的提前信息曝光,实则宣传软文,以引起意见领袖们的阅读兴趣。而且帖子标题与手机论坛的寻常话题相一致,都是在谈最新、最快的手机信息,不会造成社区成员的反感。而且,三星专业人员随时关注各论坛对这两篇帖子的反应,人为进行引导,让讨论变得更加热烈、深入。据统计,"三星 U608 在为期两个月的社区论坛口碑营销中,两个帖子的总点击次数达到了近 60 000 次,回复近 800 次。置顶期内与'新机谍报绝对真实三星新机 U608 抢先曝光'相同标题的搜索结果 1 610 篇,转帖量是发帖的 53 倍;与'超炫三星 U608 全图详解'相同标题的搜索结果 2 290 篇,转帖量是发帖量的 76 倍。"①

新机谍报——绝对真实——三星新机 U608 抢先曝光②

上午看见朋友用了一款外型超炫的滑盖手机,一下就吸引了所有人的目光,突然发现竟然没有一个人知道是什么型号!先拿来研究一下,看看有没有人认识。

黑色金属喷漆的机身很有质感,还采用了镜面设计看起来相当高档,机身很薄但是弧度处理的恰到好处,握起来手感还算不错。滑盖键盘和功能接口处几乎没有什么缝隙,精致的做工更是让人咂舌。据说这就是我们老板的新宠——三星的 U608,还没有在国内上市。

从官方网站上找到一些参数,可供参考:

配置方面,U608 虽然做薄了 1 mm 但是他的功能配置不降反升。

首先 U608 与号称"耳机中的劳斯莱斯"的 B&O 公司合作,为其配备了超一流的声音系统,MP3、AAC、WMA 等多种格式的音乐都可以表现出最佳的声音效果;

另外它还有一个功能强大的 CMOS 摄像头,内置式 320 万像素的摄像头、支持自动对焦、支持拍摄有声视频、支持夜间拍摄;

U608 的随机内存为 60 MB,micro SD 可扩充到 1 GB 容量,这样你想存在多的音乐也没有问题;

在续航方面也不用担心,虽然 U608 的机身变薄了,但是经过优化技术的电池可以使用更长时间;

数据连接方面,U608 不但支持蓝牙接口和数据线接口,而且还支持 wap2.0 浏览器,让手机上网速度更快,更稳定,而且作为一款时尚的手机,U608 也同样支持

---

① 三星手机社区营销案例,阿里巴巴创业资讯 http：//info. china. alibaba. com/news/detail/v0 - d1023125450. html,2012 - 2 - 18.

② 塞班智能手机网,最新智能手机资讯区,http：//bbs. dospy. com/thread - 388278 - 1 - 42 - 2. html,2007 - 4 - 20.

EMAIL 和 USSD 功能。

除了以上这些常规配置之外,还有几处特别的功能组合值得期待:

"320 万摄像头＋无线照片打印"300 万像素摄像头拍出的照片效果应该不错,可以不通过 PC 直接打印。这个功能绝对可以成为它的最劲卖点,目前市面上拥有这个功能组合的毕竟还是凤毛麟角,很值得大家期待一下。

"TV 输出＋1 G 超大内存"能做到视频输出的手机不少,但是能在电视上看的视频、图片必定质量要求非常高,这样就必须有一个超大的内存量作保证。下次再跟人炫耀美女照片的时候,就不用几个脑袋挤在一起看丁点大的手机屏幕了,TV 输出!怎么看都过瘾。

热感键盘,发短信的时候手感很特别。

据传三星 U608 将会在 4 月底正式在国内上市,不知道真机的这两个功能组合是不是确实这么好用,强烈期待着。

思考题

1. 数码产品相较于其他产品的特性是什么,请结合消费者心理进行分析。

2. 数码产品广告的功效诉求应该注意哪些问题?

3. 数码行业的未来发展趋势是什么?

4. MV 广告与数码产品的适应性表现在哪些方面?

5. 如何理解口碑营销对于数码产品推广的重要性?

6. 情感诉求数码产品广告具有普遍适用性吗? 为什么?

7. 数码产品应该如何选择影视剧进行植入式宣传?

8. 数码产品广告和信息通讯产品广告在诉求重点上有何异同?

研讨训练

不同消费群体对数码产品的不同消费心理与广告创意的关系调查。

1. 以小组为单位确定调查区域和调查对象,制作调查问卷,撰写调查报告;

2. 主要从年龄、性别、收入三个角度进行分析;

3. 每组推选一位代表,以 PPT 形式在课堂上进行交流。

补充阅读材料

1. 中国国际广告节获奖作品,http://www.chinaciaf.org/.

2. 数码行业及产品信息查询,http：//digi. tech. qq. com/.

3.《计算机及数码产品营销》,韩雪涛,电子工业出版社,2011 年版。

参考文献

［1］刘立宾等. 中国广告作品年鉴［G］. 北京：中国摄影出版社,2008.

［2］刘立宾等. 中国广告作品年鉴［G］. 北京：中国民族摄影艺术出版社,2011.

［3］张惠辛. 中国广告案例年鉴(2010～2011)［G］. 北京：中国出版集团东方出版中心,2011.

［4］中国国际广告节获奖作品集(第十一届至第十七届)［G］. 北京：中国摄影出版社,2010.

［5］陈月明. 文化广告学［M］. 北京：国际文化出版公司,2002.

［6］胡晓云. 世界广告经典案例［M］. 北京：高等教育出版社,2004.

［7］朱纪达. 手机广告的奥秘［M］. 广州：广东经济出版社,2003.

［8］杨海军,田欣欣. 广告营销案例评析［M］. 武汉：武汉大学出版社,2005.

［9］叶茂中. 广告人手记［M］. 北京：朝华出版社,2011.

第十二章 沟通无限 服务无价

——信息及通讯服务类商品广告

信息及通讯服务类商品广告,主要有通讯服务类产品广告、移动运营商服务广告等。信息及通讯服务类商品广告在中国的起步比较晚,是随着20世纪后期手机普及、网络普及才发展起来的,但发展速度非常快,而且广告的内容、载体、渠道、方式都千变万化,不拘一格,充分体现了广告创意至上的本质。本章主要讲授中国目前的通讯市场现状、信息及通讯服务类商品广告塑造的鲜明形象、信息及通讯服务类商品如何用质量和服务赢得品牌忠诚、如何用整合营销传播策略抢占市场等内容。

第一节 群雄逐鹿的信息通讯市场

中国的通讯市场在20世纪80年代才开始发展的。1987年11月18日,中国第一个TACS模拟蜂窝移动电话系统在广东省建成并投入商用;1994年3月,邮电部成立移动通信局;1994年7月,中国联合通信有限公司成立(简称中国联通);1999年,信息产业部对中国电信拆分重组,成立了新的中国电信;2000年4月,中国移动通信集团正式成立。在20世纪的最末一年,中国通讯市场的三大集团正式形成。

中国信息通讯业起步很晚,与发达国家的信息通讯业相比,可以说是一个婴儿和一个成年人之间的差距,但是中国拥有庞大的消费市场,拥有全世界最多的人口,随着手机和网络的普及,中国的通讯业成为世界上发展最快、规模最大的通讯业。

一、三国鼎立的通讯运营市场

（一）中国通讯运营市场的发展

1949 年以后，中国的通讯市场都以固定电话为主，中国的通讯运营商也只有中国邮电局。1995 年，中国邮电部实行政企分开，通讯商业市场开始形成。

20 世纪 70 年代到 80 年代初，移动通信技术发展迅速，移动业务的发展具备了较好的技术和市场条件。在这种形势下，1986 年在原邮电部电信总局中成立了移动通信处，1987 年，我国的 TACS 模拟移动通信网络开始运营。模拟系统当时选择的是 TACS 标准，它本身没有联网的标准，只有爱立信、摩托罗拉自己设立的标准。中国的移动通讯是从 1987 年开始的，1987 年，广东为了与港澳实现移动通信接轨，率先建设了 900 MHz 模拟移动电话。第一个 TACS 模拟蜂窝移动电话系统在广东建成并投入商用。1994 年 3 月，邮电部在移动通信处的基础上成立了移动通信局。移动通信局的成立标志着移动业务已成为我国的主要电信业务之一。1994 年 7 月，中国联合网络通信股份有限公司（中国联通）成立。

20 世纪末，中国通讯市场进行了一次拆分，1999 年 2 月，信息产业部对中国电信拆分重组，中国电信的寻呼、卫星和移动业务剥离出去，成立了中国电信、中国移动和中国卫星通信（中国卫通）3 个公司，寻呼业务并入联通，同时，网通公司、吉通公司和铁通公司获得了电信运营许可证。

21 世纪初，中国六大通讯运营商都组建完成，分别是：中国电信、中国移动、中国联通、中国卫通、中国铁通和中国网通。但是这一情形并没有维持很久，从 2008 年开始，在政府主导下，开始了一轮合并的过程。

2008 年 5 月，中国铁通并入中国移动通信集团，成为其全资子公司，并保持相对独立运营。

2009 年 1 月，中国联通与中国网通重组合并，成为中国联合网络通信有限公司，简称为中国联通。

2009 年 4 月，中国卫通正式并入了中国电信，其中卫星通讯业务并入中国航天科技集团有限公司，成为中国航天科技集团公司从事卫星运行服务业的核心专业子公司。

截至到 2009 年，中国通讯市场三足鼎立局面正式形成，中国移动、中国联通和中国电信三大集团都拥有固定电话、移动通信、3G业务、宽带等全方位通讯业务(见图12-1)。

图 12-1

(二)三足鼎立的竞争局面

天下之势,分久必合,合久必分,中国的通讯市场也应了这一规律,从新中国成立初期的一家独大垄断经营,到21世纪初的六家纷争,再到2008后的三足鼎立.从合到分,再分到合,造成这一现象的原因都是中国通讯市场不断变化的结果。

1. 中国移动相对强势,中国联通与中国电信各有优势

从2008年开始的中国移动、中国电信和中国联通三家通讯运营商互相竞争,到目前为止,中国移动占据了明显的优势,而中国电信和中国联通各有秋千。

从移动用户数上看:中国移动2011年12月运营数据上,截止2011年12月,中国移动用户新增524.9万户,中国移动用户总数接近6.5亿户;中国联通在2011年12月发布的数据上看,12月份净增移动用户数368.7万户,累计用户数是1.997亿户;中国电信2011年12月新增用户数308万户,累计达到1.26亿户。可以说中国移动的用户数比中国联通和中国电信相加还要再翻倍。

从营业利润来看:2010年,中国移动营业利润为32%,而中国联通的是3.4%,中国电信为11%。在2011年上半年,中国移动的营业利润数据报告上显示,中国移动的利润24倍于中国联通,6倍于中国电信。① 2011年,中国移动的利润率继续远远高于中国联通和中国电信。

从上面两组数据可以看出,中国移动占据了市场竞争中的明显的优势,但中国联

---

① 通信世界网. 中国移动2011大事记[OL]. http://roll.sohu.com/20111230/n330704581.shtml.

通与中国电信的优势也很明显。

首先是从 3G 牌照来看,中国移动用的国内自主开发的 TD-SCDMA 牌照,不够成熟,速度也比较慢;中国电信用的是美国 CAMD2000 牌照;中国联通用的是最成熟的欧洲 WCDMA 牌照。其中后两种都是已经在国外被运用了 10 年以上的技术。因此,在 3G 业务中,中国联通的份额最大,达到了 8.41%,移动的仅为 2.49%。在新业务的增长上,中国移动用户数从 2009 年起出现了下降的趋势。①

其次是中国电信的优势就是固网、宽带网和卫星通讯上的优势。中国电信在宽带接入领域具有明显的优势,在用户接入上牢牢占据了上风。

2. 3G 网络成为通讯市场主要的竞争点

从 2008 开始,三大集团陆续搭建了 3G 网络,至 2009 年,第一期网络搭建工作基本完成,并随即开始第二期建设。2012 年,3G 已经基本覆盖了中小城市,融合 3G 终端成为移动通讯领域的主要竞争领域。

这种竞争主要表现在两个方面:一方面是 3G 网络与其他业务的融合,比如手机电视、手机报纸、手机广告等业务;另一方面是 3G 类型的新产品不断出现,比如专门3G 上网的手机、平板电脑、专用于 3G 消费的电子产品等。随着 3G 的发展,中国移动通讯市场与其他通讯市场的整合也日益明显,比如固话和 3G 结合,宽带和 3G 结合等。目前已出现了上百种业务类型,包括交易、信息、数据库和娱乐四大类。主力收入型业务包括短消息、WAP、彩铃、彩信等,均快速增长;另外还有手机网游、手机电视、移动支付、移动 IM、移动电邮、位置定位服务、二维码等新业务不断出现,欣荣发展。

二、群雄并起的信息通讯设备市场

通讯设备包含传输设备、交换设备、终端设备、移动通信及终端设备、其他通信设备等五个领域。在通信交换设备制作业中,国内厂商以华为、中兴为代表,国外厂商以爱立信、上海贝尔为代表。而在软交换领域,则是上海贝尔、爱立信、诺西和华为四家垄断的局面。在通信终端市场,国内规模较大的是侨兴、TCL、德赛、步步高、泰丰和中诺,但产品以中低端为主,而国外厂商以飞利浦和西门子为代表。

---

① 有米广告. 2012 年第一季度移动广告数据报告[OL]. http://dev.youmi.net/2012/05/2012q1-mobile-data-report.html.

　　因为本章主要讲的是信息和通讯服务类的广告创意,在通讯设备中,时常在与三大运营商联合做广告的是通信终端设备,尤其是移动通信终端设备——手机,所以这里主要讲的是手机市场的发展现状。

（一）国际手机市场竞争激烈,中国企业在国际市场上占据一席之地

　　根据手机数据权威的研究机构——全球技术研究和咨询公司 Gartnet 统计,整个 2011 年,全球手机销售量达到 4.72 亿部,在所有移动设备销量中占 31%,同比增长 58%。从全球来看,在 2011 年,诺基亚、苹果、三星之间的竞争更为激烈。

　　诺基亚在 2011 年仍然占据老大的位置,但与后两者之间的差距不断地缩小,在 2012 年第一季度,被三星超越,三星在 2012 年成为全球最大的手机制造商。苹果排名第三,但销量不断地上涨,尤其是在高端智能手机领域表现优异,2011 年苹果智能手机销量达到 3 550 万户,同比增长 121.4%,这一势头在 2012 年继续。

　　在 2011 年,中国的中兴位列全球第四大制造商,取代著名的黑莓手机制造商 RIM,华为手机也表现不错,在 Gartner 的 2011 年第四季度手机市场报告中,排在销量榜的第 6 位,但中兴和华为生产的手机仍然以低端为主。

（二）3G 手机为代表的智能手机销量快速上升,低价 3G 智能机抢占市场

　　中国的手机市场稳定发展,3G 化趋势明显,智能手机的销量不断上升。在 2011 年全年,中国市场的手机销量为 2.544 亿部,在 2011 年第四度到 2012 年第一季度,其中 3G 手机所占比重,超过了 60%。

　　从 2009 年中国全面展开 3G 业务以后,低价的 3G 手机也开始出现,不管是国外品牌还是国内品牌,都有价格从低到高的 3G 手机。比如三星有低至 500 元的 3G 手机,还有诺基亚也是,国内的品牌不仅出现低价 3G 手机,甚至出现了千元以下大屏幕功能强大的 3G 手机。

（三）国外手机品牌与国产手机品牌竞争加剧,高端手机难觅国产品牌

　　中国市场上的第一部手机是 1987 年进入中国的摩托罗拉 3200,是"大哥大"的前身,用的是模拟信号,在模拟网时代,摩托罗拉在中国手机市场几乎没有对手。而等 1996 年中国 GSM 数字网开通以后,爱立信、诺基亚等众多品牌进入了中国,手机市场

仍然是国外品牌的天下。

在 2012 年第一季度，三星手机全面超过诺基亚，占据了市场第一品牌的位置，在整体手机市场中占 18.5%，在智能手机市场占 21.8%，在 3G 手机占 23.4%。而诺基亚，在 3G 智能机市场，已经落在了第 7 名，未来的发展比较悲观。国产手机表现不俗，华为、中兴、酷派、金立、联想、OPPO(是国有企业品牌，但全球注册)、海信等，都排进了市场十大领导品牌。

但是在最受市场欢迎的手机品牌中，国产手机的结果与销量呈现了不一致的地方。最受消费者欢迎的手机品牌，国外品牌遥遥领先，三星、苹果和 HTC 占据了前三，超过 50% 的消费者喜欢的是这三个手机品牌，可见国产手机销量虽然比较高，但消费者对手机的质量、外观等存在比较多的意见，有待进一步改进。

从《2012 年第一季度最受欢迎手机型号》①图 12 - 2 中可以看出，在 2012 年第一季度最受欢迎的十大手机型号中，苹果有三款入选，三星有两款入选，HTC 有两款入选，国产手机只有华为和小米各一款入选。其中 iphone 系的售价都在 3 000 元以上，其中 iphone4s 的售价 4 000 元以上；三星的 i9100 售价在 3 000 元以上，S5830 售价在 1 500 元左右；HTC Incredible 售价在 2 000 元以上，drsire 售价 2 000 元左右；摩托罗拉的 Mb525 售价在 1 500 左右；华为的 C8650 售价在 750 元上下；小米 Mi-one plus 在 2 000 元左右。国产手机售价在 2 000 元以上的就属于凤毛麟角了，而三星和 iPone 系列的，在中高端手机市场笑傲江湖。

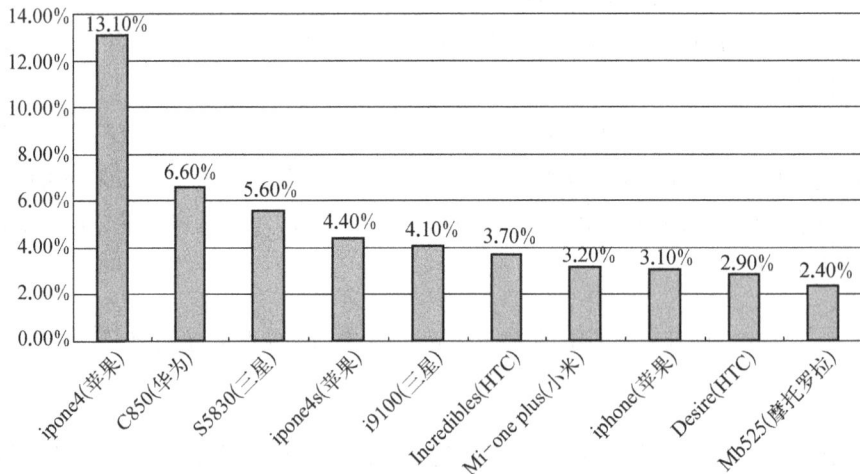

图 12 - 2

第二节　以鲜明的产品形象
确立竞争优势

　　从 20 世纪 80 年代开始,"信息爆炸"这一个词开始出现。在之后的十年,全球的信息量每 20 个月就增加一倍。20 世纪 90 年代起,信息量以几何级增长;而随着 20 世纪末期,互联网出现,信息大爆炸时代真正到来。信息爆炸有五大表现:新闻信息爆炸、娱乐信息爆炸、广告信息爆炸、科技信息爆炸、个人接受严重超载。

　　一个产品要在信息爆炸的时代被消费者关注并且记住,这是一件越来越难的事情。铺天盖地的信息,纷繁杂乱的广告,如何让产品在消费者心中确立形象,又如何确认产品的竞争优势,这是所有的产品想在这个信息时代突围必须解决的问题。

一、以产品形象确立竞争优势

　　被称为"竞争战略之父"的迈克·波特提出了竞争优势理论,他研究一个公司如何更有效地竞争以便加强其在市场上的地位,而这种领先地位取决于竞争优势。他认为竞争优势有两种基本形式:成本领先和标新立异,最终归结为五种竞争作用的能力,分别是同行业竞争者、供应商的议价能力、购买者的议价能力、潜在进入者威胁、替代品威胁。在这五种力量的抗争中,蕴涵着三类成功的战略思想:一是总成本领先战略;二是差异化战略;三是专一化战略。①

　　在信息通讯产品中,产品的价格差异的确存在,但这种差距正在不断缩小,不管是通讯运营商之间的成本差异还是手机生产商之间的成本差异,都是不断地缩小的,因此价格战是一种红海战术,持久打价格战,只会耗尽企业的利润,所以要长久地可持续地确立产品的竞争优势,就必须确立鲜明的产品形象,以无形的资产拉开与竞争对手间的差异。

　　产品形象是以产品为核心的系统形象,包括产品的功能、结构、形态、色彩、材质以及依附在产品上的标志、图形、文字、文化价值、附加价值等。在广告中确立鲜明的产品形象能加深消费者心中的印象,能在消费者心中占据一席之地,也能在情感上引

---

　　① 胡列曲.波特的竞争优势理论述评[J].经济问题探索,2004(12):21.

起共鸣。

在广告中用鲜明的产品形象确立产品的竞争优势,是有效解决产品形象突围的途径,也是产品扩大市场份额,增加消费者印象的重要手段。

图 12-3 和图 12-4 都是价格战战略,用明显的低价策略确立产品的竞争优势,从而抢占市场。但是低价策略虽然明显奏效,却对企业的营业收入和利润产生较大的负面影响。

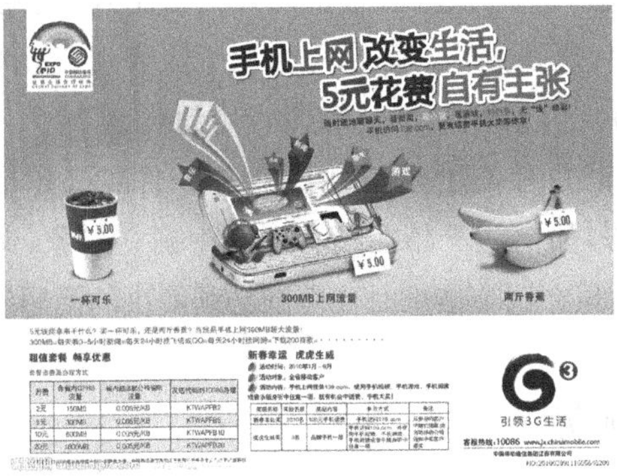

图 12-3  图 12-4

二、用 VI 策略塑造广告中鲜明的通讯产品视觉形象

VI 是 Visual Identity 的简称,是企业 CI 系统中的一部分,翻译成中文就是视觉识别系统,是将 CI 非可视内容转化为静态的视觉识别符号。VI 设计能将产品形象在对外传播时保持一致性和一贯性,把产品的信息个性化、明晰化、有序化,把产品形象在各种媒体上传播中达到统一,可以让消费者印象深刻,并能迅速识别。

产品在媒体上进行广告宣传时,要运用统一的 VI 系统进行传播,以此来塑造鲜明的产品视觉形象,只有塑造了鲜明的产品视觉形象,消费者才能记住该产品,才能从众多的产品信息中闯出自己的一片蓝海。

我国三大通讯运营商的视觉形象都非常鲜明,互相之间差异性很大,从标识、字体、广告口号等都各自有自己的特色,消费者只要稍微扫一眼,就能明白是哪一个通讯运营商的广告。

中国联合网络通信集团有限公司(中国联通)图 12-5 于 2009 年 1 月 6 日在原中

国网通和原中国联通的基础上合并组建而成,是中国唯一一家在纽约、香港、上海三地同时上市的电信运营企业,连续多年入选"世界500强企业"。中国联通主要经营固定通信业务,移动通信业务,国内、国际通信设施服务业务,卫星国际专线业务、数据通信业务、网络接入业务和各类电信增值业务,与通信信息业务相关的系统集成业务等。

中国联通的企业愿景是致力于成为"信息生活的创新服务领导者"("Innovation & Service Leader for Information Life")。企业标识的主色彩是传统的中国红和水墨黑,中国红

图 12 - 5

是国旗色,代表了热情、奔放、有活力,是中国情结中最具代表性的颜色,象征快乐与好运;而水墨黑最具包容与凝聚力、稳重与高贵的颜色。红色和黑色的搭配具有稳定、和谐与张力的视觉美感。两个红色的英文字母"i",代表了三重含义:红色"i"上下相连,宛若像个简笔小人在随时沟通,灵气毕现,是凸显"让一切自由连通"的品牌精神;"i"的汉语发音为"爱",充分阐述了"心心相连,息息相通"的品牌理念;英文的"i"意义为"我",又是"information"信息一词的首字母,意味着中国联通向客户提供一体化的通信与信息服务的品牌营销思路。

2000年5月16日,中国移动通信集团公司正式挂牌。中国移动通信集团公司是在中国邮电电信总局移动通信资产整体剥离基础上组建的特大型国有通信企业,主要经营移动话音、数据、IP电话和多媒体业务,并具有计算机互联网国际联网单位经营权和国际出入口局业务经营权。除提供基本话音业务外,还提供传真、数据、IP电话等多种增值业务。

中国移动的企业愿景是"成为卓越品质的创造者",企业价值观是"正德厚生　臻于至善"。企业标识是用一组回旋错落的线条组成一个蓝白两色、平面造型为六面体的网络结构,象征着移动通信的蜂窝网络,线条纵横交错,首尾相连,其中包含了"CHINA MOBILE"(见图12-6)的缩写"C"和"M"两个字母,寓意中国移动通信四通八达,无处不在。两组线条犹如握在一起的两只手,象征着中国移动通信通过自己的服务,拉近了人与人之间的距离;线条组成的图案适合在圆形之中,取其意为"全球通"。

2002年,中国电信集团公司成立(见图12-7)。作为我国特大型国有通信企业,中国电信主要经营固定电话、移动通信、卫星通信、互联网接入及应用等综合信息服务。目前,它建成了全球规模最大、国内商用最早、覆盖最广的CDMA 3G网络。中国电信的企业愿景是"让客户尽情享受信息新生活",企业的形象口号是"世

图 12-6   图 12-7

界触手可及"。中国电信的企业标识造型简约,线条流畅,富有动感,以中国电信的英文首个字母 C 的趋势线进行变化组合,以张开的双臂,又似充满活力的牛头和振翅飞扬的和平鸽,具有强烈的时代感和视觉冲击力,传递出中国电信的自信和热情,象征着四通八达、畅通、高校的电信网络连接着每一个角落,服务更多的用户,也强烈表达了中国电信"用户至上、用心服务"的服务理念,体现了与用户手连手心连心的美好情感。

这三大运营商的企业标识是鲜明的,可识别的,在三大运营商的广告中也基本都会放上这些企业标识,让消费者一看就能明白是哪一个运营商做的广告。

三、用情感广告策略塑造通讯产品的社会形象

产品的社会形象是指产品在社会上的认同形象和评价形象,主要包括产品的社会认知、产品的社会评价、产品的社会影响、产品的社会地位等几个方面。产品的社会形象是附加在产品品质与产品视觉形象之上的无形形象,是产品无形资产的核心部分,同时也是以产品形象确立产品竞争优势的最关键部分。

(一)针对不同的细分市场选择不同的情感诉求内容

通讯服务类产品的消费者范围覆盖了全部的消费者范围,但不同的通讯服务类产品各自己有自己的细分市场,比如中国移动的动感地带和联通的 UP 新势力,主要针对学生人群,主要运用的情感诉求是友情和年轻人的个性;又比如中国移动的全球通主要针对的是成功人士,主要运用的情感诉求是一种成就。

在广告中融入不同的情感,不仅让产品拥有了人一样的情感和个性,而且也容易引起消费者的共鸣,从而促进购买或再次消费。

图 12-8 中,用了情感诉求的认同感,用"这里全是爱玩的同类"来号召年轻充满活力的爱玩一族加入动感地带,图片用了年轻男性和女性带纹身的方式加强这一情感诉求,女性的着装性感大胆,充满活力,男性上身赤裸,下身着牛仔,是典型的爱玩男性的装扮。

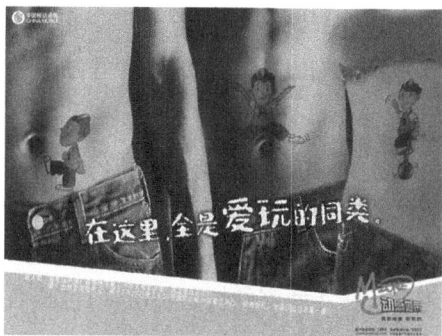

图 12-8

图 12-9,是中国电信的固定电话亲情网广告,广告口号是"讲不完的亲",用了两个女性来表现这种亲情,坐在沙发上织毛衣的是母亲,坐在书桌前看书的是女儿,两个话筒面对面倾向对方,表现了亲情亲近的情感。

图 12-9

图 12-10

图 12-10 是中国电信假期宽带的广告,假期宽带的主要目标受众是有暑假和寒假的学生们,平时因为学习不可以上网,只有在假期才能上网娱乐一下。假期宽带的受众是非常明确的,但假期宽带的购买者与使用者不完全一致,购买者是一般为父母,使用者一般为孩子,在广告中直接用亲情将两者联系起来,用亲情来引起消费者的共鸣。

（二）在特定的节假日采用特定的情感诉求

每逢节假日,亲人之间会用固话、手机、网络等通讯方式互相问候是中国人特定的行为,尤其是到大的节假日,通讯信息会急剧增加,所以节假日是三大运营商努力要争取的日子,让消费者使用自己的方式给远方的亲人发去问候,抢占节假日的市场。

图 12-11 是中国联通针对春节回老家过年的异地打工者推出的"返乡卡"广告,在广告画面中,用了大红的喜庆色,画面中三个人物,一个手拿鞭炮、一个穿着中国特色的衣服,一个手拿中国结,三人都喜笑颜开,新春回家的喜悦跃然纸上,表现了打工者辛苦一年回家的快乐心情,广告画面色彩鲜明引人注目,广告内容也能让异地打工者找到情感共鸣。

图 12-11 　　　　　　　　　　图 12-12 　　　　　　　　　　图 12-13

图 12-12 和图 12-13 两则广告广告分别是中国移动为父亲节和三八妇女节做的广告,在父亲节的专题广告中,主要表现了父亲拉着小孩走的亲情画面,而三八妇女节的专题广告中强调的是女性珍爱自己,自强自尊自爱的美丽绽放。这两则广告针对性很强,情感诉求表达也很到位。

第三节　以全面沟通和服务
提升品牌忠诚度

品牌忠诚对一个产品的影响日益重要,学者 Griffin 和 Jill 对此展开了专项研究,他们发现,如果一个企业能将一个消费者品牌忠诚的时间延长 5%,那么该消费者带来的利润就会由 25％增加到 85％。① 提升消费者的品牌忠诚度,能够提升品牌的号召力、影响力和销售力,同时也能降低商业营运的成本。如何提升品牌的忠诚度,研究者们给出了很多的答案,在这些答案中,有两个因素是得到大部分研究者的认同:消费者价值和消费者满意度。

消费者的满意度是消费者购买并使用了产品或服务后产生的心理满足状态,分成七个档次:很不满意、不满意、不太满意、一般、较满意、满意和很满意。在欧美关于顾客忠诚度的研究使用的模型就是以顾客满意度为中心的 ECSI 模型。在信息通讯服务类产品中,要提升消费者的忠诚度,也必须提升消费者的价值和消费者的满意度。

一、用全方位的广告信息沟通提升消费者忠诚度

所谓全方位的广告信息沟通,是指把每一个能与消费者接触的点都做成广告,给消费者全方位的通讯服务和产品信息介绍,让消费者能第一时间了解产品和服务的信息,避免不必要的误解和错漏,把通讯产品和服务的广告做到每一个角落。

中国移动、中国联通和中国电信每年的广告费都是数额巨大的,从大众媒体到普通的店面广告,从各种类型的赞助冠名到农村的墙体广告,都能看到很多通讯服务广告。在 2009 年,央视黄金时间段的招标会上,黄金时间段的广告被通讯业的三大运营商包揽,为了短短的几十秒广告,每个运营商为此掏出超过 2 000 万元人民币。中国移动、中国联通和中国电信甚至打起了广告擂台赛。

但从总体上来说,中国移动的广告投入总费用、广告覆盖面等都超过另两家。图 12-14 是 2011 年度广告花费最多的十大广告主排名,而图 12-15 是 2010 年度广告花费最多的十大广告主排名,我们可以看到,中国移动通信由 2010 年的第 7 名,上升到 2011 年的第 5 名,广告花费从 2010 年的 58.09 亿元,上升到 2011 年近 60 亿元。中国联通的广告费约是中国移动的一半左右。中国电信的广告费与中国联通的相差不多。这些巨额的广告费,将三大运营商的广告信息传遍了大江南北,各个角落,即便是在偏远的农村,也能看到三大运营商的广告,了解到运营商们最新的活动信息。

---

① Griffin, Jill. The Internet's expanding role in building customer loyalty [J]. Driect Marketing, Garden City: 1996(11).

2011 年中国广告花费品牌 TOP10		
排名	品牌	变化
Ranking	Brand	CHG%
1	欧莱雅 L'OREAL	38
2	肯德基 KFC	10
3	玉兰油 OLAY	-15
4	娃哈哈 Wahaha	16
5	中国移动通信 China Mobile	5
6	伊利 Yili	17
7	康师傅 Master Kong	6
8	达利园 Dali	28
9	三精 Sanchine	- 4
10	麦当劳 McDonald's	18
		数据来源：CTR媒介智讯 2011

图 12 - 14

中国广告主 TOP10 2010			
排名	广告主	广告花费（亿元）	占广告总投放
Ranking	Advertiser	Ad Spending	Share%
1	宝洁(中国)有限公司 P&G China Co., Ltd.	341.00	5.8
2	欧莱雅集团 L'OREAL Group	132.15	2.2
3	联合利华(中国)有限公司 Unilever China Co., Ltd.	111.75	1.9
4	百胜集团 Yum Brands Inc.	90.18	1.5
5	可口可乐公司 Coca Cola Co.	73.34	1.2
6	杭州娃哈哈集团有限公司 Hangzhou Wahaha Group Ltd.	60.39	1.0
7	中国移动通信集团公司 China Mobile Telecom Group Co.	58.09	1.0
8	顶新国际集团 Tingshin International Group	55.29	0.9
9	内蒙古伊利实业集团股份有限公司 Inner Mongolia Yili Industrial Group Co., Ltd.	50.12	0.9
10	哈药集团制药六厂 Harbin Pharmaceutical Group Sixth Pharm Factory	43.36	0.7
		数据来源：CTR媒介智讯 2010.1-2010.12	

图 12 - 15

图 12 - 16,是中国移动在高校做的横幅广告,用了具有号召力的语言,充分搭配网络中流行的元素,广告做得有趣生动,贴近高校学生的生活。

图 12 - 17 是中国电信在农村中为天翼固话和手机做的广告,用了农民伯伯丰收的画面,又用了明显的降价促销,让农民们看了就知道这是针对自己做的广告,而且手机话费比较便宜,信息传达清晰到位。

图 12 - 16

图 12 - 17

二、以体验营销为核心的全方位服务增加顾客满意度

1998 年,体验营销的创造人和倡导者约瑟夫·吉尔摩在美国《哈佛商业评论》中指出,"体验经济时代"已经来临,并将"体验营销"界定为"个人以个性化的方式参与其中的事件",其后又进一步将"体验营销"诠释为:当一个人达到情绪、体力、智力甚至精神的某一特定水平时,他意识中所产生的美好感觉,是其自身心智状态与那些策划事件之间互动作用的结果。① 也就是说,体验营销能让消费者产生美好感觉,进而产生满意感,形成较高的消费者满意度,从而提升消费者忠诚度。

通讯服务产品的体验主要有五种:感官体验、情感体验、思考体验、行动体验、关联体验。事实上,消费者每接触一项通讯服务产品都是在体验,同时有感官、情感、思考、行动、关联等体验。

综合目前三大运营商的体验营销方式,将其分成两大类:

(一)新产品推出时用体验营销迅速增加消费者直观的感性认识,并促进销售

每一种通讯新产品的推出,市场接受都有一个过程,消费者从知晓、接触到接受

① 黄谦明.电信顾客在体验营销中的价值创造[J].价格月刊,2009(4):76.

和购买,过程有长有短,而让消费者免费体验新产品和新服务,是缩短这一过程的有效方法,只要新产品和新服务够好,消费者在体验中就能产生美好的感觉,产生满意的感觉。

3G 业务是三大运营商展开体验营销的重心,中国的 3G 从 2009 年才全面铺开,至今发展不过三四年的时间,运营商要让消费者明白 3G 产品和服务的好,时常用体验营销的方法。中国移动在 3G 的体验营销上做得比较好,他们建立了 3G 品牌体验店,针对不同的细分市场,推出了不同的体验活动。

比如中国移动对以商旅客户为主的全球通用户,开设了专门的全球通 VIP 体验厅,在各大航空楼和各大火车站,基本都有这种贵宾级的体验厅。在体验厅里,顾客可以免费用 3G 上网,也可以享受免费的咖啡等增值服务。又比如中国移动针对以学生为主的动感地带用户,主推移动上网的体验。

图 12 - 18 是中国移动与杭州公交公司签约仪式,在 2012 年 3 月,中国移动在杭州的快速公交 B1 上,开通了免费的 4G 上网体验。B1 是从杭州的黄龙体育中心开往下沙的专线公交车,主要是学生和年轻的上班族为主,他们对移动上网的需求比较明显,先把这条线路开通 4G 上网体验,是非常正确的选择,而图 12 - 19 就是公交车的乘客体验 4G 上网的画面。

图 12 - 18

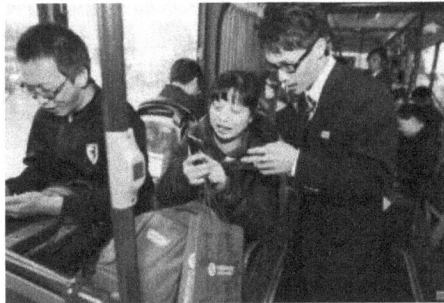

图 12 - 19

(二) 建立数据化的导向式体验营销系统

不同于第一种直观型的体验营销,数据化的导向式的体验营销系统,是将顾客信息用数据库的形式记录并追踪,及时收回顾客反馈,并迅速做出反应。

中国移动将这一系统称为 ARC 客户导向式体验营销平台。是以顾客需求为中心、以 CPC 适配为出发点、以体验式营销为基础的数据业务精细化运营支撑体系。这一平台将客户购买和使用数据业务的过程分成了三个环节：获取、即将合适的业务呈现给合适的客户，让客户对业务产生兴趣，引导客户使用或体验业务；维护，即将正在体验业务的客户进行针对性的关怀服务；转化，即通过促销和段，促使体验客户转为收费客户。①

三、用具有号召力的名人作广告代言人，提升品牌忠诚度

运用具有号召力和强大影响力的名人作广告代言人，能迅速地提高产品的知名度，也能让那些喜欢名人的粉丝们购买、使用他们代言的产品，把粉丝们对名人的喜欢和忠诚转化为对品牌的忠诚，从而提升品牌的忠诚度。

名人作广告代言，也能使品牌名人化，能有效树立品牌形象，也能形成感性的品牌认识，也能拉近品牌与名人粉丝之间的距离，更能促进产品的销售。

（一）针对不同的细分市场选择不同的名人作广告代言人

不同的通讯产品针对的受众是不同的，不同的受众关注和喜欢的名人也是有所不同的，比如中高端市场：中国移动的全球通市场、中国联通的云服务市场、中国电信的 IPHONE 签约市场等，针对的都是收入和社会地位较高的人群，所选择的名人一般是社会成功人士或者顶尖的明星。

图 12－20 是全球通的广告，画面中四个人物都是社会知名人士，其中正中间的王石，是万科房产的董事长，他的名字家喻户晓，在社会上的影响力也很大，号召力强。这个广告画面强调的是全球通的优质品牌服务，即便你登上了高峰，也同样有全球通的信号。

图 12－20

全球通诞生于 1994 年，能用得起移动电话并用上全球通的，一般是中国较为富裕的人，在当时人们的心目中，全球通一定程度上代表了身份和地位，因此使用成功型

---

① 尚斌.山西移动：强化数据业务营销能力　打造 ARC 客户导向式体验营销平台[J].通信世界，2012(3).

的社会名人作代言,对于想成功的年轻人具有强大的榜样号召力,对于已经成功的人士也同样拥有亲和力。

相对于全球通品牌,中国移动对神州行的定位是中低端品牌,其目标客户是希望得到实惠的移动通信服务的普通老百姓和工薪阶层;品牌定位是亲切、大众化、自由和实惠;广告定位是朴实、便利快捷、灵活;文化内涵是:神州行,我看行(见图 12 - 20)。神州行客户占中国移动通信客户 60% 以上。而选择葛优作代言与神州行的品牌定位和品牌形象是十分契合的,葛优是平民演员,没有漂亮的外表,说话表演都接近普通人,表演的角色也以小人物为主,又幽默搞笑,普通百姓比较喜欢这样的代言人(见图12 - 21)。

图 12 - 21   图 12 - 22

2009 年 10 月,联通请当年爆红的明星孙红雷和姚晨代言 iphone 手机的沃 3G,引起了一阵热议。在 2009 年,因为热播剧《潜伏》,而让孙红雷和姚晨迅速上升为一线明星,而在这一年,联通的沃 3G 也开始全面发力,需要眼球效应和明星号召力,而孙红雷和姚晨符合了这一要求。图 12 - 23 是沃 3G 的广告,图 12 - 24 是 3G 手机摄影功能的广告。

图 12 - 23   图 12 - 24

"沃"是中国联通推出的 3G 全业务品牌,其目标受众包括了商务人士、白领、普通用户等,范围很广,在选择明星代言人时就需要考虑选择的明星应该是大众熟知的,而且喜闻热见的当红明星,孙红雷成熟稳重,少奶杀手,对于商务人士和成熟女性都具有号召力,而姚晨代表了精明能干的职业女性,亲和力强、活力、时尚,能吸引年轻群体。

(二)将粉丝对名人的忠诚转化为对品牌的忠诚

企业每年花大笔的钱请名人作代言,并不单单为了吸引消费者的眼球,提升知名度,更加想要借助名人对粉丝的号召力,促进产品的销售,最终将名人的粉丝转化为品牌的忠诚客户,但是大多数的名人代言,都只能停留在提升知名度这一步,能最后把名人的粉丝转化为自己品牌忠诚客户的在名人代言中不过凤毛麟角。如何实现这种转换,是一个难题,但也是一个值得研究的课题。

1. 名人的个性要能与品牌形象、品牌定位契合

名人代言的功能之一就是能让品牌具有人的性格和形象,品牌所选择的名人的性格也等于是品牌的性格,所以代言人应符合品牌的个性,其形象、特征必须与品牌的定位、形象契合,与产品的目标受众匹配。

动感地带是中国移动通信在 2002 年针对年轻群体(以学生为主)的品牌,在 2003年请了新锐歌手周杰伦作品牌代言,在之后推出了众多口碑很好,传播很广的周杰伦动感地带广告,其中广告语"我的地盘听我的",成为流行语。在 2003~2006 年,周杰伦与动感地带一起快速成长,动感地带以每三秒增加一个新客户的速度成为校园第一通讯品牌,而周杰伦也升至一线巨星的地位。

究其成功的原因,不外乎三个方面:一是周杰伦的个性迎合了年轻人的口味,而动感地带又是以年轻人为目标受众的;二是广告营销手段出色,周杰伦很个性地念着"我的地盘听我的"频繁地出现在各个制作精美的广告片中,欣赏性高;三是动感地带的业务得到了消费者的认同(见图 12-25、图 12-26)。

2. 注意名人代言的周期性与目标受众的复杂性

任何一个产品的目标消费群都是复杂而多变的,虽然有一定共同的特征,但改不了人的心理复杂性。比如同样的 15~25 岁的年轻人,他们都喜欢追星,但有些人会喜欢娱乐明星,有些人更喜欢体育明星,有些人会喜欢特殊领域里的名人,所以一个以年轻人为对象的品牌需要考虑目标受众的这种复杂性。

第一个方面要考虑消费者的喜新厌旧心理。没有一成不变的环境,也没有一成不变的名人,名人的名气、形象会因为时间和事件而改变,所以在名人本身发生改变

图 12 - 25

图 12 - 26

之时,品牌要根据新的变化重新考虑新的代言人。

在 2011 年,中国移动的全园校园市场份额不断下滑,有些省市下滑了三层,这里面固然有联通与电信争夺市场的影响,但也同样有中国移动的品牌代言人号召力和影响力下降的原因。

从 2010 年以后周杰伦在动感地带的广告中慢慢隐退,虽然仍然挂着动感地带代言人的名头,但事实上已经很少出现在动感地带的活动中。一个原因是周杰伦本身年纪的增长,对年轻人的号召力在下降,另一个原因是消费者喜新厌旧的心理。对此,动感地带开始寻找新的具有号召力的代言人。在 2011 年,中国移动请了当红明星韩庚作代言,广告语也改成"移动互联网超有型,M-ZONE 人都是步履派"(图12-27)。

图 12 - 27

图 12 - 28　马天元的动感地带广告

第二个方面要考虑消费者喜好的多样性。同样的年轻人群体,用不同的代言人组合来赢得年轻粉丝。动感地带请了五大类型名人作代言:音乐型人(周杰伦、韩庚)、创业型人、学习型人、超女、游戏型人。

在游戏型人里,选择了星际争霸的世界冠军马天元代言(见图 12 - 28)。

第四节　以整合营销传播策略
进行市场渗透

市场渗透这一词,是 1975 年由美国策略管理之父安索夫提出来的,在著名的安索夫矩阵里,提出了企业经营战略的四种要素:市场渗透、产品开发、市场开发和多角化经营。

市场渗透是指用现有的产品抢占现有的市场;产品开发是在现有的市场开发未来产品;市场开发是指现有的产品在未来市场、多角化经营是指未来的产品在未来的市场。其中市场渗透是产品开发、市场开发和多角化经营的基础,只有进行了市场渗透,才能进行进一步的产品开发、市场开发和多角化经营。

一、以整合营销传播工具进行市场渗透

通讯运营商们要在现有的市场进行市场渗透,就必须找到市场缝隙,在安索夫的市场渗透策略中有五条适用准则:

一是企业特定产品与服务在当前市场中还未达到饱和;二是现有用户产品的使用率还可显著提高;三是在整个产业销售额增长时主要竞争者的市场份额在下降;四是在历史上销售额与营销费用曾高度相关;五是规模的提高可带来很大的竞争优势。

只有符合了这五条适用准则的,才可以找到市场缝隙,进行市场渗透。而中国的信息通讯服务市场还处在高速上升的阶段,远未达到饱和;中国现有的通讯产品和网络使用率,尤其是 3G 网络的使用率还有很大的上升空间;高的推广营销费用能带来高的销售额,所以中国的信息通讯市场还是有很多可渗透的缝隙。如何寻找,又如何进行渗透,整合营销传播工具为此提供了良好的解决方案。在整合营销传播策略中主要的整合营销工具有广告、促销、直销、宣传、公关、赞助、展会、包装、商品交易、口头传播、电子营销、CI、体验营销等。结合市场渗透适用原则和整合营销传播的工具,可以用两种方法进行市场渗透。

（一）用整合营销传播工具转变非用户，寻找具有挖掘潜力的市场

如图 12－29 所示，2012 年 7 月，中国互联网络信息中心（CNNIC）发布《第 30 次中国互联网发展状况统计报告》，截至 2012 年 6 月，中国网民数量达到 5.38 亿，其中手机网民规模达到 3.88 亿，手机首次超越台式电脑成为第一大上网终端。而中国人口总数超过 13.7 亿，中国手机用户总数超过 10 亿，从这些数据可以看出，一个是三大运营商的互联网接入之战还有很大的空间，中国目前的网民总数还不到总人口的一半；二是手机上网，尤其是 3G 上网的增长速度非常的快，而且还有很大的上升空间，手机用户总数和手机网民之间的空缺还很大。

图 12－29

而信息通讯运营市场最大的市场缝隙是在农村。在中国互联网络信息中心发布的《2011 年中国农村互联网发展调查报告》中显示，截至 2011 年 12 月底，农村网民数为 1.36 亿，占整体网民的 26.5％，占农村总人口的 20.7％。互联网在城镇的普及率为 54.6％，而在农村仅为 20.7％。

三大运营商对农村市场的争夺也明显加剧，除了往常的媒体广告手段以外，在农村中开设品牌体验店、降价促销、捆绑销售、公关、赞助各项农村重大活动都是非常常见的手机。

中国移动每年都会赞助各种农民运动会，从全国农运会到省市地区的农运会，都能看到中国移动赞助商的影子。

图 12－30 是 2010 年中国联通成都分公司《2010 年春季营销活动配套宣传执行方案》[①]，针对的是农村市场。在这个方案的促销内容这一项，就可以看到中国联通使用了多种营销工具，比如 DM 宣传单发放、海报广告、展会、送年画对联等春节用品、体验营销、路演、扫村活动等。光广告就有十几种，比如网络广告、海报、POP 广告、横幅广告、门柱广告、手绘广告等。

---

① 中国联通成都分公司个人客户部. 2010 年春季营销活动配套宣传执行方案[OL]. http：//www.doc88.com/p-670405055878.html.

一、总体要求—工作职责

- 市分公司负责线上媒体的发布、主题活动的推广及主要宣传物料的制作：
1、09年12月31日前下发促销活动物料制作规范文件（需省分支持）
2、10年1月10日前完成宣传资料的配送（需省分支持），包括DM单、海报、展架、吊旗、年画、对联、重启财神、红包、门神、福字
- 区县分公司负责线下渠道包装、车站拦截、体验营销、路演摆点、扫村活动、墙体广告发布和村级广播的投放：
1、10年1月5日前开始开展车站拦截、体验营销、路演摆点、扫村活动，并按要求上报路演摆点场次和费用预算
2、10年1月10日前完成线下渠道包装，包括横幅、橱窗贴、门楣、门柱（阶梯贴、地贴、桌贴、桌围、手绘POP）的制作和宣传资料的布置。
3、区县分公司春季营销首批启动专项广告宣传费用总额为150万元（列支分公司2010年广告预算），占比不得低于全年的35%，用于渠道包装、车站拦截、路演摆点、墙体广告发布及宣传资料的补充制作，务必做到专款专用。
4、郊县分公司墙体广告不少于2条/村，重点乡镇横幅不少于4条。

图 12 - 30

（二）用整合营销传播工具把竞争对手的用户吸引过来成为自己的用户

在相对饱合的市场，如果运营商们想要扩大自己的市场份额，最好的办法就是从竞争对手手中挖走客户，比如中国各大城市，互联网、手机的普及率非常高，要重新开拓新的市场是很难的，在这样的情况下，就需要把竞争对手的用户变成自己的用户。

由于发展进程的不同，三大运营商各自专长的领域各有不同，比如中国电信在固定电话和互联网接入上占有明显的优势，而中国移动在 2G 网络上占有压倒性优势，中国联通在 3G 网络上有明显优势。

但在 2008 年，三大运营商重新整合以后，三大运营商都拥有了全面的业务，比如中国移动不再停留在手机领域，开始大规模地向互联网接入和无线固定电话渗透，而中国电信则拥有了原来联通的 CDMA 移动网及其用户等。三大运营商之间互相挖墙角的状况愈演愈烈，他们所使用的手段，除了降价优惠以外，更是开始用整合营销传播工具在消费者心中提升自己的知名度、美誉度，从而促进产品的销量。

中国移动在宽带接入上的争夺，最有力的武器是价格，一般用到的营销传播工具是媒体广告、海报、在小区设易拉宝广告等，同时也会在超市、商场、电子市场等大型市场的广场举行晚会、比赛等形式的传播活动（见图 12 - 31）。

图 12 - 31

二、以创新的整合营销传播策略,提高市场渗透率

整合营销传播的提出者唐·舒尔茨教授是一个从不止步的人,从 2000 年以后,唐·舒尔茨教授就开始关注中国,在 2000 年至 2003 年三年间,有 5 个月是在中国度过的,而在 2005 年至今,他在中国进行了多次演讲,他说,整合营销传播必须为数字时代改变,传统的西方流出式广告模式必须因为互联网和技术的出现而改变。而整合营销传播策略的创新性,在信息和通讯市场中体现得也非常明显,新式的传播工具和手段不断出现,为提高运营商们的市场渗透率提供了重要的途径。

(一)新型的媒体传播,提高传播到达率

传播到达率的提高能让更多的人知晓产品,更多的人知晓产品,才有可能产生更多的购买行为,提高市场渗透率。目前传播的四大传播媒体正面临新型媒体的挑战,收看电视的人数正在下降,而用电脑网络或手机网络看电视或视频的人数在上升,纸质报纸和杂志覆盖率在降低,但电子报纸和杂志的覆盖率在上升,新式媒体不断地出现,整合营销传播的载体也不断地增加,新增加的传播载体能有效地利用用户碎片。

图 12-32 是中国联通在新浪微博上的主页页面,左侧是中国联通通过新浪认证的图标,右侧是中国联通为奥运会制作的视频广告,以病毒式广告的形式播放。在这个主页上,发布中国联通的最新信息,目前拥有了 21 万多的粉丝。除却中国联通网上营业厅外,还专门开设了中国联通沃 3G 的促销新浪微博(见图 12-33、图 12-34),拥有的粉丝量更多,达到 69 万多。

图 12-32　　　　　　　　　　　　　图 12-33

图 12 - 34

图 12 - 35

（二）传播内容、技术同步创新，提高传播效果

在传统传播学中，一直认为"内容为王"，尤其是在广告传播领域，认为内容创意大于形式的创新，但随着传播技术的发展，这一观念正在被打破，很多学者认为信息传播技术才是第一传播力，但光有传播技术并不能取得良好的传播效果，只有随着传播技术改变的传播内容创新，才能产生巨大的传播效果。在信息和通讯服务行业是最早最快应用新式的传播技术的行业，在三大运营商的整合营销传播中，我们可以看到很多新的传播技术应用，比如户外互动新技术、3D 技术以及裸眼 3D 技术、用手机立体投影技术、LED 广告技术等。

图 12 - 35 是凤仪影视公司为中国移动宜居通作的 3D 影视广告，运用了 3D 的传播技术，制作了一个 3D 动漫人物使用中国移动宜居通产品的广告。

三、以整合营销传播策略推广未来产品，布局未来市场

中国的信息通讯技术日新月异，快速发展，拥有现在的市场并不代表能在未来的信息通讯市场笑傲江湖，只有提前布局，为新技术新产品作好营销推广，才能在未来的市场占先机。中国信息通讯未来的技术产品之一 4G 正是三大运营商们布局未来五年的主要竞争产品。

中国的 3G 服务从 2008 年才开始，至今不过三四年，但是香港、欧美已经进入了 4G 时代。香港的 4 大电讯商先后推出了 4G LTE，全面铺开了 4G 的竞争。华为是中国 4G 设备的主要生产商，其中国区副总裁张文林说："我们觉得目标必须非常清晰，

就是加快商用,全力加快商用,任何阻挡商用的因素,都是我们要全力重视并解决的。"①

中国自主研发的 4G 由中国移动负责推广运营,中国移动用了整合营销传播策略为 4G 作推广,主要手段有:

展会营销推广:比如在 2010 年上海世博会期间,在上海世博园部分区或内,市民只要带有能接上 4G 网络的手机和电脑,就能体验 4G 的最快为 100 M 的上网速度,除去上网接入,在世博会期间,中国移动还提供了移动高清视频监控、重要场馆高清视频直播和极速上网在内的多项特色服务应用。

图 12 - 36

媒体组合广告投放:中国移动开始全面营销传播推广,在全国各大城市投放 4G 服务广告,包括电视台、街道海报、户外平面、户外视频等,在全国各大火车站投放"4G 来了"的大型海报。除却城市投放外,中国移动还有网络上与大的网站合作投放 4G 广告,比如与腾讯合作投放的 4G 广告。

与手机生产商合作推广:三大运营商与手机生产商的合作,一起推广以 4G 通信为核心的新产品和新服务,手机生产商包括国外的一线品牌三星、苹果(见图 12 - 37),也包括国产手机品牌中兴、华为和联想等。

图 12 - 37

---

① 王云辉,等.4G 生死时速:中国该怎么发展运营推广国际标准,2012(4):58.

典型案例评析

韩国SK电讯广告评析

　　成立于1988年的韩国SK电讯是韩国第一家开通移动电话的公司,也是目前韩国最大的移动通信运营商,它实现了CDMA技术的商业化,是世界上第一家实现第2.5代CDMA2000 1X服务和第三代同步式IMT-2000的商用化,而在4G技术品牌上排在全球第二,在全球移动通信行业处于领先的位置。

　　SK电讯一开始只有一个品牌,就是SPEED011,后来针对不同的细分市场推出了多个子品牌:i-kids针对儿童;TTL-Ting针对13～18岁的青少年;TTL针对的是20多岁的年轻人;UTO针对的是25～35岁的高端用户;CARA针对的是已婚妇女。除却这几个以年龄为主要划分标准的细分市场外,SK还建立了针对移动终端设备划分的子品牌:NATE可以让客户同时接到有线和无线;JUNE是CDMA2000 1X EV-DO的多媒体服务系统。

　　不同的子品牌针对的是不同的细分市场,其广告策略也是不同的,所选择的广告代言人也不同。

　　图12-38、图12-39是超级明星RAIN为韩国SK拍的广告片,在整个片子里,并没有出现具体的子品牌和具体的SK手机型号,是一个为SK拍的集团品牌代言广告。在2002年韩国SK电讯公司举办的《MOBILE电影节》意见调查中,RAIN获得最高票,被选为SK宣传大使,同年9月,SK与RAIN签下了一系列广告合约,主打年轻市场。从2002年播出第一个RAIN代言的广告片开始,SK电讯服务广告、SK手机广告都能看到RAIN的身影,并取得巨大的成功。在2012年,十年之后,SK再次与RAIN续约,以240万元人民币签约。

图12-38

图12-39

　　图 12-40 和图 12-41 是韩星申河均在 2012 年为 SK 电讯旗下的 4G 品牌 LTE 拍的代言广告。申河均是 1974 年出生,是韩国老牌明星,在 2011 年以《Brain》电视剧获得 KBS 演技大赏,同时获得网络人气最高奖等。LTE 针对的是高端精英市场,目标受众是年纪偏大的职业男性和女性,所以 SK 一改以往总请年轻帅哥美女明星作代言的习惯,反而请了具有成熟男人魅力的申河均作代言。

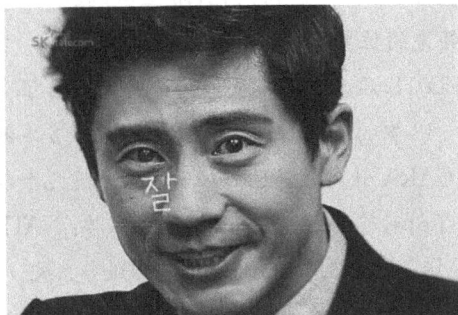

图 12-40

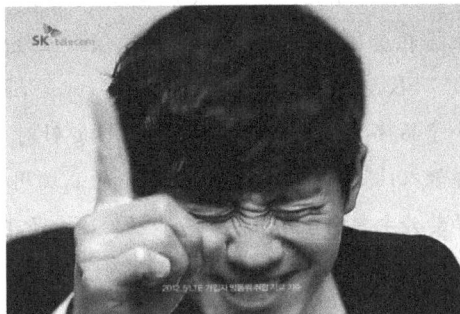

图 12-41

　　图 12-42 和图 12-43 是韩国 SK 推出的儿童通信手机,可爱的卡通形象,即是产品,又是广告代言人,取得了非常好的效果。这部型号为 BCL-862S 的儿童手机,并没有数字按键,可以预制 4 个快速拨号,能自动连接预设号码,还有哨子等挂饰。

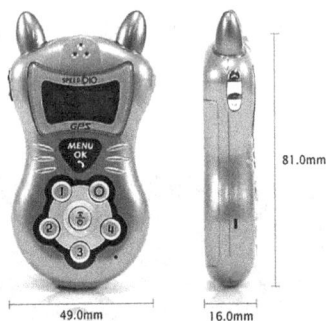

图 12-42

图 12-43

思考题

　　1. 如何理解中国信息通讯业分分合合的现象?

　　2. 请根据自己的理解,总结出中国移动、中国联通与中国电信的企业竞争优势分别是什么。

3. 你认为中国电信请明星邓超为天翼作代言是成功还是失败?

4. 请结合具体案例分析体验营销在移动通信业市场营销中的应用。

5. 你本人正在用的是哪一个运营商的移动通讯服务,对其广告传播总体评价如何? 试以案例说明。

6. 请分析信息及通讯服务业的发展趋势及未来运营商的广告策略。

研讨训练

请以小组为单位各自选择一个外国通讯公司,至少收集其两个 4G 技术品牌广告案例,每组推选一位代表,以 PPT 形式在课堂上进行交流。

补充阅读材料

1. 《中国地产网络营销经典回眸》,http://soufun.com/news/subject/nree2006/.

2. 赛诺市场研究机构:《中国智能手机与手机安全市场现状》,http://www.sino-mr.com/cn/uploadfile/20120511.pdf.

3. 有米广告:《2012 年第一季度移动广告数据报告》,http://dev.youmi.net/2012/05/2012q1-mobile-data-report.html.

参考文献

[1] 刘立宾. 中国广告作品年鉴[G]. 北京:中国摄影出版社,2008.

[2] 刘立宾. 中国广告作品年鉴[G]. 北京:中国民族摄影艺术出版社,2011.

[3] 张惠辛. 中国广告案例年鉴(2003~2004)[G]. 北京:中国出版集团东方出版中心,2004.

[4] 张惠辛. 中国广告案例年鉴(2010~2011)[G]. 北京:中国出版集团东方出版中心,2011.

[5] 胡列曲. 波特的竞争优势理论述评[J]. 经济问题探索,2004(12).

[6] 黄谦明. 电信顾客在体验营销中的价值创造[J]. 价格月刊,2009(4).

[7] CNNIC. 第 30 次中国互联网络发展状况统计报告[R]. 中国互联网中心官网.

[8] 王云辉. 4G 生死时速:中国该怎么发展运营推广国际标准[S]. 2012(4).

[9] CNNIC. 2011 年中国农村互联网发展调查报告[R]. 中国互联网信息中心,2012(8).

第十三章 面向未知的抚慰

——保险金融类广告

面对不确定的未来,银行、保险、汽车金融、证券、投资、理财……每个关键词都牵动着消费者的心。而中国金融行业从最早的钱庄开始,历经几百年的发展,成为现在的金融业,金融业自身也在不断地开放,产品创新、服务、品牌、混业经营、个性化等关键词也在预示着金融业未来的趋势。本章通过对金融业市场竞争状况及未来趋势的分析,在把握住金融业的沟通本质基本上,回顾国内外金融保险类的经典广告。同时,我们也能看到金融广告随着金融业自身的发展,如何传承和创新。

第一节 中国金融保险类市场的竞争状况

一、中国金融保险类市场的竞争简述

金融业包括银行和非银行金融机构。银行是以吸收存款作为主要资金来源,以发放贷款为主要资金运用的信用机构,非银行金融机构主要包括开发银行、投资银行、保险公司、信用合作社、储蓄银行、信托公司及其他专业银行、财务公司等。

上海是中国近代金融业的发祥地。1847年,上海出现了第一家外国银行——英国的东方银行,随后,各国银行纷至沓来。外国银行在中国的设立和发展,激发了中国人自办银行的想法。1897年中国人自办的第一家银行——中国通商银行在上海成立。新中国成立后,中国金融业再次融入世界的舞台一直到2001年中国加入WTO后。

(一)不断开放的竞争平台,各种力量粉墨登场

2001年12月中国正式加入世界贸易组织,金融业改革步伐加快,并正式得分步

骤的对外开放,为外资银行提供了平等的发展环境。与加入 WTO 前相比,外资银行机构布局、业务经营和服务能力均得到良好发展,已成为中国银行体系的有机组织部分和重要市场参与者。截至 2011 年 9 月末,外国银行在华已设立 39 家外资法人银行(下设 247 家分行及附属机构)、1 家外资财务公司、93 家外国银行分行和 207 家代表处。

除了外资银行之外,在这个不断开放的竞争平台上,还有原本的国有四大银行:中国工商银行、中国银行、中国建设银行和中国农业银行。凭借着新的服务理念、细小的市场细分以及创新的产品和服务,一些中小型商业银行不断崛起:如招商银行、交通银行、民生银行、华夏银行、浦发银行……近年来,城市商业银行和农村商业银行在中国金融业的力量和地位也在不断增加。

除了银行业之外,在非银行业的金融机构舞台上,也在不断加入新的竞争力量。汽车金融业不断发展;网上支付业务,如支付宝如日中天;外资保险公司也在不断地进入中国。未来,随着手机钱包的发展,手机钱包的业务也将成为一块新兴的市场竞争地。

(二)同质化现象依然存在,但差异化竞争策略突显

和所有行业类似,金融业也存着同质化现象。以银行业为例,银行业同质化主要体现在五个方面:一是各银行提供给客户的金融产品和服务项目雷同;二是银行的经营模式大同小异;三是竞争手段单一;四是客户选择无差异性;五是各银行收入结构惊人相似,依靠传统存贷利差赢利的局面依然未能改变。

但是,随着竞争的不断加剧。各个银行的差异化竞争策略也不断地突显。由业务差异化带来的,直接是企业市场细分和定位的差异化。而这也迫使企业更好地去关注其细分的目标消费者,并由此实现和目标消费者的沟通差异化。比如,中国银行强调其"全球服务"的能力;招商银行推出"因您而变"的口号;中国农业银行则提出"伴你成长"的形象口号。

(三)金融信息化发展迅猛

我国的金融信息化被业内人士称为"起步晚,却发展迅猛"。但与国外的金融企业相比,我们还停留在金融信息化的初级阶段。目前,国内已经上马信息化的金融业大多只是为客户提供信息查询而已,提供理财、咨询服务的不多。国外的经验告诉我们,金融信息化不是为了向客户提供一批简单的海量信息,而是要向客户提供个性化

的金融服务,成为客户的理投资理财专家,为客户整合加工所有的信息,分析投资动态,推荐投资产品等。要让信息化落到实处,主要做到两点:一是数据大集中;二是建立数据仓库与数据挖掘。这样才能为金融业搭建多元化的综合业务平台。

(四)个性化金融服务初露端倪,混业经营成为未来发展趋势

有了集中的数据仓库后,各项业务的发展将更为有的放矢。而在针对细分市场的客户上,才能更好地做到量身定做,实现金融业务多元化;服务功能综合化、全能化;信息网络也将推动金融行业从分业经营到混业经营。

中国平安正是中国金融业混业经营的先驱。平安一直在研讨如何把平安的保险、银行、资产管理三者融为一体,又能够合乎制度。在平安的战略里,一方面要努力实现国际化的综合性金融服务;另一方面,对客户,平安要做到"一个客户、一个账户、多个产品"。重要的是让客户感受到多种产品可以给他带来的方便。

二、中国金融核心消费人群的消费现状

中国平安的做法,正体现出中国现代金融业虽然发展时间不长,但是已经开始逐步具备"客户导向"意识。金融业不仅开始在业务层面对消费者进行关注,同时在传播层面,对目标客户的生活形态、并且注意对消费者的研究。而这一切正是品牌建设和广告传播的基础。

2011年,中央财经大学金融品牌研究所发布了《2011年中国金融核心消费者人群报告——媒介接触、生活形态与品牌驱动》报告。对中国金融核心消费人群(非高端人群和大众用户)进行了媒介接触、生活形态等方面的研究。这些核心人群59.8%为男性,65%以上具有大专以上学历。

1. 媒介接触

核心消费人群最主要的出行工具为:公交车、地铁/轻轨、小汽车。其中,地铁/轻轨的增速最大。而在传统媒体中,报纸和电视仍是两大主要的接触媒介,同时,他们比较喜欢阅读的报纸除了新闻头条、本地新闻等内容之外,更多的以经济报道和社论/评论类内容为主。在杂志方面,核心人群也比总体更多的阅读杂志,而他们最感兴趣的三项杂志内容分别是:新闻报道、健康/健身/医疗/保健和财经报道。在电视的收看上,核心人群比总体更少地收看电视。而在他们经常收看的电视节目类型中,从2008年到2010年,二年连续递增的也只有"经济报道"类。而面对新兴的网络媒

体,66.6％的核心人群表示:"当我需要信息时,首先想到的是从因特网上寻找"。同时,51％的表示每天上网的频率是至少一次或以上。而他们在网上的主要活动显示为:交往＋交谈＋交易。可以预见,财经互联网和社会化媒体将是未来金融广告选择的另一个重要媒介地。

2. 生活形态

研究报告,将金融核心消费人群的生活形态总结为五点:

第一,进取型的人生观。这些人往往有能力、有自信、有事业心,也有着较强的支配欲。但同时,对现状并不满足。购物时,相比付现金,更喜欢刷卡,并不太惧怕股票的风险,敢于借贷,觉得一定得拥有自己的房子,才会满足。

第二,符号化的时尚观。这部分人往往比较关注时尚与潮流。勇于尝试新品牌和新技术。

第三,自相矛盾的家庭观。这部分核心人群85.8％都是已婚或同居人群。在他们看来,为了赚更多的钱,可以牺牲休闲时间。62.5％的人认为:家庭比事业更加重要。但同时,68.7％的人认为:对我来说,家人认为我成功是很重要的。这部分人往往兼具事业心和家庭观念。

第四,有心无力的公益观。观念上支持低碳环保,但缺乏实际行动。宁愿多花钱买环保,也不愿费心思在生活中使用循环再利用。

第五,不会休闲的宅生活。他们更喜欢宅在家里休闲,而在家里休闲时最常干的事情是:看电视、上网和阅读。

3. 品牌驱动

80％的核心人群表示,只要喜欢某个品牌,会一直用它。他们不太喜欢国产品牌,而更喜欢外国品牌。他们会主动关注金融产品和服务,在过去一年中,有近一半的人和别人谈起过金融服务。并且,他们对自己的金融知识有些自信,近43％的人认为他们能说服别人。偶尔也会针对金融服务在网上灌水或者评论。

第二节　经营理念与品牌形象

一、中国金融业进入品牌竞争时代

尽管对"品牌"的理解各有不同,但是大家都意识到,品牌打造对于金融行业的意义所在：它可以让客户有更强的忠诚度,更好地维系顾客,增加客户的转换成本。同时,品牌还在于一套防御机制,品牌的建立还可以更好地抵御金融危机带来的风险。品牌还可以搭建一个更好的平台,吸纳各方资源。而从经营上来看,品牌无疑可以给企业带来更高的溢价。从消费者角度来看,品牌也可以减少消费者的选择成本。

当然,一个金融品牌的建设并非易事。对金融企业来说,要做好品牌建设,至少需要做好五个方面:第一是以先进技术支撑品牌创建;第二是以特色业务确立产品牌定位;第三是以上乘的质量和服务奠定品牌价值;第四是注意企业视觉形象与员工形象;第五要以有效营销扩大品牌影响。

品牌创建需要企业系统的思考。广告推广虽然不是金融品牌创建的全部,但广告却在提升品牌形象、扩大品牌影响力、传播金融文化上起着重要的作用。从近年广告投放数据来看,金融行业也加大了广告的投放。据 CTR 媒介智讯广告监测数据显示:在 2011 年 10 月省级卫视广告费用投放排行榜中,金融业取代家用电器排名第十。同时,和前三个季度相比,增长最快的五大行业中,金融业和房地产增幅分别为 37.1%和 33.7%。①

二、品牌形象塑造的重要性

正因为意识到品牌形象塑造的重要性,银行业是中国最早进行 CI 形象策划的行业之一。从中国银行著名的 LOGO 开始,到近年来建设银行聘请国际著名品牌顾问及设计公司朗涛,对营业环境进行了大胆的创新。统一的营业网点,对比强烈的黑色和蓝色的装饰色彩搭配,高档的装饰材料和家具,无不表达出建行欲做行业领导者的强烈愿望,也预示着国内银行业从产品竞争转向品牌竞争。

消费者对一个品牌的印象来自于各个接触点,其中之一便是品牌形象广告片。中国的金融业往往有着做形象广告片的传统。

(一)理念型的品牌形象片

案例:中国银行形象广告片

中国银行积淀了深厚的文化底蕴。中国银行应该是所有银行中最有中国历史和特色,也最能代表民族性的品牌。如何诠释和体现出这一独特的民族气质? 1996 年,

---

① 2011 年 10 月份省级卫视电视广告投放费用排行榜[J].创意传播,2011(12): 145.

中国银行就以"止，而后能观。静，而后能思"这一系列广告让业界刮目相看。也成为中国金融业最早的经典形象广告片，甚至被人称为中国意境最高的广告(见图13-1)。这一系列广告共四个广告片，分别为"高山、竹林、麦田、大河"，整个画面中，充满了东方哲学韵味。每一句台词的斟酌、每一个场景的选取都凝聚了中国民族悠久富饶、勤劳谦逊的传统文化。

图 13-1

"高山篇"中，僧人大气磅礴，谦虚谨慎。文案："在追求真理的路途中，永远是，山外月山……"。

"竹林篇"中，选用了中国文化中有典型代表符号意义的"竹林"。文案："风动、竹动、心动——有节，情义不动"。

"麦田篇"中，金黄色、一望无垠的麦地，那是中国人最爱的土地和颜色。文案：丰饶、勤奋、富而不骄。

"大河篇"中，小女孩清脆的歌声悠扬、嘹亮、小小的身躯决然地挺立于天地之间。小女孩的歌声让人充满遐想，回味无穷。"小河弯弯，江水蓝蓝，穿过原野，越过山冈，流呀流呀，千百里长……"。

2004年，由张艺谋执导、濮存昕主演的"珍重客户篇"则流露出浓浓的人文关情。

2010 年中行与联合国大使、音乐人朱哲琴共同打造的"中国之美，世界看见"主题形象广告，则用唯美的视觉语言诠释了少数民族文化保护与传承的公益主题。

（二）历史型的品牌形象片

每家银行都有各自的历史和特点，不论长短。这些历史和故事，往往会成为一个品牌的 DNA，在经过梳理后，再结合业务特点和服务模式，往往会成为品牌形象片的最好素材。

案例：交行百年

交通银行始建于 1908 年，是中国早期四大银行之一，也是中国早期的发钞行之一。2008 年，是交行一百周年的诞辰，交行适时推出"百年知交，相融相通"的品牌形象广告。不同时代的场景画面、唯一传承和延续的元素，交通银行将"100 年，责任为先"的理念和交行百年来的历史交叉穿行。"开创，是一种责任；创新，是一种责任；拓展，是一种责任；前进，是一种责任"。

2012 年迎来百年诞辰的中国银行近期也推出了全新品牌形象广告："百年中行，全球服务"，用一段时空之旅展现了这家百年老店的不凡发展之路。广告从一张泛黄的老照片开始，跟随主人公的脚步越百年，再现了中国银行 1912 年在上海成立、1929 年从伦敦开启国际化之路、1985 年发行中国第一张信用卡、1990 年香港中银大厦落成及 2008 年参与北京奥运等的众多经典时刻。文案："你看见历史，我们看见未来。看见时代使命，初创基业；看见全球趋势，而走向世界；看见寻求差异，而因地制宜；看见行业先机，而执著创新，看见国家梦想，而共襄盛举。百年中行，全球服务"。

广发证券在成立 20 周年之际，也推出了其新的形象片《鼓励篇》。和百年交行和百年中行相比，广发证券的形象片少了厚重的历史积淀，却多了几分情感的沟通。片子讲述两个从小一起长大的好友，在各自成功的路上彼此支持相互鼓励，最终成就各自的未来（如图 13-2 和图 13-3）片中的一些小元素也都能引起中国人的共鸣。

图 13-2

图 13 - 3

（三）基于核心利益点上的品牌形象广告

成就卓越的金融品牌都具备了五大要素：① 清晰稳定的架构与定位；② 单一品牌战略；③ 独有优势诉求；④ 精准的品牌整合传播；⑤ 成为企业公民。在这五点中，精准的品牌传播多半是由长期、延续而又风格统一品牌形象广告所传达的。好的品牌形象广告往往是"big idea"，能够有效的传达出品牌的独特优势，并且有着丰富的延展性。汇丰银行和中国平安都是此中典范。

案例 1：汇丰银行——环球金融　地方智慧

1865 年，汇丰在香港和上海同时成立，时称香港上海汇丰银行。在一百多年的发展进程中，通过收购和自身拓展，汇丰逐步把网络延伸到了世界其他国家和地区，具有不同品牌、不同文化的金融机构逐渐融会到汇丰旗下。目前，汇丰在全球 83 个国家和地区设有约 1 000 家分支机构，这一规模印证了汇丰的"环球金融"理念。"地方智慧"则体现了汇丰对本土客户的尊重和理解。汇丰在各地都建立了本地化的团队，并在同一企业文化和品牌之下，提供国际化的银行金融服务。

同时汇丰的"环球金融　地方智慧"理念在其广告中也得到了淋漓尽致的体现。同样的一件事，不同的地方或文化，可能会有不同的形式或做法。为此汇丰银行创作了一系列不同的广告："饮茶篇"借由不同的国家或文化中，一样是"一杯茶"，却有着不同形式或内容，但却又同样都有着休憩社交的意义，精准地呈现每个文化间的微妙异同之处。"风筝篇"通过马来西亚、日本与台湾三地的传统风筝，让我们发现了不同文化风格所展示出的同样华丽与惊艳。充满童趣的"陀螺"更是直接用德国、日本与台湾的传统童玩——陀螺，来沟通其品牌的观点。汇丰银行还以"结婚"为主题，借此发现各个地区和文化在"结婚"这件人生大事上相关习俗与观点的异同。在电视广告中，我们看到在英国宾客用礼物来祝福新人，而在马耳他，宾客参国婚宴时，则是期待收到新人赠予的礼物，作为婚礼纪念。在平面广告中，"好运篇"呈现出各地方在婚礼中用破碎物祈求好运的祝福方式，除了台湾人有新娘子

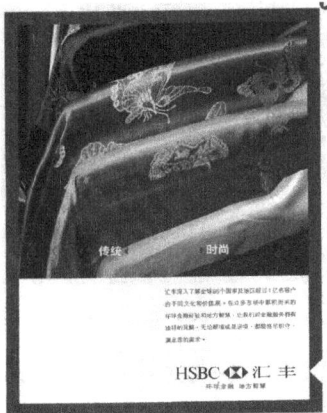

传统　时尚

HSBC 汇丰

图 13-4

下礼车踩碎瓦片的习俗,希腊人在婚礼上摔盘子及俄国人摔香槟杯祝福新人的方式,也都令人耳目一新。另一平面广告"聘礼篇",则带出了台湾话所说的"吃米香、嫁好人"典故,也就是传统聘礼的十二大礼中为什么会有"米香"的缘由。至于日本人的聘礼,称为"结纳",其中一项所谓末广(白色的扇子),即是以扇子的形象,象征一打开就会好运降临。而墨西哥人的聘礼则是男方用 13 枚金币来承诺照顾妻子一辈子。而在针对大陆地区的广告中,我们也能看到元宵、孔明灯、唐装等中国元素(见图 13-4)。

案例 2:中国平安的"平安"

平安保险,是中国第一家以保险为核心的,融证券、信托、银行、资产管理、企业年金等多元金融业务为一体的综合金融服务集团,公司成立于 1988 年,总部位于深圳。

多年来,中国平安都围绕着"平安"的本意进行深入的传播。无论是 2001 年的"地名篇"(如图 13-5 和图 13-6),2002 年的"走过篇"还是 2006 年的"方言篇",在加入创意的同时,都很好地保持了主题的延续性,将"平安"传递得淋漓尽致。特别是"地名篇",平安用心在全国范围内寻找着与其公司"平安"相同的地名,从青海的平安县

青海 平安县

adtopic.net

图 13-5

图 13-6

到北京的平安大街,从广西的平安乡到东北的平安屯,还有上海的平安里……这些地方遍布祖国大江南北,有起伏的山地、繁华的大道、朴素的农村还有正在建设中的现代化大都市,统一带给人们的是一种大气的人文精神,许多景物的设置都十分用心,一遍又一遍地强调着公司的品牌名:汽车的平安符、极具民族特色的窗花、小学生在田字格中练字……事实上,这些地名正是中国人对于"平安"最朴素的期盼。最后的广告语点出了:"无论何时何地,我们衷心诉求'中国平安,平安中国'。"

第三节　金融保险广告创意分析

从金钱的角度讲,人的生活无非分成两部分:上班赚钱,下班理财。人不仅是为现在活着,更是为未来而活。人是理性的动物,很少有人会把今天赚的钱挥霍一空。人们会想着不确定性的未来,会想着如何让现在的收入能够保证自己养老?今天如何更好地消费?如何更好地应对未来生活中出现的意外?信用卡、存款、股票、保险、作为投资的房产……这些正是金融产品的意义,它让我们更幸福,更有安全感,也更从容。除了叙事宏大的品牌形象广告外,金融产品更需要与消费者心与心的沟通,金融广告更应该了解消费者的所思所想,知道他们的担心和恐惧,真正成为消费者面对未知明天的一个有力向导。

一、理性的力量

经济学的前提假设就是:人是理性的。人会为自己做出最优的选择。当广告把未来呈现在你面前时,消费者会发现,有时候自己的见识还是比较短的。未来该怎么选?还是听听广告的吧。

（一）作为智者的广告

金融就是算账。基金产品会告诉你,年化收益率是多少。信用卡分期付款会用大大的每个月的分期数字来告诉你每个月只要付一点点钱,你就可以拥有你自己想要的奢侈品。汽车金融产品也会告诉你,只要付30%的钱,你就可以把你垂涎已久的车开回家,并且告诉你,这就是省钱之道。保险更是会算给你看,这是一项多么划算的投资。

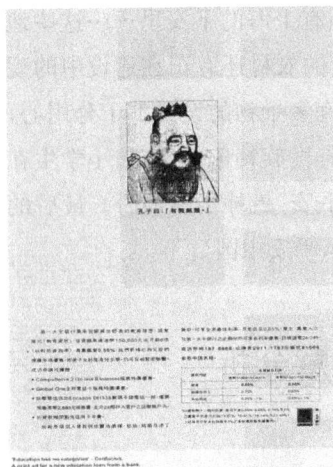

图 13-7

金融企业的广告总是希望给消费者以帮助，他们希望充当一个智者、一个教师、一个专家的形象，并且在广告中以一些知识或智慧作为某种"交换"来吸引消费者的注意。比如这则第一太平银行的广告，提出孔夫子"有教无类"的理念，诚意推出"教育贷款"（如图 13-7），在广告文案中，对于贷款的额度、利息都有详细的描述。都帮你算好了，还需要犹豫吗？

有时候，智者并不一定要直接帮你算好账。看看不同人的选择和现状，你就知道你该怎么做了。在嘉信理财公司的一支广告中，两个忧愁满面的女人读着《别被高额的利息给吃定了》、《致富之道》，一名看来志满意得的男子却读着《天哪，我好快乐》，旁边的标题这么解释着："你永远看得出来哪个投资人找了嘉信理财。这些人看起来比较聪明。比较睿智，也比较懂得掌握局势。"

（二）恐怖诉求

没有一个人的人生会是一帆风顺的。未来，我们总会遇上一些灾难。而广告也总喜欢把这些灾难直接呈现在你面前。或是通过夸张，或是通过一个故事，或者直接是一个场景，或是通过对比，这些噩梦般的人生画面，会让你立马产生去买个保险或理财产品的冲动。

先来看看中航三星人寿的广告（见图13-8 至图 13-10），画面似乎并不太恐怖，但是当你看到一个鸡蛋在车来车往中穿梭，从滑梯滚下，被夹在门中。会不会下意识地觉得，这个蛋可真是脆弱。不错，而且这个蛋就是我们芸芸众生。用易碎品做主角，表现其在缺乏安全保障下发生意外和险情来凸显保险的重要性，这是保险类广告惯用的创意手法。用鸡蛋来做主角，既是拟人，也是夸张，而配合着文案"生活是多么美好，却往往是这么容易破碎"。这一主题，戏剧性地告诉你人生就是如此，所以，还是得给自己买上一份保险吧。

图 13-8

而画面中系领带、佩戴蝴蝶结、戴眼镜听随身听的鸡蛋造型诙谐幽默、憨态可掬,也增加了中航三星人寿保险公司的亲和力和好感度。

图 13-9

图 13-10

有些灾难可能都超出我们自己想象和把控可能。外星人真得会入侵地球吗?我们的城市是否会毁灭?不过,没关系。看看 Banco Financiero 国际银行的这三张系列广告(见图 13-11~图 13-13):人类未来面临的情景就是:外星人袭击地球、洪水海啸、陨石降落恐龙出现,整个城市一片废墟,满目疮痍,到处是倒塌的房屋,城市陷入一片黑暗。可是,在这一片狼藉当中,总有一块广告牌树立在那,幸免于难。广告牌上的字大大地告诉你:"不管发生什么,存入银行的钱都可以获利,而且能够达到8.5%"。在这一系列的广告中,用夸张的手法模拟灾难的效果,视觉表现非常到位,给消费者很大的冲击力。同时 8.5%的利息相当具有诱惑力。即便是外星人入侵了,你都能有 8.5%的收益。

图 13-11

图 13-12

图 13-13

(三)逆向思维

有时候,广告太直白了,特别是恐怖诉求太直白了,也容易让人产生一种回避心理,所以偶尔可以来点逆向思维,引发一下读者的思考,也可以产生点小乐子。

　　美国一家保险公司的广告案例曾经风靡一时：死神与一位卖保险的小伙子在一户人家门前机遇，死神问小伙子："你来这里做什么？"小伙子回答："我是来卖保险的。"死神思考了一下，让了一步说："那你先吧！"小伙子敲开门说明来意之后遭到拒绝，当然广告预示的结果不言而喻。此广告推出后产生了强烈的反响。

　　事实上，大部分不买保险，多半抱着侥幸之心。而曼谷保险的这几支系列广告却以逆向思维告诉你，这样的概率有多少。第一则广告：一位劫匪入店抢钱，朝天花板放了一枪以示恐吓，未料，子弹刚好打中灯上的金属硬件，并像一个小玻璃弹球一样来回弹跳，最后，竟然打中了劫匪自己的脚。劫匪夺门而逃。发生这样的事情的概率是多少呢：0.000 000 1％。第二则广告中：行驶的汽车掉下了一个轮子，少一个轮子的汽车仍在自顾自地往前开着，而掉下的轮子在川流不息的车群中跌跌撞撞地也往回飞着，最后奇迹般的又回到了汽车上。当然，发生这样的事情的概率为：0.000 000 1％。第三则广告中，飓风横行，房子被吹散了。突然，飓风停止了，房子竟然安然无恙的像倒带似地回去了。当然，这种事情，发生的概率也只有 0.000 000 1％。0.000 000 1％的概率，基本上就等同于是不可能的。广告通过这种逆向的思维方式告诉我们，可不能抱有侥幸心理，一旦发生灾难，要安危无恙的概率可是比中彩票好难。

（四）直接诉求利益点

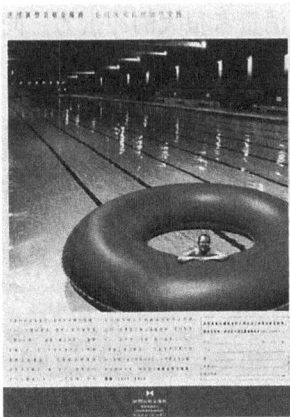

图 13-14

　　在金融广告中，没有拐弯抹角、没有夸张也没有逆向思维。广告直接把利益点呈现在消费者面前。在 SGIC 的电视广告中，直接展现了汽修厂内一辆被撞得不堪目睹的汽车，在瞬间自动复原的过程。当然，这可不是汽车自身的特异功能，而得归功于 SGIC 汽车保险，他可以让你的车在路上以最快的速度恢复本色。

　　在汇丰银行的平面广告中（见图 13-14），一个硕大的泳圈传递出的信息是：无论多大的风险，你都不会溺水。而这也正是文案所说："选择汇丰公积金服务，你的未来自然更加安稳"。

二、情感永存

　　正如前文所述，中国金融产品的核心消费人群 80％以上都是已婚或同居人群。

这就意味着,未来不仅仅只有个人,还有家人。金融承载着个人的自由,也承载着对家人的责任和关怀。所以,在金融行业,"以情动人"是最重要表现方式之一,并且诞生了无数的感人至深的广告。

(一)永恒的父爱

在金融广告中,讴歌最多的便是永恒的父爱。这和男性在家庭生活中,更需要承担起生活的责任,给家人提供良好的生活保障有关。

案例:泰国感人广告

近年来,泰国的保险广告,经常在国际广告大奖上获得荣誉。而这几则泰国的广告,确实让人动容。广告向我们传达着浓浓的父爱以及人生的时间总是不够多的信息。

在《父亲的独白》篇中:父亲独自抚养儿子长大,在儿子成长的过程中,双方却充满了矛盾和冲突。父亲觉得儿子不务正业,成天玩音乐。儿子觉得父亲不理解自己。父亲将深深的爱埋在心底,不擅长表达。当他试着接受儿子,并打算去聆听儿子音乐会的时候,一切都太晚了。突如其来的车祸让一切都变得来不及了。整个广告片是父亲的独白:"我想多点时间,来告诉我的儿子,我爱他胜于全世界。我希望有更多的时间了解他,应该听听他的想法、多跟他说说话、听听他的歌。告诉他,对不起。就像我说的,我想要多点时间,完成遗憾的事。多关心他,更爱他。"在《父亲与婴儿》篇中,同样讲述了一个时间所剩不多的故事。整个广告片也是以一个产科医生的视角来独白来讲述的:"她拜托我一定要在那时间之前替她接生。我问她原因。她只说,所剩的时间不多了。产后才两个小时,她就跟宝宝离开病房。而他,将随时因脑癌离世。其实,他是在硬撑着跟癌症博斗。有时,我们不禁自问。我们为何生于今世。而今世我们又该做些什么?孩子终于及时躺在爸爸怀里。也许我们真正该问的是:我们为什么会在这里?"产科医生的独白配合广告画面,我们知道这是一个悲惨的故事,丈夫在和癌症抢时间,而宝宝也在和时间竞赛着,生与死,在这一刻交替。但爱,却从未消逝。画面的最后,是爸爸在生前对着录像机正在录着对未出生宝宝说的话:"孩子,爸爸拜托你好好照顾妈妈喔!一定要好好爱她。还要记得,我也爱你,爸爸真得好爱你。照顾好妈妈……"其他还有类似的《聋哑父亲》篇。

(二)对家的呵护和照顾

在金融广告中,不仅仅只有父亲。金融的背后,承载的是对整个家庭的责任和呵护。特别是对中国人而言,成功不仅仅是自己,还有整个家庭的兴衰。中国人对"家"总是呵护倍至。在保险业同质化的竞争中,泰康人寿凭着"一张保单保全家"成功出位。而在业内最为人津津乐道的,莫过于交通银行和贾樟柯的三度联手。

案例:交通银行和贾樟柯的"三度联手"

作为蜚声国际影坛的电影艺术大师,贾樟柯一直关注当代中国的真实风貌,执着以纪录片的形式诠释真实生活。正是这样一位坚持人文视角、与流行商业广告语言素无瓜葛的艺术电影导演,迄今已和交通银行合作了三部广告作品——交通银行100周年纪念广告片,财富管理主题形象片和财富管理综合篇。特别是后两支广告片,将巨大的艺术价值和浓浓的人文情怀结合起来。

在《财富主题形象》片中,贾樟柯重新定义了"财富的意义"——"我们知道,财富不仅是一个账户,更是一部独立宣言;不只是一部新车,更是一段新的旅程。财富不只是一套房子,更是一个家;不只是30年的资产,更是30年的友情。财富不只是和他环游世界,更是和他携手人生;不只是管理财富,更助你实现人生的价值。这就是百年来,我们坚持创新的动力。交通银行,你的财富管理银行。"

2011年,交通银行和贾樟柯第三次合作,推出了《财富管理综合》篇,广告选择了具有百年风貌的广东潮汕地区作为交通银行全新形象广告片的拍摄地。在那些历史悠久而又独具人文气息的老街、祖屋、古老祠堂、淳朴村民等影像中,一个三口之家两次返乡的温暖故事,揭示了财富管理对实现人生价值的重要作用。文案:"你需要的是给家人的稳妥的保障,是对美好生活的投入;你需要的是对家庭兴盛的传承,是实现拓展世界的梦想。交通银行,以综合化的财富管理能力助您实现人生价值。"短短一分钟的广告片,在展现中国人以家乡为精神归宿的独特思乡文化的同时,又巧妙地融入了交通银行涵盖保险、基金、证券、信托、租赁等业务的综合化、国际化财富管理能力。

事实上,在十二原型理论中,我们也会发现,"照顾者"正是保险、银行和财务规划等行业最常用的原型之一。

美林证券(Merrill Lynch)的一则广告里,有个可爱的小女孩,是女中音薇琪·哈特(Vichy Hart)和指挥家瓦雷·芮夫金(Valery Ryvkin)的女儿,广告引用了薇琪的一段话:"艺术并不是最稳定的职业,当你有了孩子之后,不安全感更是冲击着这个家。但逐渐的,莱拉(Leila,他们的财务顾问)教我们如何在这偶尔有些不稳定的艺术生活,与长期财务安全的必要之间,取得平衡,她花时间认识我们……了解什么对我们最重要……如果我们不在乎阿曼达(Amanda)的未来,我们就不会这么做。"在广告的正中间有几个关键大字,告诉我们:"阿曼达的需求是不容打折的。"

(三)打动人心的剧情故事

广告中有时候会演绎一个动人的故事。在视屏媒体越来越发达的今天,人们似乎很少有耐心去看完一段长文案。但是,文字的描述永远是直抵人心的。美国广告大师乔治·葛里宾为美国旅行者保险公司所作的保险广告,在今天看来,仍是动人十足。

案例:美国旅行者保险公司广告

文案:

当我28岁时,我认为今生今世我很可能不会结婚了。我的个子太高,双手及两条腿的不对头常常妨碍了我。衣服穿在我身上,也从来没有像穿到别位女郎身上那样好看。似乎绝不可能有一位护花使者会骑着了的白马来把我带去。

可是终于有一个男人陪伴我了。爱维莱特并不是你在16岁时想梦想的那种练达世故的情人,而是一位羞怯并拙笨的人,也会手足无措。

他看上了我不自知的优点。我才开始感觉到不虚此生。事实上我俩当时都是如此。很快的,我们互相融洽无间,我们如不在一起就有怅然若失的感觉。所以我们认为这可能就是小说上所写的那类爱情故事,以后我们就结婚了。

那是在4月中的一天,苹果树上的花盛开着,大地一片芬芳。那是近30年前的事了,自从那一天之后几乎每天都如此不变。

我不能相信已经过了这许多岁月,岁月载着爱维和我安静地度过,就像驾着独木舟行驶在平静的河中,你并感觉不到舟之移动。我们从来未曾去过欧洲,我们甚至还没去过加州。我认为我们并不需要去,因为家对我们已经是够大了。

我希望我们能生几个孩子,但是我们未能达成愿望。我很像圣经中的撒拉,只是上帝并未赏赐我以奇迹。也许上帝想我有了爱维莱特已经够了。

唉!爱维在两年前的四月中故去。安静地,含着微笑就和他生前一样,苹果树的花仍在盛开,大地仍然充满了甜蜜的气息。而我则怅然若失,欲哭无泪。当我弟弟来帮助我料理爱维的后事时,我发觉他是那么体贴关心我,就和他往常的所作所为一样。在银行中并没有给我存了很多钱,但有一张我余生全部生活费用的保险单。

就一个女人所诚心相爱的男人过世之后而论,我实在是和别位女人一样的心满意足了。

乔治·葛里宾自称这是他"写过的最好的广告"。这是一个没有标题的广告。据说,广告原来的标题是"寡妇",由于客户认为以"寡妇"作标题给人一种郁闷压抑的感觉而去掉了。广告上有一幅女人的照片,她看上去有60多岁,站在走廊上平静地仰望着月光,似乎在追忆一段往事……

(四)关于梦想和自由

对于很多人来说,储蓄和投资带来的财务自由的最大好处,就是金钱所带来的自我决定及支配感——有能力在想做的时候,做任何想做的事情。而这种在摆脱了金钱束缚下的自由,对生命的体验无疑是最吸引我们的。这也是金融广告中的常客。最经典的当然要属"万事达卡",当大部分信用卡只会告诉我们努力地消费吧,今天可以用明天的钱的时候。万事达卡却告诉我们物质是有价的,但体验却是无价的,消费是一种意义,而不仅仅是消费本身。

案例1:万事达卡——万事皆可达,唯有情无价

1997年,万事达卡推出棒球篇广告:伴随着父子俩看球的场景,旁白和字幕显示——"球票两张:28美元;两个热狗,两盒玉米花,两杯汽水:18美元。明星亲笔签名的棒球:45美元;与11岁儿子真正的交流:无价。"广告画面拍摄得温馨而富有感染力,而贯穿广告影片中间的核心讯息正是人与人之间的情感联系。这些日常购买的东西——门票,食物,亲笔签名的棒球等,广告将这些信息都组合起来:"有些东西是钱买不到的—其他钱能买到的东西交给万事达来办。"在万事达卡中国地区的广告中,则被翻译成更为精彩的两句话:"万事皆可达,唯有情无价。"

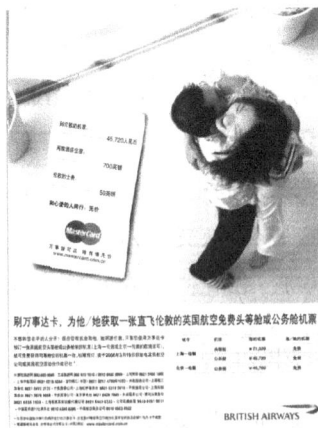

刷万事达卡,为他/她获取一张直飞伦敦的英国航空免费头等舱或公务舱机票

图 13 - 15

从此,万事达卡的"无价"系列广告做得一发不可收拾。例如有一支广告的内容是:"晚餐:37美元;付给阙克斯·玛席拉:2 416美元;50岁生日贺卡一张:1.95美元;豹纹薄纱女用睡衣:45美元;让爱人脸红心跳:无价。"所有的广告片都以一张标明价格的购物单或消费者收据开始,然后跟着是某样抽象的、不能够用钱买到的东西。(见图13-15)早期的"无价"系列广告显然是针对美国公众对越来越物质化的社会和也越来越物质化的人们而提出的。广告因此特别强调那些用钱买不到的东西。而这些无形的东西大多和各种人际关系有关,尤其是家庭关系,如为孩子读故事书、陪伴

孩子们欢快地玩耍等，这些才是人生中弥足珍贵、千金难买的东西。虽然金钱很重要，但万事达卡并不鼓励消费者随便花钱去购买不必要的东西。万事达卡只希望消费者在金钱与货物之间领会到更大的意义：那就是有信誉的信贷者不单是追求物质的生活，他们更想追求人性化的生活。

三、其他诉求手段

名人和事件，永远是广告创意的来源。金融广告中当然也不例外。不过，同样是名人策略或是事件营销，创意的高下之分却是立现可见。同时，金融往往给人比较冰冷的感觉，但是偶尔用用性感，也为金融广告增添了几分姿色。

（一）名人策略

名人策略，不仅仅指的是明星代言。在中国金融机构纷纷请明星做广告代言的时候，广告还能把名人调侃一把。当然，这种调侃往往也是出乎意料的。

Cenrraal Beheer 保险就曾经拿克林顿开涮了。在风格简易的博物馆中，一个年轻男子徜徉于非洲原始部落塑像展品间，他的目光停留于一个普通的小木偶身上，接着又转到木偶正对面一幅印有美国前总统克林顿的照片上。瞬间，画面又切换至克林顿在某处参加议会发言的情景，在木偶与总统影像的交替中，通过瞳孔的聚焦暗示观众这两者间似乎存在某种联系。随后，戏剧化的效果产生了：当年轻男子不慎将木偶原本举起的手碰落时，会场中的克林顿的手也不自觉跟着下摆；会场中的克林顿行为完全与被操控的木偶一致，举手、转身、跌倒……直到最后，被迫无奈的年轻人为了将木偶固定，把它狠狠扎了入钢签中。此时，画面中出现了字幕："只需拨打电话……"

这则广告画面充满诡异感，且采用真实的现场音效，用总统与木偶之间的奇妙对应，在适当的提示中留给观众足够的空间想象，一方面运用了名人效应，另一方面也在告示："总统也有不测，何况常人？怎能不保险？"

（二）借用事件

金融和国际国内大事总是相伴相行。比如，各大银行总会借奥运会、世界杯等重大赛事的机会推出相应的信用卡，交通银行和世博会的战略合作伙伴关系等。当然，广告中也经常会出现利用事件为背景进行推广的创意。

康联亚洲人寿保险曾利用香港回归的话题，以撒切尔夫人离开人民大会堂时，不

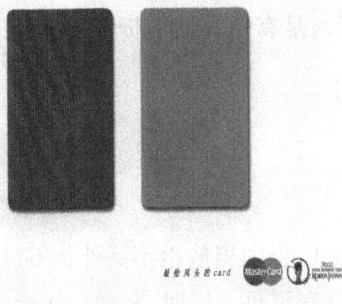

图 13‐16

慎从楼梯上跌倒的真实事件为背景做了一个广告创意。

万事达卡是 2002 年日韩世界杯的唯一指定信用卡。借用此事件,万事达做了一个《红牌黄牌》篇的平面广告(如图 13‐16)。此广告获得了中国第九届广告节铜奖。广告采用借势造势的策略,广告表现突破常规,发现品牌标识的色彩和足球赛事中上具有很强影响力的色彩——红色和黄色不谋而合。于是,万事达卡变成了最抢风头的卡。

(三)性感广告

信用卡的卡面文化一向比较吸引人关注。比如,有各种联名卡——龙卡汽车卡、龙卡银泰卡、招行瑞丽卡;有各种和事件相关的——民生银行世界杯卡、中行奥运卡;有根据人群来分的——建行 YOUNG 卡、广发女性卡。最近,建行还推出了"my love"的个性化定制卡——潮人们只需登录建行网站,轻点几下鼠标,就能按照自己的意愿设计卡面图案了。甚至还有不规则形卡片。不过,新加坡华侨银行的这个卡面,却让人大呼过瘾。

案例:新加坡华侨银行的性感广告

一向以理性著称的金融界终于要烧起"性感"这把烈火啦。在广告圈、影视圈、综艺圈等诸多圈大肆鼓吹"性感至上"主义如此多年之后,新加坡华侨银行(OCBC)果断出手,率领金融界蹚进 sex 的浑水,推出了一套以人体性感部位为画面的个性化信用卡——诱人的事业线、蛊惑的红唇……(如图 13‐17 至图 13‐19)完全打破以往的信用卡的设计。让人大开眼界。

图 13‐17

图 13‐18

图 13‐19

新加坡华侨银行,这次你赢了!单单是为了一条如此漂亮的事业线,人们都会毫不犹豫地选择使用贵行的信用卡的。

四、未来的金融广告

广告从来不是一成不变的,社会在变化,品牌也在不断地跟消费者实现新的沟通。未来的金融业将会是基于大量数据库分析基础上的个性化营销。广告中也必然会传达出针对更细分的目标消费者的个性化广告。同时,新媒体及社会化媒体的发展,也使得金融广告有了更深的和消费者沟通的渠道。当广告由单纯狭义上的"广告"概念扩展至"品牌沟通"概念时,我们会发现一个更加整合,更加精彩纷呈的品牌沟通世界。

(一)个性化的营销

金融产品面对的消费者需求各不相同。未来,"个性化的定制"将成为大势所趋。不少企业也有针对性地针对不同的人群推出个性化的产品。比如,中国民生银行太原分行曾经发行"小鬼当家"少儿成长账户,这在全国股份制银行中尚属首创。小鬼当家是针对孩子发行的一张银联卡,旨在从小培养少年儿童勤俭节约的好习惯,使其树立和培养正确的财富积累意识和投资理财等金融理念,记录少年儿童的成长过程并让他们学会节俭、学会管钱、学会理财、学会投资。而在金融行业,个性化营销最成功的案例当属台新银行玫瑰卡,其缔造了一个女性信用卡的神话。

案例:台新银行玫瑰卡——女性信用卡的神话

台新银行玫瑰卡 1995 年 7 月上市以来,在短短的一年半时间里突破了 10 万张的发卡量,台新银行因此成为台湾第三大发卡银行,而且玫瑰卡成功地区隔了信用卡市场,并以独特的诉求建立了玫瑰卡特别且令人注目的品牌个性,而一跃成为台湾女性信用卡的领导品牌。台新银行玫瑰卡的成功,可以归结为三点:

1. 成功的市场区隔及对女性心理和生活状态的把握

台新银行将目标对准了 25～35 岁的现代都市中那些自信十足的女性。

同时,台新银行对这些女性的心理和生活状态进行了分析,认为她们是一些这样的女人:喜欢煮咖啡、不喜欢煮饭;工作全力以赴,表现一流,男人开始习惯;渴望有女强人成熟,又渴望如小女人般受宠;热情、爱冒险,却又心思细密;喜欢出国旅游,会赚钱,也会花钱,高兴就好;有自己的生活品位,有自己的消费主张。

2. 广告概念的提炼

玫瑰卡第一阶段的定位是："最女人的信用卡"，清楚地表达玫瑰卡的属性。但真正让台新玫瑰卡成为经典广告的概念却是第二阶段的定位："认真的女人最美丽"。和"最女人的信用卡"相比，这个概念更加准确地把握了这一女性群体的个性，将其生活态度提炼出"认真"二字。玫瑰卡后期的一系列经典广告创意正是从这个概念出发，经久不息。

3. 广告创意

其后，台新银行推出了"认真的女人最美丽"系列广告。在 1996 年 4～5 月推出的《女医师篇》，1996 年 8～9 月推出的《天山农场篇》1997 年 7～8 月推出的《女摄影师篇》都传达一种属于女人的认真美丽。1998 年 5～6 月开始推出主题篇《三个认真的女子》，以三个都市女子为主轴，带出女人认真生活、工作的感性面，首创信用卡电视广告有主题歌曲；(见图 13-20)1999 年，玫瑰卡电视广告主题曲主唱人高慧君小姐推出专辑唱片，主打歌便是《认真的女人最美丽》。

图 13-20

这之后，"认真的女人最美丽"这一概念不断发酵为各种不同的创意，并延续至今，成为广告史上又一个经典的"big idea"。

（二）新媒体下的互动

银行的互联网化为金融品牌与互动营销搭建了一座桥梁。金融行业推广目标可分为两大类：一类是以品牌及产品宣传为主，另一类是业务拉动为主。可以说，金融行业对互联网的期望是"高而全"，不仅要做品牌建设、产品宣传，还要做

业务拉动、渠道延伸。以腾讯为例,目前腾讯与金融客户的主要合作方式有四种:

(1)常规推广。直接链接至客户官网,多为介绍相关产品与服务,无线广告在性价比方面表现突出,客户开始不断尝试。

(2)大事件营销。借助热点事件,打造品牌形象,如招行与世博的高端访谈节目《对话世博》的冠名赞助。

(3)互动活动合作。以主题活动的形式,吸引用户关注参与,通过互动环节传播产品或服务特点等信息。如信诚人寿的养老保险业务,以虚拟游戏让用户体验理财及养老保险的准备。

(4)平台产品合作。即利用腾讯丰富的增值产品及互动平台,与客户的产品相结合中,促进业务发展。如中信银行、招商银行与腾讯的联合卡发行等。

而从传播层面来看,互联网和新媒体的特性也使得金融行业可以考虑更有创造力的手段去和消费者进行沟通,包括创新的广告形式,也包括传播手段和方式上能突破硬广告的束缚。

典型案例评析

神州租车广告

神州租车(中国)有限公司成立于 2007 年 9 月,总部位于中国北京,是联想控股旗下的成员之一。2011 年 5 月,威汉传播集团赢得神州租车品牌推广及营销业务。其后,神州租车的第一阶段的广告创意出炉。威汉将神州租车精准定位在精力充沛、有一定财富积累的 25~35 岁的都市白领,推出"4 个 Any"的核心竞争策略。

"4 个 Any"即"Anyone"、"Anytime"、"Anywhere"、"Anycar"——无论何人、何时、何地、何车。神州租车都可以百分百的满足租车用户的需求。"4 个 Any"策略是神州租车的营销策略,也是体现整体核心竞争力的思路。

ANY ONE:(见图 13 - 21)让任何人(只需要满 18 岁,并有驾照)用普通的信用卡,就可以租车。不用现金抵押,不用担保,不用考核驾照年期等,大大降低了租车门槛。

ANY CAR:(见图 13 - 22)神州着重研究消费者车款选择习惯,准确订购消费者喜欢的车款,强化出租率。神州租车先后引进了凯迪拉克赛威、宝马 MINI、大众新甲壳虫、起亚速迈等个性化车型,深得众多年轻消费群体的喜爱。

图 13 - 21

图 13 - 22

ANY WHERE：（见图 13-23）利用过去 5 年积累的租车行为数据,加上对中国各城市租车需求的分析,神州租车制定出各个城市最优化的网点布局,全国 58 个城市,网点数量达 334 个,到哪里都可以租车。增加运营车辆,扩大运营规模是国内租车市场的首要工作,神州租车希望在未来 5 年,神州租车的车辆规模,能够突破 10 万台。

图 13 - 23

图 13 - 24

ANY TIME：（见图 13-24）同时,神州租车优化车队管理与内部体系,率先推出 24 小时营业服务,除了门店提供 24 小时服务外,其呼叫中心更是每年 365 天,每天 24 小时提供全方位的租车与其他支援服务。此外,通过进一步的流程管理优化,神州租车大大加快手续办理的时间,5 分钟可以马上出发,让消费者尽情享受租车出行的愉悦。

创意团队趁热打铁,以 300 多条不同内容的标语式广告成功占领广州地铁,全部线路都被一片黄色覆盖,在现场大量消费者将有趣的内容拍摄上传微博,自发形成了二次传播,而在后来的数月间,这样史上最黄攻势,一并覆盖北上广并逐步辐射全国。

经过 8 个月的营销战役,神州租车销售额提升 100%,品牌知名度提高 50%,品牌喜爱度提高 70%,品牌信赖度提高 70%,拨打服务热线的用户租车成功率超过 90%,

网上参与微博活动的用户超过 300 000。

该案例一举获得了 2011 年中国杰出营销奖。

2012 年,神州租车再度发招,正式发布代言人计划。同时宣布,张丰毅(见图 13-25)、陈冠希(见图 13-26)将共同担任神州租车的代言人,分别为神州租车的商务产品和休闲产品代言,创意广告也同期出炉。该代言计划一经公布,立即掀起了媒体和公众的广泛讨论,有积极支持的一面,也有异议的一面,来自各方的声音褒贬不一。实际上,对于神州租车代言人一事,最受争议的莫过于一直以来备受媒体关注的明星陈冠希。你又是怎么看的呢?

图 13-25

图 13-26

思考题

1. 结合行业背景、消费者心理行为等,请就神州租车的"4 个 Any"策略提出你的见解。

2. 你认为金融保险广告使用恐怖诉求时需注意哪些问题?

3. 金融保险行业请代言人能起到什么样的作用? 其在使用明星代言策略时需注意哪些问题?

4. 你认为金融保险业如何在产品同质化当中脱颖而出? 可以从哪些方面做好自身的定位?

5. 金融危机时代,金融保险企业如何做好广告?

6. 互联网和新媒体,将会给传统的金融保险广告带来什么样的改变?

研讨训练

1. 请同学们收集一下各个银行的信用卡,并进行讨论:

(1) 信用卡的卡面文化一般有哪些分类方法?

(2) 以某个银行的信用卡为例,请分析其是如何进行市场细分并进行相应推广的?

(3) 结合针对大学生的信用卡,说说这些信用卡的推广效果如何? 并分析其成功失败的原因所在。

2. 请阅读以下材料,

(1) 交通银行和贾樟柯的系列广告片

(2) 查阅相关的评价资料

讨论:

(1) 金融保险类企业如何处理好其企业形象和产品广告的关系?

(2) 你认为一个银行的形象关键点包括哪些?

(3) 同一个品牌的形象广告和产品广告需要形象统一吗? 如何统一?

补充阅读材料

1. 建设银行的形象重塑。

2. 招商银行的品牌建设。

3. 外资银行在中国目前的发展现状。

参考文献

[1] 2011 金融核心消费人群报告[R]. 中央财经大学金融品牌研究所.

[2] CBN 记者. 招行的对手和未来[J]. 第一财经周刊,2011(43).

[3] 2011 年中国金融核心消费者人群报告——媒介接触、生活形态与品牌驱动[R]. 中央财经大学金融品牌研究所.

[4] 邵华冬,安琪. 金融业转型流潮下的消费者年轻化趋势[J]. 广告人杂志,2011(9).

[5] 混业经营的先驱——中国平安[OL]. 理财有见地——温焯藩的博客,http://blog.sina.com.cn/s/blog_6ac358760100lj05.html.

[6] 2011 年 10 月份省级卫视电视广告投放费用排行榜[J]. 创意传播,2011(12).

[7] 品牌,金融企业的制胜之道[J]. 金融博览,2012(1).

[8] 2011 年中国品牌价值排行榜——金融业提升显著[J]. 中国品牌与防伪,2011(11).

[9] 彭钢. 拨开银行业广告的不知所"云"[J]. 现代广告,2012(3).

[10] 孟丽君. 交通银行:沉稳有时,时尚有时[J]. 现代广告,2010(6).

[11] 后金融危机时代,金融品牌抢占高地[J]. 现代广告,2010(16).

[12] 簏埙. 百年中行 百年辉煌[J]. 中国金融家,2011(10).

[13] 玛格丽特·马克,卡罗·S·皮尔森. 很久很久以前……以神话原型打造深植人心的品牌

　　[M].许晋福,戴至中,袁世佩,译.汕头：汕头大学出版社,2003.

[14] 金涛声,徐舟汉.中外广告精品探胜[M].北京：国际文化出版公司,1995.

[15] 李文龙,穆虹.实战广告案例[R].创意(第三辑).北京：中国人民大学出版社,2007.

[16] 广告门网站.http：//www.adquan.com/.

[17] 中国广告网.http：//www.cnad.com/.

第十四章　大象无形　厚积薄发

——企业形象广告

　　企业形象广告作为一项系统的、个性的、特质化的广告传播类型,已经成为塑造企业品牌形象力的制胜法宝,是实施企业形象战略的重要手段。进入21世纪,各类组织(商业企业、行业组织、公益组织、城市、甚至国家)陆续加入形象广告的战场,凭借形象广告来塑造组织形象,进而获取公众的青睐与优良的内外部发展环境,随之企业(组织)形象广告的发展日趋成熟。与商业广告相比,企业形象广告无论在功能、策划与创意定位方面都显示出自己的独特性。本章主要探讨企业形象广告的发展脉络、CIS与企业形象广告的关系、企业形象广告的特征、功能、类型与策划创意。

第一节　企业形象广告概说

　　美国现代广告大师大卫·奥格威、艾·里斯和杰·特劳特曾概括说:20世纪50年代是产品广告时代,其特点是宣传产品的特性;60年代是印象广告时代,其特点是塑造产品与企业的形象;70～80年代是定位广告时代,其特点是确定产品在市场中的位置以利于和其他企业的产品展开竞争。① 而进入90年代后,随着全球性、世界性市场经济的发展,企业间进入整体性竞争——企业形象竞争阶段,90年代的企业形象广告发展为一种划时代的、带有革命性的全新的广告形式。

---

① 陈培爱.广告策划原理与实务[M].北京:中央广播电视大学出版社,2007:230.

一、企业形象广告的发展历程

作为塑造企业形象最直接最有效的传播手法之一，企业形象广告在20世纪初已经诞生，到90年代进入成熟期，其发展过程与社会经济发展水平、传播发展水平、公众意识等有着密切的关系。

从20世纪开始，企业形象广告就进入了人们的视野。"企业广告"一词翻译于美国的"Institutional Advertising"或"Corporate Advertising"。企业广告的最初起源，可追溯到20世纪初，美国公关界通过广告等营销手法帮助洛克菲勒、宾夕法尼亚铁路公司、美国电话电报公司、美孚石油公司等企业解决形象危机问题。

20世纪30年代，"视觉型"美式CIS正式诞生；20世纪60年代以后，欧美国家企业导入CIS进入全盛期。20世纪60年代中期，大卫·奥格威提出了品牌形象论（Brand Image）的创意观念。20世纪70年代早期，艾尔·里斯与杰克·特劳特提出了定位（Positioning）理论。这为企业形象广告的发展提供了一定的组织形象理论指导与创意手法。

进入20世纪90年代后，企业间的竞争从产品力、营销力的竞争进入了形象力的竞争。消费者的价值观和消费方式也发生了重大变化。诸多营销传播理论的成熟应用，为企业形象广告的成熟提供了扎实的理论指导。系统论、控制论与信息论奠定了企业形象广告的理论基础；现代管理科学、经营科学与企业文化理论等构建了企业形象广告的一般性理论基础；现代公共关系学、现代传播学是企业形象广告最基础的应用性理论；而企业形象识别系统理论（CIS）则提供了企业形象广告应用性技术的理论基础。CIS对企业形象广告的影响是深刻的。90年代的CIS已不是单纯的美式视觉型CIS。重视理念、行为与视觉识别整体效果的文化型日式CIS已经诞生。日式CIS为企业的形象塑造、形象竞争、形象广告的创意与执行提供了更全面、系统的技术性指引。诸多因素的共同影响，让90年代的企业形象竞争具备了策略性、系统性、个性化特征。作为企业形象竞争的重要武器的企业形象广告，也于90年代发展为一种划时代的、带有革命性的全新的广告形式。企业形象广告不仅在广告策略、广告创意、广告表现、广告传播上有别具一格的发展，而且广告主的范围也大大扩大，各类组织都登上了形象广告的舞台，如公益类组织、行业组织、地区、城市等。2011年中国国家形象广告片在美国时报广场的屏幕、CNN等主流媒体、互联网上的推出，更宣告了中国也通过形象广告的渠道参与世界性竞争，中国进入了国家营销时代。"企业形象广告"的说法在今天已经变得狭隘,"组织形象广告"更能体现形象广告的发展。因此,本章探讨的企业形象广告同时意指组织形象广告。

二、企业形象广告与CIS

广告自其诞生起,就有商业广告与社会广告两大类别。于20世纪初伴随现代公关的诞生而源起的企业形象广告,随着它的不断发展、成熟,在CIS等技术性理论的支撑下,已经成为企业形象战略系统的重要组成,发展为既不同于商业广告、又不同于社会广告的一种独特的新型广告。

(一)CIS概说

CIS的一种解释是企业形象战略(Corporate Image Strategy);另一种解释是企业形象系统(Corporate Identity System),CIS也可以简称为CI。CI指通过现代策划设计理念结合企业管理系统理论的整体运作,把企业经营管理和企业精神文化传达给社会公众,从而达到塑造企业个性、显示企业精神,使社会公众对企业形象产生认同感,在市场竞争中谋取有利空间的整合系统的行为。CI通过改善组织体质、塑造和提升组织形象,达到凝聚人心、创造有利的生存环境的目的。CI是塑造组织形象的有力工具,通过专业的CI导入,可以为组织塑造出个性化的、统一的、易识别的形象。作为一项系统性的组织形象塑造系统,CI共包括三个子系统,即MI理念识别系统、VI视觉识别系统和BI行为识别系统。

1. MI 理念识别系统

MI(Mind Identity)理念识别系统是CI的核心,是企业形象的灵魂,统领整个CI系统,也是企业文化的最高层级——精神文化。MI要解决企业的三大理念内容,即目标系统、策略系统和价值系统。在具体内容上,MI又可以分为核心理念系统和应用理念系统(见图14-1)。

企业的核心理念系统包括企业使命、企业愿景、企业价值观和企业精神。核心理念解决了企业生存的几个关键问题,即我是谁? 我要做什么? 我要怎么做? 我要凭什么样的精神去做?

所谓企业使命,是企业的基本任务与宗旨,它解决了企业"我是谁"的问题。如:

● IBM——帮助全世界的个人和企业充分发挥他们最大的潜力。
● 宝洁——在现在和未来的世世代代确保每个人有更高的生活质量。

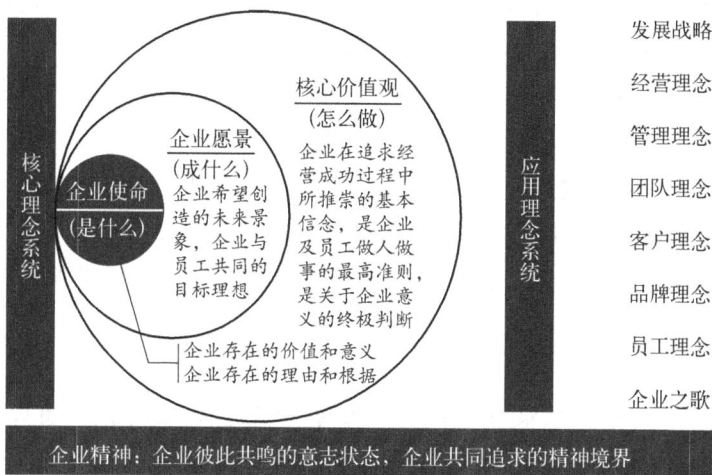

图 14 - 1

- 阿里巴巴——让天下没有难做的生意。

- 中国移动——创无限通信世界,做信息社会栋梁。

- 中国平安——对股东负责,资产增值,稳定回报;对客户负责,服务至上,诚信保障;对员工负责,生涯规划,安居乐业;对社会负责,回馈社会,建设国家。

- 安踏——将超越自我的体育精神融入每个人的生活。

所谓企业愿景,是企业规划的、由全体员工共同创造的企业未来,它解决了企业"我要做什么"的问题。当代成功的中外企业都描绘了一幅既符合自身特色又振奋人心的企业愿景:

- 微软——让每张桌面上和每个家庭里都有一台电脑。

- 波音——把世界带入喷气式时代。

- 阿里巴巴——建立一家持续发展 102 年的公司,成为全球最大的电子商务服务提供商,打造全球最佳雇主公司。

- 中国移动——成为卓越品质的创造者。

- 中国平安——以保险、银行、投资三大业务为支柱,谋求企业的长期、稳定、健康发展,为企业各利益相关方创造持续增长的价值,成为国际领先的综合金融服务集团和百年老店。

- 万科——成为中国房地产行业的领跑者。

所谓企业核心价值观,就是企业所信奉和倡导的核心的价值理念,是企业在追求

经营成功过程中所推崇的基本信念,它回答了企业"我该怎么做"的核心问题。当代成功的中外企业都精心提炼并打造了核心价值观:

- 沃尔玛——尊重个人卓越。
- 通用——坚持诚信、注重业绩、渴望变革。
- 惠普——热忱对待客户、信任和尊重个人、追求卓越的成就和贡献、注重速度和灵活性、专注有意义的创新、靠团队精神达到共同目标、坚持诚实与正直。
- 阿里巴巴——客户第一、团队合作、拥抱变化、激情、诚信、敬业(简称为"六脉神剑")。
- 中国移动——正德厚生,臻于至善。
- 华为——成就客户、艰苦奋斗、自我批判、开放进取、至诚守信、团队合作。
- 海尔——真诚到永远!

所谓企业精神,是现代意识和企业个性相结合的一种群体意识,是企业家所倡导和体现的一种追求,是企业全体或多数员工共同一致、彼此共鸣的意志状态和思想境界。企业精神解决了企业"我要凭什么样的精神去做?"的问题。当代成功的中外企业对企业精神都做了精要的界定:

- 松下——生产报国,光明正大,团结一致,力争上游,文明礼貌,顺应潮流,报恩报德。
- 同仁堂——同修仁德,济世养生。
- 七匹狼——挑战人生,永不回头。

企业的应用理念系统是在企业核心理念系统基础上形成的企业价值理念体系,是企业在各种不同的领域或层面问题上所倡导和信奉、并用来指导此领域问题的价值理念。企业理念是实现企业经营管理的重要思想保障,是企业全体员工奋斗创业的精神支柱,是企业形象的文化内涵。因此,企业理念建设应该涉及企业经营、管理、团队建设的方方面面,成为企业日常运作的指导思想。包括所谓经营理念、管理理念、团队理念等。

2. VI 视觉识别系统

VI(Visual Identity)视觉识别系统是 CI 的形象面,它通过一系列静态的识别符号来传达企业核心理念,形成一个整合、统一而又有个性的视觉形象,它项目最多,层面最广,塑造企业形象的效果最直接。在具体内容上,VI 又可以分为基本视觉系统和应用视觉系统(见图 14-2)。

企业的基本视觉系统是 VI 的核心和基本元素。基本视觉系统又以标志、标准字和标准色为其核心,称为 VI 的三大核心。整个 VI 视觉系统完全建立在其三大核心所构成的基础之上。而标志又是核心中的核心,它是促发和形成所有视觉要素的主导力量。任何企业的 VI 视觉系统都通过上述三大元素形成自己鲜明的视觉形象。如一提到可口可乐公司,人们脑海里就会浮现由品牌名称"COCACOLA"的字体设计所构成的瓶型标志以及那诱人的红色标准色。

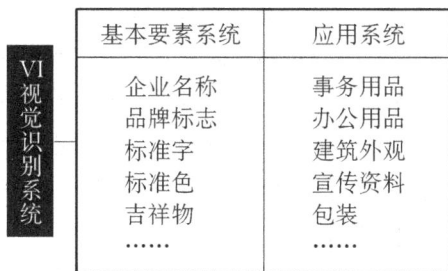

图 14-2

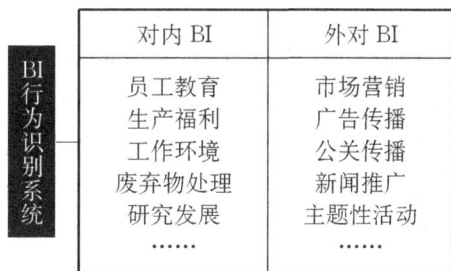

图 14-3

企业的应用视觉系统是 VI 的扩展和延伸,是对基本设计元素的应用,是整个企业形象的传播媒介。公众可以从企业的办公用品、空间环境、礼品、员工服饰、交通用具以及宣传用品等要素上感知到企业形象的统一性与个性,进而在脑海中留下关于该企业的鲜明印象。

3. BI 行为识别系统

BI(Behavior Identity)行为识别系统是一种动态的识别系统,是 CI 的执行面,涉及企业经营管理的各个领域,它通过调整、完善企业对内对外的一切活动,使其规范化、契约化,充分体现企业理念。在具体构成上,BI 又分为对内 BI 和对外 BI(见图14-3)。

企业的 BI 行为都会围绕 MI 的核心展开。譬如,宝洁的企业使命是"在现在和未来的世世代代确保每个人有更高的生活质量",它的企业责任之一就是"我们着眼显著的改善,力求在产品和运营等方面减少环境足迹,开展一系列公益活动,回报社会"。因此,宝洁不仅把环境保护政策贯穿每一个项目,把可持续发展的原则落实到日常工作中,少打印一张纸,少用一个纸杯,为环境添"绿",而且对外开展了系列公益活动,如 2005 年,宝洁正式确定其全球公益活动的关注点为帮助 0~13 岁需要帮助的孩子"生活、学习、成长",支持希望工程、致力健康教育、提供安全饮用水、倡导品牌公益等。系列对内对外活动的整合,很好地体现了宝洁的企业使命,在目标公众心目中塑造了组织良好的企业形象。

可见,CI是一项非常有效的企业形象塑造手法,它以MI为核心,通过MI、VI与BI的统筹合力,为企业塑造了一个独特富有个性的鲜明形象。而企业形象广告,作为企业形象战的重要组成,与CI有着密切关系。

(二)企业形象广告概说

(1)企业形象广告属于企业形象战略系统的重要组成,它以塑造企业形象、提高企业品牌价值为目的,配合CI战略的导入,而对企业的理念以及企业的行为、视觉识别系统的整合传播。它侧重于表现企业的人才、资金、技术、产品、管理、服务等整体形象的长期性宣传,而不是一时的、局部的产品宣传。通过同内外公众进行深层次交流,向公众展示企业实力、社会责任感和使命感,引起公众对企业的关注、兴趣、好感和信赖,增强企业的知名度和美誉度,为企业创造良性的生存环境。

(2)企业形象广告不是商业广告,它不是以商品或服务为诉求重点,也不是以促进销售为直接目的,而是通过对企业美誉度的提升,为企业营造良好的生存环境为首要目的。当然,成功的企业形象广告,其最终功能之一也是提升公众对商品的信任。

(3)企业形象广告也不同于社会公益广告。企业形象广告有明显的塑造企业形象的目的,具有很强的功利色彩,而不是单纯地传播某种信息。当然,企业形象广告中的"倡导"或者"事件倡导"的形象广告类似于社会公益广告。只是,"事件倡导"型企业形象广告的主体是企业,企业虽然不直接宣传自己,但在公益主题的选择上会宣传与其经营有间接关联的事件或目标,通过一种"事件"倡导,把公司的价值观与某种社会主流价值观相连接,塑造企业负责、公益的组织形象,如能源公司形象广告倡导低碳主题、医药保健品企业形象广告关注人类健康等。

(4)企业形象广告和CI关系密切。首先,企业形象广告的主题(包括系列型的广告)要传达MI的内容。细化到其标题、文案、广告口号,都要围绕MI展开。其次,企业形象广告的视觉元素要符合VI的设计风格,而VI的三大核心元素即标志LOGO、标准字、标准色都要在广告中加以体现。最后,企业形象广告实际上属于BI的对外宣传范畴,本身就是CI的组成要素,要受到CI的总体关照,是利用广告形式对CI塑造出来的企业形象的大众传播。企业导入CI只是完成了形象塑造的万里长征第一步,只有经过后期长时间的CI渗透和执行,才能把CI塑造的企业形象建立起来,而企业形象广告就是CI渗透、执行的一种手法。

综合上述分析,可以发现企业形象广告是一种独特的、具有鲜明个性的广告类型。

第二节　企业形象广告的特征、
功能和类型

企业形象广告的发展与成熟,形成了别具一格的特征,而且赋予企业营销更丰富的手法,显示出了独特的功能与自成一体的类型。

一、企业形象广告的特征

(一) 系统性构建企业形象

企业形象是企业公众对企业的总体印象和评价。不同类型的公众,接触企业的信息渠道是不一样的,如消费者公众通过产品接触,政府公众通过企业的经营行为接触,社区公众通过企业的社区活动接触,媒体公众通过企业的新闻信息接触,内部公众通过对企业内部的经营管理接触。因此,企业要想在内外部公众心目中树立良好的形象,必须在 CI 的统筹观照下,通过广告等信息渠道系统性地传达企业信息,让企业的形象系统在主要方向上达成一致、统一,从而形成富有个性的形象。系统性构建企业形象是企业形象广告的首要特征。例如,太阳神集团于 1987 年推出的企业形象广告片,就通过在广告中采用企业歌曲、企业 LOGO、中英文标准字体、标准色等 CI 元素,系统性地构建了太阳神集团"我们的爱天长地久"的企业形象。

(二) 本质性传达企业形象

MI 理念系统是企业形象的核心。任何企业(不管有没有导入 CI)都有其自身的管理哲学、价值观、信仰等,这是企业的灵魂,决定了企业的视觉识别系统和行为识别系统,是构建企业形象的最核心要素。企业形象广告必须是企业 MI 理念的本质性体现。我们可以发现,所有的企业形象广告,都会以企业理念作为广告的核心创意点和表现元素。如平安保险公司在北京平安大街投放的三组候车亭广告,通过采用象征长寿多福的葫芦图、象征平和吉祥的祥云图、象征平安如意的长命锁图三幅图画,传达出"仁者爱人"、"平安如意"的企业理念。

（三）特质性表现企业形象

企业之间的形象竞争,最关键在于形象是否具有个性。企业形象广告从本质上说更应该塑造企业形象特质。这种特质可以是企业整体性的特质,也可以是局部性的,如企业的人员特质、产品特质、外观特质等。如农夫山泉公司,就是从开发销售农夫山泉、首次提出"天然矿泉水"概念起家并发展壮大的一家企业,虽然该公司目前有维他命水、东方树叶、尖叫、农夫果园、水溶C100和农夫山泉系列产品品牌,但其企业形象广告往往和农夫山泉这一产品品牌结合,凸显公司"为生命健康提供产品与服务"的企业使命。

（四）优势性刻画企业形象

企业形象的塑造本质上是其特质性形象的塑造,而这种特质应该是具有优势性。也就是通过形象广告传达企业相较于竞争对手的优势性特质,在公众心智中刻画下企业的优势性定位,形成企业的美誉度,进而获得公众的好感与信赖。譬如,中国建设银行作为国有四大银行之一,推出了"金融IC卡芯时代"篇广告,该广告通过诠释"建行第一张支付凭证"、"建行第一本存折"、"建行第一张银行卡"到"建行第一张金融IC卡",很好塑造了建行在IC卡方面的优势,在公众心目中设置了清晰而独特的"引领中国金融IC卡'芯'时代"的企业实力形象。

（五）文化性诉求企业形象

企业形象广告在创意上有一个很大的共同点,就是广告主题不仅体现以企业MI理念为核心的企业文化,而且,广告在创意表现上往往高屋建瓴,意境深远,与民族文化、时代主流文化相结合。广告通过"动之以情"的画面与公众感性沟通,广告信息很容易进入公众的"感情漩涡",在一步步诱惑公众心智认同的同时,最终把企业形象烙印在公众心目中,而且这种企业形象是一种"大我"的形象,是一种胸怀天下负责任的企业公民形象。如可口可乐公司进入中国后,推出了系列本土化广告。2012年伦敦奥运会期间,可口可乐针对中国区推出了"中国节拍"篇形象广告,广告中,可口可乐用更加真实和平常的细节,展示运动员的内心独白,唤起公众对他们的理解,并为远在伦敦比赛的奥运健儿加油,进而塑造可口可乐对人性的理解及其支持中国体育事业的企业形象。

（六）长期性积淀企业形象

企业形象的构建,是长期系统性的信息整合传播和积淀的结果。企业形象广告需要一个高瞻远瞩的长期性的战略性的创意投放安排,通过系列广告实现企业形象的有效传达和构建。系列企业形象广告的主题既要核心围绕企业文化,打造个性化的企业形象,而且要适当应用流行话语、跟踪社会热点,实现企业形象的灵动化。如 2008 年汶川地震,很多企业都投放了参与抗震救灾的形象广告;奥运期间,更是各大企业通过捆绑热点事件广告实现形象传播的大好机会。如宝洁在 2012 年伦敦奥运期间,在中国投放的所有产品广告的最后,画面都会定格在宝洁标志、奥林匹克五环标志、"奥林匹克全球合作伙伴"字样及"宝洁为母亲喝彩"的广告语。这是系列典型的混合型企业形象广告,既实现了通过产品品牌传播企业形象、通过支持奥运塑造企业实力形象,更实现了通过号召人们关注奥运冠军身后都有一位伟大的母亲,传达宝洁"在全世界更多的地方,更全面的亲近和美化更多消费者的生活"的企业宗旨。

二、企业形象广告的功能

企业形象广告作为塑造企业形象的有效手段,主要为了达到(企业)品牌认知和(企业)品牌态度两大目标。前者是通过广告扩大企业的知名度,在公众心目中确立一个形象位置;后者是通过广告提升企业美誉度,实现公众对企业的好感、信任直至行为,营造良好的企业发展环境。企业形象广告在达到上述两大目标的前提下,会产生下列三大具体功能:

（一）塑造独特的企业形象

企业形象战略的核心是 CI 系统的导入及其执行与渗透。企业形象的塑造是企业信息传递沟通的结果。任何与企业有关的信息,都是构建企业形象的媒介,如企业的产品、人员、新闻、促销、公关活动、广告等。而企业形象广告是构建企业形象最有效最直接可以自我控制的手法。它有效执行 CI,整合企业相关优势信息,深度传达企业文化,塑造企业个性形象。通过系统性、长期性、策略性的企业形象广告投放,最终会在企业公众心目中投射下独树一帜、正面的企业形象,提升企业的形象竞争力。

（二）优化企业生存发展环境

任何组织都生存在一定的环境中，如果没有良好的环境，组织就难以生存发展。而经过企业形象广告的长期系统性塑造，企业获得了形象的提升，其生存环境也会获得优化。

对于内部环境而言，企业对外的形象宣传，对内部公众来说就是企业向社会做的承诺，这种承袭企业文化的承诺，不仅是对企业理念的一种外化传播，更是对企业内部公众的一种动员、激励和鞭策，增强内部公众的凝聚力、向心力和战斗力。

对于外部环境而言，诸多外部公众通过广告认识到这家企业是一家负责任有实力的企业，他们的好感与信任，会促使诸多社会资源流向这家企业，譬如政府会在政策上的倾斜，金融机构在资金上给予便利，媒体在报道上给予的支持，顾客会给予实际消费甚至忠诚消费的回报，大量优秀的人才集聚到企业的旗帜下。

（三）获得投资回报

虽然企业形象广告的直接目的是获得企业形象的提升与优化，短期内不会有明显的经济回报，但从长远来看，企业形象广告能带来一定的"投资回报"。

首先，积累企业品牌的无形资产。通过长期的系统性的企业形象广告的投放，企业在公众心目中建立了独树一帜的形象，并获得了知名度和美誉度，这种企业形象的提升和对公众心智的占位，会使企业获得品牌效应。企业品牌价值的长期积淀就会带来溢价。当今国际上的知名企业都具有雄厚的企业品牌无形资产，这又进一步提升了企业的竞争力与生命力。

其次，为产品（服务）背书。企业形象广告不仅可以促进企业良好形象的形成，而且会进一步为企业产品（服务）背书，除了可以提升现有产品（服务）的市场竞争力，还会为企业推出的新产品（服务）提供先天的竞争优势，这就无形中提高了产品（服务）的销售量。这也是为什么越来越多的具有良好形象的企业，在其产品广告中会强调"××企业出品"或产品广告最终定格在企业CI相关元素上的原因了。

再次，提高企业的股值。激烈的竞争，使资金成为企业竞争的核心武器之一。诸多企业纷纷上市以对民间资本进行跑马圈地。而对于那些上市企业而言，成功的企业形象广告会让其获得意想不到的投资回报。尼费尔德（Niefeld）对460家美国大公司进行的一项划时代的研究估计，企业形象广告可使公司的股票价格比不做广告时平均提高 4%。按照股票价格的平均值计算,回报率为 33∶1。① 例如,一家上市公司在一年内花了 100 万的企业形象广告费,其在股价上会获得 3 300 万的回报。

三、企业形象广告的类型

1. 企业理念广告

企业理念广告,特指以企业使命观、企业价值观、企业愿景、企业精神等企业核心理念与应用理念为主体诉求的广告。譬如中国太平保险公司的"心中的树"篇形象广告,就通过展现人生不同阶段对安定生活的追求,很好演绎了中国太平"诚信、专业、价值"的核心价值观和"创造富裕的安宁生活"的公司使命。

2. 企业实力广告

较成功的企业经过一段时间的发展,都会形成各自的核心竞争力。企业实力广告,就是用广告形式向公众展示企业在生产、技术、团队、研发、规模、资金等方面的实力,通过实力展示界定企业在业界的地位,促进公众对企业实态的认知,塑造企业的实力形象,进而提升公众对企业的好感与信赖。譬如成龙为主角的格力形象广告片,通过成龙与一群天真无邪的孩子在蓝天下草原上游玩的亲情演绎,不仅传达了格力关注低碳减排的企业理念,而且通过巧妙展示格力的相关核心技术,塑造了格力在制冷行业"掌握核心科技"的企业实力。

3. 社会责任广告

作为企业公民,任何企业都属于社会一分子,需要肩负一定的责任。导入 CI 的企业,都会明确企业的使命,或是经济使命、社会使命,或是技术使命,有些企业在不同的发展阶段因社会环境的变化,会在使命观上不断成熟与丰富。我们此处所指的社会责任广告的"责任",是对企业使命观的扩展,特指企业关注社会公共事业和公益事业的特质,企业这种热心公益的性格是企业使命观与价值观的表现,而展现企业这类特质的广告就属于社会责任广告。

如企业赞助奥运会的广告;企业倡导低碳环保的广告;企业关注校车交通事故、食品安全的广告;企业关注民族进步、技术进步的广告等。

---

① ［澳］约翰・R.．［美］拉里・珀西.广告沟通与促销管理［M］.康蓉,等译.北京:中国人民大学出版社,2004:435.

4. 形象危机公关广告

不管什么企业,在其生命周期内都会因自身原因、行业原因或其他外界原因,导致企业的经营管理发生重大失误。这类失误信息一旦被公众得知,就会损坏公众心目中的企业形象,甚至彻底否定企业形象,于是,企业就面临着严峻的形象危机。为了挽回企业形象而发布的广告,就属于形象危机公关广告。最近几年,随着公众权益意识、健康意识的增强,加上媒体对公共健康安全的关注和信息渠道的丰盈,企业的经营管理在很大程度上处于公众的监管下,企业一旦有损害公众利益的事情发生,就会在一夜间引起舆论的抨击。譬如王老吉的夏枯草事件、丰田汽车召回门事件、双汇瘦肉精事件等等。为了消减负面信息对企业形象的影响,企业除了开展危机公关外,往往会借助广告的形式通过道歉、摆事实、提供解决方案、回顾企业优秀历史等广告诉求,以挽回受损的企业形象。

除了上述四大企业形象广告类型外,还有企业活动广告、祝贺广告、记事广告等类型。

企业活动广告指企业值重大活动之际,如周年庆、股票上市、征集标志口号等企业发布的广告,该类型广告旨在创造声势,扩大企业影响。

祝贺广告指企业向社会公众表达感谢、问候和祝贺的广告,如每逢佳节,企业借广告向社区公众致以节日的问候;开拓新市场,企业向当地公众表示谢意;公共设施落成,通过广告表达企业对公共事件的关注;国家有重大的喜庆事件发生,通过广告表达企业与社会的心有灵犀。以情动人,以情结缘,以情取胜,是祝贺广告的真谛。

记事广告亦称软新闻广告。这种广告经常以新闻报道、专题报道、报告文学等形式出现。其内容一般是企业历史、企业发展、企业重要人物事迹等。该广告的笔调是记叙性的,虽表面是对企业事迹的娓娓阐述,实际是企业的形象广告。

第三节　企业形象广告的策划创意

作为塑造企业形象竞争力的重要手段,企业形象广告要实现其功能,最终还要通过有效的策划创意实现。作为不同于商业广告的一种新型广告,企业形象广告在其策划创意上也具有独特的地方。

一、企业形象广告的策划原则

企业一旦决定借助企业形象广告来塑造企业形象,那么,首当其冲的就是要注重广告策划问题。企业形象广告在策划方面需要遵循下列几点原则：

（一）系统性原则

企业形象广告与商业广告一个很大的区别，就是它一方面属于企业形象战略系统中的一个子系统，另一方面又属于企业 CI 系统里 BI 行为识别系统的一部分，因此，企业形象广告策划首先就要遵循系统性原则。它不能脱离企业已有的形象战略天马行空地自行创意，而要根据企业原有的形象定位与 CI 系统进行针对性的策划，去很好地传达企业已设定的虚态形象，也就是子系统的运行要在总系统的规制下进行。

（二）持久性原则

企业的目标公众是众多的，人们接受一种新事物、形成一种新观念需要时间的累积与信息的反复灌输，加上当今信息超载的传播环境下，信息传播易受到其他信息的干扰，因此，企业无法通过一则广告一段时间的投放就能在公众心智中确立企业形象，因此，企业形象广告策划要具备持久战意识，不能过分急功近利追求即时效果。

（三）个性化原则

企业形象的塑造首先讲究"个性化"，没有个性的企业形象就是失败的形象。企业在谋划形象战略系统、导入 CI 时，已经经过科学严谨的形象调研与策划，给企业描画了一个独特的形象。企业形象广告作为通过信息传播在公众心目中塑造企业形象的重要手段，一定要注意广告策划要集中体现企业形象的个性化，也就是要表现企业与众不同的优势、理念、行为等。作为企业形象广告的策划者，只有深谙企业形象战略系统中的"个性化"，才能切中成功的企业形象广告的命脉。

（四）超然性原则

企业形象广告的首要功能是文化功能，就是把企业内在的独特的文化传递给公众，因此，企业形象广告策划不能像产品广告那样追求经济功能，而要具有超商业意识。这种超然性原则，一方面要求企业形象广告在主题策划上立意要高远，要表现企业胸怀天下、立于时代潮流、勇于担当企业公民责任义务的气度与使命感；另一方面，在广告表现手法策划上，要注意广告元素的选择要把企业文化与民族文化、时代文化巧妙结合，以情动人，以此更好地贴近公众柔软的心，获得最高值的印象分，谋求企业更佳的形象。

（五）变通性原则

由于企业形象广告策划要执行系统性、持久性、个性化原则,就在一定程度上要求系列企业形象广告在形象风格上大体保持一致,不可频繁变更,以期塑造统一集中个性化稳定的企业形象,这是企业形象广告策划"通"的原则。但另一方面,过于一致不变,广告会失去表现的灵动性,公众会有审美疲劳。而且,随着企业的发展,企业文化也会相应变化,企业形象战略系统也会做相应的调整,另一方面,在企业同一个发展阶段,企业形象广告也要注意适当的"变",在广告主题、视觉元素、传播方式、媒介选择、投放频率方面做出适当变化,以适应环境的变化与公众信息需求心理的变化。当然,这种"变"是要紧紧围绕企业核心理念与形象个性基础上的"适度"的变,是对企业形象的丰盈,如果变得"过度"就会破坏已经树立起来的企业形象。

二、企业形象广告的创意定位

企业形象广告定位就是企业在进行广告宣传活动中,在广告的创意与信息表达上保持企业形象信息的一致性,从而促使公众形成对企业形象的认知。从本质上讲,企业形象广告定位就是在公众心目中找到并占据某一特殊的位置,以促使公众在思想行为上产生有利于企业发展的倾向性。

具体来说,企业形象广告有下列几种创意定位方法:

（一）企业理念识别定位法

企业理念识别定位法是以企业理念为核心话语的广告定位法。企业理念是建构企业个性的核心要素。因为企业理念涉及企业精神层面,所以企业理念识别定位法又称为企业深层形象定位法。企业理念识别定位法就是根据客观的环境因素、企业状态与公众心理,选择能突出企业个性形象特征的若干理念进行演绎定位。

企业理念识别定位法又有下面几种企业理念演绎法:

1. 纯粹演绎法

即广告全案是对企业理念的直接演绎。这类广告定位,强调如何运用独特的表现手法把企业理念直接而深刻地传达给公众。如红塔集团的"山高人为峰"企业形象广告就是纯粹的企业理念定位法。红塔集团的企业精神为"山高人为峰",该精神寄托了红塔集团的价值追求和精神境界;红塔集团的企业愿景是"受尊重的企业公民";

红塔集团的战略目标是"国际跨越"。红塔集团推出的"山高人为峰"篇企业形象广告,通过蓝天白云高耸入云的山峰、"努力打造世界领先品牌"的文字、"山高人为峰,红塔集团"的画外音,巧妙地演绎并传达了上述企业理念。

2. 迂回演绎法

即广告没有直接表现企业某理念,但却巧妙而含蓄地传达了企业理念。这类广告定位,强调的是如何巧妙地演绎企业理念。如上述的红塔集团形象广告,对于企业精神是纯粹演绎,而对企业战略目标与愿景,却是迂回演绎。又如华数集团的企业形象广告就是典型的迂回演绎法。华数集团的企业愿景是"华数致力于成为中国数字化发展的先锋,在世界数字化的舞台上争创一流。同时,华数致力于成为一个有品质的企业——有文化内涵、有内在精神、具有社会责任感,从而使华数成为一个令世人仰慕的百年企业。"华数的企业基因是"对成功的渴望、对目标的坚持、对发展的创新、对过程的执着,造就了华数强壮的基因。"华数的企业精神是"创新、执着、精致、和谐。"华数集团的企业形象广告没有直接表白华数的上述理念,却通过数字化环境下,华数给人们家庭生活、工作、出游、毕业典礼等工作生活增添的精彩,及"沟通城市,连接世界,令无限创想,成为可能。华数,由你更精彩"的广告主旨,迂回地演绎华数的企业理念。

3. 混合演绎法

即在其他类型的广告中介入企业理念。这类广告的重点强调的是其他企业信息,企业理念作为画龙点睛的元素。在一定程度上,后文讲述的企业行为识别定位法和企业视觉识别定位法都属于混合演绎理念法。因为在 CI 系统里,企业行为系统与视觉系统在本质上都需要传达企业理念,而由这两类方法创作的广告,往往离不开对企业理念元素的应用。当然,我们这里要重点探讨的是在商业广告中介入企业理念信息的广告。目前这类广告非常流行。很多产品(服务)广告中,都会在广告元素中增加企业理念信息。如联合利华的产品广告中的"有家就有联合利华";中智药业产品广告中的"中智药业,智造健康生活";中国移动服务广告中的"中国移动,移动信息专家";中国一汽产品广告中的"中国一汽,品质、技术、创新"等。

（二）企业行为识别定位法

企业行为识别定位法是以企业行为为核心话语的广告定位法。因为企业行为涉及企业经营管理的活动层面,所以企业行为识别定位法又称为企业表层形象定位法。

企业行为识别定位法对企业行为的演绎会有下面几种方式:

1. 演绎企业实力

即展现企业在生产管理、科技研发等领域的实力。如格力集团的企业形象广告强化其在制冷行业中"掌握核心科技";海尔集团形象广告通过展现其来自全球各地的技术专家严谨打造产品质量来传达其技术实力与规模实力等。

2. 演绎企业重大活动

即以能展现企业形象的企业重大活动作为广告的重要元素。如企业的周年庆典因为是企业发展历程中的重要节点与里程碑,企业不仅要举办系列的周年庆典活动,而且会推出以周年为题材的企业形象广告。2012 年是中国银行建行 100 周年,中国银行不仅开展了系列隆重的对内对外活动,而且推出了"百年中行"篇企业形象广告,该广告以百年庆典为契机,通过展现男主人公穿越历史、感受中行百年发展史中的关键节点的各个画面,很好地打造了中行"百年中行,全球服务"的企业形象。

3. 演绎企业的社会公益

即通过展现企业开展的一些公益活动来塑造其关心社会、热衷公益、勇担责任的企业形象。现在几乎所有重视企业形象的企业都会开展公益活动,而公益活动也自然成为企业形象广告创意定位很好的元素。如味全集团就推出了"随手拔插头"、"随手关电脑"以减少碳排放拯救地球的企鹅篇与北极熊篇系列公益形象广告;农夫山泉推出了开展"阳光工程"的公益形象广告等,很好地展现了企业敢担社会责任的形象。

(三) 企业视觉识别定位法

企业视觉识别定位法是以企业视觉形象为核心话语的广告定位法。因为企业视觉涉及企业的外观形象层面,所以企业视觉识别定位法又称为企业表层形象定位法。企业视觉识别定位法就是根据客观的环境因素、企业状态与公众心理,选择能突出企业个性形象特征的若干视觉要素进行演绎定位。

企业视觉识别定位法对企业视觉要素的演绎会有下面几种方式:

1. 直接演绎法

即广告画面是纯粹的企业视觉要素。譬如一些企业形象广告就是以企业 LOGO、标准字体作为唯一的广告表现元素,虽然这类广告缺少些创意,但视觉冲击力却很强,容易强化公众对企业基本视觉要素的记忆。又如,一些企业形象广告以企业的应用视觉要素如空间环境、办公场所、人员风貌作为广告表现元素,塑造企业独特而综合的视觉形象。

2. 强化演绎法

即对某项企业视觉元素做特殊强化处理。这类企业形象广告一般会选择基本视觉要素作为广告表现元素。如把企业吉祥物做拟人化处理,让吉祥物成为广告中的主角就是一种常用手法,米其林企业形象广告就是一个典型。在米其林所有的广告里,企业吉祥物轮胎先生都是广告中的主角,通过轮胎先生保护汽车轮胎的强大能力,塑造米其林企业"引领进步之道"的企业形象。

3. 混合演绎法

即在其他类型的广告中介入企业视觉元素。这类广告的重点强调的是企业其他信息,企业视觉元素只是作为强化企业形象记忆度的元素。可以说,只要企业导入了 CI 系统,设计了 VI 视觉识别系统,那么,该企业所有的广告都会出现企业的基本视觉要素,特别是标志 LOGO、标准字、标准色三大核心视觉要素,这已经成为广告策划的基本规范。

以上就是企业形象广告创意定位的基本方法。不管采用何种定位创意法,都要以企业形象战略系统为出发点,以塑造一个独特、系统而持久的企业形象为落脚点。

典型案例评析

中脉集团企业形象广告评析

中脉科技集团是一家以健康生态养生产品为主导,以老年养老服务等多元化发展的大型高科技现代化企业集团。集团的核心价值观为"共创与共享";集团愿景为"成为最受尊敬的健康产业企业";集团使命观为"让更多的人健康,让更多的人快乐";集团经营理念为"诚信、关爱、责任、合作、发展";集团的形象战略系统是要确立"用心的家庭健康专家"的企业形象。

那么,如何通过形象广告来塑造集团形象呢?

中脉集团于 2004 年推出了系列集团形象广告,即王一民篇、王莘农篇、周火生篇、阮永兰篇与郭采如篇,通过对 5 位健康明星老人与众不同的晚年健康快乐生活的展示,很好演绎了企业的核心价值观与使命观,塑造了中脉集团"用心的家庭健康专家"的企业形象(见图 14-4~图 14-8):

〖王一民篇〗广告讲述了 76 岁的王一民老人带 102 岁老母亲骑三轮车旅游全中国的感人故事。广告画面是王一民骑三轮车在不同城市穿梭的场景,同时配上王一民的现身说法:"往返三万多公里,已经从海南回来了,这回要走西藏啦! 从家一出来都没想要走这么远,现在心走野了,越走越想走,我妈这一辈子哪都没去过,我也没去过,老年人最怕孤独和寂寞,出门走走,看看新鲜事物,出门看看,乐一乐。"广告画面最后定格为中脉科技的 LOGO、黄蓝标准色与标准字体,以及"共享健康、分享快乐"广告语。

图 14 - 4

图 14 - 5

图 14-6

图 14-7

图 14-8

〔王莘农篇〕广告讲述了患肺癌的业余男高音王莘农老人虽然再也不能上台了，但仍以坚强意志快乐生活的感人故事。广告画面以王莘农接受采访的画面展开，王莘农的回答展现了其乐观的心态："我们从小爱声乐，爱唱歌，生这个疾病呀，吐血，化疗。想唱，想唱，我早上没事就唱。"广告画面最后定格为中脉科技的 LOGO、黄蓝标准色与标准字体，以及"共享健康、分享快乐"广告语。

〔周火生篇〕广告讲述了退休后的周火生老人如何从内心失落到 8 年时间给希望工程捐款 11 万元的快乐生活的感人故事。广告以周火生的独白展开："我退休了之后，还要去找个什么工作。我在报纸上看到了，贫困地区，孩子们还有一部分在失学，我每次有钱了，就捐款到希望工程，我高兴得不得了，我觉得我有无尽的乐趣，觉得很快乐，年纪很轻。"广告画面最后定格为中脉科技的 LOGO、黄蓝标准色与标准字体，以及"共享健康、分享快乐"广告语。

〔阮永兰篇〕广告讲述了 2002 年 83 岁的阮奶奶力排众议在安徽卫视公开征婚的感人故事。广告以阮奶奶的独白展开，"你看我 80 多岁还带头征婚呢，有人说怎么 80 多岁还出洋相，还跟人好，找老头子。我说这是我的事，你不要吵。我脾气犟，不管什么事,我都有勇气。我现在心里很快乐啦。"广告画面最后定格为中脉科技的 LOGO、黄蓝标准色与标准字体,以及"共享健康、分享快乐"广告语。

〖郭采如篇〗该广告讲述了 103 岁寿星郭采如健康快乐生活的感人故事。广告画面以郭采如的健康生活画面展开,配合郭的现身说法:"我今年 103 岁了,我经常锻炼高难度的动作,百岁老人有这样的身体,20 年坚持活动,每天不断。头发本来是苍白色的,忽然变黑啦。我感觉着要活到 120 岁,还准备想参加奥运会呢!从 80 岁开始锻炼,都不晚。"广告画面最后定格为中脉科技的 LOGO、黄蓝标准色与标准字体,"共享健康、分享快乐"广告语。

该系列广告很好地体现了企业形象广告具有的相关特征要素。

从广告类型上看,该系列广告属于企业理念广告,兼有企业公益广告特征。

从广告策划上看,该系列广告很好地贯彻了企业形象广告的策划原则。

其一,广告贯彻了系统性原则。不仅每则广告体现了中脉集团 CI 系统的统一,广告主题与广告语传达了企业理念识别系统;广告 LOGO、标准字、标准色体现了企业视觉识别系统;五位老人被评为健康明星,体现了中脉集团倡导公益活动的企业行为识别系统。而且五则广告作为系列广告,在广告的创意手法、表现风格上也表现出了鲜明的一致性。

其二,该系列形象广告贯彻了持久性原则。系列广告先后刊播,在时间跨度上显示了气贯长虹的气势,而且由于广告主题的连贯性使这系列广告能持久地敲击公众的心智,有效塑造中脉集团的企业形象。

其三,该系列形象广告贯彻了个性化原则。中脉集团是一家以健康生态养生产品为主导,以老年养老服务等多元化发展的大型高科技现代化企业集团。上述系列广告通过展现五位健康明星老人的孝顺、勇敢、自信、独立、快乐、健康的晚年生活方式,倡导"共享健康,分享快乐"的夕阳生活,无论是广告主题、广告创意、故事人物的选择还是广告意念的传达向度,都与中脉集团的"健康生态养生产品、老年养老服务"的企业事业领域,"让更多的人健康,让更多的人快乐","诚信、关爱、责任、合作、发展"的企业理念形成高度的契合,有效塑造了中脉集团的企业个性形象,体现了企业的核心竞争力,凸显了企业本质性、优势性特征。

其四,该系列形象广告具有鲜明的超然性。每则广告中老人们的现身言说平静而实在,黑白为主的广告画面感人而真实,广告所产生的情感上的共鸣能直接切入目标受众的心智,撩拨公众对人生意义的深度思考。而广告最后才闪现的中脉集团视觉元素形象,简洁而铿锵,没有过多的商业气息,但中脉集团关注老年人晚年生活的企业公益形象跃然呈现，其"用心的家庭健康专家"的企业形象砰然而成。

其五，五则广告也体现了较强的变通性。每则广告的广告口号、创意手法、表现风格上具有鲜明的一致性，这就是广告体现出来的"通"的原则。而每则广告选择不同的健康明星，从不同的向度表现不同的快乐健康老人生活，如王一民老人的孝顺、王莘农老人的自信、周火生老人的慈善、阮永兰老人的勇敢及郭采如老人的身体矫健，就体现了系列广告"变"的原则。加上五位老人的故事都是那样的震撼人心，广告在变通性上掌握得非常好，很能吸引公众的眼球。

从创意定位上看，上述五则形象广告采用的是典型的理念识别创意定位法，兼行为识别定位法与视觉识别定位法。

首先，上述广告采用了理念识别定位法中的直接演绎法。中脉集团的事业领域确定为以健康生态养生产品为主导，以老年养老服务等多元化发展的健康家庭专家。上述中脉集团系列广告并不讲述中脉产品如何好，实力如何强大，而是以旁观者或者发现者的角色，挖掘现实社会中老年人健康、快乐地安度晚年的典型案例，把王一民老人母子出门旅游的快乐生活、王莘农老人坚持歌唱与病魔做斗争的快乐生活、周火生老人退休后坚持公益捐款的快乐生活、阮永兰老人勇敢寻找爱情的快乐生活和百岁老人郭采如坚持锻炼的健康生活都通过广告画面活生生地展现在公众面前。广告在主题定位上是非常符合企业形象定位的。同时，那句"共享健康，分享快乐"的广告语，巧妙地演绎了中脉集团"共创与共享"的核心价值观与"让更多的人健康，让更多的人快乐"的使命观。

其次，上述广告同时采用了行为识别定位法中的社会公益演绎法。面对2006年中国已经进入老龄化社会的现实，老年人如何安度晚年成为全社会关注也亟待解决的一大问题。那么，老年人到底应该如何过一个健康、快乐的晚年生活呢？中脉集团的系列形象广告以五位健康明星老人的案例做了鲜明的回答。五位老人的生活方式既是中脉集团树立的中国老人健康、快乐生活的标杆，也是中脉集团秉承企业使命倡导的一种老龄化社会话语。让公众真切地感受到了中脉集团关注并倡导老年人健康快乐晚年生活的企业担当，无形中在内心深处与"中脉"品牌建立了正向度的情感粘连，甚至会成为这个品牌的忠实公众。

最后，上述广告也采用了视觉识别定位法中的混合演绎法。每则广告都是典型的理念型广告，但每则广告的最后定格画面中都有中脉科技的LOGO、中文标准字体、黄色与蓝色的标准色，企业视觉识别系统中的三大核心要素都得到了体现，这就是典型的视觉识别定位法中的混合演绎法。

通过上述五则广告的反复强化，中脉集团"用心的家庭健康专家"的企业形象已经浑然天成。可见，只要有好的策划创意、定位与执行，企业形象广告就能成为塑造企业形象的有力武器，展示出企业形象广告"大象无形，厚积薄发"的魅力！

思考题

1. 在当今全球白热化的竞争态势下，企业形象对企业发展的重要性是什么？
2. 企业形象广告对企业形象的塑造有什么作用？
3. CIS 与企业形象广告有何关系？
4. 企业形象广告与商业广告、社会广告有何不同？
5. 企业形象广告在策划、创意定位方面有何要求？

研讨训练

以小组为单位，完成下列两个研讨项目的训练：

（一）研讨项目

1. 收集不同行业领域的企业形象广告 10 篇（视频广告、平面广告兼可），根据所学企业形象广告的相关理论，进行分析评价，并做课堂提案。

2. 2011 年，中国推出了国家形象片（人物篇、角度篇）广告，请根据所学组织（企业）形象广告的相关理论，进行分析评价，并做课堂提案。

（二）要求

1. 以小组为单位，发挥团队合作精神，分工合作，完成本次研讨训练任务。

2. 在收集充分资料的基础上，运用所学知识，做深入地探讨分析，要求观点鲜明，言之有据。

补充阅读材料

1. 陈洪涌：《中国 CIS 策划实务》，中国经济出版社 2006 年版。
2. 张云初，曹东林，王清编著：《新企业文化运动》，中信出版社 2006 年版。
3. 罗锐韧编著：《企业的个性美感与理想主义》，国际文化出版公司 2001 年版。
4. 李健：《业形象广告的策划路径》，《企业改革与管理》，2012 年第 3 期。
5. 姜茜：《企业形象广告的视觉表现规律》，《今传媒》，2008 年第 2 期。
6. 阳翼，伦洁盈：《企业形象广告的文化取向特征与变迁——对〈南方周末〉1999～2008 年间企业形象广告的内容分析》，《广告大观（理论版）》，2009 年第四期。

参考文献

［1］陈培爱.广告策划原理与实务［M］.北京：中央广播电视大学出版社,2007.

［2］菲利普·沃德·博顿(Philip Ward Burton).广告文案写作 美国广告界氛围奉为圭臬的文案写作全攻略［M］.程坪,丁俊杰,等译.北京：世界知识出版社,2006.

［3］杨念,鲁建敏.公共关系与企业文宣策划［M］.北京：中国经济出版社,2003.

［4］张云初等编著.让企业文化起来 企业文化塑造实务［M］.北京：海天出版社,2003.

［5］约翰·R.罗西特(John R. Rossiter),拉里·珀西(Larry Percy).广告沟通与促销管理［M］.北京：中国人民大学出版社,2004.

［6］八卷俊雄.企业形象战略［M］.上海：艺风堂出版社编辑部,译.台湾：艺风堂出版社,1981.

［7］张金海,姚曦.广告学教程［M］.上海：上海人民出版社,2003.

［8］戴维·波普诺.社会学［M］.第十版,李强,译.北京：中国人民大学出版社,1999.

［9］倪宁.广告学教程(第二版)［M］.北京：中国人民大学出版社,2004.

［10］中国传媒大学广告学院等.IAI中国广告作品年鉴(影视广告)［G］.北京：中国传媒大学电子音像出版社,2011.

第十五章　关注社会　关爱人类

——公益广告

公益广告亦称为公共服务广告、公德广告，是以为形成良好的公益生活秩序和基本的公共道德准则，并直接为公众近期利益和长期利益服务的广告形态。大多由政府部门倡导并制作，广告公司参与，当然也是企业或社会团体向消费者阐明其社会功能和责任的一种传播方式。公益广告通过广告的表达形式，希求引起社会大众对各类社会问题的关注，改变其认知、情感，最终改变其行为方式。本章通过对公益广告的系统分析，从公益广告的经典案例出发，结合中国公益广告的发展历程与不足，阐述公益广告的创意特色。

第一节　公益广告概述

公益广告最早诞生于 20 世纪 40 年代的美国。当时工业文明高速发展，但同时也带来了不少负面效应，面对由此导致的一系列社会问题，公益广告应运而生，公益广告在美国称"公共服务广告"（Public Service Advertising），旨在增进一般公众对突出的社会问题的了解，影响他们对这些问题的看法和态度，改变他们的行为和做法，从而促进社会问题的解决和缓解。它通过艺术表现手法针砭时弊，启迪世人，在弥合现代社会高度发达的物质文明和功利主义日益严重的精神文明之间巨大的裂痕方面起到了"黏合剂"的作用。1941 年，美国的广告理事会成立，使公益广告在管理上走向了规范化的道路。这一独特的宣传形式在世界范围内的影响越来越大，相继传入日本、欧洲各地。我国通过电视媒体播出公益广告，最早出现的是 1986 年贵阳电视台摄制的《节约用水》。之后，1986 年 10 月 26 日，中央电视台开播《广而告之》栏目，以极强的亲和力倡导健康的社会风尚，揭开了我国公益广告新的一页。

一、公益广告的特性

1. 社会性

公益广告所关注的不是一个人或少部分人的问题,而是关注着人们普遍关心的社会性问题,因而具有社会性的特征。这一特征体现在公益广告所宣传的主题中,诸如环境保护、尊师重教、优生优育等主题,无一不具有社会性的普遍意义。

2. 非盈利性

与商业广告完全以盈利为目的相比,公益广告则是非盈利性的。凡是从事公益广告的单位或个人,其终极目标是公众的利益,而不是以盈利为目的。

3. 受众的广泛性

公益广告的受众是全体社会成员,没有性别、年龄、职业的细分。因此公益广告一定要考虑到大众的态度和心态。

4. 表现的号召性

公益广告诉诸情感,运用广告手段,鲜明的立场及健康的方法来正确诱导社会,引起公众对社会问题的关注,改变公众的认知,态度,最后号召大家行动起来。

5. 广告传播上的文化属性

公益广告从根本上就是一种社会意识形态,具有文化属性。在传播的过程中构建了自己的文化价值体系,健康的生活方式的塑造、正确的自我价值导向。

二、公益广告的功能

公益广告并非是一种经济现象,而是一种意识形态。它不仅要对社会公众实施社会教育,而且还要起到促进社会进步的作用,是影响社会道德风尚的一个阵地。

(1) 推动和促进社会的文明与进步。有的研究者把公益广告誉为"精神文明建设的轻骑兵"或者称公益广告"弘扬精神文明的社会责任"。我国的公益广告都非常强调对于社会主义精神文明建设所起到的巨大作用。

(2) 道德疏导与引导价值观念。公益广告的规范和引导功能主要是规范行为、规范道德、引导价值观。通过观念引导和提倡风尚,潜移默化地影响着受传人群的价值取向。

（3）形象塑造。通过塑造国家（区域）形象，凝聚人心，提升一个国家（区域）的国际地位和无形价值。主要体现在两个方面：一是可以塑造国家形象；二是通过企业参与公益广告事业，为企业、媒体和广告公司塑造良好的社会形象。

（4）文化传承和文化整合。优秀的创意手法和教育功能的结合，更好的宣传民族文化，构建新的文化理念，唤醒公众的文化意识。借助视听符号，通过对信息所承载的文化的传递，影响和改变现有的文化格局。

（5）对商业广告的制约。当人们对明显试图引导他们的商业广告或多或少保持警觉与抵触的时候，公益广告诉之于情感，最大限度地攻破了受众的心理防线，以其强大的说服力，激发起了公众的高级情感。在这样的鲜明对比中有效地钳制了商业广告的不规范行为。

案例：

迎世博，上海形象宣传片《上海协奏曲》，该宣传片以国际钢琴大师郎朗钢琴声为背景，既有老人迎着朝阳推开大门的瞬间，也有孩子上学途中的嬉笑；既有年轻人绿地流连、闻花识香的沉醉，也有退休老伯手拿鸟笼，漫步小径的悠闲；炸臭豆腐、下象棋等独具上海特色的里弄风情也在片中一一铺展开来。为受众提供了视听上的享受，传统与现代，平凡与伟大在上海完美的融合。向世人展现了一个既传统而又现代的上海，贴切地展现了今日之上海，为上海塑造了美好的形象，不得不说是上海的一张视听"名片"。

关爱白血病儿童的公益广告《给哥哥的头发》一个小女孩在家翻出妈妈的化妆包，拿出剪刀剪头发，因为小女孩的哥哥得了白血病，做化疗头发掉没了。当爸爸妈妈带着做化疗的哥哥回到家时，小女孩让家人为之一惊，但是女孩的脸上露出了纯粹无邪的笑，小女孩要把头发给哥哥，哥哥接过头发，把帽子摘下来给妹妹戴上，广告结束，观众也为之一惊。整个广告仅仅 50 秒钟，没有一句对白，也没有任何商业成分，但却表现了人间最真挚的爱，此时无声胜有声。这个广告触动人心，反映的社会问题也很现实，真实不弄虚作假，但确能起到商业广告所达不到的效果。

图 15 - 1

如图 15 - 1 所示，是来自 WWF 的一组保护动物的消费理念的公益广告中的一张。我们去国外旅行的机会确实很难得，但不要挑选动物制成品作为纪念或者礼物。可曾想过它们沾了多少动物的鲜血。广告中以一个穿着时尚的女士在飞机场的出口拖着旅行箱，很显然是旅行刚刚归来，可这看似平常的画面中却出现了令人震惊的一幕，旅行箱却划出了一路的鲜血。那满溢于旅行箱中的物品其实都是靠动物的生命换来的，这是多大的血与泪的代价呀！合理消费，保护动物的广告理念呼之欲出，起到了很好的社会教育作用。

三、公益广告的创作原则

公益广告传达的多是观念性的东西，而非商业广告所侧重的商品或服务信息，承担着社会教育的功能，面对的是根深蒂固的不良习惯，因此公益广告有因其自身特点而决定的个性创作原则：

1. 坚持正确的导向

是促进社会进步文明的一种手段，它以广告的形式，影响、改变人们的人生观、价值观和道德观，促成人们采取相应的行动。从这个意义上说，公益广告是社会上层建筑的一部分。

2. 倡导性原则，体现平等交流的原则

公益广告向公众推销观念和行为准则，应以倡导的方式进行。要求我们采取以正确宣传为主，提醒规劝为辅的方式。要有传受双方的平等交流，才能收到良好的效果。

3. 以理服人，以情动人

公益广告其旨在改变人们的态度，而态度中的第一要素便是情感，让观念依附于上，就会引起人的共鸣。人类生活中最丰富的莫过于各种各样的情感，是诉求的敏感部位。

案例：

第 43 届戛纳国际广告节上，一则反种族歧视的广告，画面是四个大脑，前三个大小相同，最后一个明显小于前三个，文字说明依次是非洲人、欧洲人、亚洲人和种族主义者的。选取大脑来说明种族歧视的问题可以说是创意独特，因为我们不同的人中之间除了肤色、地域、文化的差距之外，大脑都是一样的，无优劣之分。同时还增加了一个小于前三个的"小"脑，便更是独具匠心，言外之意是之所以他们有这样的想法，是因为他们的脑袋比前三种人的小，少了一些博爱和平等的观念，所以他们理所当然地成了第四种人。该广告传达了正确的观念反对种族主义，不用说教、训诫的方式，体现了平等交流的原则，而且广告中充满了人文的关怀，真正做到了晓之以理。

图15－2是国外的一则名为《拥抱生命》的交通安全的视频公益广告，准确的传达了"请记好您的安全带"，将此理念依附于亲情之上。创作者运用了一个家庭来表现主题，爸爸、妈妈和女儿。没有真正的汽车，而是一家人坐在家里模拟开车的场景，通篇运用慢镜头展现了人物的情感经历："刚开始的开心—出现事故的惊愕—得救后的欣慰"。最后得救的画面，感人至深。女儿上前去抱住了爸爸的腰，妻子由脖颈斜着抱住的老公的胸，两种姿势巧妙地构成了安全带的造型。承载了"拥抱生命，系好安全带，因为它会像你的家人一样，在您的危难之际，拥抱您的生命，挽救您的生命"的主题。

图15－2

如图15－3所示，这是一则国外的反对家庭暴力的平面广告。创作者用电脑特效将小女孩的左眼像陶瓷一样击碎在桌面上，脸上还留着裂痕。文字叙述是"对您的孩子的耐心失去，会让您失去更多。"该则广告诉诸于"恐惧"的情感，虽然仅仅是电脑特效，但是绝对不是危言耸听，如果您对您的孩子没有耐心，继续施暴，那么图片中

图15－3

的假设将会变成现实。将家暴诉诸于假设性的场景中，虽然该图片带有很大的虚拟性，但正是这种还未发生的虚拟让家暴者认识到自己的行为的严重性，直击他们的心灵深处，从而改变行为态度。

第二节　中国公益广告现状

一、中国公益广告的发展

我国公益广告从 1986 年的《广而告之》发展至今,取得了丰硕成果,但并不能忽视公益广告在发展中存在的问题。就总体而言,我国的公益广告的发展与社会的发展要求相比,还存在着很大的差距。

与商业广告相比,我国的公益广告起步较晚。改革开放初期,电视商业广告依靠其独特的媒体传播优势发展迅速,但是电视公益广告起初并没有得到足够的重视。直到 1986 年,贵阳市节水办公室和贵阳电视台联合发布的"节约用水"公益广告,是我国第一个经过专业创作的电视公益广告,运用独特的创意和表现,改变了以往的标语式、口号式的说教方式,给人耳目一新的感觉。1987 年 10 月中央电视台《广而告之》栏目的开播,标志着我国第一个电视公益广告栏目的诞生,在我国公益广告史上具有里程碑的意义,中国电视公益广告事业从此进入了快速发展阶段。

从《广而告之》之后,公益广告大体上经历了三个发展时期:

1. 第一个阶段:1987 年到 1995 年是我国公益广告的萌芽期

这一时期以中央电视台的《广而告之》为标志,不少二级电视台相继开设了公益广告栏目,公益广告开始逐渐成为重要的媒体舆论资源,成为对社会有影响的公共事业。为公益广告设置专题栏目,以固定时段的形式进行播放,是这阶段我国电视公益广告的一大特色,电视公益广告的专业化水平有所提高。但作为一项社会公益事业,电视公益广告的参与主体还显得过于单一,主要还是在政府倡导下,由中央和各地方电视媒体具体组织、参与为主,企业基本上是缺位的。

2. 第二个阶段:1996 年到 2000 年间的公益广告事业处于初步繁荣期

1996 年 6 月 8 日,国家工商管理总局发出的《关于开展"中华好风尚"主题公益广告活动月的通知》揭开了全国公益广告活动的序幕。"中华好风尚"公益广告月是我国公益广告史上重要的转折点,各大媒体(报纸、电视、广播等)第一次为公益广告活动全方位启动。短短一个月参评作品已达 216 件,产生奖项共 40 个,政府还特别拨款十万作为经费。这次盛会在社会上形成了一次公益广告的高潮,反映社会各界对公益广告关注之心的觉醒,是我国公益广告理论与实际结合的一次重要演练。

后来的"自强创辉煌"、"知识改变命运"、"树立新风尚,迈向新世纪"等主题活动使电视公益广告进一步繁荣,这些主题性公益广告活动由政府发起,全国媒体广泛参与,数量和质量都有了很大的进步。广告主题比较集中于社会热点、政治政策宣传和公共价值取向的问题。我国公益广告开始向主体多元化、广告主题系列化、组织形式规模化、节目刊播标准化方向发展。

3. 第三个阶段:2000 年后公益广告由初步繁荣进入了稳定发展阶段

电视公益广告对于塑造和提升企业形象的重要作用被企业界广泛认同,越来越多的企业参与到公益广告事业中,出现了"媒体塔台,企业唱戏"的局面,哈药集团制药六厂、海尔集团、三株药业、蒙牛集团、中国移动企业都以不同的方式制作赞助了公益广告。此外,中央电视台还发起了全国电视媒体公益广告联播机制,2003 年以"弘扬民族精神,共同抗击非典"为主题的公益广告,2004 年由青岛模范工人许振超亲自出演《劳动创造人生价值》的公益广告,2007 年弘扬"更高、更快、更强"奥运精神的电视公益广告,2008 年北京奥运会的主题"同一个世界,同一个梦想"的主题系列电视公益广告,唤起了民众的公德意识和民族自豪感。

此外值得一提的是,2004 年开始中央电视台《新闻联播》节目播出长秒公益广告,推动了我国公益广告的发展。2004 年 4 月 1 日,中央电视台《新闻联播》播放了一条由青岛模范工人许振超亲自出演的公益广告《劳动创造人生价值》,长达 1 分钟。2007 年 3 月 5 日,公益广告《婴儿篇》在中央电视台《新闻联播》播出,该电视公益广告展现的是婴儿在睡梦中对未来的追求与渴望,将人类最初的梦想与奥运精神"更高、更快、更强"的追求相融合,阐述 2008 北京奥运会的主题"同一个世界,同一个梦想"。2007 年 5 月 16 日,《新闻联播》节目又完整播出了由该台广告部策划制作的长达 2 分钟的公益广告《相信篇》,该电视公益广告以著名演员濮存昕真挚感人的话语,消除了人们对公益事业的不信任,唤起人们的公德意识和行动信心,阐释了"公益广告也是一盏灯"的中心思想。

二、中国公益广告存在的问题

我国公益广告从 1986 年的《广而告之》发展至今,取得了丰硕成果,但并不能忽视公益广告在发展中存在的问题。就总体而言,我国的公益广告的发展与社会的发展要求相比,还存在着很大的差距。

（一）公益广告的外在影响因素

一提到公益广告，很多人甚至业内人士首先想到的是中央文明办、各级媒体等。这样的想法很明显地看出我国公益广告发布及责任主体不够明确，政府的主导性决定了公益广告的发布和责任主体显然是我们的政府部门。

1. 尚未建立起合理完善的公益广告运行机制

企业、公共组织、社会团体需要强化公益意识，资金筹集问题尚待解决，资金投入后又产生管理、使用、监督问题。代理制推行的不完善，造成制作刊播流程的低效率。

案例：

温州1997年12月发生一起扶贫公益广告牌被拆除事件，本来脱贫不忘扶贫的好事却受到当地某政府机构的粗暴干涉。此事经披露在当地引起很大反响，经报界讨论发现拆除单位瓯海区梧蜒镇政府并不是户外广告登记管理机关，属于越权管理，拆除的过程也没有按照法定程序进行。公益广告运行中的不规范问题呼吁人们要尽快建立起完善的运行机制、踏上规范化的发展道路。

2. 公益广告缺乏科学、现代化的管理

公益广告规定多而严，打击了许多广告人的积极性，这对创意是很大的束缚，同时也造成公益广告的画蛇添足现象。

案例：

"中华好风尚"中北京广告公司的"一条大河波浪宽，风吹稻花香两岸"的公益广告，本来简洁有力，可由于规定上的原因不得不加上副标题"积极保护环境，立即制止污染"，把本该让受众自己体会的东西都摆出来了，广告就失去了原先的魅力，所以政府在具体操作这方面有待改进。

3. 工商业界与广告界投入的精力与热情尚不足

国家实质上的扶助措施不多，某些优惠政策都是临时的。企业与广告公司本身也缺乏现代公益意识，所以作公益广告常常是不得已而为之，投入自然大大少于商业广告。

案例：

1996年"中华好风尚"的参与者是媒介单位与广告公司，企业的身影却寥寥无几，只有北京的红星酿酒集团、同仁堂、亚都等。许多企业缺乏现代广告意识，重商业广告轻公益广告。从广告界来看虽然每次公益广告月活动都有参与，但大多数的公司都是碍于工商局的规定。国家规定多而鼓励措施少，广告公司就采取上有政策，下有对策的态度,草草了事,这就导致屡次活动中精品甚少,而奉命教化的作品多。

4. 资金短缺是制约公益广告发展的重要因素

很多时候公益广告都是靠商业利润所余来养活的,要长期坚持则很困难。报刊、电台限于创收指标,心有余而力不足。公益广告也是有偿的信息传播,从制作到刊播都需要资金支持,少投入使制作降格以求。

(二)公益广告内在展现的不足

如上所述,我国公益广告发展中受到多方面局限,虽然不乏亮点,但总体水平与港台地区、海外公益广告还存在较大差距;而与公益广告在思想和艺术上的高要求比照,则显示出了公益广告自身的不足。

1. 从数量上看公益广告的进步空间尚大

绝对数量太少。截止到 2006 年 12 月 21 日,广电总局共公布了《全国优秀公益广告推荐播放目录》,一共才有 109 条,相对商业广告的数量,简直是"小巫见大巫"。

案例:

在 2006 年全国首届"国酒茅台杯"电视公益广告大奖赛上,根据评委会公布的数字,便可见一斑。本次大赛,共收到参赛作品 190 件,可想而知,倘若商业广告的比赛,参赛单位的数量就不仅仅是这个数字了吧。190 件的公益广告的数量基本上相当于 2006 年一年的电视公益广告生产量,但是这个数字就是再扩大 10 倍也无法同国内一年生产电视剧 12 000 多集相提并论。

2. 创意泛于虚表缺乏震撼力

大部分的公益广告都缺乏感人至深的情节,创意上先天不足。再加上表现手法的单一,技术手段的落后,难以带给人震撼。

案例:

再就业广告《走路篇》中,一个男人的脚走在路上引出一句"路是人走出来的"的套话,显见创意上不够精深。而国外的公益广告往往或感人至深或撼人心魄,具有独创性的魅力。奥格威认为"若你的广告的基础不是上乘的创意,它必失败。"英国萨奇广告公司曾为家庭计划协会作了一则提醒避孕的公益广告,广告中怀孕的竟是个男人,诙谐的性别倒错产生了巨大冲击力,让人记忆犹新。

1997 年"自强创辉煌"广告月获政府奖铜奖的作品《天地有正气,男儿当自强》中,当歹徒抢劫母亲的项链时,旁白"母亲的项链曾缘定今生",兄长的钱财被夺,旁白"兄长的工钱曾经是一年的辛劳",女儿在劫乱中受到惊吓,旁白"女儿的双眼曾经是那样的纯真"，车上男子奋起而与歹徒搏斗，旁白"岂能让歹徒如此猖狂！"最后推出主题："天地有正气，男儿当自强。"这则广告创意和表现皆有可取之处，但明显的说教味还是暴露了出来，广告信息太满，没有为观众留下想象的空间。古人作画尤讲究留白之意趣，公益广告在这方面仍有待提高。

3. 标题口号化说教味浓

标题足够吸引人，就会勾起受众关注下去的兴趣。公益广告的目的确实是规劝受众改变行为态度，并不是说一定要把说教写在标题中。直截了当地告诉人们"要……不要……"，采用一种俯视众生的态度，实际上极易引人反感，

案例：

"中华好风尚"中一则广告，一个苹果被削开的果皮长长飘开，广告语是"请放到该放的地方去"。再如酒后驾驶的标语"严禁酒后驾驶"、"交警提醒您，为了您和您的家人的安全，请不要酒后驾驶"，还有"请勿践踏草坪"等。这样的标语在我们的生活中不胜枚举，听多了这样的教导许多人都不愿理会，甚至会干出一些与之相反的事来以获得恶意的快感。

国外公益广告则鲜有说教，更多的是一种平等的交流。如1996年日美联合宣传中防止水污染的广告《WATER MAN》告诉人们"人体的70%是水，污染水源就等于污染人类自己"试想如果换成"请不要污染水源"还会有几个人要听呢？公益是为了大众，所以要让大众能够接受是十分重要的，公益广告的创作如果首先就把自己置于君子地位来考虑，要想去教导别人那么就容易把自己与受众摆在不平等的地位，对立的种子在这种不平等中也就埋下了根苗。

4. 公益广告本身的表现力不够

表现力的不足除了表现在技术层面外，还反映在公益广告表现元素的单一化、扁平化。很多公益作品，表现元素总在一些国旗、长城、黄河、龙等中华民族象征符号上兜圈子，仿佛舍此就不公益，舍此就无教育意义。

案例：

在"自强创辉煌"活动中江苏国际广告做了一则公益广告"大件，小键，见证生活巨变"，用以前生活四大件与现在小小电器按键就能带来生活舒适做比，颇具匠心，但看其表现则不尽如人意。画面上四大件草草勾画，大小和右边的按键一模一样，两者之间虽有界限，但大体看来竟是达成平衡状态，让人琢磨不透作者究竟意在突出哪一边，显得拘谨而无变化。

再看国外公益广告，日本有一则提醒人们节约粮食的广告，把视点集中在厨房，

一只肥大无比的家猫从垃圾桶中钻出,走到墙角,朝天躺下呼呼大睡,再不动弹。人们不由得思考,猫为什么肥成这样? 原来是粮食浪费得太惊人的缘故。肥猫自然的行动——撑到不能动,来传达语意,信息性的影像是那么吸引人的目光,让人不由去深入思考日本的粮食问题。这则广告以其出色的表现力大大增强了主题的力量,使得原本不受重视的粮食主题公益广告,也能与其他广告争夺受众的注意。

5. 公益广告的选题存在很大的盲目性和随机性

由于题材宽泛,许多广告人在创作中容易有先形式后主题的倾向。这就造成主题的随机性。这种随机性使得公益广告即使表现上不同凡响,其诉求却因不明确而缺乏说服力量。

案例:

公益广告月的开展在全国范围内引起公益广告高潮,但也造成公益广告主题围绕一个热点一哄而上的局面。比如1996年"中华好风尚"的大主题确定之后,又可以从各个角度来进行渲染,如尊师重教、保家卫国、注重道德伦理、发扬勤俭节约美德,这些主题当然都是聚焦热点的,对民众也有导向价值。但我们同时可以看到这些主题都是具有正面教育意义的,很少有反面教材在内。其实其他的公益主题诸如吸毒、艾滋防治、社会治安问题等也都具有话题价值。但在由国家工商局引领的公益宣传活动中因与其宣传方式格格不入而往往被舍弃。

就总体而言,国内外公益广告的差距主要表现在表达方式上。国外的公益广告比较大胆,多从个人的经验出发,即使在表现人类的普世价值时也是选择小角度切入,很少有宏大的主题的说教。而国内的公益广告则主要从"我们"出发,受局限的因素太多,表达程式化,形式单一,说教明显,主题宏大。也许当我们真正从"我们"走向"我"的时候,公益广告也许能更好地发挥它的功能。

第三节　公益广告的创意特色

创意"是广告的灵魂和生命"、"是广告成功的关键"、"是广告活动的中心"……何为创意,很显然这个词的重点在"创",创作、创造和别人不一样的广告主题与表现方式便是广告的创意。表现手段,着力塑造具体生动的形象,避免枯燥的说教;创作过程中,艺术技巧、艺术细节等的运用上,讲究新颖巧妙、不落俗套;创作的结果,应带给人艺术美的享受的同时达到自己的意指。

一、广告语在公益广告中的巧妙运用

朗朗上口、切中主题、引人深思的广告语是公益广告的重要组成部分。广告语与视觉画面、声像音响等要素的巧妙结合，能够帮助受众理解和接受主题，变心动为行动。

案例：言简意赅、回味无穷的广告语

2011年春节过后，中央电视台发布了这样一则公益广告：洁白的静止画面上，中间仅落着"公益广告是一盏灯"的一句广告语。他用暗喻的手法娓娓道出了公益广告的现状、使命和意义。

灯是有形的，给人照明，在人们的日常生活中不可缺少。公益广告也是一盏灯，无形胜有形，能从人生的不同角度照亮你的心灵，在我们的个人和社会进步的过程中发挥了不可忽视的作用。这是一条针对我国公益广告当前现状，向全社会发出的重要提示。呼唤能有更多的公益广告出现，并应该充分利用这个宣传工具，唤起媒体的社会责任感和使命感，提醒企业辩证的思考公益广告与企业公众形象以及远期经济效益的关系，期盼社会大众认真领悟每则公益广告的主题，并热心参与其中，行动起来，你会是公益广告的传播之外的另一盏灯，带动更多的人来行动。

这句简短的广告语将轻松的语言表达方式与凝重的历史使命并举，巧妙至极，以至于使人在此把空白的空间看成是无声的语言，既指当前公益广告宣传现状，也指它在无限的广袤空间可发挥的作用。这一静止的无音响的广告语，展现在电视这一音响并茂的媒体中，视觉记忆深刻，达到了很好的宣传效果，是公益广告语巧妙运用的经典之作。

图15-4是中央电视台展播的奥运公益广告《婴儿篇》，便很好地阐释了这一原则。通篇仅仅只有一句话"源自生命最初的梦想"。开篇是一个熟睡的婴儿的特写镜头，然后将婴儿的动作和每一个奥运会的动作巧妙地结合，并运用镜头语言将每一个运动项目都放入婴儿的梦中，镜头不断地在熟睡的婴儿与运动项目之间切换，选择用"婴儿的梦乡"巧妙地将生命的源出与梦想相结合，题材的选择以小见大。镜头转换的过程中仅仅用背景音乐作为依托，而没有画外音的介入，只是在结束时显示"源自生命最初的梦想"，虽仅仅是在最后点题，但是却言简意赅地结合镜头语言传达了广告诉求，文字语言的运用恰到好处，精炼传神。

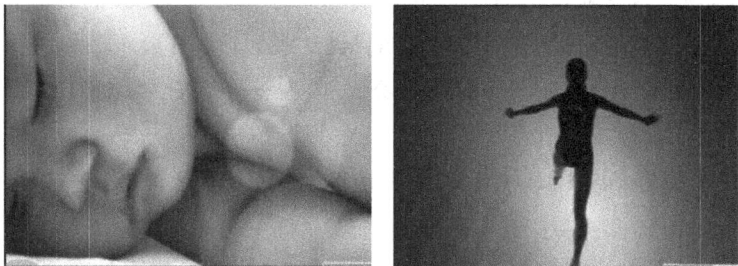

图 15 - 4

案例：启发互动的广告语

1992 年夏纳广告节公益类广告的金像奖获奖作品中,有这样一则公益广告。作品中有 36 张纸牌,每一张纸牌上都有一个姿态万千、风情万种的性感女人。让人看了难免会浮想联翩,想要拥有其中一个,但是广告语中却说"这些女人中一个患有艾滋病,现在你会选择哪一个?"这条广告与提出了选择的行动要求,使受众在同情怜悯、害怕警觉中幡然醒悟,那么选择的行动必然是不要为了艾滋病去以身试险,节制行动。显然广告语注意到了受众的选择行为,并在这样的选择中,传递出艾滋病的信息,让受众自己去做决定,延长受众对信息的处理过程,加深记忆,主动参与其中,并在此过程中教育了自己,可以说是含蓄委婉,从而达到更好地传播效果。

再如,精诚广告公司为香港联合国儿童基金会筹集国际战火中的儿童救援金的公益广告。画面上黑底托出并排着的 12 位世界不同民族但同样让人又爱又怜的头像,画面上方一句"不愿捐献者请删除任何一个"的广告语把受众置身其中,并提出行动要求。使受众读了以后,自然地进入与广告互动与选择的状态。在删除过程中会发现,这些在战火中煎熬的儿童的任何一个都不忍心删除。在情感的支配下伸出援手,为战火中的孩子尽自己的绵薄之力。广告语与上一则有异曲同工之妙,恰当地表现了广告的主题,为战中儿童捐款,使受众在不自觉中进行了选择行动,主动参与意识得到了激发,是广告的主题诉求在与受众互动的过程中,潜移默化受到影响。

案例：公益广告中的调侃(主要用于标语居多)

● 土壤不能再生,防止土壤污染和沙化,减少水土流失。

● 保护海洋环境,禁止向海洋倾倒有毒有害废弃物。

以上是我们常见的有关的公益广告的标语,我们不难发现这些标语以说教见长,然而这样的说教真的有效吗?答案我们可想而知,虽不能完全否认它存在的价值,但至少我们认为这不是最有效的表达方式。社会心理学认为,这种方式往往会激起人的反面情绪,使广告受众做出与广告诉求相违背的举动。因此我们有必要考虑受众的感受,在平等交流的前提下,向受众推销自己的观念。

- 美国伊利诺斯州一十字路口的公益广告——开慢点,我们已经忙不过来了!——棺材匠。
- 墨西哥某边境小城入口处广告——请司机注意您的方向盘——本城一无医生,二无医院,三无药品。

以上都是国外的交通安全的公益广告,他们都没有上几则中的严肃口吻,而是以调侃的方式,风趣幽默的传达了自己的诉求。相比那些司空见惯的说教,这显然是一种独特的创意。更能够勾起司机的兴趣,从而引发其注意,使其更深刻地领悟广告语背后的意蕴,使受众自己主动去填补广告中的"留白",得出结论,更加发人深省。

案例:机智对话

长沙爱思特医疗美容国际连锁机构2011年推出的反对暴力的一组视频公益广告中,就是靠巧妙机智的对话完成的。创意说明:父母遭受家庭暴力后,用化妆的托词应对孩子,阐明公益广告的主张,请给孩子良好的成长空间。《拳头化妆篇》中,女儿看到妈妈脸上的红肿后,问妈妈:"妈妈,你怎么了?"妈妈的用机智的回答保护了女儿的成长环境:"没事,爸爸在给妈妈化妆呢!"旁白:别用拳头给女人化妆,爱思特提醒您请给孩子良好的成长空间。

《指甲化妆篇》中,儿子看到爸爸脸上的划痕问道:"爸爸,你怎么了?"爸爸也是同样的回答:"没事,妈妈在给爸爸化妆呢!"旁白:别用你的指甲给男人化妆。

这一组公益广告,巧妙地借用家庭施暴后脸上留下的划痕的颜色与化妆品的颜色之间的关系,通过机智的对话表现出来,高度概括凝练,发人深省。提醒有孩子的家长,不要在孩子面前施暴,给孩子一个良好的成长环境。

二、情感在公益广告中的巧妙运用

利用"移情忧伤"激发受众的行为动机。情感包括正面和负面的情感,但我们这里主要讲的是负面情感,当然并不是说公益广告只有诉之于负面情感才能够表达的更好。这不是绝对的,很多情况下,他们之间是互相结合的。

人的基本情绪有五种:快乐、悲伤、愤怒、恐惧和厌恶。次级情绪则是上述五种情绪的变体。五种情绪中,除快乐之外其余都是负面情绪,这一点意味深长。创作者通过其创作的公益广告使人产生兴奋、悲伤、或愉悦、或恐惧的各种体验,依此发挥情绪的驱动、监察作用,从而干预人的认知、行为和判断。

1. 悲伤情感的运用

悲伤是由于我们所心爱的人或物丧失或者期盼的食物幻灭而引起的一种消极情绪。它是一种保护性的情绪,能促进深沉的思考的反应,能更好地从失去中取得智慧,从而珍惜目前所拥有的。

案例:

如图 15-5 所示是一则戒烟的公益广告。由于抽烟的缘故,画面中原本漂亮的美女变成了另外一般模样,将美丽毁灭给我们看,怎能不让人感到悲伤呢? 作品中巧用镜子将抽烟前和抽烟后的两种状态分隔开来,镜子外的是妖娆多姿,光彩照人,精神焕发的美女,而镜子里的却是令人悲伤的形象,女子面露憔悴,完全失去了光泽。左图中的女子由于抽烟的缘故变得形容枯槁,表情狰狞。右图中的女子由于抽烟而失去了自己美丽的长发,面露悲伤。戒烟的诉求呼之欲出,发人深省。

图 15-5

图 15-6 是戛纳国际广告节上的一组保护动物的公益广告中的一张《每六十秒就有一个物种灭绝》。该广告创意独特,构思新颖,很好的将时间概念和物种灭绝结合在了一起,提醒着人们应该关注动物保护,关注濒临灭绝的动物已经刻不容缓,以秒为单位来计算显示出了物种灭绝的惊人速度和急迫性,以钟表为背景,展示时间概念,巧妙地将濒危物种放在时针和分针之间,可以想象那种痛苦,动物们张着大嘴嘶吼着,那叫声应该是撕心裂肺的,应该是悲伤的无奈的,同时也好像在呼喊着以祈求得到人类的救助。

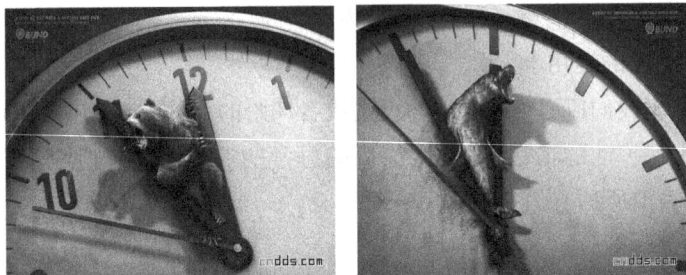

图 15－6

2. 恐惧以及厌恶情感的运用

恐惧是指企图摆脱、逃避某种情境而又苦于无能为力的情感体验。恐惧在全部情绪中最具压抑作用，它会引起逃脱和退缩。从生理适应的角度看，它能保护人们逃离危险，使人获得本不能得到的信息，迅速做出反应，它使人对所期望的东西重新进行评价以及对现实期望采取的方法进行重新调整。

案例：

2003 年 ADCE 欧洲艺术指导俱乐部获奖作品安全行车公益广告，如图 15－7 所示，虽然没有恐怖的画面出现，但经过电脑特效的处理后，一个正常人的头、后背和腿，遭遇车祸后，如塑料娃娃般的支离破碎还是给人留下了深刻的印象。此作品正是希望以恐惧的感情提高可能潜存的危险，促使人们加深对不安全驾车行为的考虑。

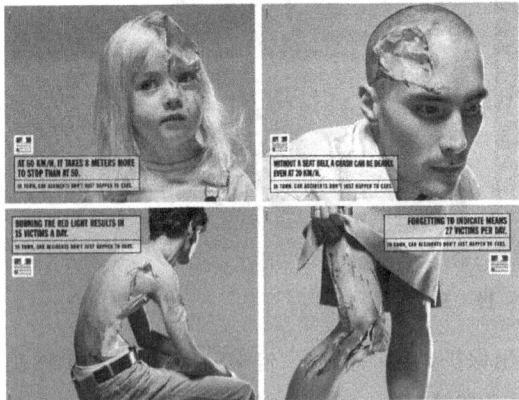

图 15－7

厌恶也是一种很重要的负面情感，这种情感能够让人们远离他们厌恶的东西。米勒说："厌恶是一种道德准则，它使人们不会对讨厌的人或事做出妥协。"这样的妥协，于他自己本身是没有害处的。

生产皮革的过程是十分残忍的，但人们往往只看到了华丽的皮草制成品而从不关注充满血腥的皮草生产过程。人道对待动物协会（PETA）正是针对这一点，制作了如图 15－8 所示的这组反皮草运动的宣传广告。图片中的美女模特并没有身着皮草，但依然光鲜亮丽，手里却拿着被剥去皮毛的动物，动物的肌肉和鲜血赤裸裸的裸露在我们的眼前,看了之后令人生厌,通过这种画面引起人们厌恶的情绪,让人们拒绝购买皮草。图片中的标语是"这是您的皮草剩下的一部分",很好的将皮草和这种血淋淋的场面联系在一起。告诫我们没有买卖就没有杀害。

图 15-8

图 15-9

图 15-9 是一则预防艾滋病的公益广告。创作者大胆地将做爱中的男女作为承载自己所要传达的信息的符号,但是又有所突破。我们看到女性的后背上不仅仅只有一双手而已,这么多的手有些让受众感到恐惧和不知所措,打破了画面原有的美感。不免使我们为之一震。再看广告中的文字信息"每一次"当你和别人睡在一起时,其实你也和他的过去在一起。发人深省,提醒我们,选择健康的生活方式,远离艾滋病。

三、公益广告中的色彩运用

色彩作为信息的一个载体,在瞬间留下深刻印象,色彩用于传达人的感情是最快捷、最富有冲击力的,不同的色彩组合可以调动人们不同的情感反应,公益广告中,诗情画意的色彩组合,不仅能让人们更加深刻的认识公益广告的主题,而且还能够获得审美享受。

案例:

图 15-10 是一则预防艾滋病的公益广告。全图以红色为主,黑白两色为辅。在这幅作品里,红色在"HIV"病毒的冲击下失去了以往所传达的感情,虽然以红色为主,但是却被由红色到黑色渐变的 HIV 字样抢去了大部分空间,美好的生活里充满了

黑色的恐惧,黑色很好的象征了艾滋病毒的可怕,给人以阴冷的感觉,而渐变则是说明艾滋病对原本美好生活的冲击过程。双臂抱头的人则用灰白构成,更是极具深意,生命原本是多么本是多么的绚丽多彩,可是因为艾滋病的缘故却失去了往日的光泽。而且人物在作品中仅占了小小的一隅,这种色彩的搭配将艾滋病患者的无奈、痛苦、被排斥以及后悔表现的淋漓尽致。整个作品没有任何文字信息,仅仅通过色彩的搭配完整的传达了所要表达的信息。色彩的运用在公益广告中的作用可见一斑。

图 15－10

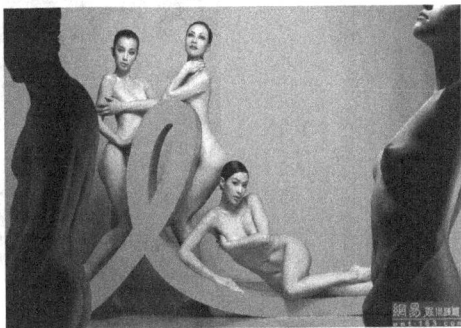

图 15－11

　　为推动"粉红丝带乳腺癌防治运动",《时尚健康》邀请了众多女明星全裸出镜拍摄公益广告如图 15－11。为此引来了公众的热议,我们姑且不论这种做法是否合理,但就拍摄出来的作品而言还是值得肯定的。作品很好的运用了色彩的绝妙作用。作品主要以不同明暗灰白和粉红色构成,这样的色彩搭配首先在吸引公众的眼球这一环节已经成功。低明度和高色相对比强烈的色彩搭配,很是能抓人眼球,并且很好地切合了这次拍摄的主题"粉红丝带乳腺癌防治"。粉红色不仅仅代表女性,而且在这里还代表了关爱和希望,灰白基调的背景代表了乳腺癌的病症,女明星都用手遮住自己的乳房,实际上也在传达一个信息,便是关爱自己的乳房,它是你美丽的身体的重要部分,引起人们对乳腺癌的强烈关注意识。

四、电视公益广告中蒙太奇语言的巧妙运用

　　公益广告表现手法多样,其中在电影拍摄过程中常被使用的蒙太奇手法在公益广告中得以应用,使得公益广告的情感诉求更具真实性,反映的社会现实也更具感染力,使公益广告的文化整合和审美教育的功能得到更大限度的发挥。

案例：

　　WWF 的视频公益广告《We are all connected!》，这则公益广告很好的运用了蒙太奇语言(见图 15 - 12)。广告中没有任何文字语言，完全靠镜头的拼接和对比传达了创作者的诉求。作品中我们可以看到每一个单独的镜头都是在隐喻蒙太奇的运用中实现的，从而把人与动物和自然界之间的相似性特征凸显出来，以引起观众的联想，领会导演的寓意和领略事件的情绪色彩。通过对比蒙太奇在人类社会与自然社会的对比中发现很多相似之处，川流不息的马路和海底世界，母亲对孩子的呵护与母猩猩对他的孩子的呵护；由于害怕或恐惧而掩耳的人和金丝猴；骑自行车的人的穿行与海底穿梭自如的鱼；同样怀着渴望的人的眼睛与动物眼睛⋯⋯通过这样的对比含蓄而形象的表达了创作者的诉求——关爱动物与大自然。但是这个小小的影片的蒙

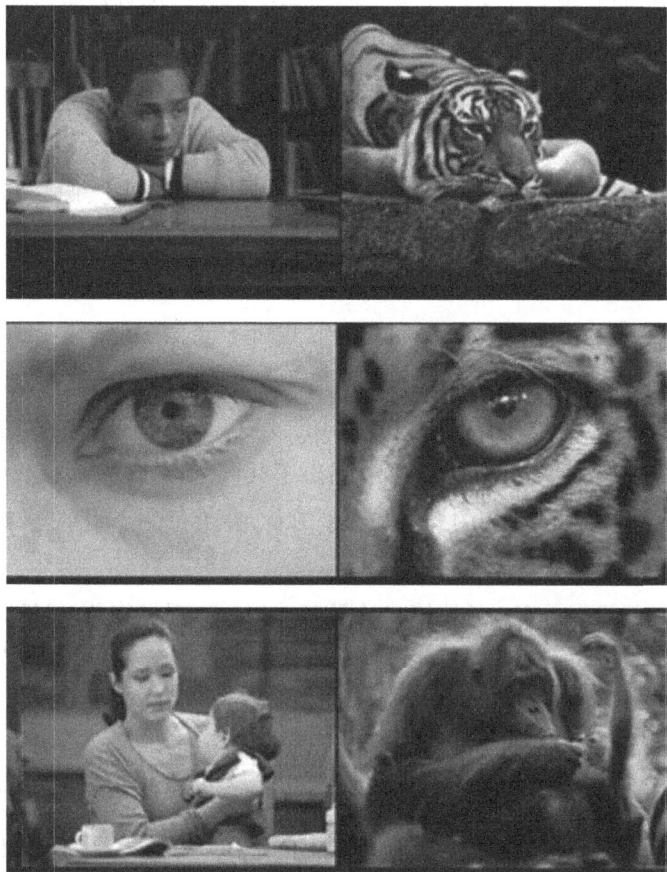

图 15 - 12

太奇语言的运用不仅止于此,创作中还巧妙地化用了理性蒙太奇,通过反射联想揭示剧情中包含的类似事件,以此作用于观众的感官和意识,于不知不觉中让你感受到了动物与自然和我们的生活密不可分的关系,我们是一个整体,并且引发了观众对于类似事件的联想,怎能不叫人印象深刻。真正做到了过目不忘并且发人深省,引发观众思考,而不是代替观众思考,这才是不着一词的"说教"。

五、公益广告中的名人效应

"名人"并不是商业广告的专利,公益广告也同样适用。借助名人产生的巨大影响力,有效的利用他们与公众之间建立的广泛联系,通过他们的语言或者行动,把自己所要传达的信息扩散给大家。事实证明这样的公益广告是很成功的,而且这样的公益广告俯拾皆是,不胜枚举。当然名人的选择和公益广告的诉求也还是有关联的,只有当名人的形象与公益广告诉求达到最大限度的契合时,才能保证最佳的传播效果。

音乐电视《爱在阳光下》公益片,刘德华、古天乐、张柏芝、谢霆锋、莫文蔚、田震、陈明、蔡卓妍、阿娇等众多两岸三地的明星参加这则音乐剧的演出。该公益片以音乐的形式,普及了艾滋病知识,将艾滋病的常识融入歌曲里面,引起了媒体和大众的双重关注,达到的传播效果是其他形式所不能比拟的。作品一开始展现的是在舞会上人们对艾滋病的恐慌,真实的体现了人们对艾滋病的一般反应。接着就开始帮我们揭开艾滋病的误区。在不同的场合,不同的明星用歌曲来解答人们对艾滋病的误解,最后大家同唱一首歌,唱出了共同心声,艾滋病仅仅是一种病,而不是罪恶,患者应该的到我们的尊重和公平对待,并由每一个明星之口说出,达到了很好的传播效果。

《没有买卖就没有杀害·姚明篇》(见图15-13)中,保护鲨鱼、保护野生动物的主题则不像成龙篇那么诙谐了。这则广告除了符合主题的诉求外,还将广告诉求与姚明本身的气质融合在一起。虽然是体育明星,但姚明给人的感觉一直是不苟言笑的,与这则公益广告的严肃性非常契合。广告诉诸理性的表达方式,再现了鱼翅的来源,并且提供一系列的数据来说明问题。7 000多万条鲨鱼最终为了鱼翅而送命,1/3的鲨鱼物种濒临灭绝。多么吓人的数字。这是成龙篇当中所没有的,因此我们可以看到创作者的用心良苦,而非千篇一律的套用。

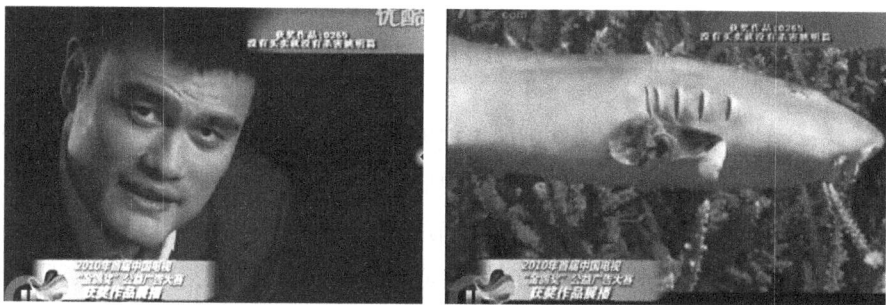

图 15 - 13

六、公益广告素材与主题的完美结合

当然每一则公益广告的素材都是与它所要表现的主题相关联的,文学上讲究的意象,在公益广告中同样适用。有些公益广告直接表现主题,简单明了,单刀直入,而有的则不然。我们可以说,以一种事物来表现另外一种事物的根据便是他们之间的相关性,但是能够很好地找到他们之间联系的契合点的公益广告才算是好的创意,这是几乎所有的优秀公益广告都具备的特点。

世界卫生组织,北京合力阳光广告有限公司推出的禁止酒后驾车公益广告《开酒篇》中创意独特,无论是文字表达,还是片面设计都很好的捕捉到了事物之间的,事物与所表现主题的相关性,以小见大,发人深省。每一个画面中都仅有一个开瓶器,但又不仅仅是单纯的开瓶器,开瓶器的把手是汽车的钥匙,设计巧妙独特,将汽车和酒通过一个开瓶器融为一体,开瓶器的末端有一滴血,简明扼要的交代了酒后驾车的后果,点到为止。文字表达是"开车不开酒,开酒不开车。"一个"开"字就表达了所有,虽然多次出现,但毫无反复之感,反而让人回味无穷。

北京太阳堂广告有限公司《保护动物·斑马篇》"没有销路就没有杀戮",是一则平面广告。画面中主要由黑色和白色构成,然后由红色写出"没有销路,就没有杀戮!"整个背景是每一件商品都会有的黑白竖条纹的验证码,一匹斑马静静的低着头走着,似乎在诉说着自己无法摆脱被杀害的命运的无奈与悲哀。斑马的黑白与商品验证码的黑白的一致,可以看到创作者的独具匠心。同时说明了自己将被制作成商品的结果,整个构思选择了两种事物的一致性,相关性,斑马作为动物的代表,条形码便是商品的代指,完全符合"没有买卖,就没有杀害的保护动物的主题"。

七、公益广告独特的文化魅力——性感

性感,广告创意中极富创造活力的表现因素,众所周知,广告创意表现的"三大支柱"分别是恐惧、幽默和性感。而我们通常所讲到的创意表现的"3B原则":美女、儿童和动物中,最体现性感的"美女"列在了第一位。因此广告中的性表现值得我们关注,公益广告也不例外。但是由于民族文化心理以及民族风情的差异,当然还受到公益广告的特性的影响,因此,公益广告在这一表现领域的涉足具有其特殊性。优秀的性感公益广告多与文化精华相融合(否则很容易流入浅薄庸俗之列),也只有这样,才能让公益之光散发无穷魅力。

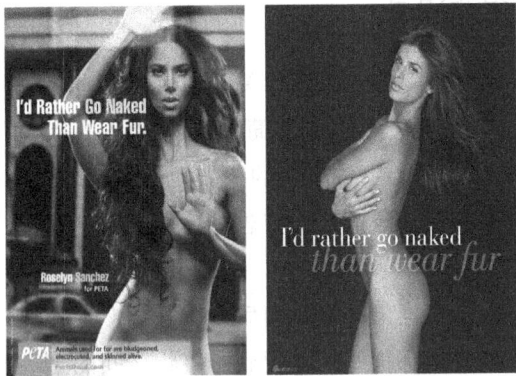

图 15 - 14

图 15 - 14 是众明星拍摄的保护动物的公益广告《拒穿皮草》的平面广告。广告的文字是"我宁愿全裸也不愿身着皮草"。旗帜鲜明的交代了该公益广告的诉求。我们知道好的、优秀的以"性"为表现题材的公益广告,是应当与其广告诉求相一致的,而不仅仅是简简单单的"裸露"。该广告的创意独特,使身体的外在呈现合情合理。我们宁可裸露也不要选择穿皮草,以身体之美与身穿皮草之美形成对比,虽然广告中没有展现身着皮草的华丽,但身体的美已经无需赘述了,皮草还没有上阵,已经先败了。广告中为我们呈现的仅仅是身体线条带给我们的美感,没有越礼之处,公益广告的主题呼之欲出。

近日,素有"英超第一女神"之称的凯莉-布鲁克(见图 15 - 15)为伦敦市拍摄了一组公益广告,旨在提倡环保,骑自行车出行。一袭碎花低胸的连衣裙在周围的绿色植物的映衬下,看起来妩媚动人,仿佛回到了纯真的少女时代。骑上单车,同样可以展现你的魅力,低碳出行,保护环境的主题显而易见。而这种对于我们来说尺度大胆夸张的穿着在英国人看来是很平常的打扮,对他们来说这朴素大方,没有丝毫越礼之处,符合英国人的日常审美,和他们的受众的文化心理也一拍即合。但是在中国以这样的穿着拍公益广告,绝对会遭人非议的,这与我们的公众审美和日常生活是相冲突

的,中国的公益广告美女很多见,但是表现的尺度的问题还是要结合我们自身的文化,选取我们的受众能够接受的范围。

图 15－15

第四节　公益广告破茧而出的应对之策

在全方位的了解了我国公益广告的现状之后,我们必须立足国情,根据具体问题提出具体的应对策略,有的放矢,从内因和外因两个方面着手解决公益广告中的现存问题,只有这样才能解决问题。

一、公益广告主题挖潜

(1) 确立主题抓住主方向后不能简单浮于表面,一定要深入挖掘找出最动人心魄的所在,这样才能深刻而有力量。主题的挖潜中受众导向是前进的明灯,现代社会人本主义观念日益盛行,公益广告也应以人为本,来确立深刻的主题。

案例：

公益广告《走向明日的辉煌》,最初以"助残"为主题,无非体现了作者的同情怜悯。通过与残疾运动员的进一步接触,发现残疾人最大的心愿并不是博取同情而是希望被当作正常人看待。于是新的主题"顽强拼搏,自强不息"诞生。较之先前无关痛痒的"助残"主题,后一主题说出了残疾人的心声,歌颂了残疾人可贵的自强精神,也激励健康人更加奋发向上。

(2)公益广告要关怀人类根本利益,人类根本利益是公益广告价值之所在。要触动人的灵魂就需要把公益广告的起始思路定于人的根本利益,并研究在一定的社会环境下公众对公益广告的需求内容,升华价值理念,从而影响公众对重大社会问题的看法与态度,进而促成重大社会问题紧张态势的缓解。

案例:

南方电视台关注孤残儿童的公益广告《大手篇》中,展现了一只有力的大手对一个孤残儿童的重要,以及对他们的生活可能造成的改变。字幕"仁爱之手,良善之手,恩慈之手,希望之手。我国目前有53.7万孤残儿童",旁白"也许伸出你的一只手,就可以改变这些孩子的命运。你的一份关爱,将影响他们的整个一生。"这个世界需要把冷漠化成爱,你我的关注与行动,可以改变许多孩子的生命与命运。广告中通过纪实性的镜头展现了孤残儿童的现状,呼吁观者伸出您的手,来改变他们的生活甚至命运。

(3)公益广告要源于生活,高于生活。公益广告的主题常常是生活中可以碰到的日常问题,闭门造车会使得公益广告脱离实际,源于生活才是公益广告的创作正道。普通人的心态融入生活中去,"玉不琢,不成器",素材再好也必须进行加工,就是说要高于生活。

案例:

香港一则公益广告《没绿色行不通》,取材于街头的红绿灯,一种极为普通的日常

图 15-16

用具,经过艺术加工把绿灯去掉仅剩下红灯与黄灯,创作者巧妙地借用了"绿灯行"的概念,将它移植到环保问题中来,告诉我们在我们的生活中,没有绿色是行不通的,就像交通灯一样。让人由交通上的规则联想到绿化环保问题。这正是源于生活而高于生活创作原则的体现。

如图 15-16 所示,这是一个关于《构建美丽城市》中的主题广告中的一篇。画面中的人在清理自己的宠物狗留下的粪便。这则广告绝对是出于对生活的细微观察,"一语双关"您的这举动,不仅仅看起来动作优美,而且可以使我们生活的城市更美。创作者对生活中的基础动作做了艺术的处理,下蹲的时候我们虽然看不到人物的脸,

但是她的漂亮的腿和弧线的裙摆丝毫没有减弱这张图片的艺术感染力,没有脸部特写的公益广告也可以这样美,源于生活,但绝对高于生活。

二、公益广告必须具有创造性思维

主题和形式结合时必须明确是内容决定形式,而非形式决定内容。

(1) 打动人不应依靠说教,改变原有的说教口吻。以平等的地位来沟通是公益广告对公众态度上应有的礼貌。公益广告走教条主义老路,既失去广告的魅力,又使受众心理上产生排斥感,传播效果适得其反。

案例:

如图 15 - 17 所示 WWF 组织的一则平面公益广告,广告中没有严令禁止的说教,仅仅依靠一个纸抽盒,传达出了节约用纸,保护环境的信息。三张图片中显示的都是同一个带有南美洲地图的纸抽盒,绿色代表南美洲的热带雨林,通过抽纸的动作而导致的南美洲的绿色在减少。言外之意便是用纸的人越多,南美洲的森林就变得越少。这代表了一次性用纸对南美热带雨林的重大伤害,同时也昭示了环保问题迫在眉睫。所以环保,要从我们身边的小事做起。

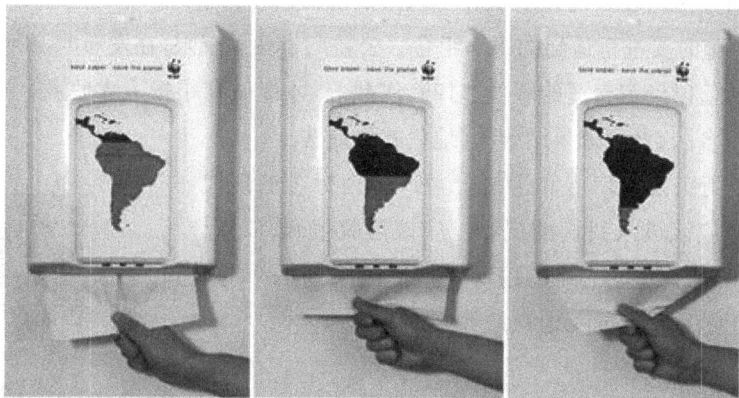

图 15 - 17

(2) 强度诉求与艺术表现完美结合。公益广告较商业广告受众关心度小,因此不能仅仅停留在信息传播的层面上,必须找到更能打动人的方式来体现它本身浓浓的人情味。公益广告是问题提起型广告,声明主张是首要任务,强度诉求的瞬间冲击力可以帮助公益广告在广告大潮中脱颖而出。

案例：

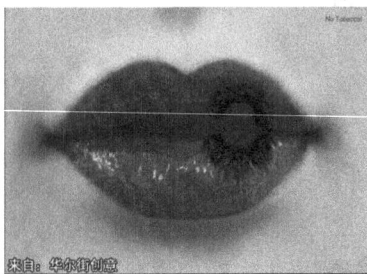

图 15 - 18

图 15 - 18 是一张戒烟的平面广告，广告中我们并没有看到烟这一事物，也没有看到有关戒烟的任何文字信息，仅仅是一个被烟烧坏熏黑的红色美唇。我们可以想象为抽烟以前该有多么美丽呀这张唇！在这样的留白中将戒烟的意图表达到了极致。这张图片具有极强的艺术表现力，在红与黑、美与丑的强烈对比中将美的东西毁灭给我们看，引发受众的思索，从而改变态度，戒烟，便是还原美丽。

三、公益广告的传播策略谋划

媒介是动态变化的，各类传媒纷纷加入公益广告发布。媒介选用是否科学直接影响到公益广告传播的效果。但是我国的公益广告在媒体投放方面存在很大的不均衡性，广告投放的媒体选择单一。

（1）进行媒介组合就必须先了解各类传媒的特点，投放时才能做最正确的选择。公益广告目前选用较多的是电视、广播、报纸三类。

（2）实施时要进行适当的媒体组合。公益广告费用有限，在发布时必须考虑到媒介的传达价值以确定合适的版位、时间、次数等，才能做到小投入大收益。可以采用：媒体互补组合法、点面效果结合法、地毯式作业法。

（3）以街头公益广告和手机公益广告为标志的现代公益广告也应该进入我们的视野。应该摆脱报刊、广播、电视、网络四大媒体对思维的束缚，利用新型媒介，例如路牌、移动电视、手机、楼宇、地铁站等。

案例：

如图 15 - 19 所示是一则户外公益广告，它很好的利用了手机与驾驶的关系，设在道路的分叉口，提醒驾车者，前方转弯，请不要发送短信，专心开车。并将指示牌的外形做成手机的形状，手机中的画面便是撞车后的驾驶者的悲惨、血腥场面。让人触目惊心，油然生畏，自然起到了很好的传播效果，达到了其预期的目的，从媒体的投放，到投

图 15 - 19

放位置的选择,再到设计的别具匠心都堪称完美,与所要传递的信息融合的天衣无缝。

如图15-20所示是一则反对酒后驾驶的公益广告,和以往的传播媒体不同的是,他选取了酒驾后车祸的多发地来承载它反对酒驾的信息。将一棵树设在了一个停车位的中间,广告语是"专为酒驾者预留的车位(reserved for drunk drivers)",没有禁止的口吻,没有血腥的场面,没有酒瓶,没有汽车,却极其戏谑的传达出了酒后驾驶的后果,弦外之音,如果您想拥有酒驾专属车位,那就酒后驾车吧。幽默中发人深省。

图15-20

图15-21

图15-21是日本地铁里的一则失物认领中心的公益广告《没有回家的"伞"》。这则广告很好得利用了地铁的公共空间,巨大的人流量便是他进行传播的凭借。广告中介绍了失物认领的时间、地点,以一个穿着时尚、动作妖娆的摩登女郎为广告的主要元素,手里的伞代表"您丢失的东西",女郎的嘴唇是张开的,好像再说:"你忘记带您的雨伞了,请把他领回家吧!"这样的女郎怎会不让你回头去望一眼,很好地调动了受众的积极性。

典型案例评析

《广而告之》

《广而告之》是中国第一个电视公益广告栏目。较之于原来的纸媒和广播,可以说是在实践上的一次质的飞跃,认识上也是如此。虽然在媒体投放上我国的公益广告还存在问题,但是《广而告之》出现使公益广告的展播摆脱了原有的媒体限制,将电视媒体的优势得到了最大的发挥,而这也是与公益广告本身的目的与特性相契合的。受众更加广泛,传播范围扩大,图、文、声并茂,在很大程度上拓展了公益广告的表现领域,更易于不同层次的人群的理解和接受。这种新形式,开公益广告之先河,而且现在也成为主要的展播媒体。

《广而告之》借助国内最具竞争力的媒体资源传播平台,在如今的信息洪流时代,强势媒体资源的优势可想而知。相比其他媒体,《广而告之》有效地利用了中央电视台的媒体特性:权威媒体,受众广泛,传播范围广,资金技术雄厚,政策支持等,这样就为传播效果提供了有力的保证,满足企业个性化传播及独家话语权的需求。而且在公益广告的质量上也有了很大的提升,从前期筹备调查、中期文案策划、后期的具体实践、再到最后的展播,每一个环节都更加专业化。

从 CCTV-1/2《广而告之》的主题上来看,在长达 30 秒的公益广告展播中,关注社会热点,展现企业文化,歌颂道德风尚,配合政府宣传等,涵盖了公益广告的各类主题。片尾 5 秒定版,完美诠释了《广而告之》的价值和精髓。CCTV-1《广而告之》身处央视一套晚间黄金时段,处于名牌栏目《晚间新闻报道》和周一至周日的精品栏目之间,收视率长期保持高位稳定;CCTV-2《广而告之》依托经济频道高端群体,为家电、电信、金融、科技等企业的形象宣传选择具有针对性的媒体受众,这样的展播形式也为其他电台的展播提供了可供参考的范例。

基于以上的优势,《广而告之》展播了一系列优秀的公益广告作品。例如《为妈妈洗脚》篇。视频以故事的形式讲述道理,晓之以理,动之以情,没有任何的说教,蒙太奇的技巧运用娴熟,镜头语言有重点、有突出的切换与主题完美融合。画外音"其实,父母是孩子最好的老师"精炼的传达了创作者的诉求。儿子看到母亲为奶奶洗脚的画面后受到教育,小小的身躯却手端大大的一盆水,摇摇晃晃地向妈妈走来,水从盆中晃出来,这时镜头由中景转入特写,声音:"妈妈,洗脚",镜头切换到妈妈的脸,由惊讶到微笑的特写镜头,驱散了她一天的劳累与疲惫。该则广告摒弃了以往的单一宏大主题叙事模式,从日常生活中取材,带给观者身临其境之感,一下子拉近了与受众的距离,从传播的角度来看,能够达到更好的效果。

思考题

1. 试以具体案例说明公益广告与商业广告的异同?
2. 你认为公益广告还有哪些可被挖掘的主题?
3. 你认为公益广告的创意特色还表现在哪些方面?

4. 结合你对国外公益广告的了解,你认为其对我国公益广告的启示有哪些?

5. 谈谈你对《广而告之》的认识? 你认为《广而告之》在传播上,需要如何更好地创新?

6. 了解美国、日本、韩国等国公益广告的运营模式,你觉得对我国公益广告的运营有哪些借鉴?

研讨训练

1. 以小组为单位,按照本章公益广告的主题类别,每组负责搜集一个主题的中外公益广告,对创意特点作比较分析,形成 PPT,派代表在课堂演讲。

2. 以小组为单位,对所在城市公益广告的发展现状进行调研并写出调研报告。

补充阅读材料

1. 中国公益广告网 http://www.cnpad.net/zuoyong/

2. 经典 WWF 公益广告-佳作欣赏-蓝色梦想 http://www.blueidea.com/design/gallery/2007/5009.asp.

3. 太平洋电脑网-佳作赏析 http://pcedu.pconline.com.cn/sj/design_area/excellent/1203/2695843.html.

4. 火星网 http://news.hxsd.com/CG-creative/201111/142146.html.

参考文献

[1] 潘泽宏. 公益广告导论[M]. 中国广播电视出版社,2001.

[2] 杨帅,熊兴福. 负面情感在公益广告设计中的运用[J]. 包装工程,2011(9).

[3] 门德来. 广告语在公益广告中的巧妙运用与策略[J]. 唐都学刊,2011(7).

[4] 国外公益广告社会化运作三大成功模式介绍[R]. 2009.

[5] 金涛生,徐舟汉. 中外广告精品探胜[R]. 国际文化出版公司,1995.

[6] 纪华强. 广告策划[R]. 高等教育出版社,2006.

[7] 栗平. 我国公益广告存在的问题及解决之道[M]. 郑州大学学报,2009(5).

[8] 贺雪飞. 文化视角下的广告传播[G]. 中国教育文化出版社,2004.

[9] 戴海波,杨惠. 论恐惧诉求在建构公益广告情境中的运用[J]. 传媒观察,2011(8).

[10] 刘立宾,丁俊杰,黄升民. IAI 中国广告作品年鉴·2009[G]. 中国传媒大学出版社,2009.

[11] 刘立宾,丁俊杰,黄升民. IAI 中国广告作品年鉴·2011[G]. 中国民族摄影艺术出版社,2011.

[12] 李清,程宇宁. 中外公益广告的运作模式比较研究[J]. 营销传播论坛,2010(1).

后　记

2013 年,中国广告教育昂首阔步跨入了"而立之年"。三十年弹指一挥间,曾经的坎坷、艰辛和汗水都已经沉淀为中国广告教育丰硕的成果和坚实的土壤。谨以此书纪念广告教育三十年,并向给予本书的写作以启发、导引乃至灵感的同仁尤其是前辈学者,致以崇高的敬意!

中国广告的学科与专业研究历史还比较短暂,20 世纪 90 年代中期之后才有较为系统的理论研究与教材建设。目前,国内所出版的众多广告教材中,尚缺乏对中外广告进行全面、系统、深入的评析,又形成自己独特的教学体系、适用于教学的广告案例教材。已经出版的若干广告案例教材,在编写体例上,更像纯粹的个案点评,不像案例教学,较少有教学环节的体现,缺乏教学体系;在内容上,较少涉及广告案例所代表的商品类别的特性及其行业的特点,而这两方面对评析广告案例是很重要的参数,应该成为案例教学关注的重点。参与本教材编写的都是从事广告教学并主讲广告案例课程多年的教师,正是基于对案例教学共同的认知、理解和把握,才想携手探索并写作一本更加契合教学的广告案例教程。

本教材的总体框架结构遵循国内外广告作品年鉴和国际各大广告奖项获奖作品的编排体例,以商品(服务)类别为序,依次排列章节。第一章先简要回顾和梳理广告理论,既对后续的案例分析起到统领的作用,又使学生对学过的理论有个预热。第二章至第十五章,以各类商品(服务)广告的特殊性及宏观的行业特性为中心线索,研究总结由于商品类别的不同而带来的广告创意和运作的不同,同时兼顾行业的发展对广告创意带来的影响,使案例评析在横向视野上更加阔大,在纵向开掘上更加深入。

基于对教学环节的考虑,本教材每章开篇设有明确的本章内容提要,每章结束都有一个优秀广告案例的个案分析,有紧密结合教学内容的思考题,有围绕教学而进行的针对性研讨与实训,同时,还专门设置了补充阅读材料以丰富与拓展教学视野。这样的框架,我们认为不仅能使学生更深入地了解各类广告的内容、特点,及相互间的区别,有利于课堂的互动与学生的实训,提高学生鉴赏广告的能力,而且能使其举一反三,把所学知识转化为实际创意、运作广告的能力和水平。

作为案例教程,我们选取的案例是多元的,除了中外广告的经典案例和优秀案例,也会涉及与成功案例形成鲜明对比的失败案例,探究其成败的原因。同时,为了充分揭示各类广告所独具的特色,本书评析的角度力求做到多元化、多视角、多层面,如:文化与广告创意的原动力、广告表现元素与技巧、广告风格、跨文化广告传播、广告与新媒体、广告传播效果等,从而能够最大程度凸显各类广告的丰富多彩。

本教材由宁波大学人文与传媒学院贺雪飞教授策划并主编,汇聚了浙江省多所高校广告学专业资深教师和青年才俊的研究成果,每一章都凝结着担纲写作的老师的智慧才情和教学经验。具体分工如下:第一章由宁波大学贺雪飞、陈月明编写,第五章、第六章由宁波大学贺雪飞编写,第八章由宁波大学刘晓庆、贺雪飞编写,第十五章由宁波大学李玉倩、贺雪飞编写,第二章由浙江传媒学院刘佳佳编写,第三章、第十一章由浙江万里学院王憬晶编写,第四章由丽水学院廖峰编写,第七章、第十三章由浙江工商大学曾莉芬编写,第九章、第十二章由浙江农林大学杨小竹、钱杭园编写,第十章由浙江传媒学院张玮玮编写,第十四章由宁波大学庞菊爱编写,贺雪飞负责全书的修改与统稿工作,刘晓庆参与了排版与校对工作,感谢所有参与者的辛勤付出。

本教材的编写可能存在诸多疏漏,敬请专家和读者批评指正。

在本书即将杀青付梓之际,感谢本书所引用案例和资料的作者和单位,感谢浙江省教育厅、浙江省高校新闻传播学教学指导委员会对本书出版的大力支持。

本书主编所担任的写作、修改与统稿等诸多工作是在美国俄亥俄大学访学期间完成的,在此对宁波大学"王宽诚教育基金会"所给予的访学与研究资助谨致特别的谢忱!

贺雪飞

2014 年 5 月